Einheit und Vielfalt in der Rechtsgeschichte im Ostseeraum
Unity and Plurality in the Legal History of the Baltic Sea Area

Rechtshistorische Reihe

Band 428

Peter Lang
Frankfurt am Main · Berlin · Bern · Bruxelles · New York · Oxford · Wien

Marju Luts-Sootak
Sanita Osipova
Frank L. Schäfer
(Hrsg./eds.)

Einheit und Vielfalt in der Rechtsgeschichte im Ostseeraum

Unity and Plurality in the Legal History of the Baltic Sea Area

Sechster Rechtshistorikertag im Ostseeraum,
3.-5. Juni 2010 Tartu (Estland) / Riga (Lettland)

6th Conference in Legal History in the Baltic Sea Area,
3rd-5th June 2010 Tartu (Estonia) / Riga (Latvia)

Peter Lang
Internationaler Verlag der Wissenschaften

Bibliografische Information der Deutschen Nationalbibliothek
Die Deutsche Nationalbibliothek verzeichnet diese Publikation in der Deutschen Nationalbibliografie; detaillierte bibliografische Daten sind im Internet über http://dnb.d-nb.de abrufbar.

Das Buch wurde von dem Baltischen-Deutschen Hochschulkontor mit Mitteln des Deutschen Akademischen Austausch Dienstes (DAAD) unterstützt.

Baltisch-Deutsches HOCHSCHULKONTOR
BALTI-SAKSA KÕRGKOOLIDE BÜROO BALTIJAS–VĀCIJAS AUGSTSKOLU BIROJS BALTIJOS ŠALIŲ IR VOKIETIJOS AUKŠTŲJŲ MOKYKLŲ BIURAS

Estnische Wissenschaftsstiftung Grant Nr. 7923.

Die vorliegende Arbeit wurde von
Prof. Dr. Werner Schubert
zur Aufnahme in die Reihe empfohlen.

Umschlagabbildung:
Justitia. Allegorie der Gerechtigkeit.
Druck aus dem 17. Jahrhundert.

Gedruckt auf alterungsbeständigem,
säurefreiem Papier.

ISSN 0344-290X
ISBN 978-3-631-61059-6

Vorwort

Der Tagungsband „Einheit und Vielfalt in der Rechtsgeschichte im Ostseeraum“ dokumentiert den Sechsten Rechtshistorikertag im Ostseeraum vom 3. bis 5. Juni 2010 in Tartu/Estland und Riga/Lettland. Wir danken besonders Frau Marin Sedman aus Tartu für ihre Hilfe bei der Durchführung der Tagung sowie dem Lehrstuhlteam in Kiel für die Vorbereitung des Tagungsbandes. Ferner sind wir dem Deutsch-Baltischen Hochschulkontor und der Estnischen Wissenschaftsstiftung verpflichtet.

Marju Luts-Sootak, Sanita Osipova und Frank L. Schäfer

Inhaltsverzeichnis

Autorenverzeichnis

Andres Andresen	Dr. phil., Senior Research Fellow, Institut für Geschichte und Archäologie, Universität Tartu, Lossi 3, 50090 Tartu, Estland
Toomas Anepaio	Mag. iur., Lektor der Rechtsgeschichte, Rechtsfakultät, Universität Tartu, Näituse 20, 50409 Tartu, Estland
Jürgen Beyer	Dr., Wissenschaftlicher Mitarbeiter, Universitätsbibliothek Dorpat, W. Struve 1, 50091 Tartu, Estland
Lars Björne	Dr. iur., Dr. iur. h.c. (Lund), Dr. h.c. (Oslo), Professor für Rechtsgeschichte, Rechtsfakultät, Universität Turku, 20014 Turun yliopisto, Finnland
Paweł Cichoń	Dr. iur., Lehrstuhl für Verwaltungsgeschichte und Verwaltungsgedanken, Fakultät für Recht und Verwaltung, Jagiellonen-Universität, ul. Golebia 9, 31007 Krakau, Polen
Ludmila Dubjeva	Dr. phil., Bibliothekarin, Universitätsbibliothek Tartu, W. Struve 1, 50091 Tartu, Estland
Thomas Hoffmann	Dr. iur., LL.M., DAAD-Fachlektor für Rechtswissenschaften, Rechtsfakultät, Universität Tartu, Näituse 20, 50409 Tartu, Estland
Nils Jörn	Dr. phil., Wissenschaftlicher Mitarbeiter, Archiv der Hansestadt Wismar, Altwismarstraße 7–17, 23966 Wismar, Deutschland
Anna Karabowicz	Ph.D., Senior Research Fellow, Fakultät für Recht und Verwaltung, Jagiellonen-Universität, ul. Golebia 9, 31007 Krakau, Polen
Jānis Lazdiņš	Dr. iur., Professor für Rechtsphilosophie, lettische Rechtsgeschichte und Steuerrecht, Rechtsfakultät, Universität Lettlands, Raina blv. 19, Riga, Lettland
Marju Luts-Sootak	Dr. iur., Professorin für Rechtsgeschichte, Rechtsfakultät, Universität Tartu, Näituse 20, 50409 Tartu, Estland
Elena Makarova	Dr. phil., Dozentin für Rechtsgeschichte, Rechtsfakultät, Staatliche Universität Nowgorod, Bul. St. Peterburgskaya 41, 173003 Weliky Nowgorod, Russland
Sanita Osipova	Dr. iur., Professorin für Europäische Rechtsgeschichte und Rechtssoziologie, Rechtsfakultät, Universität Lettlands, Raina blv. 19, Riga, Lettland
Merike Ristikivi	Ph.D. in Law, Dozentin der Rechtsgeschichte, Rechtsfakultät, Universität Tartu, Näituse 20, 50409 Tartu, Estland
Alexander Rogatschewski	Dr. iur., Professor an der Rechtsfakultät der Staatlichen Ingenieurökonomischen Universität St. Petersburg, 191186, Postf. 146, St. Petersburg, Russland

Frank L. Schäfer Dr. iur., LL.M., Professor für Bürgerliches Recht, Europäische und Deutsche Rechtsgeschichte, Historische Rechtsvergleichung, Juristisches Seminar, Universität Kiel, Leibnizstr. 6, 24118 Kiel, Deutschland

Werner Schubert Dr. iur., Professor emeritus für Bürgerliches Recht, Römisches Recht, Europäische Privatrechtsgeschichte der Neuzeit und Rechtsvergleichung, Juristisches Seminar, Universität Kiel, Leibnizstr. 6, 24118 Kiel, Deutschland

Marin Sedman Doktorandin bei Prof. Dr. Marju Luts-Sootak, Rechtsfakultät, Universität Tartu, Näituse 20, 50409 Tartu, Estland

Hesi Siimets-Gross Dr. iur., Lektorin der Rechtsgeschichte, Rechtsfakultät, Universität Tartu, Näituse 20, 50409 Tartu, Estland

Ditlev Tamm Dr. iur., Dr. phil., Dr. h.c. (Helsinki), Professor für Rechtsgeschichte, Zentrum für rechtskulturelle Studien, Universität Kopenhagen, Studiestraede 6, 1455 Kopenhagen, Dänemark

Einleitung

Dass der im Juni 2010 ausgetragene Rechtshistorikertag im Ostseeraum als sechster an der Reihe war, bezeugt die Fortsetzung einer relativ jungen Tradition oder zumindest den fortwährenden Willen der Rechtshistoriker der Ostseeanrainerstaaten bzw. -universitäten, sich alle zwei Jahre zu einer Tagung zu treffen. Beginnend mit der ersten Tagung in Salzau (2000), die von den Kieler Kollegen organisiert worden war,[1] hat die Tagung 2002 in Lund in Schweden,[2] 2004 in zwei finnischen Städten und Universitäten – Helsinki und Turku –,[3] 2006 in Greifswald und damit wieder in Deutschland,[4] 2008 in der dänischen Hauptstadt Kopenhagen[5] und 2010 in zwei Nachbarstaaten, auch diesmal an zwei Universitäten – der estnischen Universität zu Tartu und Lettischen Universität zu Riga –, stattgefunden.

Eine Rezension hat ganz zutreffend angemerkt, dass das Problem einer solchen Tagung, die möglichst viele Kollegen der Region mit möglichst vielen Forschungsthemen einbeziehen will, in der Wahl des Gesamtthemas liegt.[6] Nachdem sich die Teilnehmer letztes Mal in Kopenhagen ziemlich spezifisch auf den Nationalismus in der modernen Geschichte konzentriert hatten, ist diesmal das Thema mit „Einheit und Vielfalt in der Rechtsgeschichte im Ostseeraum" wieder breiter und dehnbarer formuliert worden. Dieser Umstand hat einerseits dazu beigetragen, dass sich wieder etwas mehr Referentinnen und Referenten beteiligen konnten. Andererseits ist dadurch die Heterogenität der behandelten Themen zwangsläufig gestiegen. Die nächste Tagung, die für Mai 2012 von den Kieler Kollegen organisiert wird, soll wieder etwas spezifischer auf Justiz und Justizverfassung ausgerichtet werden. Diese erfreuliche Nachricht über die Fortsetzung in bewährten Bahnen soll die

---

[1] *Jörn Eckert/Kjell Åke Modéer* (Hg.), Geschichte und Perspektiven des Rechts im Ostseeraum. Erster Rechtshistorikertag im Ostseeraum 8.–12. März 2000, Frankfurt am Main u.a. 2002 (Rechtshistorische Reihe, Bd. 251) enthält 18 Beiträge.

[2] *Jörn Eckert/Kjell Åke Modéer* (Hg.), Juristische Fakultäten und Juristenausbildung im Ostseeraum. Zweiter Rechtshistorikertag im Ostseeraum, Lund 12.–17.3.2002, Stockholm 2004 (= Rättshistoriska Skrifter 6) enthält 20 Beiträge.

[3] *Jörn Eckert/Pia Letto-Vanamo/Kjell Åke Modéer* (Hg.), Juristen im Ostseeraum. Dritter Rechtshistorikertag im Ostseeraum 20.–22. Mai 2004, Frankfurt am Main u.a. 2007 (= Rechtshistorische Reihe, Bd. 342) enthält 13 Beiträge.

[4] *Hans-Georg Knothe/Marc Liebmann* (Hg.), Gerichtskultur im Ostseeraum. Vierter Rechtshistorikertag im Ostseeraum, 18.–20. Mai 2006, Frankfurt am Main u.a. 2007 (= Rechtshistorische Reihe, Bd. 361) enthält 14 Beiträge.

[5] *Ditlev Tamm/Helle Vogt* (Hg.), Nationalismus und Rechtsgeschichte im Ostseeraum nach 1800. Beiträge vom 5. Rechtshistorikertag im Ostseeraum 3.–4. November 2008, Kopenhagen 2010 (= Recht und Kultur/Bibliotek for ret og kultur, Bd. 4) enthält 10 Beiträge.

[6] Siehe *Peter Oestmann*, Rezension des Tagungsbandes von Helsinki/Turku „Juristen im Ostseeraum", in: Zeitschrift des Vereins für Lübeckische Geschichte und Altertumskunde 88 (2008), S. 369.

Zusammenfassung der in Tartu und Riga behandelten Themenvielfalt in der Einheit eines Tagungsbandes einleiten.

Andres Andresen widmet seinen Aufsatz einem wenig erforschten Aspekt in der Geschichte Estlands und Livlands: Kirchenrecht und -verwaltung in diesen Territorien im Zeitraum zwischen dem schwedischen Kirchengesetz von 1686 und dem russischen Gesetz für die evangelische Kirche von 1832. Der Verfasser untersucht besonders die institutionellen, konfessionellen und rechtlichen Vereinheitlichungsprozesse. Dabei stellt er überraschende Ähnlichkeiten zwischen den schwedischen und russischen Bemühungen um das evangelische Kirchenrecht sowie Ähnlichkeiten bei der Anwendung dieses Rechts in Estland und Livland, d.h. in Regionen fest, die in beiden Reichen eine gewisse Autonomie genossen hatten.

Toomas Anepaio betrachtet in seinem Aufsatz den Einfluss der Gerichtsordnungen Alexanders II. auf die Herausbildung des Notariats im Russischen Reich und insbesondere in den baltischen Ostseeprovinzen. Die besondere Aufmerksamkeit des Verfassers gilt der Rechtsgeschichtsschreibung in diesem Bereich in verschiedenen Epochen und Ländern. Er zeigt auf, wie die jeweilige aktuelle Stellung des Notariats in Staatsapparat und Rechtsordnung die Einstellung der Historiographie beeinflusst hat. Der Beitrag bietet zugleich eine fast vollständige Zusammenfassung des Forschungsstandes zum Notariat im Russischen Reich nach der Gerichtsreform, wobei sowohl die (gemein)russische und regionale als auch die nationale Literatur der vom Russischen Reich gelösten Völker und die (westliche) ausländische Literatur einbezogen wird.

Jürgen Beyer untersucht die Lebensgeschichten einzelner Menschen, welche beispielhaft für die (Rechts-)Verhältnisse mehrerer Völker im Ostseeraum des 16. Jahrhunderts stehen. Ausgangspunkt ist ein aus dem Landesarchiv Visby stammender Brief über einen Erbschaftsstreit, bei der eine Estin von bäuerlicher Herkunft aus Kielkond auf Oesel und ein dänischer Ratsherr in Visby auf Gotland auftreten. Im Anhang sind Teile der Originaldokumente ediert worden, um dem Leser den Zeitgeist zu vermitteln.

Lars Björne behandelt den Einfluss des schwedischen Rechts auf das finnische Recht vor und nach 1809, als Finnland in das Russische Kaiserreich inkorporiert wurde. Der Verfasser zeigt nicht nur offensichtliche, sondern auch auf den ersten Blick verdeckte Kontinuitäten und Anknüpfungen im finnischen Recht nach dem Wechsel vom schwedischen zum russischen Reich und später zum finnischen Nationalstaat nach dem Fall des Zarenreichs.

Paweł Cichoń analysiert verschiedene Verwendungsformen des Kollegialitätsprinzips im 18. Jahrhundert in den Großstaaten des Ostseeraums – Preußen, Polen, Russland und Schweden – und gelangt dabei zu der Erkenntnis, dass sich in diesen Ländern zwei Varianten der Kollegialität herauskristallisierten. Die besondere Aufmerksamkeit des Autors gilt den Vor- und Nachteilen des Kollegialitätsprinzips, wobei er im Ergebnis die Vorteile überwiegen sieht. Er stellt die These auf, dieses Prinzip sei „zeitlos", so dass man heute von der frühneuzeitlichen Verfassungsgeschichte lernen könne.

Ludmila Dubjeva beschäftigt sich mit Professor Ivan Ivanowitsch Lappo, der in der ausgehenden Zarenzeit an der Universität zu Tartu tätig war und durch seine Forschungen zum litauischen Großfürstentum berühmt wurde. Der Beitrag liefert einen Überblick zum Lebenswerk Lappos, wobei die verfassungs- und rechtshistorischen Themen in seinem Werk im Detail untersucht werden. Der Lebenslauf Lappos ist gewissermaßen *pars pro toto* für das typische Schicksal der russischen Wissenschaftler und Universitätslehrer um 1900, das u.a. die Emigration nach der Revolution und das (öfters baltische) Exil einschließt.

Thomas Hoffman behandelt die polnische Herrschaft im Livland des 16. Jahrhunderts und insbesondere den polnischen Einfluss auf die livländische Rechtsordnung. Der (gesetzgeberische) Autonomieanspruch Livlands und der Hoheitsanspruch der polnischen Zentralmacht werden gegenübergestellt und miteinander abgewogen. Der Verfasser skizziert des Weiteren den Verlauf der Rechtsgeschichte und insbesondere der Gesetzgebungstechnik während des 16. Jahrhunderts.

Nils Jörn analysiert anhand der Originalakten des Wismarer Tribunals, welches Recht diesem hohen deutschen Gerichtshof im schwedischen Reich im Zeitalter des gemeinen Rechts als Richtschnur in der Rechtsprechung gedient hat. Fallstudien deuten mehr auf ein pragmatisches Vorgehen als auf eine abgesicherte Rechtsquellenlehre des Tribunals hin. Zugleich belegen sie die juristische Erudition und die Gewandtheit des Wismarer Gerichtspersonals im 17. Jahrhundert.

Anna Karabowicz beschreibt die Rechtspolitik des polnischen Königs Stephan Bathory im eroberten Livland im Zeitraum von 1576 bis 1586. Die Verfasserin bietet einen Einblick in die allgemeine Verwaltungsstruktur, in die Gesetzgebungstradition und in den rechtlichen Status der eroberten Gebiete des damaligen Polens. Sachgemäß widmeten die katholischen Monarchen dem evangelisierten Livland im Bereich der Religion ihre besondere rechtspolitische Aufmerksamkeit. Die damaligen Lösungen wirken bis heute etwa in Lettland nach, wo die kulturelle Spaltung der Letten nach ihrer Konfession immer noch anhält.

Jānis Lazdiņš beschreibt in seinem Aufsatz beispielhaft anhand des Erbrechts, wie die soziologische Theorie von Marx und Engels über Staat, Recht und Eigentum im Sowjetstaat konkret juristisch umgesetzt wurde. Er unterscheidet dabei zwei Perioden: eine erste „romantische" von 1917 bis 1920/22 und dann eine zweite „klassische" bis zum Zusammenbruch der Sowjetunion. Nach der Auffassung des Verfassers sollte das sowjetische Erbrecht der zweiten Periode, die fast die ganze sowjetische Zeit umfasst, im Wesentlichen dem Erbrecht Kontinentaleuropas entsprechen. Allerdings habe man die Begriffe und Institutionen dazu der kommunistischen Ideologie angepasst.

Marju Luts-Sootak illustriert die Frühgeschichte der estnischen Rechtszeitschriftenliteratur vor dem Ersten Weltkrieg anhand dreier von Juristen für die Laien bestimmten Zeitschriften. Die Verfasserin zeigt, dass diese Zeitschriften nicht nur als ein Spross der zeitgenössischen gesellschaftlichen Mobilität zu betrachten sind, die sie ihrerseits mit ihren Mitteln der rechtlichen Volksaufklärung fördern wollten. Vielmehr belegt sie, dass die Zeitschriften auch Ergebnis des persönlichen Engagements und der Energie eines tatkräftigen und verantwortungsvollen Rechtsanwaltskreises waren, der später in der Republik Estland auch politisch sehr aktiv werden sollte.

Elena Makarova liefert eine Übersicht über die Lösungen bei der Transformation des Verfassungsrechts in Russland nach dem Zusammenbruch der Sowjetunion, wobei die Verfassung der Russischen Föderation aus dem Jahr 1993 als ein Eckpunkt in dieser „Transformation des totalitären Staates zur Demokratie" dient. Die Autorin analysiert den Einfluss der verschiedenen Modelle des westeuropäischen Konstitutionalismus auf diesen Prozess, insbesondere bei der Bestimmung des Verhältnisses zwischen Parlament und Staatspräsident.

Sanita Osipova behandelt die Entwicklung der lettischen juristischen Fachsprache in der Zwischenkriegszeit in der jungen Lettischen Republik, insbesondere im juristischen Lehrangebot der Lettischen Universität zu Riga. Obwohl die lettische Sprache in einer schwierigen Konkurrenz zu Deutsch und Russisch als älteren und bereits etablierten Rechts- und Wissenschaftssprachen stand, hat man damals die Grundlagen für Lettisch als Rechtssprache geschaffen. Diese Grundlagen sind bis heute maßgebend und haben erst die akademische Juristenausbildung sowie die lettische Rechtsliteratur ermöglicht.

Merike Ristikivi untersucht die praktische Benutzung der lateinischen Sprache und Fachtermini in der heutigen Rechtsliteratur in Estland. Sie zieht vergleichend insbesondere die zivilrechtlichen Originallehrbücher und Übersetzungen aus dem Deutschen heran. Es kristallisieren sich Unterschiede nach den Teilbereichen des Zivilrechts und nach den Herkunftsländern heraus. Teilweise bestätigen sich die gewohnten Korrelationen (das Arbeitsrecht als ein relativ junger und „lateinarmer" Rechtsbereich), teilweise sind die Korrelationen wohl auf den persönlichen Sprachgebrauch und den Bildungskontext der einzelnen (estnischen) Autoren zurückzuführen.

Alexander Rogatschewski gibt einen systematischen Überblick über die baltischen Rechtdenkmäler des 13. bis 18. Jahrhunderts im Bestand des Archivs des St. Petersburger Instituts für Geschichte an der Russischen Akademie der Wissenschaften, ebenso zum Forschungsstand und zu den bisherigen Editionen bzw. Editionsplänen. Der Beitrag bietet eine gute Grundlage für weitere Forschungen in diesem Bereich. Im Anhang werden einige der behandelten Dokumente ediert.

Frank L. Schäfer skizziert anhand von Leben und Werk des Rechtswissenschaftlers Andreas Wilhelm Cramer (1760–1833) das deutsche Wissenschaftsleben um 1800. Da Cramer nicht zu den Frontfiguren des großen Umbruchs in der zeitgenössischen Rechtswissenschaft zählt, bietet sein Lebenswerk einen Einblick in die von der historischen Forschung oft vernachlässigten Niederungen der Wissenschaft.

Werner Schubert gibt einen systematischen Überblick über die Entwicklung des Notariats in den deutschen Ostseeregionen Schleswig-Holstein, Lübeck, Mecklenburg und Neuvorpommern. In diesem vergleichsweise kleinen Landstrich sind historisch zwei Notariatsmodelle – sog. Nur-Notariat und Notariat in Verbindung mit der Rechtsanwaltschaft – entstanden, die sich wesentlich voneinander unterscheiden.

Marin Sedman behandelt einen Teil der Erbschaft des Russischen Zarenreichs – das Militärstrafrecht – in der Republik Estland nach dem Ersten Weltkrieg. Sie wirft einen Blick auf die Quellen des Militärstrafrechts und deren grundsätzliche Stellung im Strafrecht, ebenso auf die entsprechende Justizverfassung. Spannend ist dabei die Erkenntnis, dass durch das Institut des Ausnahme- bzw. Kriegszustands auch die Zivilisten der Militärgerichtsbarkeit und dem Militärstrafrecht unterworfen wurden. Da in manchen Territorien Estlands der Ausnahmezustand durch die ganze Zwischenkriegszeit andauerte, sollte dem Militärstrafrecht auch außerhalb der Armee eine viel größere Rolle zukommen, als man gemeinhin angenommen hat.

Hesi Siimets-Gross beschäftigt sich mit dem Problem der exklusiven Geltung der baltischen Privatrechtskodifikation von 1864/1865. Einerseits sollte dieses Gesetzeswerk die frühere Vielfalt der Rechtsquellen ersetzen, wie es auch sonst die neuzeitlichen Kodifikationen getan hatten. Es blieb allerdings eine Weichenstelle übrig, die selbst nach dem Inkrafttreten der Kodifikation die Diskussion um die etwaige Weitergeltung des früheren subsidiären Rechts zuließ – der Umgang mit der Lückenfüllung. Die Verfasserin geht dieser Diskussion nach und zeigt den politischen Kontext der jeweiligen Positionen auf.

Ditlev Tamm betrachtet die obersten Gerichte der skandinavischen Länder, zeigt die gemeinsamen Eigenschaften sowie die Unterschiede in deren Struktur und Funktionsweise auf und analysiert unter dieser Perspektive sowohl die Einheitlichkeit der skandinavischen Rechtskulturen als auch deren Unterschiede. Die neue Globalisierung bzw. Internationalisierung wird zwar als eine Herausforderung verstanden, nicht aber als etwas, was zu einer völligen Umbildung der regionalen und nationalen Strukturen im Justizbereich führen sollte.

Unifying the Periphery of a Conglomerate State: Ecclesiastical Legislation in Estland and Livland (1686–1832)

Andres Andresen

I. Introduction

One of the major trends of political development in early modern and modern Europe included the attempts of central power to unify different parts of the state into a coherent whole. This paper addresses the following question: What role did ecclesiastical legislation play in Swedish and Russian conglomerate states, concerning the unification of the provinces Estland and Livland with other parts of the state?[1]

In my attempt to answer this question, I shall restrict my attention to three main points. Firstly, the legislation: The implementation of two major law codes – the Lutheran Church Law of the Swedish state from the year 1686 and the Lutheran Church Law of the Russian Empire from the year 1832 – will be studied. Secondly, different aspects of unification: Legal and institutional as well as confessional aspects of unification will be considered. And finally, in the context of unification, different political levels have to be kept in mind, the level of the conglomerate state as a whole as well as the level of the province. My aim is to outline the major trends of development and to avoid details.

II. Political, Confessional and Legal Background

The medieval Livonian Confederation collapsed as a result of a series of wars fought between Sweden, Russia, Poland-Lithuania and Denmark on Livonian soil since 1558. In 1561 Swedish political supremacy was established on the territory which later transformed into the Duchy of Estland. In Estland, the town of Tallinn (Reval) formed a separate political unit. Several decades later Swedish expansion included the provinces of Livland (1629) and Ösel (1645). The biggest town of Livland, Riga, formed a separate political unit, quite similarly to Tallinn. Swedish rule in Estland and Livland lasted until 1710, when Russian troops took control of

---

1 On the concept of the conglomerate states see *Harald Gustafsson*, Conglomerates or Unitary States? Integration Processes in Early Modern Denmark-Norway and Sweden, in: Thomas Fröschl (Hg.), Föderationsmodelle und Unionsstrukturen. Über Staatenverbindungen in der frühen Neuzeit vom 15. zum 18. Jahrhundert, 1994, S. 45–62; *Harald Gustafsson*, The Conglomerate State: A Perspective on State Formation in Early Modern Europe, Scandinavian Journal of History 1998, 3/4, pp. 189–213. See also *John Huxtable Elliott*, A Europe of Composite Monarchies, Past and Present 1992, 137, pp. 48–71.

this region during the Great Northern War. The Russian supremacy in the Baltic provinces lasted until 1918.[2]

Both the Swedish state of the seventeenth century as well as the Russian state of the eighteenth and nineteenth century can be classified as conglomerate states, i.e. they comprised various regions with different legal relations to the central government and the core area of the state. During the first period of the Swedish rule in Estland (and Tallinn), the state government did not interfere much with local affairs, mostly due to the extensive privileges of the local estates which were conferred to them during their voluntary surrender in 1561. Livland, on the other hand, was conquered by force and Swedish government exercised considerable influence on reforming the province's administrative and judicial system during the first years in power. However, by the middle of the seventeenth century Livland had more or less caught up with Estland in regard to the provincial privileges. Then, after a period of Swedish non-intervention policies both in Estland and Livland, a new era began in the early 1680s with the introduction of absolutist governance in Sweden. Charles XI governed as an absolutist monarch both in Sweden proper as well as in his Baltic provinces, intervening extensively in various spheres of life.

The Russian rule in Estland and Livland followed the course of non-intervention to local affairs until the last quarter of the eighteenth century. The Russian tsars possessed autocratic authority in Russia proper, but in the Baltic provinces the nobility and towns boasted substantial privileges, based on the capitulations of 1710 and the 1721 Treaty of Nystad (Uusikaupunki), which led to wide-scale provincial autonomy.[3] During the last quarter of the eighteenth century and then especially since the second third of the nineteenth century the Russian tsars ever-increasingly interfered with local matters in Estland and Livland.

The Lutheran Reformation reached the towns of the Livonian Confederation in the early 1520s already, but the full-scale institutionalization of Lutheranism in this region took place mostly under Swedish supremacy and according to the efforts of the Swedish central government. In Sweden, Lutheranism on the basis of the unaltered Augsburg Confession was the strictly observed established religion since

---

2 On the general background see e.g. *Gert von Pistohlkors* (Hg.), Baltische Länder, 1994.

3 The capitulation of the Swedish garrison in Tallinn, that of the town of Tallinn, that of Estland's nobility and that of the Swedish garrison in Pärnu (Pernau), together with the relevant articles of the 1721 Nystad Treaty are published in: Die Capitulationen der estländischen Ritterschaft und der Stadt Reval vom Jahre 1710 nebst deren Confirmationen. Nach den Originalen mit andern dazu gehörigen Documenten und der Capitulation von Pernau herausgegeben von *Eduard Winkelmann*, 1865. The capitulation of the Swedish Governor General in Riga, that of the town of Riga and that of the Livland's nobility are published in: Die Capitulationen der livländischen Ritter- und Landschaft und der Stadt Riga vom 4. Juli 1710 nebst deren Confirmationen. Nach den Originaldokumenten mit Vorausstellung des Privilegium Sigismundi Augusti und einigen Beilagen herausgegeben von *Carl Schirren*, 1865.

1593, other confessions were not tolerated.[4] Besides, unity of religion was considered as the main legal principle of the state in Sweden. The 1634 instrument of government stressed that religious unity served as the strongest basis for good and lasting governance.[5] In contrast to the Swedish kings, the Russian tsars did not adhere to the policy of religious unity.[6] Peter I needed the help of foreigners in his project of westernising Russia, so he guaranteed religious freedom to all foreigners settling down in his realm. This trend was sustained by the following monarchs in the eighteenth century. Similarly, for more than a century the tsars did not attempt to spread their own religion in the newly acquired areas, including Estland and Livland. Lutheranism continued to be the absolutely dominating denomination in the Baltic region until the conversion movement among the Livland peasants in the latter part of the 1840s.[7]

All the different political units – the provinces Estland, Livland, Ösel and the towns Tallinn and Riga – had their own specific systems of governance institutions as well as specific legal systems. This kind of institutional and legal plurality had its roots in medieval Livonian Confederation already. By the middle of the seventeenth century each aforementioned political unit boasted its own Lutheran church organization, i.e. a territorial church. All these church organizations territorially covered a political unit; the area of a church organization was confined by political-administrative boundaries. In addition, each Lutheran territorial church functioned on the basis of its own specific system of ecclesiastical law.[8]

---

4 The fundamental piece of research on Reformation in the Livonian Confederation is still *Leonid Arbusow*, Die Einführung der Reformation in Liv-, Est- und Kurland, 1921. On the institutionalization of Lutheranism in Livland, Estland and Ösel see *Alvin Isberg*, Livlands kyrkostyrelse 1622–1695. Reformsträvanden, åsiktsbrytningar och kompetenstvister i teori och praxis [Livland's Church Governance 1622–1695. Reform Attempts, Dissents and Competence Conflicts in Theory and Praxis], 1968; *Alvin Isberg*, Kyrkoförvaltningsproblem i Estland 1561–1700 [Church Governance Problem in Estland 156–1700], 1970; *Alvin Isberg*, Ösels kyrkoförvaltning 1645–1710. Kompetenstvister och meningsmotsättningar rörande funktionssättet [Ösel's Church Governance 1645–1710. Matters of Competence Conflicts and Dissenting Opinions], 1974.

5 *Yngve Brilioth*, Svensk kyrkokunskap [Swedish Ecclesial Studies], 1946, pp. 92 f.; *Ingun Montgomery*, Sveriges kyrkohistoria. 4. Enhetskyrkans tid [Swedish Church History. 4. The Era of Uniform Church], 2002, pp. 102 f., 133–140.

6 *Hans-Heinrich Nolte*, Religiöse Toleranz in Rußland 1600–1725, 1969, S. 184 f.

7 During the period of 1845–48 almost 20 per cent of Livland's peasants converted to Russian Orthodoxy as a result of a wide-spread social movement. See *Hans Kruus*, Talurahva käärimine Lõuna-Eestis XIX sajandi 40-ndail aastail [Mit einem Referat: Die Bauernbewegung in Südestland in den 40er Jahren des XIX. Jahrhunderts], 1930.

8 *Andres Andresen*, Eestimaa kirikukorraldus 1710–1832. Riigivõimu mõju institutsioonidele ja õigusele [Estland's Church Constitution 1710–1832. The Influence of the State on Institutions and Law], 2008, pp. 63–72, 174–179.

III. Legislation

King Charles XI issued the Lutheran Church Law of the Swedish state on September 3, 1686.[9] During the previous decades there had been several attempts to codify the Swedish ecclesiastical law, which all had failed due to the clashing interests of different power groups. The numerous bishops of the Swedish Lutheran Church had, besides being the ecclesiastical rulers of their diocese, exercised considerable influence also in secular state matters, as the clergy was represented at the Swedish *riksdag* among other estates. Only under the rule of the absolutist king had it been possible to overcome the particular interests of different parties and implement Sweden's first code of ecclesiastical law.[10] The other major legal initiative of King Charles XI was the plan to modernize the Swedish land and town law, but this project could not be carried out before the great law book *Sveriges Rikes Lag* of 1734.

In the Russian state of the nineteenth century, the authority of the central power was undisputed. The decisive point was the willingness of the tsars to restrict the privileges of the Baltic provinces. The Baltic nobilities had been loyal and influential supporters of the tsarist government and the tsars knew to appreciate it. Nevertheless, during the rule of Nicholas I state policy regarding the Baltic provinces started to change slowly but steadily. The issue of the Lutheran Church Law of Russian Empire on December 28, 1832[11] has to be considered on the broader background of the government's other legal initiatives. During the first decade of the century Alexander I had begun to modernize the central state bureaucracy. During the 1820s the gigantic work of collecting and systematizing all Russian laws since the mid-seventeenth century was taken up, in order to bring about clarity and order to the legal system of the Russian state.[12] The Church Law of 1832 has to be regarded as part of this effort, to enforce clarity and uniformity in matters of Lutheran religion throughout the Empire.[13]

---

[9] Kyrkio-Lag och Ordning, som then Stormächtigste Konung och Herre, Herr Carl then Elofte, Sweriges, Göthes och Wändes Konung, etc. Åhr 1686 hafwer låtit författa, och Åhr 1687 af Trycket utgå och publicera. Jemte ther til hörige Stadgar. Stockholm [1687].

[10] *Sven Kjöllerström*, Kyrkolagsproblemet i Sverige 1571–1682 [The Problem of the Church Law in Sweden 1571–1682], 1944; *Hilding Pleijel*, Svenska kyrkans historia V. Karolinsk kyrkofromhet, pietism och herrnhutism 1680–1772 [Swedish Church History V. Devotion, Pietism and Moravianism 1680–1772], 1935, pp. 15, 20; *Brilioth*, Studies (supra fn. 5), p. 98.

[11] Устав Евангелическо-Лютеранской Церкви въ Россiи, in: Полное Собранiе Законовъ Россiйской Имперiи [in the following: ПСЗ], Собранiе второе, T. VII, Nr. 5870. The official German translation was published in 1833: Gesetz für die Evangelisch-Lutherische Kirche in Russland [*sine loco sine anno*].

[12] See *Andresen*, Constitution (supra fn. 8), pp. 164–166.

[13] See also the preamble of the 28 December 1832 ukase (ПСЗ [supra fn. 11] II, T. VII, Nr. 5870).

IV. Institutional Unification

The enforcement of the 1686 Church Law all over Sweden and Finland, as well as in the Baltic provinces during the early 1690s, led to important changes in church organization and governance. Firstly, church governance was subordinated to the absolutist rule of the king.[14] In practice the king interfered mainly in matters of personnel, appointing pastors and bishops in addition to setting guidelines for the Swedish church as a whole.[15] Secondly, the concept of Lutheran religious unity had used to be the foundation of Swedish confessional policy since the Uppsala Assembly of 1593. Ecclesiastical institutional unity, on the other hand, had not previously been a concern of the Swedish government. As explained above, prior to 1686 the Swedish supremacy comprised various Lutheran territorial churches, each with their own peculiarities regarding institutional structure, governance and law. The implementation of the 1686 Church Law resulted in the consolidation and unification of the ecclesiastical institutional system in Sweden proper, Finland, and the Swedish Baltic provinces. The church organizations of the Baltic region were merged with the Swedish territorial church into one single church organization in the 1690s.[16]

After 1710, the nobilities of Estland, Livland, and Ösel, as well as the town councils of Tallinn and Riga, took advantage of the extensive privileges conferred to them by Peter I, to secure church governance for themselves in their respective territories. As a result, the territorial churches of Estland, Livland, Ösel, Tallinn, and Riga re-emerged on Baltic soil. The ecclesiastical institutional and governance system that had preceded the implementation of the 1686 Church Law was more or less restored.[17]

The implementation of the 1832 Church Law resulted in the formation of the Evangelical Lutheran Church of the Russian Empire. All the Baltic Lutheran territorial churches, as well as the Lutheran congregations in other parts of the Empire, were merged with this new church organization. The Lutheran Church of the Russian Empire comprised the consistorial districts of Estland, Livland, Ösel, Kurland, St. Petersburg, Moscow, Riga, and Tallinn. In matters of governance and justice all

---

[14] Kyrkio-Lag och Ordning (supra fn. 9), Cap. XIX. § XXI; Cap. XXIV. §§ XIV, XVI; Cap. XXVII. § I; Cap. XIX. §§ XIV, XXI.

[15] *Andresen*, Constitution (supra fn. 8), pp. 72–74.

[16] See also *Andres Andresen*, The Reconfiguration of Lutheran Church Organisation in the Baltic Region from the 1520s until 1917, in: Andreas Gémes/Florencia Peyrou/Ioannis Xydopoulos (eds.), Institutional Change and Stability: Conflicts, Transitions and Social Values, 2009, pp. 38–41.

[17] *Andresen*, Reconfiguration (supra Fn. 16), p. 41. In Estland the church governance on provincial level stood under the control of the clerical estate during Swedish supremacy. In 1715 Estland's church governance was subordinated to secular power for the first time.

these consistorial districts were subordinated to the general consistory in St. Petersburg. The general consistory itself deferred to the Ministry of the Interior in matters of administration and to the Senate in judicial matters. Concerning doctrine, ceremonies, and clerical offices, the Tsar had the final word. This Lutheran church organization existed until the disintegration of the Russian Empire in 1917.[18]

V. Legal Unification

The legal significance of the implementation of the 1686 Church Law in the Swedish Baltic provinces was twofold. Firstly, it replaced the hitherto particularistic Lutheran ecclesiastical laws in Estland, Livland, Ösel, Tallinn and Riga with a single unified ecclesiastical law. Secondly, the implementation of the 1686 Church Law signaled the beginning of a completely new line of development in the legal history of the Baltic provinces. State-wide implementation of state government's legislation constituted one of the major new trends in early modern European legal history. After 1686, for the first time one whole field of law was unified state-wide in Sweden proper and its Baltic provinces.[19] This was the first major step in the process of overcoming legal particularism in Estland and Livland.

This new legal development came to an abrupt end in 1710. Due to the reappearance of the Lutheran territorial churches under Russian rule, Lutheran ecclesiastical law was reduced to the law of a specific territorial church, just as had been the case before the implementation of the 1686 Church Law.

In comparison to the 1686 Church Law, the 1832 Church Law had very similar effects on the ecclesiastical legal systems of the Baltic provinces. The Lutheran Church Law of the Russian Empire unified the Lutheran ecclesiastical law throughout the Lutheran parishes of the Empire, in the Baltic provinces as well as in other parts of the state.[20] And again, this was for the first time under Russian rule that one specific field of law was unified state-wide in Russia proper and its Baltic provinces.

VI. Confessional Unification

The 1686 Church Law did not bring about any changes to the confessional situation of the Swedish state, it confirmed the strict confessional unity of the state on the basis of the Augsburg Confession.[21] The Law was just another legal tool to further enhance the religious unity, as it prescribed that all subjects of the state had to

---

[18] *Andresen*, Reconfiguration (supra fn. 16), p. 42.

[19] See also *Andres Andresen*, The Implementation of Swedish Church Law in 18th-Century Estland, in: Günther Lottes/Eero Medijainen/Jón Viðar Sigurðsson (eds.), Making, Using and Resisting the Law in European History, 2008, pp. 132–134.

[20] *Andresen*, Constitution (supra fn. 8), pp. 167–170.

[21] Kyrkio-Lag och Ordning (supra fn. 9), Cap. I. § I.

belong to the Lutheran Church.[22] After 1710, the state pressure to maintain strict religious unity disappeared for good. The privileged and dominating legal position of Lutheranism in the Baltic provinces was guaranteed with the capitulations of 1710. Although the 1721 Nystad Treaty explicitly granted full rights to the Russian Orthodox Church, this did not influence the absolute domination of Lutheranism in Estland and Livland in practice.

According to the 1832 Church Law, the confessional basis of Lutheranism remained unchanged. What did change was the position of Lutheranism among other confessions and religions in the Russian Empire. Together with the implementation of the 1832 Church Law, all previous legal acts concerning Lutheran church organisation were invalidated.[23] After 1832 Lutheranism became just one of the tolerated religions in the Russian Empire, including the Baltic provinces.[24]

VII. Conclusion

Both in 1686 and in 1832 the political configuration around Estland and Livland looked similar in many ways, especially in regard to institutional and legal matters. Under Swedish as well as under Russian rule, Estland and Livland formed a distinctive region with a certain degree of autonomy at the periphery of the conglomerate state. The most noticeable difference concerned the confessional balance in the state.

The implementation of the 1686 Church Law in Estland and Livland was the first (and also last) substantial step to institutionally and legally unify all the Baltic provinces with Sweden proper. All local Lutheran territorial churches were merged with the Swedish Church into one single unified church organization. This was a major achievement for the absolutist state, especially for one like Sweden, which was so intimately connected with the Lutheran confession. The state-wide implementation of a single law code in the field of ecclesiastical law marked a clear turning point in the legal development of the Baltic provinces.

Following the interlude of institutional and legal re-particularization during the first period under Russian rule, the Baltic provinces witnessed a kind of *déjà vu* during the implementation of the 1832 Church Law. Once again, Estland and Livland became part of a state-wide unified Lutheran church organization. Once again, Lutheran ecclesiastical law was unified state-wide, resuming the line of legal devel-

---

[22] Kyrkio-Lag och Ordning (supra fn. 9), Cap. I. §§ II-V.

[23] ПСЗ (supra fn. 11) II, T. VII, Nr. 5870, preamble.

[24] See also *Gert Kroeger*, Die evangelisch-lutherische Landeskirche und das griechisch-orthodoxe Staatskirchentum in den Ostseeprovinzen 1840–1918, in: Reinhard Wittram (Hg.), Baltische Kirchengeschichte. Beiträge zur Geschichte der Missionierung und der Reformation, der evangelisch-lutherischen Landeskirchen und des Volkskirchentums in den baltischen Landen, 1956, S. 177–206.

opment in the Baltic provinces which had come to an abrupt stop in 1710. If we give a broader look back to the legal history of Estland and Livland, it is striking that this kind of parallelism in state legislation is actually quite unique. In contrast to the Swedish law, the 1832 Church Law did not serve the aim of the confessional unification of the state.

The issue of the 1832 Church Law marked the very first step of the tsarist government to overcome the abundant legal and institutional diversities in the Baltic provinces. Later on the government initiated a number of similar measures in the fields of secular law, justice and administration.

Die Gerichtsordnungen Alexanders II. – eine Wegmarke in der Geschichte des Notariats. Historiographische Einführung[1]

Toomas Anepaio

I. Einleitung

Eine der zentralen rechtlichen Entwicklungen Russlands im 19. Jahrhundert war zweifellos die Justizreform von 1864, deren Bedeutung für die rechtsgeschichtliche Entwicklung Russlands kaum überbewertet werden kann. Es ist festzustellen, dass die Bedeutung der Reform ohne Zweifel über die Grenzen der russischen Rechtskultur hinausgeht, weil sie nicht nur die russische Rechtsgeschichte, sondern auch die rechtshistorische Entwicklung anderer Völker und Territorien, die ein Bestandteil des russischen Imperiums waren, beeinflusst hat. Eines dieser Territorien ist das Gebiet des modernen Estlands und Lettlands, das im 19. Jahrhundert die Est-, Liv- und Kurländischen Gouvernements oder sog. Ostsee-Gouvernements bzw. -provinzen des russischen Zarenreichs bildete.[2] Dort existierte eine eigenständige westliche Rechtstradition, die sich in der regionalen Gesetzgebung manifestierte. In dieser Region wurden die Gerichtsordnungen Alexanders II., welche die Grundlage der Justizreform von 1864 bildeten, im Jahr 1889 in Kraft gesetzt.

Aus dem Vorstehenden ergibt sich natürlicherweise, dass bei der Betrachtung der Justizreform Russlands von 1864 im Kontext der Rechtsgeschichte von Estland und Lettland im 19. Jahrhundert zwei Facetten zu berücksichtigen sind: auf der einen Seite die regionale Ebene – d.h. die lokalen Quellen Estlands und Lettlands und die regionale Forschungstradition, weil die allgemeinen Reformen des russischen Reiches die regionale Rechtsgeschichte nicht durchgehend bestimmten. In Wechselwirkung mit unterschiedlichen regionalen Einflüssen unterschieden sich die Rolle und die Bedeutung der Reform in dieser Region vom Imperium als Ganzes. Selbstverständlich beeinflusst aus historischer Sicht auch die Verschiedenheit der Völker und Rechtskulturen die konkrete Auswirkung einer solchen Reform.

Auf der anderen Seite muss man die Standpunkte und Erkenntnisse der russischen Rechtsgeschichtsschreibung sowie die infolge der Tätigkeit der zentralen

---

[1] Die vorliegende Untersuchung wurde mit Unterstützung des Grants 7923 der Estnischen Wissenschaftsstiftung durchgeführt.

[2] Übersichtlich zu den Reformbestrebungen in diesen Territorien im 19. Jahrhundert: *Marju Luts*, Modernisierung und deren Hemmnisse in den Ostseeprovinzen Est-, Liv- und Kurland im 19. Jahrhundert, in: Tomasz Giaro (Hg.), Modernisierung durch Transfer im 19. und frühen 20. Jahrhundert, 2006, S. 159–200; zu der Folgezeit: *Toomas Anepaio*, Die rechtliche Entwicklung der baltischen Staaten, in: Tomasz Giaro (Hg.), Modernisierung durch Transfer zwischen den Weltkriegen, 2010, S. 7–12.

Behörden des damaligen Imperiums entstandenen Quellen bedenken und im Auge behalten. Ebenso offensichtlich ist auch die Tatsache, dass es bei ganzheitlicher Betrachtung der Reform von 1864 im Imperium nicht angemessen ist, sich nur auf die Kenntnis der russischen Rechtsgeschichtsschreibung zu beschränken.

Die Historiographie zur Justizreform Russlands von 1864 ist bis heute ziemlich umfangreich geworden, jedoch sind die unterschiedlichen Seiten der Reform (sowohl in zeitlichem, institutionellem als auch geographischem Sinne) in sehr unterschiedlichem Maß reflektiert worden. So ist das Notariat über Jahre hinweg eine Institution gewesen, der die Forscher weniger Aufmerksamkeit geschenkt haben. Oft haben Forscher die gegenseitigen Beziehungen zwischen Notariat und Justizreform von 1864 sogar vollkommen übersehen.

Auch an der historischen Entwicklung des estnischen Notariats als einer selbständigen Institution haben die Forscher bis vor kurzem kein besonderes Interesse gezeigt. Wenn man einen Blick auf die Publikationen wirft, muss man leider feststellen, dass die Forscher mit Ausnahme von ein bis zwei Konferenzvorträgen bislang der Geschichte des Notariats der baltischen Provinzen in der zweiten Hälfte des 19. Jahrhunderts keine Aufmerksamkeit gewidmet haben. Mit der für die estnische Nationalgeschichtsschreibung typischen Weise haben die Forscher das Hauptaugenmerk auf die Geschichte des Notariats ab dem Jahr 1918 gerichtet. Hier ist die Gesamtdarstellung von L. Vahtre als umfangreichstes Werk hervorzuheben.[3]

Dieser Beitrag gibt einen historiographischen Überblick über die mit dem Notariat zusammenhängenden Probleme, insbesondere im Kontext der Historiographie der Justizreform Russlands von 1864 und der damit zusammenhängenden Historiographie der Rechtsreform der Ostsee-Gouvernements von 1889.

II. Umgestaltung des Notariats – der untrennbare Teil der Reformen von 1864 und 1889

Wenn man die Umsetzung der Gerichtsordnungen Alexanders II. in den baltischen Gouvernements betrachtet, besteht kein Zweifel, dass auch die Umgestaltung des Notariats untrennbar mit der Reform von 1889 verknüpft ist. Denn im Unterschied zu Russland, wo das Notariat erst im 19. Jahrhundert entstand,[4] lässt sich in den baltischen Ländern das Notariat in frühere Jahrhunderte zurückverfolgen.[5] Der Re-

---

[3] *Lauri Vahtre*, Eesti notariaadi ajalugu 1918–2003 [Geschichte des Notariats in Estland 1918–2003], 2008.

[4] *Martin Avenarius*, Geschichte des Notariats in Russland, in: Mathias Schmoeckel/Werner Schubert (Hg.), Handbuch zur Geschichte des Notariats der europäischen Traditionen, 2009, S. 497.

[5] *Tiina Kala*, Reinold Korner, linnakirjutaja [Reinold Korner, Der Stadtschreiber], in: Tiina Kala/Juhan Kreem/Anu Mänd (Hg.), Kümme keskaegset tallinlast [Zehn mittelalterliche Einwohner von Tallinn], 2006, S. 121 ff.; *Leonid Arbusow*, Livlands Geistlichkeit vom Ende des 12. bis ins

gelungsbereich der Notariatsordnung (*Положение о Нотариальной части*) des russischen Imperiums von 1866 erstreckte sich somit zusammen mit den Gerichtsordnungen Alexanders II. auch auf die Ostsee-Gouvernements.

Die Normen des Reformgesetzes waren in den §§ 361–374 von Teil A (Von der Ausdehnung der Gerichtsordnungen Kaisers Alexander II.) der „Verordnung über die Reorganisation des Gerichtswesens in den baltischen Gouvernements" von 1889 untergebracht. Diese Bestimmungen bildeten im Gesetz einen selbständigen IV. Teil mit der Überschrift „In betreff der Notariatsordnung (*По положению нотариальной части*)". In der allgemeinen Gesetzgebung des Imperiums waren diese Normen als die §§ 271–377 der Notariatsordnung im 16. Band des Reichsgesetzbuchs (*Свод Законов*) integriert.[6] Die erste vollständige, wenn auch nicht amtliche Ausgabe des Normenwerks, welches das Notariat in den Ostsee-Gouvernements regelte, erschien im Ergänzungsband der Sammlung von A. Gasman und A. Nolcken.[7]

In der estnischsprachigen juristischen Literatur und Rechtsgeschichtsschreibung sind diese Akten als „Notarialgesetz" oder auch „russisches Notarialgesetz",[8] jedoch gleichfalls als „Notariatsgesetz" bekannt.[9] Ich würde ebenfalls gern die Namensform „Notarialgesetz" bevorzugen, weil das Gesetz selbst keinen Verweis auf das Notariat als eine einheitliche Gesamtorganisation enthält. Weder die allgemeine Notariatsordnung (*Положение о Нотариальной части*) des Imperiums von 1866 noch das Reformgesetz von 1889 der Ostsee-Gouvernements bündelten in Russland oder in den Ostsee-Gouvernements die einzelnen Notare zu einer ganzheitlichen Organisation, die beispielsweise mit den Kammern der vereidigten Rechtsanwälte vergleichbar wäre. Allerdings ist nicht nur in der Rechtsgeschichtsschreibung, sondern auch in der allgemeinen juristischen Literatur die Namensform „Notariatsordnung" verwurzelt, weshalb auch hier bei der traditionellen Namensform geblieben und im Folgenden über die „Notariatsordnung" gesprochen werden soll.

---

16. Jahrhundert. Dritter Nachtrag, Jahrbuch für Genealogie, Heraldik und Sphragistik, Jg. 1911, 1912, 1913, S. 263 f., 311, 322, 328 f., 336, 338, 341.

6 Die Notariatsordnung, Reichsgesetzbuch (*Svod Zakonov*), Bd. 16, Ausg. 1892, §§ 271–377.

7 Положения о преобразовании судебной части и крестьянских присутственных мест в Прибалтийских губерниях и правила о приведении означенных положений в действие с изложением соображений, на коих они основаны. Особое приложение. Сост. Анатолий Гасман, Адольф Нолькен [Die Verordnungen über die Reorganisation des Gerichtswesens und der Bauernbehörden in den baltischen Gouvernements und die Regeln betreffend die Ausführung der erwähnten Verordnungen mit Darlegung der Motive, auf die sie gegründet sind. Supplementsband, Ausgabe des Justizministeriums, hg. von Anatoli Gasman, Adolf Nolcken], 1890, S. 203–222.

8 Riigi Teataja süstemaatiline sisujuht. Seisuga 1. jaan. 1939. [Systematisches Inhaltsverzeichnis des Gesetzblattes, Stand: 1. Januar 1939], Nr. 692, S. 140; *Vahtre*, Geschichte (o. Fn. 3), S. 15.

9 *Vahtre*, Geschichte (o. Fn. 3), S. 17.

III. Die Justizreform von 1864 und das Notariat

Es existiert nur sehr wenig Literatur zu diesem Teil der Justizreform. Meiner Ansicht nach ist das mehreren Faktoren geschuldet. Ein erster Faktor liegt in den Reformgesetzen von 1864 selbst. Die erste Redaktion der Gerichtsbehördenverfassung von 1864 widmete den Notaren nur zwei Paragraphen. § 11 hat vorgeschrieben, dass an Gerichtsbehörden neben den Geschäftsstellen, Gerichtsvollziehern, vereidigten Rechtsanwälten, Justizamtskandidaten auch Notare angestellt werden sollen. § 420 als letzte Norm der Gerichtsbehördenverfassung bestimmte:

> „In den Residenz-, Gouvernements- und Kreisstädten, nöthigenfalls auch in den Kreisen, bestehen Notare, welche sich unter der Aufsicht der Gerichtsbehörden mit der Abfassung von Urkunden und mit anderen Notariatshandlungen, nach Anleitung einer besonderen Notariatsordnung, beschäftigen.“[10]

Der unter Anleitung von B. Vilenski im Jahr 1991 herausgegebene, kollektiv verfasste Kommentar, welcher die Traditionen der sowjetischen Historiographie bündelt, widmet dieser Bestimmung nur eine kurze Anmerkung. Es wird lediglich festgestellt, dass die Institution des Notariats begründet wurde, die aufgrund eines speziellen Gesetzes arbeitete.[11] Es fehlen jegliche weitere Kommentare über die Beziehungen der 1866 erschienenen Notariatsordnung und deren Umsetzung im Zuge der Justizreform von 1864 und deren Verwirklichung. In diesem Punkt sind die Verfasser des Kommentars eigentlich nicht originell. Bereits die anlässlich des 50. Jahrestages der Justizreform im Jahr 1914 erschienenen Jubiläumsausgaben behandeln das Notariatsgesetz von 1866 nicht als einen Teil der Justizreform, sondern stellen es stillschweigend daneben.[12]

In der Wirklichkeit ist der Zusammenhang zwischen den Gerichtsordnungen von 1864 und der zwei Jahre jüngeren Notariatsordnung jedoch offensichtlich. Bereits in der am 29. September 1862 erschienenen Schrift „Die Grundsätze der Reorganisation des Gerichtswesens in Russland“ (*Основные положения преобразования судебной части в России*) wurde die Regelung des Notarialbereichs

---

[10] Die Gerichtsordnungen vom 20. November 1864 wurden schon im Jahr 1867 von Constantin Hackel ins Deutsche übersetzt und von der Zweiten Abteilung der Eigenen Kanzlei seiner Kaiserlichen Majestät gedruckt. Siehe: Die Gerichtsbehördenverfassung. Die Gerichtsordnungen vom 20. November 1864, St. Petersburg, 1868.

[11] *Борис Виленский* [*Boriss Vilenski*], Учреждение судебных установлении, Комменарий [Die Gerichtsbehördenverfassung, Kommentar], in: Судебная реформа. Отв. ред. Б Виленский. Российское законодательство X–XX веков. [Boris Vilenski (Hg.), Justizreform, Russische Gesetzgebung vom 10. bis zum 20. Jahrhundert], Bd. 8, 1991, S. 116.

[12] Судебные уставы 20 ноября 1864 года за пятьдесят лет. Ред. *В. Фененов, Э. Берендтс, И. Блинов*. [*V. Fenenov/Eduard Berendts/Ivan Blinov*, (Hg.), Die Gerichtsordnungen vom 20. November 1864 während der letzten 50 Jahre], Bd. 1, Bd. 2, 1914; Судебная реформа. Ред. *Н. Давыдов, Н. Полянский* [*Nikolai Davõdov/Nikolai Poljanski*, (Hg.), Justizreform], Bd. 1, Bd. 2, 1915.

behandelt, indem ausdrücklich die Abtrennung des Letztgenannten vom Tätigkeitsbereich der Gerichte gefordert wurde, wobei Notare zugleich unter gerichtliche Aufsicht gestellt werden sollten.[13] In § 91 des I. Teils der „Grundsätze" wurde bestimmt:

> „In den Kreis- und Gouvernementsstädten bestehen Notare, welche unter der Aufsicht der Gerichtsbehörden Akte über Veräußerung und Erwerb von Vermögen, sowie über Verträge verschiedener Art ausfertigen. Die Verpflichtungen und der Geschäftskreis der Notare werden durch eine spezielle Verordnung festgestellt."[14]

Das damalige System der Gesetzgebung ließ ebenfalls keinen Zweifel daran, dass zwischen der Justizreform und der Notariatsordnung ein enger Zusammenhang besteht. Der zweite Teil des dritten Bandes der zweiten, kommentierten Auflage der durch die Reichskanzlei redigierten, in 1867 erschienenen Justizgesetze umfasste nämlich auch die Notariatsordnung.[15] Seit der zweiten Hälfte der 1860er Jahre erschienen Gesetzessammlungen, die zusammen sowohl die Gerichtsordnungen als auch die Notariatsordnung abdruckten.[16] Seit der Ausgabe von 1892 befand sich die Notariatsordnung auch offiziell zusammen mit den Gerichtsordnungen im 16. Band des Reichsgesetzbuchs.

Für Gasman war es offensichtlich, dass der hauptsächliche und grundlegende Gedanke der neuen Notariatsordnung darin bestand, das Gericht von den mit der Eintragung der Immobilien in Registern (Registrierung) verbundenen Aufgaben zu befreien,[17] indem diese wenn nicht gänzlich, doch zumindest teilweise den Notaren

---

[13] Судебные уставы 20 ноября 1864 года с изложением рассуждений, на коих они основаны. Ч. 3. Учреждение судебных установлений [Die Gerichtsordnungen vom 20. November 1864 mit Darlegung der Motive, auf die sie gegründet sind, T. 3. Die Gerichtsbehördenverfassung], 1867, S. II.

[14] Полное собрание законов Российской Империи. Собрание 2-е. [Vollständige Gesetzessammlung des Russischen Reichs, Sammlung II], 1865, Bd. 37 (1862), № 38761 I. Die deutsche Übersetzung erschien als Beilage zur Revalschen Zeitung, Nr. 233, 9. Oktober 1862.

[15] Судебные уставы 20 ноября 1864 года с изложением рассуждений, на коих они основаны: Положение о нотариальной части. Ч. 3: Отд. 2. Положение о Нотариалньой части. [Die Gerichtsordnungen vom 20. November 1864 mit Darlegung der Motive, auf die sie gegründet sind: Notariatsordnung, T. 3, Abt. 2, Notariatsordnung], 1867, S. 253–537.

[16] Сборник узаконений и распоряжений, изданных с 20 ноября 1864 г. по 1 января 1868 г., в дополнение и разъяснение судебных уставов. [Sammlung der Gesetze und Verordnungen, vom 20. November 1864 bis 1. Januar 1868 zur Ergänzung und Erläuterung der Gerichtsordnungen], 1868, Положение о Нотариалньой части [Notariatsordnung], S. 66 ff.; Полный свод судебных уставов, [высочайше утвержденных 20 ноября 1864 г.]: Со включением текста всех ст. Свода законов, на которые указаны ссылки [Vollständige Sammlung der Gerichtsordnungen (allerhöchst bestätigt am 20. November 1864) mit dem Text aller Artikel des Reichsgesetzbuches, auf welche die Gerichtsordnungen verweisen], 4. Aufl. 1871, Notariatsordnung, S. 567 ff.

[17] *Анатоли Гасман* [*Anatoli Gasman*], Объяснительная записка к проекту новой редакции положения о нотариальной части [Das Erläuterungsschreiben zur neuen Redaktion des Entwurfs der Notariatsordnung], 1904, S. LIII.

auferlegt wurden. Die Verfassung des Gesetzes blieb die Aufgabe der II. Abteilung der Eigenen Kanzlei Seiner Kaiserlichen Majestät. Das Verfassen des ersten Entwurfs der Notariatsordnung im Jahr 1863 verlief inhaltlich parallel mit den übrigen Gesetzen der Justizreform von 1864, ebenfalls fand die Diskussion über den Entwurf in Reichskanzlei und Staatsrat praktisch gleichzeitig mit den Entwürfen der restlichen Gerichtsordnungen statt.[18] Im Unterschied zu den anderen mit der Justizreform verbundenen Gesetzentwürfen lehnte der Staatsrat den ihm vorgelegten Entwurf der Notariatsordnung ab und der neue Entwurf wurde erst im Jahr 1866 verabschiedet.

Die Bindung der Notariatsordnung an die Gerichtsordnungen Alexanders II. kommt auch in der praktischen Umsetzung zum Ausdruck, weil § 1 des am 27. Juli 1867 verabschiedeten Akts ausdrücklich bestimmt hatte, dass die Normen der Notariatsordnung in allen Regionen in Kraft treten werden, in denen man aufgrund der Gerichtsordnungen von 1864 Justizbehörden gegründet hatte.[19] § 3 desselben Akts bestimmte, dass die §§ 8–10 der am 19. Oktober 1865 verabschiedeten „Verordnung über die Einführung der Gerichtsordnungen von 20. November 1864“[20] (*Положение о введении в действие судебных уставов*) auch auf Obernotare ausgedehnt werden sollten.[21] § 57 der Notariatsordnung sah vor, dass die Aufsicht über Notare und Obernotare gemäß § 249 ff. der Gerichtsbehördenverfassung von 1864 auszuüben ist.

Das legislative Gesamtbild zeigt also eindeutig, dass die Obrigkeit in der Notariatsordnung einen integralen Bestandteil der Justizreform sah. Desto erstaunlicher ist, dass die spätere Forschung das Notariatswesen nahezu völlig außer Acht gelassen, dagegen sich aber intensiv mit den späteren Änderungen der Gerichtsordnungen beschäftig hat, die auch als Gegenreform der 1880er Jahren bezeichnet worden ist.

Die Ausdehnung der Gerichtsordnungen von 1864 auf die Ostsee-Gouvernements fällt zeitlich mit dieser Gegenreform zusammen. Insoweit sind die Gerichtsordnungen schon in einer neuen, von der ursprünglichen Version abweichenden

---

[18] Судебные уставы 20 ноября 1864 года с изложением рассуждений, на коих они основаны: Положение о нотариальной части. Ч. 3: Отд. 2. Положение о Нотариалньой части [Die Gerichtsordnungen vom 20. November 1864 mit Darlegung der Motive, auf die sie gegründet sind: Notariatsordnung, T. 3, Abt. 2, Notariatsordnung], 1867, S. 257.

[19] Правила о порядке введения в деиствие положения о нотариалнои части. Собрание узаконении и распоряжении Правительства [Die Regeln betreffend die Ausführung der Notariatsordnung, Sammlung der Erlasse und Verordnungen der Regierung], 1867, Nr. 59.

[20] Полное собрание законов Российской Империи. Собрание 2-е. [Vollständige Gesetzessammlung des Russischen Reichs, Sammlung II], 1867, Bd. 40 Teil II (1865), № 42587.

[21] Правила о порядке введения в деиствие положения о нотариальной части, in: Собрание узаконении и распоряжении Правительства [Die Regeln betreffend die Einführung der Notariatsordnung, in: Sammlung der Verordnungen und Erlasse der Regierung], 1867, Nr. 59.

Gestalt im Baltikum eingeführt worden – übrigens abweichend auch von den gleichzeitigen Veränderungen in anderen Regionen des Reichs. Immerhin zeigt die Vorbereitung und Verwirklichung der Reform von 1889 in den Ostsee-Gouvernements deutlich, dass die Reorganisierung des Notarialwesens ein organischer Teil der ganzen Justizreform war.

Ein weiterer Faktor, der die Behandlung der Geschichte des russischen Notariats beeinflusst hat, war die für die zarenrussische und sowjetische Rechtskultur charakteristische Einstellung zum Notariat. Am Anfang des 20. Jahrhunderts schrieb S. Baranovski über Notare als „Stiefkinder der Themis".[22] Ein heutiger Forscher, A. Kodintsev, hat darauf verwiesen, dass die mit dem Notariat zusammenhängenden Probleme im 20. Jahrhundert in der Peripherie des sowjetischen juristischen Gedankens lagen. Seiner Einschätzung nach wurde in keiner der in den Jahren 1950–1990 verteidigten Dissertationen, welche die allgemeinen Probleme der sowjetischen Justizbehörden (Strafverfolgungsbehörden) analysierten, die Probleme des Notariats behandelt.[23] Kodintsev ist der Auffassung, dass das Notariat oft als ein technisches Hilfsorgan des Justizministeriums (des Gerichtsvolkskommissariats) betrachtet wurde. Das Notariat nach dem Zweiten Weltkrieg wird von Kodintsev als eine von der Obrigkeit diskriminierte Justizbehörde charakterisiert.[24] Im Hinblick auf die planwirtschaftlichen Verhältnisse, das Fehlen eines (legalen) Gewerbes sowie auf das Volumen und den Charakter des im Zivilverkehr befindlichen Vermögens ist

---

[22] *С. Барановский* [*S. Baranovski*], Пасынки Фемиды (история нотариата 1903 г.) [Die Stiefkinder von Themis (Geschichte des Notariats im Jahr 1903)], Нотариальный вестник [Anzeiger des Notariats], 2000, № 3/4, S. 92 f.

[23] *Александр Кодинцев* [*Aleksander Kodintsev*], История и природа советского нотариата в трудах советских и российских учёных [Geschichte und Natur des sowjetischen Notariats in Werken der sowjetischen und russischen Wissenschaftler], Нотариальный Вестник [Anzeiger des Notariats], 2008, Nr. 2, S. 58.

[24] *Александр Кодинцев* [*Aleksander Kodintsev*], Государственная политика в системе органов юстиции СССР в 1933–1956 гг. [Staatliche Politik im System der Justizorgane der UdSSR von 1933 bis 1956], Автореферат диссертации на соискание ученой степени доктора юридических наук [Autoreferat der Dissertation zur Erlangung des Akademischen Grades eines Doktors der Rechtswissenschaften], 2010, S. 30. – Man kann den wissenschaftlichen Grad in Russland auf drei verschiedene Arten erlangen: Erstens kann der Bewerber die Monographie veröffentlichen und darüber disputieren, zweitens über die schon früher veröffentlichten Aufsätze disputieren und drittens die wissenschaftliche Abhandlung als ein Manuskript für die Disputation vorlegen. Gerade die letztgenannte Weise ist bisher die häufigste, besonders bei den Dissertationen zur Erlangung des akademischen Grades eines Kandidaten. Vor der Disputation muss der Erwerber einen schriftlichen zusammenfassenden Überblick über die Dissertation verfassen, das sog. Autoreferat. Im Autoreferat muss man sowohl die wesentlichen Ideen und Auffassungen als auch die Schlussfolgerungen der Dissertation präsentieren. Dabei müssen besonders der persönliche Beitrag des Verfassers, die neuen Gesichtspunkte und der praktische Wert hervorgehoben werden. In den Geisteswissenschaften kann der Umfang des Autoreferats von 28 bis zu 56 S. reichen; die Auflagenhöhe wird durch das Verteidigungsgremium festgelegt.

eine derartige allgemeine Einstellung zum Notariat sogar verständlich. Der Notar wurde in eine Rolle versetzt, in der er lediglich Abschriften beglaubigte und Erbschaften abwickelte.[25] Dies wiederum erklärt das niedrige Ansehen des Notarberufs und die geringe Anziehungskraft für diplomierte Juristen. Charakteristisch ist an dieser Stelle, dass noch im Jahr 1994 allein in der Stadt Moskau 40 Notare ohne juristischen Hochschulabschluss tätig waren.[26] Diese allgemeine rechtskulturelle Einstellung beeinflusste auch die Haltung der Rechtsgeschichtsschreibung zur Erforschung der Geschichte des Notariats. Dies wiederum wirkte sich auf die Behandlung der Probleme der Geschichte des Notariats in der Historiographie der Justizreform von 1864 aus.

IV. Die Historiographie bis zum Jahr 1917

Von den vor dem Jahr 1917 erschienenen Werken, in denen die Geschichte des Notariats behandelt wird, werden bis heute traditionell immer die Monographien von N. Ljapidevski und A. Femelidi erwähnt.[27] Von Ljapidevski erschien 1875 eine Monographie, wo es allerding nur um die Entwicklung des Notarialwesens in Westeuropa ging.[28] Das Werk Femelidis erschien 1902 und diente inhaltlich als ein Lehrmittel zum Kennenlernen der geltenden Notariatsordnung von 1866 samt der historischen Einleitung. Die historische Behandlung des Gesetzes von 1866 selbst war jedoch knapp und auf nur wenige Seiten beschränkt.[29] Aus dem dogmatischen Blickwinkel wird auch die in den Gouvernements des Bezirks der Warschauer Gerichtskammer und in den Ostsee- Gouvernements bestehende Regelung der Notariatsordnung gesondert behandelt.[30]

---

[25] *Иван Алферов* [*Ivan Alfjorov*], Нотариальная форма защиты охраны права и законного интереса. [Notarielle Form des Schutzes der Verteidigung der Rechte und des rechtlichen Interesses], Автореферат диссертации на соискание ученой степени кандидата юридических наук [Autoreferat der Dissertation zur Erlangung des Akademischen Grades eines Kandidaten der Rechtswissenschaften], 2007, S. 3. Zu der Entwicklung des sowjetischen Erbrechts der Beitrag von Jānis Lazdiņš in diesem Band.

[26] История создания Мо[сковской] Н[отариальной] П[алаты] [Geschichte des Schaffens der Notarkammer von Moskau], http://www.monp.ru/monp/history.htm [12.12.2010].

[27] Z.B. *Avenarius*, in: Schmoeckel/Schubert, Handbuch (o. Fn. 4), S. 517 f.

[28] *Николай Ляпидевский* [*Nikolai Ljapidevski*], История нотариата [Geschichte des Notariats], 1875.

[29] *А. Фемелиди* [*A. Femelidi*], Русский нотариат. История нотариата и действующее нотариальное положение 14 апр. 1866 г. Пособие к изучению русского нотариального права [Das russische Notariat. Die Geschichte des Notariats und die geltende Notariatsordnung vom 14. April 1866. Lehrmittel zum Notarialrecht], 1902, S. 72–74.

[30] *Femelidi*, Notariat (o. Fn. 29), S. 240 ff.

Die spätere Geschichtswissenschaft beachtete den im Jahr 1899 erschienenen Beitrag von L. Mandelstam über das Wesen und die Organisation des Notariats[31] und die anlässlich des 50. Jahrestages des Notariats in 1916 erschienenen Abhandlungen weitaus weniger.[32] Die Schrift Mandelstams gewährt einerseits einen Überblick über die Entwicklung des Notarialwesens in Frankreich, Deutschland und Österreich, andererseits analysiert sie die mit der Entwicklung des russischen Notarialwesens, darunter die mit der Notariatsordnung von 1866 zusammenhängenden Probleme.

Ähnlich wie bei den Gerichtsordnungen von 1864 stellte sich bei der Notariatsordnung schnell die Frage einer Aktualisierung. So erschien bereits 1877 ein neuer Entwurf der Notariatsordnung, verfasst von den durch die Notare in St. Petersburg gewählten Vertretern.[33] Um 1900 stieg A. Gasman, damaliges Mitglied des Senats, zur Leitfigur dieses Vorhabens auf. Unter seiner Anleitung wurde der Entwurf der neuen Notariatsordnung verfasst, der im Jahr 1904 in Druckform in der Zeitschrift des Justizministeriums erschien.[34] Er verfasste auch das Erläuterungsschreiben zur neuen Notariatsordnung, das 1904 erschien. Das umfangreiche Erläuterungsschreiben beinhaltet eine recht lange historische Einführung, in der die Entwicklungsgeschichte des Notariats sowohl in Westeuropa als in Russland behandelt wird.[35] Die historische Einführung endet mit einem Überblick über die Entwicklungsgeschichte des Gesetzes von 1866. Die Notariatsordnung blieb 1904 dennoch unverändert, und noch im Jahr 1916 schrieb Gasman über die Gefahr, dass das ganze Notariat ohne Veränderungen in eine völlige Krise geraten könnte.[36]

---

[31] *Л. Мандельштам* [*L. Mandelštam*], Учреждение нотариата и его организация [Gründung und Organisation des Notariats], Журнал министерства юстиции [Die Zeitschrift des Justizministeriums], 1899, Nr. 4, S. 1–52.

[32] *И. Вольман* [*I. Volman*], Юбилей русского нотариата. [Jubiläum des russischen Notariats], Вестник права [Rechtsmitteilungen], 1916, Nr. 15 f., S. 384–388; *Лев Виноградов*, [*Lev Vinogradov*], Историческое развитие русского нотариата, [Geschichtliche Entwicklung des russischen Notariats], Вестник права [Rechtsmitteilungen], 1916, Nr. 15 f., S. 389–393; *А. Б.* [*A. B.*] К пятидесятилетию Российского нотариата [Fünfzig Jahre russisches Notariat], Вестник права [Rechtsmitteilungen], 1916, Nr. 19, S. 446–448; *Ф. Штраних* [*F. Štranich*], Юбилей нотариата [Jubiläum des Notariats], Вестник права [Rechtsmitteilungen], 1916, Nr. 19, S. 448 f.

[33] Проект нотариального положения: пересмотренного по поручению г. министра юстиции С.-Петербургскими нотариусами [Entwurf der Notariatsordnung, durchgearbeitet von den Notaren von St. Petersburg im Auftrage des Hr. Justizministers], 1876, S. I f.

[34] Проект новой редакции Положения о нотариальной части [Entwurf der neuen Redaktion der Notariatsordnung], Журнал Министерства юстиции [Die Zeitschrift des Justizministeriums], 1904, Nr. 9, Beilage.

[35] *Gasman*, Entwurf (o. Fn. 17), S. I–LVIII.

[36] *Анатоли Гасман* [*Anatoli Gasman*], Изменения Положения о нотариальной части за полвека, [Veränderungen der Notariatsordnung während eines halben Jahrhunderts], Вестник права [Rechtsmitteilungen], 1916, Nr. 15 f., S. 384.

V. Neuer Anfang nach 1991

Vorstehend wurde bereits erwähnt, dass die Rechts(geschichts)wissenschaft der Sowjetperiode kein Interesse an den Problemen des Notariats zeigte. Dies gilt auch für die Werke, in denen die Justizreform von 1864 behandelt wird. An dieser Stelle ist die Feststellung angebracht, dass die russisch- und deutsch- sowie englischsprachigen Historiographien der zweiten Hälfte des 20. Jahrhunderts in ihrem Schweigen erstaunenswert einmütig sind. Nur F. B. Kaiser hat in seiner Monographie von 1972 bemerkt, dass die Reformkommission der Reichskanzlei in den Jahren 1864–1865 rasch den Entwurf der Notariatsordnung ausgearbeitet hat.[37]

Als jüngste fremdsprachige Kurzübersicht über die Geschichte des russischen Notariats ist der Beitrag von M. Avenarius im Handbuch der Geschichte des europäischen Notariats besonders erwähnenswert. Obwohl der Beitrag an so prominenter Stelle erschienen ist und einen anspruchsvollen Titel trägt, ist er leider inhaltlich oberflächlich und reflektiert auch nicht den neuesten Forschungsstand. Typischerweise übergeht Avenarius ebenfalls den engen Zusammenhang der Notariatsordnung und der Justizreform von 1864. Sich an Kaiser anlehnend erwähnt der Autor nur, „die Einrichtung des Notariats ermöglichte eine Konzentration der Tätigkeit der Gerichte auf die Rechtsprechung, indem sie von Aufgaben des Beurkundungswesens im wesentlichen befreit wurden".[38]

Der Übergang zur Marktwirtschaft und zum Privateigentum sowie die qualitativen Änderungen des Umfangs und der Struktur des Wirtschaftsverkehrs in den 1990er Jahren führten zu einer Neubewertung des Notariats in der russischen Gesellschaft. Auch die Gesetzgebung wurde reformiert. Parallel zur Verabschiedung des Konzepts der Gerichtsreform hat das Oberste Sowjet der Russischen Föderation am 11. Februar 1993 auch die „Grundsätze der Gesetzgebung über das Notariat der Russischen Föderation" (*Основы законодательства Российской Федерации о нотариате*) verabschiedet.[39] Die sich erneuernde Gesetzgebung und ein gewisser Zuwachs des gesellschaftlichen Interesses ließ auch die wissenschaftliche Untersuchung der Probleme des Notariats attraktiver erscheinen, mit dem auch der Anstieg der Anzahl der Studien über die Geschichte des Notariats einherging.

Die Tiefe der Veränderungen ist dennoch fraglich. Die Forscher über die gegenwärtige Reform haben hervorgehoben, dass die prozedurale Seite der Notarialtätigkeit in hohem Umfang unverändert geblieben sei, die Formen und Methoden der notariellen Tätigkeit immer auf denselben Grundlagen stünden, die Kompetenz

---

[37] *Friedhelm Berthold Kaiser*, Die russische Justizreform von 1864. Zur Geschichte der russischen Justiz von Katharina II. bis 1917, 1972, S. 459.

[38] *Avenarius*, in: Schmoeckel/Schubert, Handbuch (o. Fn. 4), S. 503.

[39] Ведомости СНД и ВС РФ [Mitteilungen des Abgeordnetenkongresses und des Obersten Sowjets der Russischen Föderation], 1993, N. 10, Art. 357.

des Notariats nach wie vor schwach sei und eigentlich nur der Form der notariellen Handlungen hohe Bedeutung beigemessen werde. Aus dem Vorstehenden ergibt sich und mit diesem geht zugleich einher, dass das Notariat nach wie vor eine geringe soziale Reputation hat.[40]

N. Komarov stellt fest, dass die russische Rechtswissenschaft bis heute die Rolle und den Platz des Notariats im System der privatrechtlichen Beziehungen beim Schutz der gesetzlichen Rechte und Interessen der Bürger sowie bei der Nutzung des Eigentums weder tiefgehender analysiert noch voll ins Bewusstsein gebracht habe.[41] Die grundsätzliche Umgestaltung des Notarialwesens habe ohne eine wissenschaftliche Begründung einer solchen Notwendigkeit stattgefunden. Darüber hinaus habe sich die Einstellung der Gesellschaft zum Notariat nicht geändert. Die Diskussion über das Wesen und die Rolle des Notariats (z.B. die Frage, ob das Notariat ein Organ der staatlichen Steuerung[42] oder vielmehr eine dem Bürger dienende, seine gesetzlichen Rechte und Interessen schützende Institution ist) wird in der russischen juristischen Literatur bis heute fortgesetzt. Wie selbstverständlich wird in dieser Diskussion auch das historische Argument ziemlich häufig eingesetzt.[43]

---

[40] Российский нотариат в изменяющейся государственной и правовой системе России: современное состояние и перспективы развития (аналитическая записка). Подготовлена ЦНИ совместно с Институтом государства и права Российской академии наук [Das Russische Notariat im sich verändernden Staats- und Rechtssystem Russlands: Situation der Gegenwart und Entwicklungsperspektiven (analytisches Memorandum). Ausgearbeitet vom Forschungszentrum für das Notariat und vom Institut für Staat und Recht an der Russischen Akademie der Wissenschaften], 2004, S. 6 f.

[41] *Николай Комаров* [*Nikolai Komarov*], Нотариат в Российской империи во второй половине XIX - начале XX века (Историко-правовое исследование) [Notariat im Russischen Reich in der zweiten Hälfte des 19. Jahrhunderts und am Anfang des 20. Jahrhunderts (Rechtsgeschichtliche Untersuchung)], Диссертация на соискание ученой степени кандидата юридических наук [Die Dissertation zur Erlangung des Akademischen Grades eines Kandidaten der Rechtswissenschaften], 2004, S. 3. Denselben Standpunkt vertritt I. Alfjorov: *Alfjorov*, Notarielle Form (o. Fn. 25), S. 4.

[42] *Оксана Кузнецова/Наталья Куленко*/Алексей *Тенетко/Александр Томилов* [*Oksana Kuznetsova/Natalja Kulenko/Aleksei Tenetko/Aleksandr Tomilov*], Конституционные начала в гражданской юрисдикции [Verfassungsrechtliche Elemente der zivilrechtlichen Jurisdiktion], 2007, S. 120–190.

[43] Z.B. *Юрий Сальников* [*Juri Salnikov*], Исторический аспект становления и развития нотариата в России как института защиты прав и законных интересов граждан [Geschichtliche Aspekte der Entstehung und Entwicklung des russischen Notariats als Institution des Rechtsschutzes und der Bürgerrechte], Вестник Нижегородского университета им. Н.И. Лобачевского. Серия: Право [Mitteilungen der Lobatševski-Universität zu Nižni-Novgorod. Serie: Das Recht], Nr. 1, 2002, S. 89–93; *Alfjorov*, Notarielle Form (o. Fn. 25); *Ирина Богатырева* [*Irina Bogatyrjova*], Актуальные проблемы совершенствования законодательства, правоприменения и правовых теорий в России и за рубежом [Aktuelle

Ich bin der Auffassung, dass der Anstieg des Interesses an der Geschichte des russischen Notariats auch von dem Bedürfnis der Notare als einer einflussreichen sozialen Gruppe, genauer gesagt des nichtstaatlichen (lateinischen) Notariats, nach der Gestaltung der eigenen Identität gefördert wurde. Hierbei wurde gerade das Zurückgreifen auf die Geschichte, das Unterstreichen der historischen Kontinuität, zu einem Instrument. An der föderalen Notarialkammer wurde ein gesonderter Ausschuss zur Untersuchung des historischen Erbes des russischen Notariats gegründet. Auf die Initiative des genannten Ausschusses hin wird seit dem Jahr 1998 eine umfangreiche Buchserie „Goldbuch der Geschichte des russischen Notariats" herausgegeben. 1997 wurde die 1903 gegründete Zeitschrift „Anzeiger des Notariats" wieder aufgenommen. Auf dem Titelblatt ist für die Jahre 2003–2006 im Verzeichnis der Dauerrubriken die Rubrik „Über die Geschichte des Notariats" notiert.

Bei derartigen Arbeiten steht vielmehr das historische Schicksal des Notariats als Ganzes im Fokus der Betrachtung und in diesem Rahmen wird dessen Entwicklungsgeschichte in der zweiten Hälfte des 19. Jahrhunderts in unterschiedlichem Maß analysiert. Es ist bemerkenswert, dass dabei die Ära des sowjetischen Notariats oftmals stillschweigend übergangen wird.

An dieser Stelle kann man wieder einmal den kumulativen Effekt feststellen – auf der einen Seite stieg das Interesse an der Geschichte des Notariats im Allgemeinen an, auf der anderen Seite ist dank der in 1991 begonnenen Gerichtsreform das Interesse der Rechtsgeschichtsschreibung an der Justizreform von 1864 als solches gewachsen. Die dritte Forschungsrichtung, welche die mit der Geschichte des Notariats zusammenhängenden Fragen in höherem oder geringerem Maß beleuchtet, setzt sich aus Studien zusammen, welche die historische Entwicklung des Erbrechts betreffen.[44] Es ist für die Etablierung des Corpsgeistes bezeichnend, dass die Autoren mehrerer historischer Abhandlungen selbst gerade Notare waren.

Probleme der Weiterentwicklung der Gesetzgebung, Rechtspraxis und Rechtstheorie in Russland und im Ausland], in: Владислав Кудрявцев [Vladislav Kudrjavtsev], (Hg.), Материалы Международной научно-практической конференции (20 ноября 2008 г.). Т. 2: Государственно-правовая секция. Гражданско-правовая секция [Materialien der internationalen wissenschaftlich-praktischen Tagung (20. November 2008), Bd. 2: Staatsrechtliche Sektion. Zivilrechtliche Sektion], 2008, S. 29–34; *Наталья Куленко* [*Natalja Kulenko*], Нотариат в системе органов государственного управления [Notariat im System der Organe der staatlichen Steuerung], Вестник Челябинского государственного университета. Серия 9: Право [Mitteilungen der Universität zu Tšeljabinsk. Serie 9: Das Recht], 2005, Nr. 1(8), S. 29–37; *Наталья Куленко* [*Natalja Kulenko*], Конституционно-правовые основы российского нотариата [Die verfassungsrechtlichen Grundlagen des russischen Notariats], Автореферат диссертации на соискание ученой степени кандидата юридических наук [Autoreferat der Dissertation zur Erlangung des Akademischen Grades eines Kandidaten der Rechtswissenschaften], 2005.

44 *Борис Коваленко* [*Boriss Kovalenko*], Эволюция нотариальной деятельности и ее роль в наследственном праве [Die Geschichte des Notarwesens und seiner Bedeutung für das Erbrecht], Автореферат диссертации на соискание ученой степени кандидата юридических

VI. Historiographie nach dem Jahr 1991

Einer der ersten neueren Beiträge zur Geschichte des Notariats erschien 1996 aus der Feder von L. Arbuzova.[45] Rasch erweiterte sich dann der Autorenkreis und der Umfang der zu betrachtenden Fragen. Eine der ersten Arbeiten, welche die Entwicklung des Notariats im Kontext der Reform von 1864 betrachtete, war die im Jahr 1998 verteidigte Dissertation von N. Bijushkina. Sie behandelte die Umsetzung der Justizreform im Gouvernement Nižni Nowgorod.[46] Ein Teil der Dissertation untersucht die Umsetzung der Notariatsordnung von 1866 und der damit zusammenhängenden Akte im Gouvernement Nižni Nowgorod. Sie zeigt, dass die Zentralregierung per Gesetz die maximale Zahl der Notare festgelegt hatte, die lokalen Selbstverwaltungsorgane aber die reale Zahl bestimmten. Bijushkina ist der Auffassung, dass sich gerade auf diese Weise einerseits eine objektive Abhängigkeit der quantitativen Parameter der Organisation des Notariats von den lokalen wirtschaftlichen Verhältnissen herauskristallisiert habe. Folgt man Bijushkinas Thesen, bildete sich andererseits auf diese Art auch eine subjektive Abhängigkeit heraus. Die Anzahl der Notare sei von der sozialwirtschaftlichen Aktivität der in der einen oder anderen Region lebenden und handelnden Bürger beeinflusst worden.[47] Die in

---

наук [Autoreferat der Dissertation zur Erlangung des Akademischen Grades eines Kandidaten der Rechtswissenschaften], 2007.

[45] *Л. Арбузова* [*L. Arbuzova*], Из истории российского нотариата [Aus der Geschichte des russischen Notariats], 1996; *Николай Тоцкий* [*Nikolai Totski*], Из истории российского нотариата. Биржевые нотариусы [Die Geschichte des russischen Notariats. Börsennotare], Нотариус [Notar], 1998, Nr. 2, S. 92; *Евгений Скрипилев* [*Jevgeni Skripiljov*], История российского нотариата: прототип нотариата (институт подьячих), развитие до реформ Александра II, нотариат и судебная реформа. 1864–1874 гг. [Geschichte des russischen Notariats: Prototyp des Notariats (Institution der Unterdjaken): Entwicklung bis zu den Reformen von Alexander II., Notariat und Justizreform, 1864–1874], Нотариальный вестник [Anzeiger des Notariats], 1998, Nr. 9, S. 5; *Наталья Куклина* [*Natalja Kuklina*], История российского нотариата [Geschichte des russischen Notariats], Российская юстиция [Die Justiz Russlands], 1997, Nr. 12, S. 31 f.

[46] *Надежда Биюшкина* [*Nadežda Bijuškina*], Проведение судебной реформы 1864 г. в Российском государстве (на примере Нижегородской губернии) [Die Durchsetzung der Justizreform von 1864 im Russischen Reich (am Beispiel des Gouvernements Nižni-Novgorod)], Автореферат диссертации на соискание ученой степени кандидата юридических наук [Autoreferat der Dissertation zur Erlangung des Akademischen Grades eines Kandidaten der Rechtswissenschaften], 1998.

[47] *Надежда Биюшкина* [*Nadežda Bijuškina*], Проведение судебной реформы 1864 г. в Российском государстве (на примере Нижегородской губернии) [Verwirklichung der Justizreform von 1864 in Russland (am Beispiel von Gouvernement Nižni-Novgorod)], Автореферат диссертации на соискание ученой степени кандидата юридических наук [Autoreferat der Dissertation zur Erlangung des Akademischen Grades eines Kandidaten der Rechtswissenschaften], 1998, S. 21 f.

der Dissertation behandelten, mit dem Notariat zusammenhängenden Probleme hat sie auch in einem gesonderten Beitrag analysiert.[48]

In der Historiographie wird in der Regel die Entwicklung einer Institution getrennt analysiert. Jedoch untersuchen A. Pidzhakov und S. Glushatshenko in ihrem Beitrag die Auswirkung der Gerichtsordnungen von 1864 auf die parallele Entwicklung sowohl der Rechtsanwaltschaft als auch des Notariats.[49] Der Zusammenhang der Notariatsordnung von 1866 mit der Justizreform von 1864 ist später noch von I. Bogatyrjova[50] und J. Salnikov[51] hervorgehoben worden. Der Letztgenannte betont zugleich die Kontinuität der mit dem Notarialwesen zusammenhängenden historischen Erfahrung sowohl im 19. als auch im 20. Jahrhundert. Er behauptet auch, dass es schwierig gewesen sei, die Notariatsordnung unter den konkreten historischen Bedingungen Russlands anzuwenden.[52] Auch andere Forscher haben die Schwierigkeiten bei der Anwendung des Gesetzes, die mit der Unangemessenheit der westlichen Vorbilder und den Besonderheiten Russlands begründet werden, hervorgehoben.[53]

Wiederum andere Forscher erwähnen den Zusammenhang zwischen der Justizreform und der Gründung des Notariats nur am Rand. Das erweckt den Eindruck, es habe nur eine rein zeitliche Überlappung und kein inhaltlicher Zusammenhang bestanden.[54]

---

48 *Надежда Биюшкина* [*Nadežda Bijuškina*], Создание нотариата – важного звена пореформенной губернской судебной системы [Die Tätigkeit des Notariats, des wichtigen Teils des reformierten Justizsystems auf der Gouvernementsebene], in: Российское право в период социальных реформ. Сборник научных трудов аспирантов, соискателей и молодых ученых. Вып. 1. [Das Russische Recht während der Periode der sozialen Reformen. Sammlung wissenschaftlicher Schriften von Aspiranten, Doktoranden und Nachwuchswissenschaftlern, Bd. 1], 1998.

49 *Сергей Глушаченко/Александр Пиджаков* [*Sergei Glušatšenko/Aleksandr Pidžakov*], Формирование институтов адвокатуры и нотариата в ходе реформы 1864 года [Herausbildung der Institutionen der Rechtsanwaltschaft und Notariats im Zuge der Justizreform von 1864], Адвокатская практика [Praxis der Rechtsanwaltschaft], 2004, Nr. 3, S. 37–39.

50 *Ирина Богатырева* [*Irina Bogatyrjova*], К вопросу об истории возникновения института российского нотариата [Zur Frage der Entstehung des russischen Notariats als Institution], Юристъ-Правоведъ [Jurist-Rechtswissenschaftler], 2009, Nr. 5, S. 88 f.

51 *Salnikov*, Mitteilungen der Lobatševski-Universität, 2002, Nr. 1, S. 91 f.

52 *Salnikov*, Mitteilungen der Lobatševski-Universität, 2002, Nr. 1, S. 93.

53 Z.B. *Евгений Скрипилев* [*Jevgeni Skripiljov*], История российского нотариата: прототип нотариата (институт подьячих), развитие до реформ Александра II, нотариат и судебная реформа. 1864–1874 гг. [Geschichte des russischen Notariats: Prototyp des Notariats (Institution der *подьячих*), Entwicklung bis zu den Reformen von Alexander II., Notariat und Justizreform. 1864–1874], Нотариальный вестник [Anzeiger des Notariats], 1998, Nr. 9, S. 5 f.

54 Vgl. etwa *Игорь Москаленко/Д. Берова* [*Igor Moskalenko/D. Berova*], Формирование российского нотариата в дореволюционный период и его роль в гражданском обороте

1. Das historische Argument im Dienst der gegenwärtigen (Rechts)politik

Im Jahr 1999 erschien die Monographie von I. Tsheremnyh über das russische Notariat, welche die Bedeutung des einheimischen Notariats im Rechtssystem des zeitgenössischen Russlands zu definieren versucht, die Organisation des Notariats mit der Organisation des Notariats in anderen Ländern vergleicht und die Rolle der Notare beim Schutz der Bürgerrechte hervorhebt. Ein Teil der Monographie, die sonst aktuell angelegt ist, widmet sich der historischen Entwicklung des russischen Notariats, wobei u.a. die Entwicklungen in der zweiten Hälfte des 19. Jahrhunderts konzentriert zusammengefasst werden.[55] Tsheremnyh behandelte die Geschichte des Notariats noch im selben Jahr in einem separaten Beitrag.[56] In Anlehnung an Mandelstam analysiert Tsheremnyhh eingehend und kritisch die Normen der Notariatsordnung von 1866. Am Ende der historischen Behandlung kommt der Wissenschaftler zu dem Schluss, dass ungeachtet aller Schwierigkeiten das russische Notariat sich konsequent als eine nichtstaatliche Einrichtung entwickelt habe.[57] Meiner Meinung nach gibt diese Feststellung dem Forscher die großartige Möglichkeit, die Entwicklung des russischen Notariats bis 1917 mit der späteren Entwicklung des sowjetischen Notariats zu vergleichen. Im Folgenden stellt Tsheremnyhh ausführlich dar, wie man sich in Russland am Ende des 20. Jahrhunderts vom sowjetischen staatlichen Notariatssystem gelöst habe.[58] Schritt für Schritt wird dem Leser ein konstruiertes Bild mit dem Inhalt geliefert, es bestehe eine Kontinuität des heutigen russischen Notariats mit der Geschichte des Notariats aus der Zarenzeit, aber nicht mit der Geschichte des Notariats aus der Sowjetzeit.

Die nächste Monographie von L. Shapovalova über die historische Gestaltung und Entwicklung des russischen Notariats erschien im Jahr 2000.[59] Sie basiert auf der in demselben Jahr verteidigten Dissertation.[60] Ungeachtet des vielversprechen-

---

[Entstehung des russischen Notariats in der vorrevolutionären Zeit und seine Bedeutung im Privatrechtsverkehr], Вестник Санкт-Петербургского университета МВД Россий [Mitteilungen der Universität des Innenministeriums zu Sankt Petersburg, Serie: Recht], 2006, Nr. 2 (30), S. 38 f.

55 *Игорь Черемных* [*Igor Tsheremnyhh*], Российский нотариат: прошлое, настоящее, будущее [Russisches Notariat: Vergangenheit, Gegenwart, Zukunft], 1999, S. 22–28.

56 *Игорь Черемных* [*Igor Tšeremnõhh*], Возникновение и развитие нотариата в России до начала XX века [Entstehung und Entwicklung des Notariats in Russland bis Anfang des 20. Jahrhunderts], Право и жизнь [Recht und Leben], 1999, S. 19.

57 *Tsheremnyhh*, Russisches Notariat (o. Fn. 55), S. 28.

58 *Tsheremnyhh*, Russisches Notariat (o. Fn. 55), S. 39 ff.

59 *Лариса Шаповалова* [*Larissa Šapovalova*], Институт нотариата в России: историко-правовой аспект [Institution des Notariats in Russland: rechtshistorische Perspektive], 2000.

60 *Лариса Шаповалова* [*Larissa Šapovalova*], Становление и развитие института нотариата в России: Историко-правовой аспект [Entstehung und Entwicklung des Notariats in Russland: Rechtsgeschichtliche Perspektive], Автореферат диссертации на соискание ученой степени

den Titels widmet die Arbeit dem gesamten historischen Verlauf des russischen Notariats vor dem Jahr 1917 nur ein Unterkapitel (Kap. 1.2.). Die Autorin beginnt mit der Antike, richtet ihre Aufmerksamkeit jedoch hauptsächlich auf die Beschreibung des gegenwärtigen Notariats in Westeuropa und Russland, so dass der wissenschaftliche Beitrag zur Geschichtsschreibung des Notariats gering bleibt. Shapovalova stellt lediglich fest, dass es sich in Russland nach dem Jahr 1864 um ein ziemlich ganzheitliches gesetzgeberisches System gehandelt habe. Zweitens basiert die Studie auf der festen Überzeugung, man habe für das russische Notariat keineswegs die jahrhundertelangen, wertvollen Kenntnisse der westlichen Kultur sozusagen mechanisch rezipiert. Sie lehnt damit die These ab, russische Juristen hätten sich für die Gestaltung eines rationellen legislativen Systems eine eigenständige bzw. vergebliche Suche nach Lösungsmöglichkeiten ersparen können.[61]

Die im Jahr 2003 erschienene Monographie von S. Vymenets, die auf der im Jahr 2000 verteidigten Dissertation basiert, weist eine ähnliche Struktur auf.[62] Ungeachtet des Titels nimmt die Geschichte des russischen Notariats nur ein Unterkapitel (Kap. 1.3) ein, das beinahe zwangsläufig deskriptiv und oberflächlich bleibt und keine neuen Informationen inhaltlicher Natur hinzufügt.[63]

Dieselbe Herangehensweise ist für andere Studien prägend, welche die Probleme des Notariats behandeln. So analysiert die Dissertation von S. Maltseva die Rolle des Notars bei Immobilientransaktionen. Zugleich gibt sie aber im ersten Kapitel ihrer Studie einen historischen Überblick über die Entwicklung des Notariats, vornehmlich in Verbindung mit der Beurkundung von Immobiliengeschäften. Bemerkenswert ist erstens die Tatsache, dass sie in ihrer Studie diejenigen Bestimmungen des Entwurfs des neuen russischen Zivilgesetzbuches von 1913 einbezieht, welche die Tätigkeit des Notars betrafen.[64] Damit greift die Arbeit die weitere Ent-

---

кандидата юридических наук [Autoreferat der Dissertation zur Erlangung des Akademischen Grades eines Kandidaten der Rechtswissenschaften], 2000.

61 *Šapovalova*, Entstehung (o. Fn. 60), S. 4.

62 *Сергей Выменец* [*Sergei Vymenets*], Историко-правовые аспекты становления и развития института нотариата. Российский и международный опыт [Rechtsgeschichtliche Aspekte der Entstehung und Entwicklung der Institution des Notariats. Russische und internationale Erfahrungen], Автореферат диссертации на соискание ученой степени кандидата юридических наук [Autoreferat der Dissertation zur Erlangung des Akademischen Grades eines Kandidaten der Rechtswissenschaften], 2000.

63 *Сергей Выменец* [*Sergei Vymenets*], Институт нотариата: историко-правовые аспекты становления и развития [Institution des Notariats: rechtsgeschichtliche Aspekte der Entstehung und Entwicklung], 2003, S. 17–35.

64 *Светлана Мальцева* [*Svetlana Maltseva*], Роль нотариата в удостоверении сделок с недвижимым имуществом [Die Rolle des Notariats bei der Bestätigung der Immobiliengeschäfte], Автореферат диссертации на соискание ученой степени кандидата юридических наук [Autoreferat der Dissertation zur Erlangung des Akademischen Grades eines Kandidaten der Rechtswissenschaften], 2004.

wicklung des Notariats vor dem ersten Weltkrieg auf, die von der früheren Forschung kaum berücksichtigt wurde. Zweitens dehnt Maltseva das Quellenmaterial für ihre Geschichte des Notariats erheblich aus.

Die Dissertation von A. Oleinova und die auf deren Basis erschienene Monographie schildern die Entwicklung der Notariatsgesetzgebung Russlands.[65] Das Werk umfasst auch die Behandlung der zeitgenössischen Gesetzgebung, die ein Drittel des Umfangs ausmacht. Die Autorin hat in ihrer Arbeit die russische Notariatsgesetzgebung in drei Perioden unterteilt: in die Periode vor der Revolution bis zum Jahr 1917, die sowjetische Periode (1917–1992) und die Gegenwart (seit 1993). Oleinova führt in ihrer Arbeit aus, dass zwischen der Gesetzgebung der verschiedenen Perioden eine notwendige Kontinuität fehle. Nach der Meinung Oleinovas hat das Notariat selbst bisher diese Kontinuität in ihr historisches Selbstbewusstsein aufgenommen. Sie unterstreicht, dass der russische Staat sogar dann, wenn die marktwirtschaftlichen Verhältnisse fehlen, ohne ein organisiertes Notariat nicht funktionieren könne. Oleinova behauptet, dass der russische Staat bewusst dieses Selbstbewusstsein ignorierte, wenn er hypothetisch gesprochen die Kompetenzen der Notare im Wirtschaftsverkehr beschränkte.[66] Oleinova schätzt die Notariatsordnung von 1866 hoch ein. Nach ihrer These organisierte und festigte diese gesetzgeberisch die Existenz des Notariats als eine selbständige Institution in Russland, regelte die Ausführung von Immobiliengeschäften und sicherte gleichzeitig einen stetigen Geldzufluss in die Staatskasse. Sie betont, dass man bemüht gewesen sei, die bei der Umsetzung der Notariatsordnung von 1866 zum Vorschein gekommenen (zahlreichen) Fehler mit Hilfe der Kassationsurteile des Senats als einer Quasigesetzgebung zu überwinden. Dies gelang ihrer Meinung nach aber nicht vollständig, denn die Urteile des Senats waren zu zahlreich und widersprüchlich, weshalb von keiner festen Gerichtspraxis die Rede sein kann, die erfolgreich alle Lücken hätte schließen können.[67] Leider ist die Arbeit von Oleinova oftmals oberflächlich, die Anzahl der Irrtümer und Fehler störend hoch.

Die russischen Rechtshistoriker kommen zu der Frage, ob eine historische Kontinuität vorliegt, sowie beim Begriff der Kontinuität zu unterschiedlichen Ergebnissen. Im Gegensatz zu Oleinova behauptet I. Alfjorov in seiner Dissertation gerade umgekehrt, dass im 20. Jahrhundert gerade der Staat die historische Erfahrung

---

[65] *Анастасия Олейнова* [*Anastassia Oleinova*], История становления законодательства о нотариате в России [Geschichte der Entstehung der Notariatsgesetzgebung in Russland], Автореферат диссертации на соискание ученой степени кандидата юридических наук [Autoreferat der Dissertation zur Erlangung des Akademischen Grades eines Kandidaten der Rechtswissenschaften], 2004; *Анастасия Олейнова* [*Anastassia Oleinova*], История становления законодательства о нотариате в России [Geschichte der Entstehung der Notariatsgesetzgebung im Russland], 2004.

[66] *Oleinova*, Notariatsgesetzgebung (o. Fn. 65), S. 10.

[67] *Oleinova*, Notariatsgesetzgebung (o. Fn. 65), S. 16.

mit den Notarialorganen konserviert habe.[68] A. Tshernikov wiederum sieht Kontinuität beispielsweise in der bloßen Tatsache, dass die Leitung und Aufsicht über die Notarialbüros am Ende der 1950er Jahren an die Gerichtsorgane übertragen wurden.[69]

Die Dissertation von M. Dolgov und die auf deren Basis erschienene Monographie widmen sich ganz der Geschichte des russischen Notariats. Leider konzentriert sich die Arbeit vor allem auf die frühe Periode vom 9. bis 18. Jahrhundert.[70] Abweichend von der herrschenden Meinung, welche die Entwicklung des Notariats mit den im 16. Jahrhundert tätig gewesenen örtlichen Djaki (*ploštsadinõi djak*) verbindet, versucht der Autor in seinen Arbeiten zu beweisen, dass die Anfangszeit des russischen Notariats im zehnten bzw. elften Jahrhundert liege.[71] Nach diesen Prämissen schenkt der Autor dem letzten Drittel des 19. Jahrhunderts nur wenig Aufmerksamkeit.

Im Unterschied zu den gerade genannten Werken setzt die Dissertation Komarovs ihren Schwerpunkt auf die Entwicklung des Notariats im russischen Imperium in der zweiten Hälfte des 19. und zu Beginn des 20. Jahrhunderts.[72] Komarov ist ebenfalls Verfasser mehrerer weiterer Schriften über die historische Entwicklung des Notariats.[73] Ähnlich wie die rechtsdogmatischen Autoren betont Komarov den

---

[68] *Alfjorov*, Notarielle Form (o. Fn. 25), S. 19.

[69] *Андрей Черников* [*Andrei Tšernikov*], Нотариат в правовой системе России [Notariat im Rechtssystem Russlands], Нотариальный вестник [Anzeiger des Notariats], 2008, Nr. 7, S. 24 f.

[70] *Михаил Долгов* [*Mihhail Dolgov*], Институт нотариата в российском государстве. Историко-правовое исследование [Institution des Notariats im Russischen Reich. Eine rechtshistorische Untersuchung], Автореферат диссертации на соискание ученой степени кандидата юридических наук [Autoreferat der Dissertation zur Erlangung des Akademischen Grades eines Kandidaten der Rechtswissenschaften], 2005; *Михаил Долгов* [*Mihhail Dolgov*], Институт российского нотариата: история и современность [Institution des russischen Notariats: Vergangenheit und Gegenwart], 2005.

[71] Die ähnlichen Meinungen haben auch I. Bogatyrjova und B. Kovalenko geäußert: S. *Kovalenko*, Entwicklung (o. Fn. 44), S. 4; *Ирина Богатырева* [*Irina Bogatyrjova*], К вопросу об истории возникновения института российского нотариата [Zur Frage über die Entstehung der Institution des russischen Notariats], Юристъ-Правоведъ [Jurist-Rechtswissenschaftler], 2009, Nr. 5, S. 87 f. Mit dem Problem der Entstehungszeit des Notariats beschäftigt sich im Detail O. Sytšov: *Олег Сычёв* [*Oleg Sytšov*], О времени возникновения нотариата в России: историко-правовой анализ [Über die Entstehungszeit des Notariats in Russland: rechtshistorische Analyse], Нотариальный вестникъ [Anzeiger des Notariats], 2008, Nr. 7, S. 46–57.

[72] *Komarov*, Notariat (o. Fn. 41).

[73] *Николай Комаров* [*Nikolai Komarov*], Правовое положение нотариусов в Российской империи во второй половине XIX – начале XX века [Rechtstellung der Notare im Russischen Reich in der zweiten Hälfte des 19. Jahrhunderts und am Anfang des 20. Jahrhunderts], Право и жизнь [Recht und Leben], 2003, Nr. 61, S. 273–280; *Николай Комаров/Дмитрий Пашенцев/Светлана Пашенцева* [*Nikolai Komarov/Dmitri Pašentsev/Svetlana Pašentseva*], Очерки истории права Российской империи (вторая половина XIX – начало XX в.) [Grundriss der

zwiespältigen Status der russischen Notare. Sie seien zwar Staatsdiener gewesen, hätten aber vom Staat weder Gehalt noch Rente erhalten. Dieser Widerspruch habe es den Notaren erschwert, ihre Funktionen effizient zu erfüllen. Komarov hebt als eine der wichtigsten Quellen der Widersprüche und Probleme hervor, dass die Notariatsgesetzgebung nach ausländischen Vorbildern geschaffen worden sei und man die einheimische Erfahrung unberücksichtigt gelassen habe.[74] Während der Diskussion über den Entwurf der neuen Notariatsordnung von 1904 seien die unterschiedlichen Auffassungen des Notarcorps und der zaristischen Regierung von den möglichen Entwicklungswegen des Notariats zum Vorschein gekommen.

Komarov kommt zum Ergebnis, dass in der zweiten Hälfte des 19. Jahrhunderts ein unlösbarer Widerspruch zwischen dem für die kontinentaleuropäischen Staaten typischen lateinischen Notariat und der russischen autokratisch-selbstherrschaftlichen Staatlichkeit bestanden habe. Dieser Widerspruch sowie der für Russland charakteristische Rechtsnihilismus habe zur Formierung und fortlaufenden Verstärkung des staatlichen Notariats geführt. Komarov ist weiter der Auffassung, dass das lateinische Notariat, das ein Instrument der Zivil- bzw. Bürgergesellschaft ist, nur dort existieren und sich entwickeln kann, wo eine Zivilgesellschaft (oder zumindest deren wichtigste Voraussetzungen) existiert oder sich gerade entwickelt. Er vertritt den Standpunkt, dass das staatliche Notariat unter den Bedingungen des autokratischen Russlands die einzige Möglichkeit gewesen sei, weil hier die dauerhaften Voraussetzungen und Elemente der Zivilgesellschaft gefehlt hätten.[75] Komarov ist ferner der Auffassung, dass die rechtliche Natur des gegenwärtigen russischen Notariats einerseits eng mit dem rechtlichen Wesen des Notariats der zweiten Hälfte des 19. Jahrhunderts verbunden, andererseits aber durch die allgemeine Entwicklungslogik des russischen Rechtssystems bedingt sei.

In den letzten Jahren haben T. Ahmedov und N. Karnaushenko in ihren Beiträgen verschiedene geschichtliche Aspekte des Notariats behandelt.[76] Innovativ ist

---

Rechtsgeschichte des Russischen Reiches (zweite Hälfte des 19. Jahrhunderts und Anfang des 20. Jahrhunderts)], 2006, S. 198–262.

[74] *Komarov*, Notariat (o. Fn. 41), S. 12.

[75] *Komarov*, Notariat (o. Fn. 41), S. 11.

[76] *Ч. Ахмедов/Леонид Карнаушенко* [*T. Ahmedov/Leonid Karnaušenko*], Нотариус Российской Империи: нормативно-правовые и организационные основания деятельности [Notar des Russischen Reichs: rechtliche und organisatorische Grundlagen der Tätigkeit], Вестник Санкт-Петербургского университета МВД России [Mitteilungen der Universität des Innenministeriums zu Sankt Petersburg. Serie: Recht], 2006, Nr. 4, S. 37–41; *Ч. Ахмедов* [*T. Ahmedov*], Функционирование Нотариалньой части: законодательная регламентация в Российской Империи [Das Funktionieren der Notariatsordnung: gesetzgeberische Reglementierung im Russischen Reich], Вестник Южно-Уральского государственного университета. Серия: Право [Mitteilungen der staatlichen Universität zu Süd-Ural, Serie: Recht], 2006, Nr. 2 (13), S. 18 f.; *Ч. Ахмедов/Л.еонид Карнаушенко* [*T. Ahmedov/Leonid Karnaušenko*], Нотариальный акт: регламентация вида и порядка совершения в Российской империи [Notarielle Urkunde:

dabei, dass sie nicht nur das Notariat als Institution betrachten, sondern auch die Geschichte der notariellen Urkunde im russischen Imperium[77] sowie die historische Entwicklung der staatlichen Registrierung von Immobilien.[78]

2. Ausrichtung auf Regionen

Aus dem Vergleich der Entwicklung der Historiographie des Notariats mit der Entwicklung der allgemeinen Historiographie der Justizreform von 1864 lässt sich ablesen, dass in der Geschichtsschreibung des Notariats regionale Strömungen auftreten. Die regionale Differenzierung des Notariats für die unterschiedlichen Regionen Russlands verläuft parallel zur allgemeinen Geschichtsschreibung des Notariats. An dieser Stelle sei auf die bereits oben genannte Studie Bijushkinas verwiesen.[79] Noch kraftvoller tritt die regionale Ausrichtung aber seit Beginn des 21. Jahrhunderts auf.

Einerseits kann man sehen, dass in der russischen Rechtsgeschichtswissenschaft im Allgemeinen und in der Forschung der Justizreform von 1864 im Besonderen die Aufmerksamkeit gegenüber der historischen Entwicklung einzelner Regionen,[80] insbesondere Sibiriens,[81] wächst. Andererseits aber handelt es sich nur

---

Reglementierung der Art und des Verfahrens der Beurkundung im Russischen Reich], Вестник Южно-Уральского государственного университета. Серия: Право [Mitteilungen der staatlichen Universität zu Süd-Ural, Serie: Recht], 2006, Nr. 2 (13), S. 101–104; *Леонид Карнаушенко* [*Leonid Karnaušenko*], Нотариус Российской Империи: нормативно-правовые и организационные основания деятельности [Notar des Russischen Reichs: rechtliche und organisatorische Grundlagen der Tätigkeit], in: Нотариус [Notar], 2007, Nr. 1, S. 14–17.

77 *Дарья Сидоренко* [*Darja Sidorenko*], Эволюция нотариального акта в России [Die Entwicklung der notariellen Urkunde in Russland], Нотариальный вестникъ [Anzeiger des Notariats], 2007, Nr. 1, S. 51–61.

78 *Екатерина Емельянова* [*Jekaterina Jemeljanova*], История становления системы государственной регистрации прав на недвижимое имущество и сделок с ним: Российский и зарубежный опыт [Geschichte der Entstehung des staatlichen Registrierungssystems der Grundstücksrechte und Immobiliengeschäfte: russische und ausländische Erfahrungen], Юридический аналитический журнал [Jur. analytische Zeitschrift], 2004, Nr. 1, S. 88–94.

79 *Bijuškina*, Nižni-Novgorod (o. Fn. 47).

80 Vgl. *А. Ерёменко* [*A. Jerjomenko*], Из истории Донского нотариата: 1866–1917 годы [Von der Geschichte des Notariats des Dongebiets], Нотариальный вестникъ [Anzeiger des Notariats], 2008, Nr. 4, S. 60–62; *Татьяна Данько* [*Tatjana Danko*], Новгородский нотариат в 1868–1945 годы (по документам Государственного архива Новгородской области) [Notariat in Nowgorod von 1868 bis 1945 (aufgrund der Dokumente des staatlichen Archivs des Nowgorodgebiets)], in: Чело: История. Культура. Литература. Альманах [Die Stirn: Geschichte. Kultur. Literatur. Ein Jahrbuch], 2002, Nr. 2 (24), S. 63–72.

81 Z.B. *Александр Сапожников* [*Aleksandr Sapožnikov*], Чиновник без чинов: социальный портрет русского нотариуса пореформенного времени на Урале [Ein Beamter ohne Dienstrang: das soziale Portrait des russischen Notars im Uralgebiet im Reformzeitalter], Чиновник [Der Beamte], 2004, Nr. 2 (30), S. 70–76.

um eine zielgerichtete Aktivität der Notarialkammer, die in der Serie „Goldbuch der Geschichte des russischen Notariats“ mit mehreren Übersichten über die historische Entwicklung des Notariats der einen oder anderen Region gipfelt. Allerdings ist die Auswahl der Regionen etwas willkürlich, die Unterteilung spiegelt teils die ehemalige Aufteilung in Gouvernements, teils die gegenwärtige administrative Gliederung oder sogar die geographische Gliederung wider.[82]

Die Goldbuch-Serie versucht, die Geschichte des Notariats im jeweiligen Gebiet innerhalb eines möglichst langen Zeitraums zu erfassen. Die hier relevante Periode wird sehr unterschiedlich bearbeitet. Darüber hinaus muss man einschränkend feststellen, dass die Serie keinen hohen Bekanntheitsgrad hat, weil die Auflagen oft klein sind und diese nur durch die Notarialkammern verbreitet werden. Deshalb ist ihr (bisheriger) Einfluss in der Geschichtsschreibung m.E. ziemlich gering geblieben.

VII. Die Behandlung in der Historiographie anderer Nationen

Im Hinblick auf die Regionalisierung der Rechtsgeschichte des Notariats im russischen Imperium verdient auch die Geschichtsschreibung solcher Staaten die gebotene Aufmerksamkeit, die ehemals dem Russischen Reich angehörten, heute aber selbständige Staaten sind. Hierbei handelt es sich einerseits um die Nationalkulturen, die eine langfristige selbständige Tradition in der Rechtsgeschichtsschreibung pflegen. Andererseits gibt es Territorien der ehemaligen UdSSR, wo sich gerade erst eine solche selbständige nationale Tradition herausbildet und oft noch die russische Rechtsgeschichtsschreibung nachwirkt. Im ersten Fall kann zum Beispiel auf Polen verwiesen werden. D. Janicka gibt dort in ihrer Studie einen Überblick zur Geschichte und Geschichtsschreibung des Notariats in Polen.[83] Die russische Notariatsordnung skizziert Janicka nur ganz kurz und knapp. Sie schreibt lediglich, dass die russische Notariatsordnung von 1866 in Zentral-Polen (sog. Kongress-Polen) im Jahr 1876 in Kraft gesetzt wurde. Bemerkenswert ist die Feststellung Janickas, „dass in der Praxis die Notariatskanzleien in polnischen Händen geblieben sind“.[84] Sie bekennt sich allerdings nicht zu der These, die Einführung der Notariatsordnung sei nur ein Teil der allgemeinen Umsetzung der Gerichtsordnungen Alexanders II. in den polnischen Gouvernements gewesen.

---

[82] Z. B. *Александр Смыкалин* [*Aleksandr Smykalin*], Нотариат Челябинской области. XVIII–XXI века [Notariat des Tšeljabinskgebiets vom 18. Jahrhundert bis zum 21. Jahrhundert], 2007; *Александр Смыкалин* [*Aleksandr Smykalin*], История становления и развития нотариата на Среднем Урале. XVIII-XX века. [Geschichte der Entstehung und Entwicklung des Notariats im Zentral-Ural. Vom 18. Jahrhundert bis zum 20. Jahrhundert], 2007.

[83] *Danuta Janicka*, Entstehung und Entwicklung des modernen Notariats in Polen – vom französischen Modell zum landeseigenen Notarrecht, in: Mathias Schmoeckel/Werner Schubert (Hg.), Handbuch zur Geschichte des Notariats der europäischen Traditionen, 2009, S. 483–496.

[84] *Janicka*, in: Schmoeckel/Schubert, Handbuch (o. Fn. 83), S. 489.

Als Beispiel für die zweite Gattung der außerrussischen nationalen Geschichtsschreibung kann z.B. auf die Ukraine verwiesen werden. Vor allem die im Jahr 2003 verteidigte Dissertation von V. Tshernish und die Dissertation von L. Jassinska aus dem Jahr 2005 sind hier erwähnenswert.[85] Ähnlich wie bereits in den besprochenen russischen Dissertationen behandelt Tshernish ganz überwiegend die Probleme des gegenwärtigen Notariats, insbesondere im Zusammenhang mit der Formierung des lateinischen Notariats in der Ukraine. Nur im ersten Kapitel der Dissertation wird die historische Entwicklung des Notariats beschrieben, wobei die selbständige Entwicklung auf dem Territorium der Ukraine seit dem 16. Jahrhundert hervorgehoben und nach Zusammenhängen mit Westeuropa gesucht wird.

Im Unterschied zur Tshernish-Studie ist die Dissertation Jassinskas historischer angelegt, wobei diese mit der Behandlung der Geschichte des Notariats der Ukraine bereits ab dem 10. Jahrhundert beginnt. Die Forscherin analysiert notarielle Handlungen anhand unterschiedlicher Rechtsquellen – im „Russischen Recht" (*Russkaja Pravda*), in den Litauischen Statuten, aber auch in den unterschiedlichen Rechtsvorschriften der ukrainischen Hetmane. Die Dissertation behandelt sowohl die Umsetzung der Notariatsordnung von 1866 in den Gebieten der Ukraine, die dem russischen Imperium angehörten, als auch die Entwicklung des Notariats in anderen Regionen der Ukraine unter der Habsburgermonarchie. Jassinska betont, dass das Notariat der Ukraine sich vom 19. Jahrhundert bis zu den 1930er Jahren im Geiste der europäischen Traditionen entwickelt habe. Als Beispiel nennt sie die Region Galizien, wo das österreichische Notariatsgesetz von 1855 bereits 1859 und später 1871 durch neue Gesetze ersetzt wurde.[86] Die Wissenschaftlerin konzediert, dass ungeachtet aller Mängel und Lücken die Notariatsordnung von 1866 zur Verstärkung des Notariats und zur Förderung der Rolle des Notariats als eine öffentliche Einrichtung im Rahmen des Justizsystems beigetragen habe.

VIII. Zusammenfassung

Die Notariatsordnung von 1866 und deren Umsetzung bilden einen wesentlichen Teil der russischen Justizreform von 1864. Es wäre daher unzutreffend, in der Reform von 1864 lediglich eine Gerichtsreform zu sehen. Vielmehr handelte es sich

---

[85] *Володимир Черниш* [*Volodimir Tšernišš*], Цивільно-правові засади розвитку нотаріату в Україні [Zivilrechtliche Grundlage der Entwicklung des Notariats in der Ukraine], Автореферат дисертації на здобуття наукового ступеня кандидата юридичних наук [Autoreferat der Dissertation zur Erlangung des Akademischen Grades eines Kandidaten der Rechtswissenschaften], 2003; *Ліліана Ясінська* [*Liliana Jassinska*], Становлення та розвиток інституту нотаріату в Україні (історико-правовий аспект) [Entstehung und Entwicklung der Institution des Notariats in der Ukraine (rechtshistorische Perspektive)], Автореферат дисертації на здобуття наукового ступеня кандидата юридичних наук [Autoreferat der Dissertation zur Erlangung des Akademischen Grades eines Kandidaten der Rechtswissenschaften], 2005.

[86] *Jassinska*, Ukraine (o. Fn. 85), S. 11.

um eine Reform, die über die Gerichte hinaus auch andere Justizinstitutionen, darunter das Notariat, betraf. Selbstverständlich fiel die Verflechtung in den verschiedenen Regionen des Imperiums unterschiedlich aus; in den Ostsee-Gouvernements ist der Zusammenhang der Gerichts- und Notariatsreform im Jahr 1889 unverkennbar.

Des Weiteren ist festzustellen, dass die systematische Erforschung der Geschichte des Notariats des russischen Reichs, insbesondere der Entwicklungen in der zweiten Hälfte des 19. Jahrhunderts, in der russischen Rechtsgeschichtswissenschaft erst in den 1990er Jahren einsetzte. Bis dahin hatte das Notariat aus diversen Gründen weder die Aufmerksamkeit von russischen noch von ausländischen Forschern erhalten. Die Einführung des nichtstaatlichen (lateinischen) Notariats und damit verbunden der steigende Corpsgeist und das neue Selbstwertgefühl der Notare brachten auch den sozialen Auftrag für die Erforschung der Geschichte des Notariats mit sich. An dieser Stelle muss natürlich darauf hingewiesen werden, dass dabei eine drohende Instrumentalisierung der Geschichte niemals vollständig ausgeschlossen werden kann. Zugleich demonstriert die Erforschung der Geschichte des russischen Notariats aber recht überzeugend, wie eng die Rechtsgeschichtsschreibung und die aktuellen (rechts)politischen Trends in Russland miteinander verflochten sind.

Estin aus Kielkond auf Oesel und dänischer Ratsherr in Visby auf Gotland. Eine Mesalliance um die Mitte des 16. Jahrhunderts?[1]

Jürgen Beyer

I. Einleitung

Im Landesarchiv in Visby auf Gotland findet sich an unerwarteter Stelle ein Brief über einen Erbschaftsstreit. Der Titel des Bandes verspricht „Eingegangene Schreiben. Königliche Briefe und Privilegien. 1527–1658.“[2] Vor dem ersten königlichen Brief aus dem Jahr 1527, der eine lange Reihe weiterer eröffnet, ist noch ein Brief eingebunden, der von einem nicht ganz so hochgestellten Absender stammt: Johannes, (Fürst-)Bischof von Kurland und Administrator des Stifts Oesel,[3] schreibt am 2. Juli 1555 an Bürgermeister und Rat der Stadt Visby auf Gotland und bittet um Hilfe bei einem Erbschaftsstreit.[4] „[E]in Megdlein von gemelten vnsern, doch freien leuthen vff kilkunde geborenn“ sei als Kind zu einem Hans Koster in Visby auf Gotland geschickt worden, um dort als Dienstmädchen zu arbeiten. Offenbar war sie damals noch sehr jung, denn es heißt, Koster habe sie ehrlich aufziehen lassen. Nach dem Tod seiner Frau habe er die Oeselanerin geheiratet und in der mehrere Jahre währenden Ehe zwei Kinder mit ihr gezeugt, die noch am Leben seien. Nach dem Ableben von Hans Koster mache man der Witwe das Erbe streitig. Sie und ihre Verwandtschaft auf Oesel hätten sich an ihn, den Administrator des Stifts Oesel, mit der Bitte um Hilfe gewandt. Er schicke deshalb seinen Amtmann Heinrich Billingshausen (Hinrich Billinghusen)[5] – offenbar zusammen mit dem Brief – nach

[1] Ich danke Tryggve Siltberg (Visby), Hans-Heinrich Vogel (Lund) und Marten Seppel (Dorpat) für Rat und Tat sowie Carlsbergfondet, Professor Ludvig Wimmer og Hustrus Legat (beide Kopenhagen), Det Letterstedtske Selskab (Virum) und dem vom estnischen Kultusministerium finanzierten Sonderforschungsbereich SF0180040s08 an der Universitätsbibliothek Dorpat für finanzielle Unterstützung.

[2] Landesarchiv (LA) Visby: Rådhusrätten – Magistratens i Visby stad arkiv: E 1 A:1: Inkomna skrivelser. Kungliga brev och privilegier. 1527–1658.

[3] Im Oeseler Amt seit 1542, vgl. *Enn Tarvel*, Piiskopi- ja orduaeg 1227–1572 [Die Bischofs- und Ordenszeit 1227–1572], in: Kärt Jänes-Kapp/Enn Randma/Malle Soosaar (Hg.), Saaremaa, kd. 2: Ajalugu, majandus, kultuur [Oesel, Bd. 2: Geschichte, Wirtschaft, Kultur], Reval 2007, S. 77–142, hier S. 105. Es werden hier die deutschen Ortsnamen benutzt. Zu den estnischen vgl. *Hans Feldmann/Heinz von zur Mühlen* (Hg.), Baltisches historisches Ortslexikon, Bd. 1: Estland (einschließlich Nordlivland), bearb. v. Gertrud Westermann, Köln/Wien 1985.

[4] Der Brief wird im Anhang ediert.

Visby. Der Amtmann könne weitere Einzelheiten mitteilen. Laut Auskunft des bischöflichen Briefbuchs, das sich heute im Kopenhagener Reichsarchiv befindet, ging eine zweite Ausfertigung an den dänischen Gouverneur auf Gotland.[6] Das Original dieses Schreibens konnte bisher nicht aufgefunden werden.

Die Sprache des Briefes ist Hochdeutsch, während damals von den Deutschen auf Oesel und in Visby eher Niederdeutsch als Hochdeutsch gesprochen wurde. Das Hochdeutsch weist einige Fehler auf sowie manche Eigentümlichkeiten süddeutscher Schreiber des 16. Jahrhunderts, z.B. *ai* statt *ei* und *p* statt *b*: „genaigkten" (‚geneigten'), „pitt" (‚Bitte'). Das Original des Briefs in Visby und die Kopie im Briefbuch sind von zwei verschiedenen Händen geschrieben.[7] Sie unterscheiden sich auch in der benutzten Rechtschreibung. Inhaltlich gibt es dagegen kaum Unterschiede, abgesehen davon, dass dem Briefbuch ein Schreiben an den Gouverneur zu Grunde lag, das *mutatis mutandis* auch an den Visbyer Rat geschickt worden sei. Die beiden Ausfertigungen werden sich in einigen Formulierungen unterschieden haben, u.a. weil der Gouverneur adelig und der Rat bürgerlich war. In einigen wenigen Punkten hat das Briefbuch einen besseren Text als das Original, so wird „Jn dem gotlichen Stande" mit der Präzisierung „ehestannde" verständlicher, und bei „die negste" wird korrekterweise der hier notwendige männliche Artikel benutzt.

II. Hintergrund

Hier sollen kurz einige Erklärungen zur politischen Geschichte der beiden benachbarten Inseln eingeschoben werden. Gotland gehörte im Jahr 1555 zu Dänemark, während Oesel zwischen dem Deutschen Orden und dem Bischof von Oesel-Wiek geteilt war. 1559 kaufte der dänische König Friedrich II. das Fürstbistum und setzte dort seinen Bruder Magnus ein. Wenig später erwarb Dänemark die gesamte Insel Oesel. Auf diese Weise gelangten schließlich die Akten des Fürstbistums Oesel-Wiek nach Kopenhagen. Beide Inseln wurden 1645 an Schweden abgetreten.

Der Ortsname „kilkunde" bezieht sich auf Kielkond an der Westküste von Oesel. Das Gebiet Kielkond war 1254 zwischen dem Deutschen Orden und dem Bischof von Oesel-Wiek geteilt worden. Mit dem Namen wurde nicht nur das Kirchspiel[8] bezeichnet (ein guter Teil des späteren Kirchspiels Mustel gehörte im 16.

---

[5] Vgl. *Nicolai von Essen*, Genealogisches Handbuch der Oeselschen Ritterschaft, o.O. 1935, S. 460 f. Billinghusen wurde 1549 „der Hof und das Amt Kielkond auf Lebenszeit zu verwalten gegeben" (S. 460). Die Familie stammte aus Lübeck. Wahrscheinlich war es Hinrich Billinghusen, der nach Oesel auswanderte.

[6] Reichsarchiv (RA) Kopenhagen: Fremmed Proveniens. Lifland. Øsel Stift (arkiv nr. 598): Registrant 3B (1553–1557), S. 401–403.

[7] Die Kanzlei des Bischofs beschäftigte bis zu sechs verschiedene Schreiber gleichzeitig, s. *Tarvel*, Piiskopi- ja orduaeg (o. Fn. 3), S. 114.

[8] Der Name dieses Kirchspiels ist insofern ungewöhnlich, als dass estn. *kihelkond* schlicht ‚Kirchspiel' bedeutet.

Jahrhundert noch zu Kielkond), sondern auch die Kirche, das Pastorat und der Hafen, außerdem ein Amt im Bistum Oesel-Wiek. Um die Mitte des 16. Jahrhunderts wohnten im Kirchspiel offenbar noch einige Schweden.[9] Etwas rätselhaft ist der Ausdruck „vff kilkunde", der an einen Gutshof denken lässt, doch ist ein Gut mit diesem Namen nicht bekannt. Dem Amtmann von Kielkond diente das Gut Lümmada als Amtssitz.[10]

III. Rechtsgrundlage

Der Bischof verweist in seinem Brief mehrfach auf das geltende Recht, doch präzisiert er leider nicht, auf welches Recht er sich bezieht. Eigentlich kann nur das Visbyer Stadtrecht aus dem 14. Jahrhundert gemeint sein.[11] Es lag nicht gedruckt vor, und deshalb kannte der Bischof wahrscheinlich nicht den Text.[12] Während das Gotländische Gesetz 1555 in gutnischer, niederdeutscher und dänischer Fassung verbreitet war,[13] ist das Stadtrecht nur in niederdeutscher Fassung erhalten. Das ist weniger merkwürdig, als es klingen mag. Zwar wohnten in Visby sowohl Gotländer als auch Dänen und Deutsche, doch bis weit in die zweite Hälfte des 16. Jahrhunderts ist der überwiegende Teil der – leider sehr spärlich erhaltenen – Quellen

---

[9] *E[vald] Blumfeldt*, Rootsilisest asustusest Saaremaal [Zur schwedischen Besiedelung von Oesel], Ajalooline Ajakiri [Historische Zeitschrift] 15 (1936), S. 153–163, hier S. 159 f. (Blumfeldt bezeichnet auch Einwanderer aus Gotland als Schweden, was für die Jahrhunderte dänischer Herrschaft auf der Insel wenig sinnvoll ist); *Paul Johansen*, Nordische Mission, Revals Gründung und die Schwedensiedlung in Estland, Stockholm 1951, S. 303–307; Ortslexikon (o. Fn. 3), S. 225 f., 370.

[10] Ortslexikon (o. Fn. 3), S. 325; *Tarvel*, Piiskopi- ja orduaeg (o. Fn. 3), S. 123. *v. Essen*, Genealogisches Handbuch (o. Fn. 5), S. 460, spricht allerdings von „Hof und ... Amt Kielkond".

[11] *C[arl] J[ohan] Schlyter* (Hg.), Codices iuris Visbyensis urbici et maritimi, cum notis criticis, variis lectionibus, novis versionibus Suecanis, glossariis et indicibus nominum propriorum. Wisby Stadslag och Sjörätt [Visbyer Stadt- und Seerecht], Lund 1853, S. 1–182 (im Folgenden abgekürzt als „Visbyer Stadtrecht" und nach Kapiteln zitiert). Zum Visbyer Stadtrecht vgl. *Lizzie Carlsson*, Äktenskapsrätten i Visby stadslag [Eherecht im Visbyer Stadtrecht], Historisk tidskrift [Historische Zeitschrift], 2. F. 24 (1961), S. 159–182; *Gösta Hasselberg*, Art. „Visby stadslag [Visbyer Stadtrecht]", Kulturhistorisk leksikon for nordisk middelalder [Kulturhistorisches Lexikon für nordisches Mittelalter], Bd. 20, Kopenhagen 1976, Sp. 164–168; *U[lrich]-D[ieter] Oppitz*, Art. „Visby, Stadtrecht von", Handwörterbuch zur deutschen Rechtsgeschichte, Bd. 5, Berlin 1998, Sp. 925–927; *Ulrich-Dieter Oppitz*, Art. „Visbysches Stadtrecht", Die deutsche Literatur des Mittelalters. Verfasserlexikon, Bd. 10, Berlin/New York, 2. Aufl. 1999, Sp. 391–393.

[12] Die Editio princeps erschien 1688: [*Johan Hadorphius*,] Wisby Stadz Lag på Gotland [...] [Stadtrecht von Visby auf Gotland], Stockholm [1688]. Es handelt sich hier um eine altertumskundliche Publikation.

[13] *C[arl] J[ohan] Schlyter* (Hg.), Codex iuris Gotlandici, cum notis criticis, variis lectionibus, nova versione Suecana, glossariis et indicibus nominum propriorum. Gotlands-lagen [Gotländisches Gesetz], Lund 1852. Die abgedruckte dänische Handschrift stammt aus der Mitte des 16. Jahrhunderts (S. XVI).

aus Visby auf Niederdeutsch geschrieben. Danach wechseln die Quellen zum Dänischen – offenbar ohne, dass Niederdeutsch zuvor durch Hochdeutsch ersetzt worden wäre.[14] Ulrich-Dieter Oppitz behauptet, dass das Visbyer Stadtrecht nach der dänischen Eroberung Gotlands im Jahr 1361 seine Bedeutung verloren habe,[15] doch trifft das sicherlich nicht zu. Nicht nur enthält die Handschrift aus dem 14. Jahrhundert auch eine Zusammenfassung der Visbyer Privilegien und Abschriften von Verordnungen aus dem Ende des 16. Jahrhunderts, sondern es existiert zusätzlich noch eine Abschrift des Stadtrechts aus der Mitte des 16. Jahrhunderts.[16] Die Privilegien legen fest, dass in Visby und seinem Weichbild („Woris Stadsmarc", „Vnnse stadt Marcke") das Visbyer Stadtrecht gelte.[17] Die neu an die Macht gelangten Könige bestätigten stets die von ihren Vorgängern erteilten Privilegien, allerdings meistens nur in allgemeinen Wendungen, die nicht auf das Stadtrecht eingehen.[18] Das alles deutet darauf hin, dass im Jahr 1555 das Visbyer Stadtrecht immer noch angewendet wurde.

Die Vorschrift aus dem Jahr 1595, auf Gotland zukünftig nach dem Schonischen Gesetz Recht zu sprechen, bezog sich offensichtlich nur auf Gotland außerhalb Visbys. Hiermit wurde eine Anordnung aus dem Jahr 1492, im selben Geltungsgebiet das Gotländische Recht anzuwenden, aufgehoben.[19] Die Änderung im Jahre 1595 berührte also nicht, wie gelegentlich angenommen, die Geltung des Visbyer Stadtrechts und lässt deshalb keinen Schluss darüber zu, ob damals in Visby das Stadtrecht noch galt.

---

[14] Zum Niederdeutschen auf Gotland bis 1500 vgl. *Artur Gabrielsson*, Zur Geschichte der mittelniederdeutschen Schriftsprache auf Gotland, Niederdeutsches Jahrbuch. Jahrbuch des Vereins für niederdeutsche Sprachforschung 94 (1971), S. 41–82, u. 95 (1972), S. 7–65; für das 16. Jahrhundert vgl. *Jürgen Beyer*, Den så kallade stenmästargravstenen från 1570-talet i Vamlingbo kyrka på Gotland. Text, tolkning och bakgrund [Der sog. Steinmetzgrabstein aus den 1570er Jahren in der Kirche von Vamlingbo auf Gotland. Text, Deutung und Hintergrund], Fornvännen [Der Altertumsfreund] 106 (2011), S. 113–126.

[15] *Oppitz*, Art. „Visby, Stadtrecht von" u. „Visbysches Stadtrecht" (o. Fn. 11).

[16] *Schlyter*, Codices iuris Visbyensis (o. Fn. 11), S. I f., X f.

[17] *Schlyter*, a.a.O., S. 172–182, hier §§ 1, 2, 5. §§ 1 und 2 beziehen sich nur auf Strafsachen, aber § 5 wahrscheinlich auf das gesamte Stadtrecht.

[18] *Nils Herlitz* [et al.] (Hg.), Privilegier, resolutioner och förordningar för Sveriges städer [Privilegien, Resolutionen und Verordnungen für die Städte Schwedens], 6 Bde., Stockholm 1927–85, hier Bd. 1, S. 452 f.; Bd. 2, S. 420 f., 462–464, 507 f.; Bd. 3, S. 783 f., 809; Bd. 4, S. 655 f.; vgl. auch *Hans Nielssøn Strelow*, CRONICA Guthilandorum. Den Guthilandiske Cronica [...] [Die gotländische Chronik], Kopenhagen 1633, S. 197–199, 254–259, 263–265, 272 f., 296 f.

[19] *Schlyter*, Codex iuris Gotlandici (o. Fn. 13), S. 219–227 (Abdruck der Verordnung aus dem Jahr 1492); Handlingar om Gottlands tillstånd vid dess återförening med Sverige i 17:de seklet [Akten über Gotlands Zustand bei seiner Wiedervereinigung mit Schweden im 17. Jahrhundert], Handlingar rörande Skandinaviens historia [Dokumente zur Geschichte Skandinaviens] 29 (1848), S. 361–400, hier S. 361 f. (Abdruck der Verordnung aus dem Jahr 1595).

Briefbücher, Ratsprotokolle, Gerichtsakten, Grundbücher und andere Quellen, die mehr über den Verlauf dieser Sache berichten könnten, sind für Visby leider erst Jahrzehnte später erhalten.[20] Von dem Ehepaar ist kein Grabstein bekannt.[21] Wir wissen nicht, ob es vielleicht einen Ehevertrag mit Regelungen für das Erbe gab. Unsere einzige Quelle ist die Darstellung einer Partei – und das aus zweiter Hand, aber immerhin in zwei Ausfertigungen. Ein späteres Schreiben in dieser Sache oder gar eine Antwort auf den Brief aus Oesel konnte nicht aufgefunden werden, weder in Visby noch in Kopenhagen. Auch in den Akten des höchsten dänischen Gerichts wird der Fall nicht behandelt.[22]

Bei dieser Quellenlage ist es schwierig, Vermutungen anzustellen, auf welcher Rechtsgrundlage der Erbschaftsstreit entschieden wurde, denn wie sich zeigen wird, waren die Bestimmungen des Visbyer Stadtrechts für diesen konkreten Fall nicht unbedingt einschlägig. Möglich ist, dass man sich an dänischen Stadtrechten orientierte,[23] doch dagegen spricht, dass sie in der Regel nur in dänischer Sprache vorlagen, während in Visby in der Mitte des 16. Jahrhunderts Niederdeutsch die vorherrschende Verwaltungssprache war. Denkbar ist aber auch, dass man sich am lübischen Recht und seinen Auslegungstraditionen orientierte, schließlich war das

[20] Die ältesten erhaltenen Gerichtsprotokolle beispielsweise decken den Zeitraum von 1624 bis 1631 ab und geben keinen deutlichen Hinweis auf das angewandte Recht. Darauf folgt eine Lücke bis 1660 (LA Visby: Rådhusrätten-Magistratens i Visby stad arkiv: A 1 A:1 und 2). Zu diesen Zeiten hatte sich in Visby einiges geändert. In den 1620er Jahren war Dänisch Verwaltungssprache, in den 1660er Jahren dagegen Schwedisch.

[21] *J[ohn] W[ilhelm] Hamner*, Visby domkyrkas gravstenar [Grabsteine des Doms zu Visby], Stockholm 1933.

[22] *Ditlev Tamm* (Hg.), Kongens retterting [Dänisches Oberstes Gericht], 2 Bde., Kopenhagen 2003. Allerdings sind Berufungen aus Visby an den König für das 16. Jahrhundert nur äußerst spärlich dokumentiert: Ein Fall aus dem Jahr 1557 (über Betrug und Besteuerung, Nr. 1141) und vier aus dem Jahr 1599 (über Eintreibung von Schulden (Nr. 2130), über Kirchenland (Nr. 2142), über Exkommunikation (Nr. 2145) und über Beleidigung (Nr. 2147); vgl. hierzu *Tryggve Siltberg:* Gotlandskyrkan under dansktiden [Die gotländische Kirche in der dänischen Zeit], Visby (im Druck), Kap. 57). Der nächste Fall stammt erst aus dem Jahr 1636 (Nr. 5092). *Erik Reitzel-Nielsen/Ole Fenger* (Hg.), Danske domme 1375–1662. De private domssamlinger [Dänische Urteile 1375–1662. Die privaten Urteilssammlungen], 8 Bde., Kopenhagen 1978–87, enthält keinen Fall aus Visby.

[23] Vgl. *Grethe Jacobsen:* Dansk købstadlovgivning i middelalderen [Dänische Stadtrechte im Mittelalter], Historie. Jyske Samlinger [Geschichte. Jütische Sammlungen], N. R. 19 (1991–93), S. 393–439, fußend auf: *Erik Kroman* (Hg.), Danmarks gamle købstadlovgivning [Dänemarks alte Stadtrechte], 5 Bde., Kopenhagen 1951–61. Das Visbyer Stadtrecht wurde in diese Sammlung nicht mit aufgenommen – ein Beispiel dafür, wie stiefmütterlich die dänische Forschung Gotland unter dänischer Herrschaft behandelt.

Visbyer Stadtrecht in vielen Punkten vom lübischen Recht beeinflusst,[24] doch scheinen Berufungen von Visby nach Lübeck nicht vorgekommen zu sein.[24a]

Es ist unbekannt, woraus in dem hier behandelten Fall das Erbe bestand. Wahrscheinlich kann man davon ausgehen, dass Hans Koster Kaufmann war und ein Haus und ein Warenlager in Visby besaß. Komplizierter wäre der Fall, wenn er beispielsweise noch Anteile an Schiffen oder an Immobilien außerhalb Visbys besaß, weil dann möglicherweise anderes Recht anzuwenden gewesen wäre.

IV. Beteiligte Personen

Leider nennt der Brief nicht den Namen des „Megdleins". Er sagt auch nicht, ob es sich um eine Estin, eine Deutsche oder eine Schwedin handele. Es ist natürlich denkbar, dass es sich hier um die Tochter eines schwedischen Bauern oder eines deutschen Gutshandwerkers handelte, während man Adelige wohl ausschließen kann: Ein Adelsfräulein hätte man sicherlich nicht als Dienstmädchen nach Visby geschickt. Die Betonung, dass es sich um eine freie Person handele, lässt jedoch vermuten, dass die Frau aus einer Personengruppe stammte, die normalerweise unfrei war, nämlich die Esten. Wahrscheinlich war das „Megdlein" daher die Tochter eines estnischen, freien Bauern, von denen es einige auf Oesel gab. Für eine solche bedeutete – noch viel mehr als für eine deutsche Handwerkertochter – die Heirat mit einem Visbyer Bürger einen gehörigen sozialen Aufstieg.

Die estnische Frau muss weiterhin Verbindung zu ihrer Familie auf Oesel gehalten haben. Ihre Verwandtschaft („freundtschafft" in der Sprache des 16. Jahrhunderts) setzte sich bei dem Amtmann dafür ein, dass der Landesherr sich einschalte-

---

[24] Vgl. *Stefan Ullrich*, Untersuchungen zum Einfluss des lübischen Rechts auf die Rechte von Bergen, Stockholm und Visby, Frankfurt a.M. 2008, der leider das Ehe- und Erbrecht nicht behandelt. Im 16. Jahrhundert kursierten viele recht unterschiedliche Fassungen des lübischen Rechts, darunter ein Rostocker Druck aus dem Jahr 1509 ([Dat recht der Stadt lubeke] [Incipit: Eyne vorrede dusses bokes], [Rostock] 1509). Zum Teil waren sie mit Passagen aus dem Hamburger oder anderen Rechten kontaminiert und durch neuere Paragraphen ergänzt (*Johann Friedrich Hach* [Hg.], Das Alte Lübische Recht, Lübeck 1839), weshalb der genaue Text des lübischen Rechts im Jahr 1555 nicht zu bestimmen ist. Der erste offizielle Druck war eine Revision und hochdeutsche Übersetzung: Der Kayserlichen Freyen vnd des Heiligen Reichs=Stadt Lübeck Statuta vnd Stadt Recht. Auffs Newe vbersehen / Corrigiret / vnd aus alter Sechsischer Sprach in Hochteudsch gebracht, Lübeck 1586; vgl. dagegen *Ioachimvs Kollivs*, Ein Rechtbuch / Darinne die Artikele / so man Lübisch Recht nennet / vnd in den manuscriptis Exemplaribus gefunden / Nicht alleine in eine bequeme vnd richtige Ordenung gebracht / Besondern auch das Sechsische / Keyserliche vnd Göttliche Recht zugleich mit eingeführet vnd angezogen, Hamburg 1586 (niederdeutscher Gesetzestext mit hochdeutschem Kommentar).

[24a] Vgl. *Wilhelm Ebel* (Hg.), Lübecker Ratsurteile, 4 Bde., Göttingen/Berlin/Frankfurt 1955–67; *A[ndreas] L[udwig] J[acob] Michelsen*, Der ehemalige Oberhof zu Lübeck und seine Rechtssprüche, Altona 1839, S. 351.

te, um seinem Landeskind zu seinem Recht zu verhelfen. Über diese Verwandtschaft erfahren wir leider ebenso wenig Konkretes wie über die Frau selbst.

Der verstorbene Hans Koster war nicht irgendein Visbyer Bürger, sondern Ratsherr. Er stammte aus einer dänischen Familie. Er soll laut Dick Wase um 1490 geboren worden sein. Bei folgenden Gelegenheiten tritt er in den Quellen auf (wobei der Name sowohl mit o als auch mit ö geschrieben wird):[25] Am 31. März 1532 war er Mitaussteller einer Bürgschaft. Am 3. August 1536 vertrat er die Visbyer Bürgerschaft bei der Huldigung des dänischen Königs Christian III. Am 23. Mai 1548 stellte er mit anderen Ratsherren eine Bürgschaft aus.[26] Zum letzten Mal wird er am 24. Juni 1551 erwähnt, als er ein Testament bezeugte.

Wir können jetzt zu den bekannten Daten über Hans Koster hinzufügen, dass er mindestens zweimal verheiratet war, dass in seiner letzten Ehe zwei Kinder geboren wurden, dass seine Witwe mit hoher Wahrscheinlichkeit eine freie Estin aus Kielkond auf Oesel war und dass Hans Koster am 2. Juli 1555 schon gestorben war.

Im Brief aus Oesel steht, dass Hans Kosters Halbbruder – wieder wird kein Name genannt – der Witwe das Erbe streitig mache. Brüder von Verheirateten mit Kindern scheinen in Visby erbberechtigt gewesen zu sein. Dies wird allerdings nur in einem Artikel des Stadtrechts erwähnt, der von Testamenten handelt und der Möglichkeit für Brüder, Einspruch zu erheben.[27] Denkbar ist auch, dass hier eher ein Halbbruder der kleinen Kinder gemeint ist. Hans Koster hatte aus seiner früheren Ehe einen Sohn, der ebenfalls Hans hieß und später sogar Bürgermeister in Visby wurde (ca. 1520 – nach 13. 10. 1586).[28] Es ist unbekannt, ob Hans Koster d.Ä. noch weitere Kinder aus dieser früheren Ehe hatte oder ob er noch häufiger verheiratet war. Es ist also recht unsicher, ob die Erbansprüche von dem späteren Bürgermeister gestellt wurden. Von ihm heißt es übrigens, dass er „fromm und sehr geachtet" gewesen sei.[29]

---

[25] *Dick Wase*, Styrelse och administration i medeltidens Visby. En betraktelse över rådet i Visby till år 1600 [Leitung und Verwaltung im mittelalterlichen Visby. Eine Betrachtung über den Visbyer Rat bis zum Jahr 1600], Stockholm 1998, S. 110. Woher die ungefähren Geburtsdaten bei Wase stammen, wird nicht deutlich. Möglicherweise wurde einfach ein paar Jahrzehnte von dem Zeitpunkt aus zurückgerechnet, an dem die Person zum ersten Mal in Amt und Würden erscheint. In der undatierten Internetdatei „[*Dick Wase*,] Rådslängd för Visby 1161–1600 [Visbyer Ratslinie 1161–1600]" sind manche Geburtsdaten leicht verändert, s. http://www.medeltidsgotland.se/forskning/pdf/radslangd.pdf [eingesehen am 7.1.2011].

[26] LA Visby: Visby domkapitels arkiv: E V:1: Övriga inkomna skrivelser (1438–1680), S. 4:1–2.

[27] Visbyer Stadtrecht (o. Fn. 11), IV, II, 1.

[28] *Wase*, Styrelse (o. Fn. 25), S. 113.

[29] *O[tto] W[ilhelm] Lemke*, Visby stifts herdaminne [Pastorenbuch des Bistums Visby], Örebro 1868, S. 448: „den fromme och mycket aktade Borgmästaren".

Als Kinder des Bürgermeisters sind bekannt: 1) Jacob, Kirchenvorsteher der Marienkirche und Ratsherr in Visby;[30] 2) Claudius Köster (Koster), Lehrer in Visby, Pastor in Hablingbo auf Gotland und Propst für den Südteil der Insel;[31] 3) Johan Köster, 1586 Schreiber des Domkapitels, doch im folgenden Jahr wegen Unzucht zum Tode verurteilt, schließlich begnadigt und des Landes verwiesen.[32] Für Jacob nennt Wase als ungefähres Geburtsdatum 1555. Wegen der Namensgleichheit des Bürgermeisters mit seinem Vater wäre es auch denkbar, dass es sich hier um einen Sohn der Oeselanerin handelt.

V. Bestimmungen des Visbyer Stadtrechts

Der Brief aus Oesel erwähnt kein Testament von Hans Koster. Deshalb können wir vielleicht davon ausgehen, dass keines vorhanden war. Für den Fall, dass der Ehemann ohne Testament stirbt und Frau und mindestens zwei Kinder hinterlässt, schrieb das Visbyer Stadtrecht vor, dass die Witwe ein Drittel der Güter erhalte und die Kinder den Rest sowie die Kleidung und die Waffen des Vaters.[33] Dies galt allerdings nur, wenn die Witwe wieder heiratete.

Eigentlich hätten die Witwe und ihre Kinder Vormünder haben müssen, denn für den Fall, dass der Ehemann keine Vormünder bestimmt hatte, schrieb das Stadtrecht vor, dass der Rat oder die Verwandten der Witwe innerhalb eines Monats Vormünder wählen. Der Brief erwähnt jedoch keine Vormünder. Normalerweise wurden als Vormünder der Kinder deren Verwandte väter- und mütterlicherseits ernannt, solange sie Visbyer Bürger waren.[34]

Der Brief des Bischofs ist zwar wortreich, aber ungewöhnlich arm an Fakten. Wir erfahren nicht einmal, wann Hans Koster starb. Im Interesse der Witwe wollen wir hoffen, dass das im Mai oder Juni 1555 geschah, denn im Visbyer Stadtrecht galt bei Erbstreitigkeiten eine Verjährungsfrist von acht Wochen für im Lande – d.h. wohl Gotland – Wohnende, während im Ausland Ansässige eine Frist von Jahr und Tag hatten.[35]

VI. Mündliche und schriftliche Kommunikationswege

Es ist müßig, Spekulationen über den Ausgang des Erbschaftsstreits anzustellen, denn es liegt nur die Darstellung einer Partei vor, und das aus zweiter, dritter oder

---

[30] *Wase*, Styrelse (o. Fn. 25), S. 117; vgl. auch [*Richard Steffen* (Hg.),] Handlingar rörande Visby domkyrka, dess jordar och inventarier [Akten betr. den Dom zu Visby, dessen Grundbesitz und Inventarverzeichnisse], Gotländskt arkiv [Gotländisches Archiv] 5 (1933), S. 44–60, hier S. 59.

[31] *Lemke*, Visby stifts herdaminne (o. Fn. 29), S. 389; vgl. auch *Wase*, Styrelse (o. Fn. 25), S. 116.

[32] *Lemke*, Visby stifts herdaminne (o. Fn. 29), S. 448 f.

[33] Visbyer Stadtrecht (o. Fn. 11), IV, III, 6.

[34] Visbyer Stadtrecht (o. Fn. 11), IV, I, 23 f.

[35] Visbyer Stadtrecht (o. Fn. 11), IV, III, 9.

vierter Hand. Der Bischof war von seinem Amtmann informiert worden, den wiederum die Verwandten der Oeselanerin dazu bewegt hatten, die sich irgendwie aus Visby gemeldet hatte oder die selbst nach Oesel gekommen war. Vielleicht verlief erst der letzte Schritt, der Brief aus Oesel nach Visby, auf schriftlichem Wege (allerdings überbracht durch den Amtmann, von dem weitere Informationen zu erhalten seien). Der Abfassung des Briefes gingen möglicherweise ausschließlich Gespräche und Gerüchte voraus, und außerdem Übersetzungen, auf jeden Fall vom Niederdeutschen ins Hochdeutsche und vielleicht auch aus dem Estnischen oder Dänischen ins Niederdeutsche. Dabei wurde sogar der Name des Gouverneurs, Otte Rud, ins Hochdeutsche übersetzt und ein Anfangsbuchstabe vertauscht. Die Kopie im Briefbuch ist nämlich an „Otto Pauth(en)" gerichtet.[36] Außerdem ist es denkbar, dass im Laufe der Nachrichtenübermittlung – wie oben erwähnt – aus einem Halbbruder der kleinen Kinder ein Halbbruder des Verstorbenen wurde.

Nicht nur aus dem Kinderspiel „Stille Post" ist bekannt, wie sehr sich der Inhalt einer Mitteilung im Laufe von Nacherzählungen wandeln kann.[37] Auch an der Behandlung dieses Falls in der bisherigen Forschung lässt sich das illustrieren. Der Brief nach Visby wurde meines Wissens zuvor nur von einem Historiker direkt (in der Fassung des Kopiebuchs) und von einem anderen indirekt benutzt. Beide konnten allerdings nichts zur Beleuchtung des Vorgangs beitragen. Ganz im Gegenteil, ihre Darstellungen waren in mehreren Punkten irreführend, obwohl sie nur aus je einem Satz bestanden. Evald Blumfeldt schrieb 1936: „Die aus Kielkond stammenden Schweden siedelten nach Gotland über, nahmen Dienststellungen an, heirateten dort usw."[38] Als Autor des Briefes an einen Visbyer Hauptmann nennt er in einer Fußnote einen Beamten auf dem bischöflichen Gut in Kielkond.[39] 1951 machte Paul Johansen daraus: „1555 schreibt der Landknecht des bfl. Amtshofs Kielkond an den Hauptmann von Wisby und erwähnt, dass die Schweden nach Gotland fortzögen und sich dort verheirateten."[40] Den Brief schickte jedoch nicht der Amtmann, sondern der Bischof. Darin geht es nur um *eine* Oeselanerin, und die war wahrscheinlich keine Schwedin, sondern Estin.

[36] RA Kopenhagen: Arkiv nr. 598: Registrant 3B (o. Fn. 6), S. 401.

[37] Vgl. auch *Walter Anderson*, Ein volkskundliches Experiment, Helsinki 1951; *ders.*, Eine neue Arbeit zur experimentellen Volkskunde, Helsinki 1956.

[38] *Blumfeldt*, Rootsilisest asustusest (o. Fn. 9), S. 160: „Kihelkonnalt päritolevad rootslased siirdusid teenistusse Ojamaale, abiellusid seal jne."

[39] *Blumfeldt*, a.a.O., S. 160, Anm. 35: „Kihelkonna piiskopimõisa ametniku kiri (1555) Visby pealikule".

[40] *Johansen*, Nordische Mission (o. Fn. 9), S. 304.

VII. Mesalliance

Handelte es sich bei dieser Ehe um eine Mesalliance? Das Wort *Mesalliance* ist im Deutschen erst seit dem Anfang des 18. Jahrhunderts belegt.[41] Im Französischen war *mésalliance* zwar schon seit der zweiten Hälfte des 17. Jahrhunderts gebräuchlich,[42] aber in der Mitte des 16. Jahrhunderts war das Wort noch gänzlich unbekannt. Wurde diese Hochzeit von den Zeitgenossen – auch ohne ein treffendes Substantiv – als nicht standesgemäß betrachtet? Dafür spricht, dass der Witwe das Erbe streitig gemacht wurde. Der energische Einsatz des Landesherrn ihrer Heimatgemeinde spricht jedoch dagegen. Aus heutiger Perspektive ist es sicherlich ungewöhnlich, dass Hans Koster ein Mädchen heiratete, das er in seinem Hause aufgezogen hatte. Natürlich kann man sich vorstellen, dass der Ratsherr sein Dienstmädchen geschwängert hatte und deswegen heiraten „musste". Darüber schweigen sich die Quellen allerdings aus, genauso wie über den ehelichen Alltag, der ja darüber entschied, ob die beiden miteinander glücklich wurden. Immerhin dokumentiert der Brief, dass in Visby eine Heirat zwischen einem Ratsherrn und einem Dienstmädchen möglich war.

VIII. Schluss

Für eine Tagung in Estland über Rechtsgeschichte im Ostseeraum eignete sich dieser Beitrag, weil er nicht nur etwas Licht auf die relativ umfangreiche estnische Arbeitsmigration von Oesel nach Gotland und die Verbindungen zwischen den beiden großen Ostseeinseln wirft,[43] sondern auch weil wir es hier mit dem ersten dokumentierten Erbschaftsstreit in der Rechtsgeschichte der Auslandsesten und vielleicht der Esten überhaupt zu tun haben.[44] Wie alle Frühgeschichte ist dieser

---

[41] *Wolfgang Pfeifer* (Hg.), Etymologisches Wörterbuch des Deutschen, Bd. 1, Berlin, 2. Aufl. 1993, S. 29.

[42] *Alain Rey* (Hg.), Le Grand Robert de la langue française, Bd. 6, Paris, 2. Aufl. 1998, S. 391; *Alain Rey* (Hg.), Dictionnaire historique de la langue française [...], Bd. 1, Paris 1992, S. 50.

[43] Vgl. *Jan-Christian Schlüter*, "En Este aff Ösel" in Visby. Ösel and Estland in the Gotlandic account books of Ivar Axelsson Tott 1485–87 and Sören Norby 1524–25, Ajalooline Ajakiri [Historische Zeitschrift] 2008, S. 29–44; *ders.*, Främmande kontakter i Ivar Axelsson Totts och Sören Norbys gotländska räkenskapsböcker [Fremde Kontakte in Iver Akselsen Thotts und Søren Norbys gotländischen Rechnungsbüchern], Gotländskt arkiv [Gotländisches Archiv] 82 (2010), S. 95–110; *Jens Lerbom* (Hg.), Gotlands saköreslängder 1600–1645. Brott och böter på Gotlands landsbygd [Gotlands Geldstrafenlisten 1600–1645. Vergehen und Bußgelder in Gotland außerhalb Visbys], Visby 2007, S. 183, 187. Einige Jahrzehnte später finden sich gelegentlich Boote aus Oesel in den Visbyer Zollregistern verzeichnet, z. B. LA Visby: Visby tullkammares arkiv, Räkenskaper utgående journaler, G VII: 7 (1701–1705), Jg. 1701, Nr. 177 f.; Jg. 1703, Nr. 125 f.; LA Visby: Visby tullkammares arkiv, Räkenskaper inkomna journaler (1701–1705), G II: 9, Jg. 1701, Nr. 161 f.

[44] Aus Reval sind wahrscheinlich ältere Erbschaftsstreitigkeiten dokumentiert. Ob sie auch Esten betreffen, wäre anhand der in dem lesenswerten Artikel von *Tiina Kala*, Das Geschriebene und

Fall leider von Dunkel umhüllt, weil nur das Schreiben des Bischofs nach Visby erhalten ist und alle anderen Akten zur Behandlung des Vorgangs in Visby fehlen.

Anhang: Edition des Briefes vom 2. Juli 1555[45]

Von gots gnaden Johannes Bischof zu Curlant[46] vnnd Administrator des Stiffts Osell.[47]

Vnseren gnedigen grus vnd genaigkten willenn Zuuorahnn, Ersame vnnd weisen liebenn besonderen, Vns hatt der Ernthvester vnnser Ampthman vff kilkunde,[48] vnd lieber getrewer Heinrig Billingshausenn,[49] Jn nhamen vnd fon wegenn etlicher vnser Armen vnderthanen, daselbst Jnn vnserm Jme beuolhenen Ampt, Jnn vnderthenigkeit furgebracht, Das vnlangst vorgangenn Jaren, ein Megdlein von gemelt*en* vnsern, doch freien leuthen vf*f* kilkunde geborenn, vff Gotlandt Zu Wießbuhe[50] ahn[51] einen geheissenn hans koster[52] Zu dienst vberschigkt, wilcher

---

das Mündliche. Das lübische Recht und die alltägliche Rechtspflege im mittelalterlichen Reval, in: Albrecht Cordes (Hg.), Hansisches und hansestädtisches Recht, Trier 2008, S. 91–112, genannten Quellen zu prüfen.

45 LA Visby: Rådhusrätten. E 1 A:1 (o. Fn. 2), Nr. 1. Abkürzungen werden aufgelöst und kursiv gesetzt. In eckigen Klammern stehen editorische Bemerkungen. Der Brief besteht aus einem einmal gefalteten Foliobogen. Der Text füllt die erste und zweite Seite sowie den Anfang der dritten. Auf der vierten Seite steht die Anschrift. Darüber ist das Siegel angebracht. Der Brief trägt keine Unterschrift. In Fußnoten werden Lesarten der Kopie im Briefbuch des Oeseler Bischofs vermerkt (RA Kopenhagen: Arkiv nr. 598: Registrant 3B [o. Fn. 6], S. 401–403), allerdings nur solche, bei denen die Wortwahl oder die Beugungsform abweichen, nicht nur die Rechtschreibung. Beispielsweise werden *fürhin* und *vorhinn* als Varianten ein- und desselben Worts gezählt. In einigen wenigen Fällen wird jedoch in Fußnoten eine Rechtschreibvariante gebracht, wenn sie zum Verständnis des Wortes beitragen kann. Außerdem werden von Ortsnamen normalisierte Formen genannt.

46 Kurland.

47 Oesel.

48 Kielkond. Beginn des Textes im Briefbuch: „Ann Otto Pauthen Heuptman zu Wissbhue vnnd an Burgermaister und Rath daselbst vf Gothlannde Mutatis Mutandis A° Lv. Erenvester lieber Besonder, Vns hat der Erenuester vnser Amptman vf Kilkunde ...“

49 Der Name fehlt im Briefbuch.

50 Visby.

51 Ein oder zwei Buchstaben vor diesem Wort sind nicht zu deuten. Wahrscheinlich sind sie gestrichen. Im Briefbuch steht „ann“.

52 Briefbuch: „Köster“.

koster, alß er sich fürhin beweibt gehabt, hatt ehr sodann Medlein Zu sich genhummen, vnd erligen vfzieh*en* lassenn, Alß Jm aber sein Hausfraw abgestorbenn, hatt ehr, gemelts Medlein, Zu seiner Ehelichen Hausfrauwen, nach Christlicher Ordnung sich gebenn lassenn, Mit Jr auch Jn dem gotlichen Stande[53] etlige Jar her gelebt, vnnd Zwei Kinder ertzeugt, die noch Jm lebenn sein sollenn, Nhun sol auch kurtz vorgangen gemelter, hanß koster Jnn gott verstorbenn sein vnnd sein Ehelige Hausfraw obgedachts Medlein, mit Zwei Jren kinderen Jnn seinen nachgelassene*n* gutern, hinder Jm gelassenn habenn, Dieweiln sich nhun gemelte Widffraw an daß sembtlige nachlaß Jres Mans Zeligen mit sampt Jren kindern halten thu,[54] So soll sie vonn einem Ihres Manß selig*en*[55] halb Bruder, der sich vielleicht vormeint Zu dem nachlaß die[56] [*sic*] negste, vor der widfrawen vnnd Jrenn kinderen her Zu sein, fast bemuehet werdenn, wie Jr der sachen grunndt, vnd gelegenheit von obgemeltem vnserem Ampthmann nach der lenge vnnd weitther fürnhemenn werdenn, den wir auch darumb abgfertigt[57] [*sic*], Mit gnedigem begern Jr Jm vnsernthwegenn wollen glaubenn beimessenn vnd Zustellenn wollenn, Alß wir dann vonn gemelter Widtfffraw vnd Jrer freundtschafft, sie bei euch gnediglich*en* Zuuorschreibenn, vff damit[58] daß sie bei Recht vnnd Zu dem ~~J~~[59] sie befuegt, vff vnser gnedigs[60] begerenn, erhaltenn mucht werden, vndertheniglichenn gepetten vnnd angefallen, habenn wir die pitt, weiln sie vnter vnß, Jnn vnserem Stifft geborenn, nicht abschlag*en* wollenn, Demnach an euch hiemit vnser gnedigs sinnen vnd gudigeß[*?*][61] begerenn, Jr wollett euch, die armenn[62] Widtfffrauwenn vor erst vonn Rechs[63] [*sic*] weg*en*, Jnn ewere[64] schutz, nicht allein lassen empholenn[65] [*sic*] sein, besonndern sie auch, bei dem, dartzu sie mit Jren kinderenn befugt, erhalten, schutzen vnnd handthabenn, Vff vnnd danm;[66] [*sic*] sie sich dieser vnser vorschrifftenn genossenn empffindenn, vnd sich derenn Zuberuhemen haben muege, Jn dem thuen Jr nicht allein, denn beschriebnenn Rechtenn gemeeß,

---

[53] Briefbuch: „ehestannde".

[54] Briefbuch: „thut".

[55] Briefbuch: „seligenn Mannes".

[56] Briefbuch: „der".

[57] Briefbuch: „abgefertigt".

[58] Briefbuch: „vf vnd damith".

[59] Durchgestrichen.

[60] Briefbuch: „gutlichs".

[61] Rest des Wortes im Inneren des Bandes verdeckt. Briefbuch: „gutlichs".

[62] Briefbuch: „arme".

[63] Briefbuch: „Rechts".

[64] Briefbuch: „euren".

[65] Briefbuch: „empfolen".

[66] Briefbuch: „damit".

besonderenn beschieht auch darahnn Gots[67] deß Almechtigenn gnediger wille, vnnd befelig, So seindt wirß vmb euch sembtligen[68] auch Jedetzait[69] mit besonderen gnaden, Nachparlig*en* Zugenaigktenn willen Zubeschulden vnd Zuerkennenn genaigt, Da*tum* vf*f* vnserm Schlos Arnspurgk[70] tagß[71] Visitatio*n*is Marię A*nn*° lv[72]

[*von anderer Hand:*] 1555.

[*letzte Seite:*] Denn Ersamenn vnnd weisen, vnsern besondern lieben Bürgermeistern vnnd Rathmannenm [*sic*], des [*sic*] Stadt Wießbuhe vff Gotlanmdth[73] [*sic*],[74]

[*Keine Unterschrift, aber Siegel.*]

---

[67] Fehlt im Briefbuch.

[68] Briefbuch: „vmb eure personen".

[69] Briefbuch: „jederzeith".

[70] Arensburg.

[71] Das Briefbuch hat statt „vf*f* vnserm Schlos Arnspurgk tagß" nur „die".

[72] 2.7.1555.

[73] Visby auf Gotland.

[74] Diese Anschrift und eine entsprechende des Gouverneurs fehlen verständlicherweise im Briefbuch.

„Der lange Abschied“ – schwedisches und finnisches Recht nach 1809

Lars Björne

I. Zur Einleitung: Schweden-Finnland vor 1809

Die wichtigsten Forschungsobjekte für Generationen finnischer Historiker waren seit dem Ende des 19. Jahrhunderts zwei Staatsgebilde, die nie existierten, nämlich entweder das sog. Schweden-Finnland oder nur Finnland vor 1809. Historiker in Schweden behandelten ihrerseits in ihren Darstellungen vor allem das Gebiet des heutigen Schwedens. Besonders die populärwissenschaftlichen Darstellungen über das Mittelalter oder die frühe Neuzeit bezogen oft die damals noch dänischen Landschaften (z.B. Schonen) ein, während die östlichen Gebiete jenseits des Bottnischen Meerbusens höchstens in kurzen Sonderkapiteln behandelt wurden. Gemeinsam blieb den finnischen und den schwedischen Darstellungen nur der Anachronismus.

Obwohl meine Charakterisierung der finnischen und schwedischen Geschichtsforschung des 20. Jahrhunderts rhetorisch übertrieben ist, bleibt die Tatsache festzuhalten, dass spätere Generationen große Schwierigkeiten gehabt haben, das Reich vor 1809 zu verstehen. Es gab weder ein Schweden-Finnland im Sinne der Doppelmonarchien Österreich-Ungarn oder Dänemark-Norwegen, noch existierte Schweden an sich mit Finnland als einer Art Nebenland. Es gab einen Staat, der ganz verschieden von den heutigen selbständigen Staaten Schweden und Finnland war. Horace Engdahl, Literaturwissenschaftler und Mitglied der Schwedischen Akademie, behauptete voriges Jahr in einer Festrede, dass Schweden und Finnland vor 1809 nicht Geschwister, sondern eher zusammengewachsene Zwillinge gewesen wären.[1] Es habe kein Schweden vor der Vereinigung mit Finnland, kein Finnland vor der Vereinigung mit Schweden gegeben. Finnland sei nie eine eroberte Provinz oder Kolonie, sondern ein organischer Teil eines heranwachsenden Reiches gewesen. Schon ab 1362 durften die Finnen an der schwedischen Königswahl teilnehmen, und sie entsandten die Jahrhunderte hindurch Vertreter zum gemeinsamen Reichstag.

II. Die Trennung des finnischen Reichsteils 1809 und Anschluss an Russland

Schweden trat nach einem kurzen Krieg im Frieden von Hamina 1809 die östliche Hälfte des Königreiches (vor allem die finnischen Provinzen) an Russland ab. Finnland wurde jedoch dem russischen Kaiserreich nicht vollständig einverleibt, son-

---

[1] *Horace Engdahl*, Det glömda året [Das vergessene Jahr]. Publiziert: http://www.riksdagen.se/templates/R_Page___17983.aspx [Stand 24.11.2010].

dern es wurde als ein vom „Zaren und Großfürsten" regiertes autonomes Großfürstentum konstituiert. Schon vor dem Friedensvertrag wurde im März 1809 in der Kleinstadt Porvoo ein Landtag abgehalten, wo Repräsentanten der finnischen Stände ihrem neuen Herrscher huldigten. Zar Alexander I. versprach seinerseits, die Religion und die Grundgesetze des Landes sowie die Standesprivilegien aufrechtzuerhalten.

Der Anschluss an Russland im Jahr 1809 war voriges Jahr Anlass für die großen 200-Jahr-Feierlichkeiten in Finnland.[2] Es mag ungewöhnlich, sogar seltsam wirken, dass die Einverleibung in Russland überhaupt ein Grund zum Feiern ist; es bestanden aber konkrete Gründe für die finnischen Feierlichkeiten. Im Friedensvertrag konnte Schweden eigentlich „Finnland" nicht abtreten, weil Finnland kein klar definiertes Gebiet war. Man war deshalb gezwungen, die abgetretenen Provinzen einzeln aufzuzählen; oder wie Horace Engdahl formulierte, es wurde ein Drittel eines von Stockholm aus regierten Königreiches abgetreten. Der finnische Historiker Zacharias Topelius (1818–1898), Professor für Geschichte an der Universität Helsinki, konnte deshalb 1843 behaupten, es gäbe überhaupt keine eigene finnische Geschichte vor 1809.[3] Erst Zar Alexander I. hat das Großfürstentum Finnland als ein politisches Territorium, ein Staatsgebiet mit bestimmten Grenzen geschaffen.

III. Die schwedisch-finnische Rechtsgemeinschaft vor und nach 1809 – ein Mythos?

Es ist offensichtlich, dass es vor 1809 kein eigenes finnisches Recht gab. Ebenso wenig kann es auch ein urfinnisches Recht gegeben haben. Dennoch haben nationalistisch gesinnte finnische Historiker versucht, ein urfinnisches Recht u.a. aus alten Sprichwörtern und Vergleichen mit estnischen Verhältnissen zu rekonstruieren, womit sie kläglich gescheitert sind. Schon im 14. Jahrhundert wurden in Finnland, wie im ganzen Reich, die Landes- und Stadtgesetze von Magnus Eriksson allmählich angewandt. Im Jahr 1809 war das Gesetzbuch von 1734 geltendes Recht im ganzen Reich.

1. Das Verfassungsrecht

Die Rechtseinheit des alten Reiches ging schon 1809 verloren, allerdings zuerst nur im öffentlichen Recht. Durch einen unblutigen Staatsstreich im März 1809 wurde

---

[2] Siehe *Max Engman*, Ett långt farväl. Finland mellan Sverige och Ryssland efter 1809 [Ein langer Abschied. Finnland zwischen Schweden und Russland nach 1809], Malmö 2009; *Torkel Jansson*, Rikssprängningen som kom av sig, Finsk-svenska gemenskaper efter 1809 [Die gescheiterte Reichssprengung. Finnisch-schwedische Gemeinschaften nach 1809], Malmö 2009.

[3] Zur finnischen Geschichtsforschung im 19. Jahrhundert siehe *Olof Mustelin*, Studier i finländsk historieforskning 1809–1865 [Studien in finnischer Geschichtsschreibung 1809–1865], Borgå 1957; *Päiviö Tommila*, Suomen historiankirjoitus. Tutkimuksen historia [Finnische Geschichtsschreibung. Forschungsgeschichte], Porvoo 1989.

König Gustav IV. Adolf entthront, und der neue, schon fast ohne finnische Abgeordnete einberufene Reichstag hob die gustavianischen Grundgesetze auf und verabschiedete rasch eine neue Regierungsform. Diese neue Verfassung von 1809 war kaum radikal: Der König hatte allein die vollziehende Gewalt, die gesetzgebende Gewalt teilte er mit den Ständen, und die alte Vierständeversammlung wurde beibehalten. Die Umwälzungen hatten jedoch die Liberalen gestärkt, und allgemein wurde eine umfassende Gesetzesrevision gefordert. Schon 1810 fing man mit einer Neuredaktion des Gesetzbuches von 1734 an, und 1826 konnte die Gesetzgebungskommission einen Entwurf zu einem allgemeinen Zivilgesetzbuch vorlegen; der Entwurf war insbesondere vom französischen Code civil, zum Teil auch vom preußischen Allgemeinen Landrecht beeinflusst. Auch ein Vorschlag zu einem allgemeinen Strafgesetzbuch wurde im Jahre 1832 veröffentlicht.

Schon in den 1820er Jahren war das Zeitalter der großen Kodifikationen vorbei, und die herrschende Meinung war viel konservativer geworden. Ein zusätzliches Problem war, dass die schwedischen Entwürfe inhaltlich liberal, teilweise sogar radikal waren, und sie deshalb vom Ständereichstag nie verabschiedet werden konnten. Stattdessen hat man kleinere Einzelreformen im Privatrecht vorgenommen.[4] So wurde z.B. die ehe- und erbrechtliche Stellung der Frauen auf dem Land schon 1845 verbessert und 1864 die Gewerbefreiheit eingeführt. Schon fünfzig Jahre nach der Reichsteilung hatte man in Schweden mehrere Reformen durchgeführt, die zwar zentrale Prinzipien im Gesetzbuch veränderten, aber dennoch den Hauptteil des Gesetzbuches von 1734 noch nicht berührten. In den 1860er Jahren wurde dann endlich ein ganz neues, modernes Strafgesetzbuch verabschiedet (1864), und die uralte Vierständeversammlung wurde im Jahre 1866 durch einen, allerdings wenig demokratischen, Zweikammerreichstag ersetzt.

Wie erwähnt bestätigte Zar Alexander in Porvoo u.a. die Grundgesetze. Die Bestätigung der Grundgesetze war vor allem deshalb möglich, weil diese Gesetze – die Regierungsform vom Jahre 1772 und die Vereinigungs- und Sicherheitsakte von 1789 – dem Monarchen eine beinahe unbeschränkte Macht gewährten. Auch die Einberufung des Landtags war eine Prärogative des Regenten. Wenn wohl anfangs keine Absicht bestand, den Landtag nicht wieder einzuberufen, so wurde die Arbeit des Landtags nach 1809 für über fünfzig Jahre unterbrochen. Erst während der Regierungszeit des recht liberalen Alexander II. wurde der Landtag im Jahre 1863 wieder einberufen: die sog. konstitutionelle Ära (1863–1899) begann. Auch nach 1863 war die Gesetzgebungsarbeit langsam. Die politische Lage verhinderte eine entsprechende Reform des veralteten Vierständelandtags wie diejenige des Reichstags in Schweden. Ein neues Gesetz konnte nur durch übereinstimmende Beschlüs-

---

[4] Zu den schwedischen Reformen *Wolfgang Wagner*, Einige Grundlinien der neueren nordischen Rechtsentwicklung, in: Wolfgang Wagner (Hg.), Das schwedische Reichsgesetzbuch von 1734 (Ius Commune, Sonderhefte 29), Frankfurt a.M. 1986, S. 3–22.

se dreier Stände verabschiedet werden; der sog. Sprachenkampf, in dem die schwedischgesinnten Stände des Adels und des Bürgertums und die finnischgesinnten Stände der Geistlichkeit und der Bauern auf verschiedenen Seiten der Barrikaden standen, beeinträchtigte auch die Gesetzgebungsarbeit. Außerdem wurde der Landtag nur jedes fünfte und von den 1880er Jahren an jedes dritte Jahr einberufen.

Die letzte Zeit der Autonomie (1899–1917) war von einer zunehmenden Russifizierung gekennzeichnet. Die Tätigkeit des Landtags wurde allerdings nicht unterbrochen; während der kurzen Liberalisierungsperiode nach der Revolution von 1905 wurde der Ständelandtag sogar durch einen aus allgemeinen und gleichen Wahlen hervorgegangenen Einkammerlandtag ersetzt. Bewusste Sabotage des Zaren machte jedoch eine ordnungsgemäße Gesetzgebungsarbeit unmöglich. Der Landtag wurde oft schon kurz nach der Eröffnung aufgelöst, und der Zar verweigerte konsequent die Bestätigung der von einem aufgelösten Landtag verabschiedeten Gesetze. Wie in der Zeit vor 1863 konnte man den bemerkenswertesten Mängeln in der Gesetzgebung durch Verordnungen abhelfen, denn laut Grundgesetz hatte der Regent ein weitgehendes Recht, sog. ökonomische Gesetze und Verordnungen über gesetzlich nicht geregelte Angelegenheiten zu erlassen.

2. Das öffentliche Recht

Auch in Finnland führte man schon 1809 viele Veränderungen im öffentlichen Recht durch. Obwohl die alten Grundgesetze formal in Kraft blieben, war man gezwungen eine neue Regierung und neue Verwaltungsbehörden zu schaffen, dabei wurden oft die Institutionen des alten Reiches als Vorbilder verwendet. Die Hauptstadt wurde zuerst nach Turku verlegt; schon im zweiten Jahrzehnt des 19. Jahrhunderts wurde Helsinki die neue Hauptstadt und Sitz der einheimischen Regierung.

Nur die notwendigsten Reformen wurden 1809 und in den Jahren danach durchgeführt, und man kann festhalten, dass Finnland während des ersten halben Jahrhunderts der Autonomie in mancher Hinsicht ein Freilichtmuseum des gustavianischen Reiches geblieben war. Das allgemeine Gesetz, das Gesetzbuch von 1734, war zweifelsohne eine Kodifikation, deren Bestimmungen nur mit Zustimmung der Stände abgeändert werden konnten. Novellen waren vor 1863 grundsätzlich ausgeschlossen und nach dem Scheitern der russischen Kodifikationspläne in den 1830er Jahren hat der sonst autokratische Nikolaus I. die Rechte der (freilich nicht einberufenen) Stände respektiert. Zwar wurden einige Verordnungen auf dem Gebiet des allgemeinen Gesetzes erlassen, es lässt sich jedoch nur ein einziger offenkundiger Verstoß gegen die frühere Gesetzgebung nachweisen; Nikolaus hat diesen Verstoß auch ausdrücklich zugegeben, und sein Dekret enthielt auch eine Art von Entschuldigung. Es muss hervorgehoben werden, dass auch der schwedische König Gustav IV. Adolf unter dem Titel einer Gesetzeserklärung das Gesetzbuch von 1734 ohne Zustimmung der Stände mehrmals erheblich geändert hatte.

Schon im frühen 19. Jahrhundert war das Gesetzbuch von 1734 eine veraltete Kodifikation, und wie erwähnt wurden in Schweden schon während der ersten Hälfte des Jahrhunderts mehrere wichtige Reformen durchgeführt. Am Anfang der 1860er Jahre schien die Rechtseinheit der zwei ehemaligen Reichsteile verloren gegangen. Man hätte erwarten können, dass nach der Einberufung des finnischen Landtags 1863 die rechtliche Unabhängigkeit von Schweden noch weiter gegangen wäre, zumal man in Finnland mit umfassenden Gesetzesrevisionen sofort angefangen hatte. Besonders das von der Aufklärung nur wenig beeinflusste und als grausam empfundene Strafrecht wurde schon in den 60er Jahren zum Teil reformiert; ein neues Strafgesetz, das die Abschnitte über die Verbrechen und den Strafvollzug im Gesetzbuch von 1734 ersetzte, wurde vom Landtag allerdings erst im Jahre 1889 verabschiedet. Auch der obsolete Abschnitt über die Vollstreckung in Zivilsachen wurde 1895 durch ein neues Gesetz ersetzt.

3. Das Privatrecht

Die im heutigen Sinne privatrechtlichen Abschnitte des Gesetzbuchs von 1734, d.h. die fünf Abschnitte über das Eherecht, das Erbrecht, das Eigentum und andere Rechte an Grundstücken, das Landbaurecht und über Handel und Gewerbe blieben trotz erheblicher Änderungen bis zur Selbständigkeit geltendes Recht.[5] In diesem Zusammenhang können nur die wichtigsten Änderungen erwähnt werden: In den familien- und erbrechtlichen Abschnitten wurde die Stellung der Frau verbessert (unverheiratete Frauen wurden 1864 mündig, gleiches Erbrecht und gleiches Recht am Gesamtgut der Gatten für Mann und Frau wurden 1878 eingeführt), und im Abschnitt über das Eigentum an Grundstücken wurden die Interessen des Handelsverkehrs berücksichtigt (neues Gesetz über die Eintragung von Grundstücksbelastungen 1868, Einschränkungen im Erblösungsrecht 1878). Mehrere an die Wirtschaftsgesetzgebung grenzende Bestimmungen über das Landbaurecht wurden durch Verordnungen schon vor 1863 geändert (Flurregelungsverordnung 1848, Waldverordnung 1851), während die stufenweise eingeführte Gewerbefreiheit in den 60er und 70er Jahren die größten Veränderungen im Handelsrecht brachte.

IV. Zusammenfassung: Die gebliebene und wiedergewonnene Rechtseinheit

Die erwähnten finnischen Reformen haben ein gemeinsames Charakteristikum; sie waren schon oft Jahrzehnte vorher in Schweden durchgeführt worden. Als die Gesetzesrevisionen in den 1860er Jahren möglich wurden, diente die schwedische, bisweilen auch die deutsche, aber nie die russische Gesetzgebung als Vorbild. Zur Zeit der finnischen Unabhängigkeitserklärung im Jahr 1917 hatte das Land eine

---

[5] Näher dazu *Lars Björne*, Das Gesetzbuch von 1734 und die finnische Privatrechtswissenschaft im 19. Jahrhundert, in: Wolfgang Wagner (Hg.), Das schwedische Reichsgesetzbuch von 1734 (Ius Commune, Sonderhefte 29), Frankfurt a.M. 1986, S. 163–184, hier S. 165.

Rechtsordnung, die im Wesentlichen nordisch, vor allem aber schwedisch geprägt war. Der im Jahre 1809 so wahrscheinlich bevorstehende ‚lange Abschied‘[6] hatte sich bezüglich der Gesetzgebung schon in der ersten Hälfte des 19. Jahrhunderts als ein vorübergehendes ‚auf Wiedersehen‘ erwiesen.

Im Jahre 1872 fand der erste nordische Juristentag in Kopenhagen mit zahlreichen dänischen, norwegischen und schwedischen Juristen als Teilnehmern statt. Obwohl die Finnen während der Autonomie von der offiziellen Teilnahme aus politischen Gründen ausgeschlossen waren, nahmen schon am ersten Juristentag drei finnische Juristen als Privatpersonen an der Konferenz teil.[7] Ebenso wenig konnte das autonome Finnland an der in den 1880er Jahren begonnenen nordischen Gesetzgebungszusammenarbeit teilnehmen. Erst in der Zeit der Selbständigkeit konnte man in Finnland mehrere gesamtnordische Gesetze einführen. Auch auf Gebieten, in denen aus historischen Gründen die nordische Gesetzgebungszusammenarbeit nicht möglich war, wie im Prozessrecht, ist das schwedische Recht in Finnland ein wichtiges Vorbild geblieben: so wurden z.B. die Bestimmungen des in Schweden im Jahre 1948 in Kraft getretenen vollkommen neuen Abschnittes über das Prozessrecht in Finnland in der zweiten Hälfte des 20. Jahrhunderts in Teilreformen angenommen.

Natürlich unterscheiden sich heutzutage die schwedischen und finnischen Rechtsordnungen teilweise sogar sehr stark voneinander, vor allem auf dem Gebiet des öffentlichen Rechts. Außerdem haben die schwedische und die finnische Rechtswissenschaft schon während der Autonomie verschiedene Wege beschritten. Nach der politischen Trennung hatten die finnischen Rechtswissenschaftler in der ersten Hälfte des 19. Jahrhunderts nur wenig Kontakt mit schwedischen Kollegen; solche Verbindungen erregten auch das Misstrauen der Behörden. Nur am Ende des 19. Jahrhunderts hat die gemeinsame Bewunderung der deutschen Rechtswissenschaft im Allgemeinen und der konstruktiven Richtung (der sog. Begriffsjurisprudenz) im Besonderen die schwedischen und die finnischen Kollegen vereinigt.[8] Die meistens schon finnischsprachigen Rechtswissenschaftler haben aber auch später bis in die 1950er Jahre hinein auf der konstruktiven Richtung beharrt, und der skandinavische Rechtsrealismus, die Uppsala-Schule, wurde in Finnland auch aus politischen Gründen abgelehnt.[9] Noch immer ist die finnische Privatrechtswissenschaft viel mehr als die schwedische von Rechtstheorie, Grundrechten und

---

[6] *Engman*, Ein langer Abschied (o. Fn. 2).

[7] Siehe *Lars Björne*, Den konstruktiva riktningen. Den nordiska rättsvetenskapens historia. Del III. 1871–1910 [Die konstruktive Richtung. Geschichte der nordischen Rechtswissenschaft, Teil III. 1871–1910], Lund 2002, S. 22–24.

[8] Näher *Björne*, Die konstruktive Richtung (o. Fn. 7), S. 228–239.

[9] Siehe *Lars Björne*, Realism och skandinavisk realism. Den nordiska rättsvetenskapens historia. Del IV. 1911–1950 [Realismus und skandinavischer Realismus. Geschichte der nordischen Rechtswissenschaft, Teil IV. 1811–1950], Stockholm 2007, S. 350–356.

allgemeinen Lehren geprägt. Trotzdem kann man behaupten, dass der Abschied nie zustande gekommen ist. Auch heute sind das schwedische und das finnische Recht einander ähnlich, und die finnische Rechtsordnung ist und bleibt nordisch.

Die Kollegialität in der Zentralverwaltung der größten Staaten des Ostseeraumes im 18. Jahrhundert

Paweł Cichoń

I. Die Vor- und Nachteile der Kollegialität

Das Kollegialitätsprinzip ist eine der grundlegenden Regeln zur Organisierung der öffentlichen Verwaltung und des Arbeitsstils eines Staatsapparates. Die breite Anwendung des Kollegialitätsprinzips fällt auf das 18. und 19. Jahrhundert. Die Kollegialität sollte unter zwei Aspekten betrachtet werden: unter einem strukturellen und einem funktionellen Aspekt. Der erste hat einen quantitativen Charakter und bezeichnet ein Kollegialorgan an der Spitze einer Behörde. Der zweite Aspekt betrifft die Entscheidungsfindung durch eine Personengruppe. Wenn eine Personengruppe durch gleichberechtigte Abstimmung eine Entscheidung trifft, handelt es sich um den letzteren Aspekt der funktionellen Kollegialität. Ein Organ ist nur dann vollkommen kollegial bzw. verfügt nur dann über absolute Einstimmigkeit, wenn beide Aspekte gleichzeitig erfüllt sind.[1]

Das Kollegialitätsprinzip hat viele Vorteile.[2] Zweifellos sicherte es eine gegenseitige Selbstkontrolle derjenigen Personen, welche kollegial die Behördenspitze besetzen. Dadurch schränkt es die Korruption in der Verwaltung ein und erschwert gesetzeswidriges Handeln. Dieser Verwaltungstyp trug auch zur Steigerung der Unparteilichkeit und Ehrlichkeit des Verwaltungshandelns bei. Zugleich schützte er den Monarchen vor den machtpolitischen Begehrlichkeiten der ihm direkt nachgeordneten Spitzenkräfte der Verwaltung. Andererseits aber konnte die Kollegialität den politischen Einfluss des Monarchen auf die Verwaltungsspitze begrenzen. Auch nahm man an, dass eine größere Personengruppe bei der Vorbereitung des Verwaltungshandelns bessere Ergebnisse als eine Einzelperson erzielt. Überdies sicherte die Kollegialität in der Verwaltung die Tradition und Kontinuität und diente gleichzeitig zur Integration neuer Beamter. Die stetig wachsende Flut der Aufgaben und ihre Komplexität zwangen die Kollegien zum Einsatz eines bürokratischen Beamtenapparats. Auf diese Art und Weise hat die Kollegialität zur Bildung einer staatstreuen Beamtenschicht und zur Arbeitsteilung in der Verwaltung beigetragen sowie die Entwicklung einer starken und professionellen Verwaltung gefördert. Hinzu kam, dass Verwaltungsentscheidungen immer häufiger schriftlich bestätigt werden

---

[1] *Jerzy Malec/Dorota Malec*, Historia administracji i myśli administracyjnej [Geschichte der Verwaltung und des Verwaltungsgedankens], 2. Aufl., 2003, S. 19; *Tadeusz Maciejewski*, Historia administracji [Verwaltungsgeschichte], 2. Aufl., 2006, S. 92, 134.

[2] *Malec/Malec*, Verwaltungsgeschichte (o. Fn. 1), S. 19; *Wojciech Witkowski*, Historia administracji w Polsce 1764–1989 [Verwaltungsgeschichte in Polen 1764–1989], 2007, S. 40.

mussten. Die Herrscher steuerten ihre Beamten durch schriftliche Direktiven. Die Beamten ihrerseits erlangten dadurch einen Schutz vor den übermäßigen „Launen" der Herrscher.

Im Laufe der Zeit bewirkte der weitere Verwaltungsausbau allerdings den allmählichen Niedergang des Kollegialitätsprinzips. Die Schwerfälligkeit des Prinzips verlangsamte das Verwaltungshandeln. Zudem waren die hohen Verwaltungskosten der Kollegialorgane ein bedeutender Nachteil. Dies führte in Verbund mit der notwendigen Beschleunigung des Verwaltungshandelns und der erforderlichen Kostendämpfung zu einem allmählichen Verzicht auf die Kollegialität. Die Kollegialorgane wichen Einzelorganen. Napoleon Bonaparte hatte in Europa einen maßgeblichen Anteil am Wandel.[3]

II. Die Typen der Kollegialorgane

Im 18. Jahrhundert wurde nicht nur die Zentralverwaltung, sondern auch die Kommunalverwaltung nach dem Kollegialitätsprinzip ausgestaltet. Wenn man die im 18. Jahrhundert gebildeten Kollegialorgane analysiert, dann zeigen sich nicht nur im Ostseeraum historische Gemeinsamkeiten.

Es lassen sich bei den Kollegialorganen zwei Typen unterscheiden:[4] Den ersten Typ bilden Organe, die persönlich von einem Monarch geleitet wurden. In diesem Fall kann man von einem Expertengremium mit der Aufgabe sprechen, bestimmte Probleme umfassend zu erörtern und dem Monarchen die Entscheidungsfindung zu erleichtern. Daher fehlte bei diesem Organtyp eine formelle Abstimmung – der Monarch hatte die Freiheit, sich der Minderheitsmeinung anzuschließen oder gegen die Meinung aller Mitglieder des Organs zu entscheiden.

Der zweite Typ setzte stärker auf die Entscheidungskompetenz des Kollegialorgans. Der Monarch verzichtete hier grundsätzlich auf seine Leitungsbefugnis, weil die behandelte Angelegenheit zu komplex oder zu technisch war. Stattdessen übertrug der Monarch seinen Ministern die Leitung über das Kollegialorgan. Dort nahmen die Minister die Position eines „Ersten unter Gleichen" – *primus inter pares* – ein. Indem sie über zwei bzw. über eine entscheidende Stimme verfügten, hatten sie bei Stimmengleichheit im Kollegium die alleinige Entscheidungskompetenz. Manchmal hatten die Minister das Recht, gegen die Mehrheitsmeinung im Kollegium eine Entscheidung des Monarchen herbeizuführen. Wichtig sind auch die Details der Kollegialorgane. Die Mitglieder trafen ihre Entscheidungen grundsätzlich mit Stimmenmehrheit, Einstimmigkeit blieb die Ausnahme. Ferner wurden

---

3 *Witkowski*, Verwaltungsgeschichte (o. Fn. 2), S. 41; *Malec/Malec*, Verwaltungsgeschichte (o. Fn. 1), S. 19; *Maciejewski*, Verwaltungsgeschichte (o. Fn. 1), S. 134.

4 *Hubert Izdebski*, Kolegialność i jednoosobowość w zarządzie centralnym państwa nowożytnego [Kollegialität und Einmanncharakter in der Zentralverwaltung eines neuen Staates], 1975, S. 28–31.

Sitzungsprotokolle geführt. Für das Kollegialorgan war auch die Einteilung in innere Abteilungen oder Departments typisch, die einen unterschiedlichen Selbständigkeitsgrad im Verhältnis zum ganzen Plenum aufwiesen. Das Plenum bestand entweder aus allen Mitgliedern des Kollegiums oder nur aus den Vorsitzenden der einzelnen Abteilungen. Die Stellung der Vorsitzenden differierte ebenso wie der Charakter der Organbeschlüsse, die für den Monarchen entweder verbindlich oder bloße Ratschläge sein konnten, so dass er im letzteren Fall eine eigene endgültige Entscheidung treffen musste. Es liegt auf der Hand, dass die beiden Typen der Kollegialorgane keine Gegensätze bildeten, sondern in der historischen Praxis ineinander übergingen. Anzumerken bleibt, dass nicht nur absolute Monarchien, sondern auch republikanische Staaten im 18. Jahrhundert solche Kollegialorgane für die Verwaltung einrichteten.[5]

III. Zwei Varianten der Kollegialität im 18. Jahrhundert

Im 18. Jahrhundert sind in den größten Staaten des Ostseeraumes, d.h. in Preußen, Polen, Russland und Schweden, bereits auf den ersten Blick zwei gegensätzliche Tendenzen für das Kollegialitätsprinzip zu beobachten. Die erste Tendenz manifestierte sich in den Reformen der absolutistischen Staaten Preußen und Russland, wo die Kollegialorgane zur Verstärkung der Königsmacht dienen sollten. Die zweite Tendenz zeigte sich in Polen und im Schweden der „Freiheitszeit", wo die Kollegialität ein Gegengewicht zur Königsmacht darstellen sollte.

1. Die Kollegialität in Preußen und Russland

Charakteristisch für die preußische Staatsform war die Tatsache, dass der König in eigener Person regierte.[6] Er beaufsichtigte die gesamte Tätigkeit der ihm unterstellten Minister, die lediglich als Ausführende der ihnen anvertrauten bestimmten Angelegenheiten dienten. Der König nahm ihre Berichte zur Kenntnis, traf aber selbst in Form einer sog. Kabinettsordre oder Marginalresolution die Entscheidungen. Aus diesem Grund fehlte in Preußen des 18. Jahrhunderts ein zentrales Regierungsorgan, das die gesamte Verwaltung hätte leiten können. Diese Funktion erfüllte der König selbst. Immerhin richtete er zu Beginn des 18. Jahrhunderts drei Ministerien als zentrale, kollegial organisierte Ressorts ein.

Am wichtigsten war das 1723 gebildete Generaldirektorium. Es entstand aus den zwei bestehenden Kollegialorganen – aus dem General- (Kriegs-)Kommissariat (seit 1660) und aus dem Generalfinanzdirektorium (seit 1699). Das Generaldirektorium beriet unter Leitung des Königs und beschäftigte sich mit Verwaltung,

---

[5] Unter „Republik" werden hier nicht nur Republiken im heutigen Sinne wie die Siebzehn Provinzen, die eidgenössischen Kantone oder die Stadtrepublik Venedig, sondern auch konstitutionelle Monarchien wie Großbritannien, Schweden in der „Freiheitszeit" (1719–1772) oder Polen verstanden. Siehe *Izdebski*, Kollegialität (o. Fn. 4), S. 18.

[6] *Maciejewski*, Verwaltungsgeschichte (o. Fn. 1), S. 100, 102.

Militär und Finanzen.[7] Das Direktorium teilte sich seinerseits in fünf sog. reale Departments auf, an deren Spitze die entsprechenden Minister standen. König Friedrich II. errichtete in den nächsten Jahren weitere Departments, z.B. für Handel, Industrie, Bergbau und Hüttenindustrie. Rechtliche Grundlage des Generaldirektoriums war die schriftliche Instruktion von König Friedrich Wilhelm I. aus dem Jahr 1723, die Friedrich II. im Jahr 1748 durch eine neue Instruktion ersetzte.[8]

Es muss betont werden, dass die in Preußen gebildeten Kollegialorgane nur die Aufgabe hatten, dem König den sachlichen Stoff aufzubereiten, damit er in seinem Arbeitszimmer eine eigene Entscheidung ohne Teilnahme von Beratern treffen konnte. Der Informationsaustausch zwischen König und Ministern beschränkte sich grundsätzlich auf den schriftlichen Weg. Das Kabinett im Gesamten versammelte sich nur einmal im Jahr in Potsdam zur Besprechung des Staatshaushalts. Friedrich II. verzichtete vor allem im Bereich der Innenpolitik nach und nach auf die koordinierende Rolle des Generaldirektoriums, obwohl er – formal gesehen – die Tätigkeit der von seinem Vater gebildeten Organe nicht antastete. In der Praxis jedoch waren nach 1770 kollegiale Entscheidungen eine Seltenheit.

Russland war im 18. Jahrhundert die zweite absolute Monarchie, die Kollegialorgane einsetzte. Nach dem Nordischen Krieg (1721) erhob der Senat Peter den Großen zum Kaiser von Russland. Dadurch wurde Russland zu einem Kaiserreich. Der Kaiser regierte absolutistisch, er war niemandem Rechenschaft pflichtig, er war durch keine Verfassung gebunden und unterlag keinerlei Kontrolle. Gleichwohl richtete Peter der Große Kollegialorgane ein.

Im Jahr 1711 wurde der Dirigierende Senat zunächst als ein Beratungsorgan des Zaren installiert. Er bestand aus 9 Senatoren und aus einem Obersekretär, später ab 1718 aus 12 Präsidenten der Kollegien.[9] Auch jedes Gouvernement wurde in dieser Institution von zwei Kommissaren repräsentiert. Der Senat galt als höchste Staatsinstitution und hatte einen breiten Kompetenzbereich. Dazu zählten die Finanzen, die Kontrolle der Gesetzesanwendung, die Vorbereitung und Veröffentlichung der Kaiserdekrete und der Kommentare zu diesen Dekreten, der Außenhandel, vor allem aber die Kontrolle der Verwaltung und der Gerichtsorgane. Der Senat war zugleich das Oberste Gericht. An dieser Stelle ist hervorzuheben, dass der Senat die Entscheidungen einstimmig und mit der obligatorischen Gegenunterschrift eines jeden Senators treffen musste. Mangelnde Einstimmigkeit verhinderte die Rechtsgeltung eines Dekrets. Katharina II. reorganisierte 1763 den Senat und teilte ihn in

---

7 *Malec/Malec*, Verwaltungsgeschichte (o. Fn. 1), S. 46; *Maciejewski*, Verwaltungsgeschichte (o. Fn. 1), S. 101; *Izdebski*, Kollegialität (o. Fn. 4), S. 37.

8 *Malec/Malec*, Verwaltungsgeschichte (o. Fn. 1), S. 46; *Maciejewski*, Verwaltungsgeschichte (o. Fn. 1), S. 101; *Izdebski*, Kollegialität (o. Fn. 4), S. 38.

9 *Malec/Malec*, Verwaltungsgeschichte (o. Fn. 1), S. 49; *Maciejewski*, Verwaltungsgeschichte (o. Fn. 1), S. 101; *Izdebski*, Kollegialität (o. Fn. 4), S. 39.

sechs Departments ein, um das Kollegialitätsprinzip zu stärken und Entscheidungsabläufe zu optimieren bzw. zu beschleunigen. Des Weiteren entlastete sie den Senat, indem sie Entscheidungen von der allgemeinen Senatsversammlung an die einzelnen Departments delegierte. Bei der Abstimmung verlangte man selbstverständlich weiterhin Einstimmigkeit. Falls keine einstimmige Entscheidung getroffen werden konnte, übergab man die Angelegenheit dem Senat im Ganzen, um dann Einstimmigkeit zu erzielen. Falls auch das nicht möglich war, hatte die Kaiserin das letzte Wort. Das änderte sich mit Kaiser Paul I.: Er änderte für die allgemeine Versammlung des Senats das Einstimmigkeits- zu einem bloßen Mehrheitsprinzip.

Um die Staatsverwaltung zu modernisieren, richtete Peter I. in den Jahren 1717 bis 1720 zentrale Ressortinstitutionen, die sog. Kollegien ein. Ihre Organisation richtete sich nach einer speziellen Ordnung, die der Kaiser 1720 in 56 Kapiteln herausgegeben hatte. Die ersten neun Kollegien wurden in drei Gruppen eingeteilt: 1. Hauptkollegien (Staatskollegien): d.h. Militär- und Außenkollegien sowie Kollegien im Bereich der Marine, 2. Wirtschaftskollegien: d.h. Bergbau-, Industrie-, Handelskollegien, 3. Finanzkollegien: für Einnahmen, Ausgaben und deren Kontrolle. Die von Peter I. gebildeten Kollegien haben freilich die Zeitläufe nicht überdauert. Bis 1796 überlebten nur drei Kollegien.[10]

An der Spitze eines Kollegiums stand der Präsident. Ihm standen ein Vizepräsident, vier Berater und vier Assessoren zur Seite.[11] Über alle Angelegenheiten entschied und diskutierte man auf kollegiale Art und Weise, d.h. beginnend mit der Meinung des Jüngsten bis hin zur Meinung des Vorsitzenden als letzter Person. Man erledigte die Angelegenheiten grundsätzlich nach der Reihenfolge ihres Eingangs, Angelegenheiten von übergreifender nationaler Bedeutung aber zuerst. Alle Entscheidungen wurden auf dem Abstimmungsweg getroffen. Im Laufe der Zeit verkam die Kollegialität allerdings zu einer Formalie, weil der Vorsitzende dieser Organe oder die Sekretäre bzw. Referenten allein die Entscheidungen trafen.

Aus dem eben Gesagten folgt, dass das Kollegialitätsprinzip in beiden Staaten Verwaltungsentscheidungen erleichterte, aber immer unter dem Primat des Monarchen stand, der sich über seine unmittelbare Teilnahme an den Organsitzungen oder über die Zustimmung zu den getroffenen Entscheidungen seine Letztentscheidungskompetenz vorbehielt.

---

[10] *Malec/Malec*, Verwaltungsgeschichte (o. Fn. 1), S. 51; *Maciejewski*, Verwaltungsgeschichte (o. Fn. 1), S. 101, 102; *Izdebski*, Kollegialität (o. Fn. 4), S. 39.

[11] Hervorzuheben ist, dass die Mitglieder des Kollegiums keine Verwandte des Präsidenten sein durften. Das zeigt das damalige Problembewusstsein für den Nepotismus unter den Beamten, siehe *Malec/Malec*, Verwaltungsgeschichte (o. Fn. 1), S. 51.

2. Die Kollegialität im freiheitszeitlichen Schweden und in Polen

Wie bereits erwähnt, hatten die Verwaltungsreformen „in der Freiheitszeit", d.h. in den Jahren 1719 bis 1772 in Schweden[12] und auch in Polen während des 18. Jahrhunderts ganz andere Ursachen. Entscheidend ist, dass die in diesen Staaten entstandenen oder reorganisierten Verwaltungsorgane anders als in Preußen und in Russland nicht dem absolutistischen Herrscher, sondern dem Parlament dienen sollten. Ziel der Systemreformen war es, den Vertretern der verschiedenen parlamentarischen Parteien bzw. Ständen die Teilnahme an der Staatsregierung bzw. an der Staatsverwaltung zu sichern. Ein weiterer Faktor für die Herausbildung des Kollegialitätsprinzips war der Umstand, dass das Parlament im Unterschied zu einem absoluten Monarchen kein politisch homogener Souverän war, weil es aus den Vertretern verschiedener Interessengruppen bestand.

Die schwedische Verwaltung entwickelte sich seit dem 17. Jahrhundert autonom, d.h. ohne Vorbild in anderen europäischen Staaten. Im 18. Jahrhundert war für die Verwaltung Schwedens besonders die strikte personelle Trennung von Regierung und Zentralverwaltung charakteristisch. Der Wahlreichstag (Riksdag) verabschiedete 1719 eine neue Verfassung, die allein das vom Parlament repräsentierte Volk als Souverän anerkannte.[13] Das Regierungssystem der Verfassung bestand aus drei Elementen: aus Parlament, König[14] und Reichsrat.

In der Freiheitszeit veränderte sich der Rat, der bislang die Rolle eines Beratungsorgans des Monarchen gespielt hatte, wesentlich. Im Jahr 1720 wurde dieser Rat wieder zum Reichsrat (sog. *Riksråd*) und nahm den Charakter einer Regierung an.[15] Der Reichsrat hatte die Nationalrechte und Nationalfreiheiten zu beachten und über alle wichtigen Staatsangelegenheiten zwischen den Sitzungen des Riksdag zu

---

[12] *Izdebski*, Kollegialität (o. Fn. 4), S. 18.

[13] *Adam Kersten*, Historia Szwecji [Geschichte Schwedens], 1973, S. 249.

[14] Die Oberherrschaft des Königs wurde formal beibehalten. Allerdings hatte der Riksdag das Recht, dem König den Gehorsam zu verweigern. Der König verlor sein Vetorecht, weil er in der Wahlurkunde geschworen hatte, mit den Ständen nur gemeinsam zu entscheiden. Verbleibende Kompetenzen waren: Auflösung des Riksdag, Anrufung des Volkes und Einberufung des Parlaments auf Antrag der Stände. Der König entschied – formal gesehen – über Krieg und Frieden, doch musste er zuvor seinen Rat befragen. Der König und der Rat hatten ihrerseits nicht die Kompetenz, ohne Zustimmung des Riksdag einen Krieg zu beginnen, einen Frieden zu schließen oder völkerrechtliche Verträge abzuschließen, siehe: *Gabriela Majewska*, Szwecja kraj – ludzie – rządy w polskiej opinii II połowy XVIII wieku [Schweden – Staat – Volk – Regierung in der polnischen öffentlichen Meinung während der zweiten Hälfte des 18. Jahrhunderts], 2004, S. 211.

[15] *Maciejewski*, Verwaltungsgeschichte (o. Fn. 1), S. 94; *Piotr Napierała*, Spadek polityczny po szwedzkim Frihetstiden (1718–1772), w: Daniel Ciunajcis/Michał Kierzkowski/Grzegorz Klonkowski (red.), Współczesność i przyszłość nauk humanistycznych Problemy i perspektywy badawcze [Politischer Verfall nach der schwedischen Freiheitszeit (1718–1772), in: Daniel Ciunajcis/Michał Kierzkowski/Grzegorz Klonkowski (Hg.), Gegenwart und Zukunft der Humanwissenschaften. Probleme und Forschungsperspektiven], 2008, S. 17.

entscheiden, der dann seinerseits den Entscheidungen auf seiner nächsten Sitzung zustimmen musste. Zu den Aufgaben dieses Rates gehörte auch die Durchsetzung der Rechtsnormen.

Besonders herauszustreichen ist, dass der König in der Freiheitszeit nicht autonom die Regierungsmitglieder berufen konnte. Er konnte neue Mitglieder nur zusammen mit dem amtierenden Rat unter drei Kandidaten wählen, die zuvor eine Kommission des Riksdag bestimmt hatte. Diese Kommission bestand aus 24 Adelsvertretern, zwölf bürgerlichen und zwölf geistlichen Mitgliedern.[16]

Die Mitglieder der schwedischen Regierung standen nicht an der Spitze der Verwaltungsressorts. Die Zentralverwaltung lag vielmehr in den Händen der 1634 geschaffenen Kollegialorgane. Diese Kollegien verfügten über einen eigenen Vorsitzenden. In den Kollegien arbeiteten die Beamten dauerhaft und unabhängig von der wechselnden politischen Konjunktur und von den Veränderungen in Regierung bzw. Parlament. Eine derartige Trennung von Regierung und Verwaltung findet sich im 18. Jahrhundert nicht nur in Schweden, sondern auch z.B. in Polen. Freilich schaffte man die Trennung in allen anderen Ländern jenseits Schwedens wieder ab, so dass sie zu Recht als Charakteristikum der schwedischen Verwaltung gilt.[17]

Die Ressortkollegien unterstanden nicht den einzelnen Regierungsmitgliedern, sondern dem ganzen Reichsrat d.h. der Regierung als Kollegialorgan. Die Chefs der einzelnen Kollegien gehörten mit Ausnahme des Kanzleipräsidenten, der ein Erster im Rat war, dem Rat nicht mehr an. Seine Position ähnelte der des Premiers im 19. und 20. Jahrhundert.[18]

Der Reichsrat war dem Riksdag verantwortlich. Der König konnte einen Minister nicht entlassen, weil darüber der Riksdag zu entscheiden hatte. Das belegt deutlich, dass Schweden ein parlamentarisches Regierungssystem hatte.[19]

Hervorzuheben ist, dass der Reichsrat ein Kollegialorgan im engeren Sinne war. Er bestand aus 16 Mitgliedern und traf die Entscheidungen mit Stimmenmehrheit.[20] Der Monarch verfügte im Rat über zwei Stimmen, doch musste er sich der Mehrheitsmeinung unterordnen. Sein Einfluss auf die Politik war damit sehr beschränkt und auf die Abstimmung begrenzt. Eine allgemeine Versammlung des Rates wurde aber in den seltensten Fällen einberufen. Normalerweise erledigten zwei Kommissionen die Arbeit: Die eine beschäftigte sich mit der Verwaltung und mit dem Gerichtswesen, die andere mit den äußeren Angelegenheiten und dem Staatsschutz.

---

[16] *Kersten*, Geschichte (o. Fn. 13), S. 250.

[17] *Hubert Izdebski*, Historia administracji [Verwaltungsgeschichte], 5. Aufl., 2001, S. 36, 89.

[18] *Kersten*, Geschichte (o. Fn. 13), S. 250.

[19] *Majewska*, Schweden (o. Fn. 14), S. 214.

[20] *Majewska*, Schweden (o. Fn. 14), S. 219.

Daneben errichtete man ein dem Rat untergeordnetes Kanzleikollegium (*Kanslikollegium*), das als höchstes Organ der Staatsverwaltung fungierte.[21]

Die schwedische Kollegialität bedeutete in der Praxis, dass der Monarch einen ausgewogenen und in gewissem Maße objektiven Ratschlag erhielt. Langsamkeit und Gewohnheit der Verwaltung sicherten in gewissem Maße die Anwendung der Gesetze und Privilegien. In Schweden, wo der Monarch mit der Aufhebung der Ständerechte und Ständeversammlungen scheiterte, strich man gerade diesen Vorteil des Kollegialitätsprinzips heraus. Daher hielt sich bis ins 19. Jahrhundert in Schweden die Meinung, der Rat und die Kollegien seien ein Gegengewicht zur Königsmacht.

Dank dieser Organe überdauerte während der absolutistischen Epoche das für Schweden charakteristische Prinzip der Rechtssicherheit (*rättssäkerhet*), welches durch die Gleichsetzung von Verwaltungs- und Justizfunktion beim Verwaltungshandeln die Bürgerrechte sicherte.[22] Aus diesem Grund stellte die Kollegialität sogar einen gewissen Ersatz für die gesellschaftliche Kontrolle über die Macht des Monarchen dar. Die fehlende äußere Kontrolle war ein charakteristisches Merkmal der absoluten Monarchie.[23]

Die Kommissionen des Riksdag spielten eine große Rolle im Regierungssystem dieser Zeit.[24] Die wichtigste unter ihnen war die Geheime Kommission, die aus 50 Adelsvertretern, 25 geistlichen und 25 bürgerlichen Mitgliedern bestand. Die Bauern waren ausgeschlossen. Zu ihrem Tätigkeitsbereich gehörten in formaler Sicht Außenpolitik, Staatsschutz, Verwaltung und Finanzen, aber in der Praxis überschritt die Geheime Kommission ihre Kompetenzen und übernahm alle Kompetenzen des Riksdag in der Zeit zwischen seinen Tagungen.[25]

Seit 1772 herrschte in Schweden wieder der Absolutismus. Gustav III. regierte in eigener Person[26] und traf ähnlich wie Friedrich Wilhelm I. von Preußen die Ent-

---

[21] *Maciejewski*, Verwaltungsgeschichte (o. Fn. 1), S. 94.

[22] *Izdebski*, Kollegialität (o. Fn. 4), S. 28.

[23] Trotz der wesentlichen Bedeutung dieses Moments sollte nicht vergessen werden, dass die Monarchen die neuen Organe selbst bildeten und sie ihre absolute Macht stärken wollten.

[24] Es sei darauf hingewiesen, dass sich die Kompetenzen des Riksdag nicht auf die gesetzgebende Tätigkeit beschränkten. Der Riksdag beaufsichtigte unmittelbar die Finanzpolitik. Seit 1726 übte er auch einen großen Einfluss auf die Außenpolitik und seit 1734 in politischen Angelegenheiten auf Gerichte aus, siehe *Kersten*, Geschichte (o. Fn. 13), S. 251.

[25] Daraus folgte die große Bedeutung des Landmarschalls des Ritterhauses, der als Vorsitzender der Geheimen Kommission fungierte. Neben der Geheimen Kommission gab es Ständedeputationen, welche die verschiedenen Verwaltungsbereiche kontrollierten, siehe *Kersten*, Geschichte (o. Fn. 13), S. 251; *Majewska*, Schweden (o. Fn. 14), S. 211; *Napierała*, in: Ciunajcis/Kierzkowski/Klonkowski, Gegenwart (o. Fn. 15), S. 17.

[26] Über viele wichtige Staatsangelegenheiten entschied man nicht im Rat – wie es früher der Fall war –, sondern in den Kabinettsberatungen. In diesen Beratungen präsentierte der Staatssekretär

scheidungen autonom in seinem Arbeitszimmer. Der König setzte den Reichsrat ab, d.h. dieser verlor seinen Regierungscharakter.[27]

Als nächstes soll ein Blick auf Polen geworfen werden. Die polnische Verwaltung entstand während der Zeit der Ständemonarchie. Sie bestand ohne größere Veränderungen bis zur Mitte des 18. Jahrhunderts. Einerseits war für die Verwaltung ihre starke Dezentralisation und die starke Stellung der adeligen Selbstverwaltung (sog. *Sejmiks*) charakteristisch. Andererseits war die Verwaltung sehr anachronistisch und unterschied sich fundamental von der Verwaltung in anderen europäischen Ländern.

Erst in der zweiten Hälfte des 18. Jahrhunderts reformierte man die Verwaltung nach dem Kollegialitätsprinzip. Im Jahr 1764 wurden dazu zwei zentrale Ressorts – Verwaltungsinstitutionen – ins Leben gerufen: Kronschatzkommission und Kriegskommission. Dieselben Kommissionen wurden im Großfürstentum Litauen gebildet (nach den Richtlinien der Union von Lublin aus dem Jahr 1569).[28] Das Kollegialitätsprinzip diente als Richtschnur zur Organisation der Kommissionen. Im Gegensatz zu den absolutistischen Staaten wurden die Kommissionsmitglieder vom Sejm, von der polnischen Volksvertretung, für zwei Jahre gewählt. Die Volksvertretung wählte unter vier vom König aufgestellten Kandidaten aus.

Im Jahr 1773 entstand die Kommission für nationale Bildung; sie fungierte als Bildungsbehörde. Auch diese Institution wies einen kollegialen Charakter auf. Zur ersten Kommissionsbesetzung zählten acht Personen: vier Senatoren und vier Abgeordnete.[29]

Zwei Jahre später errichtete man ein weiteres Kollegialorgan, den Ständigen Rat (*Rada Nieustająca*). Er diente als Zentralregierung und gleichzeitig zur Beschränkung der Königsmacht. Dieser Rat zählte neben dem König 36 Mitglieder,[30]

---

dem König in Anwesenheit eines oder mehrerer Ratsmitglieder diese Angelegenheiten, siehe *Napierała*, in: Ciunajcis/Kierzkowski/Klonkowski, Gegenwart (o. Fn. 15), S. 23.

[27] Der Reichsrat wurde wieder zu einem Beratungsorgan herabgestuft. 1789 wurde der Reichsrat nach 500 Jahren abgeschafft, nachdem der König die Kompetenz errungen hatte, die Anzahl der Ratsmitglieder zu bestimmen, so dass er den Rat in der Praxis auflösen konnte, siehe *Majewska*, Schweden (o. Fn. 14), S. 257.

[28] *Witkowski*, Verwaltungsgeschichte (o. Fn. 2), S. 69 f.; *Malec/Malec*, Verwaltungsgeschichte (o. Fn. 1), S. 65; *Maciejewski*, Verwaltungsgeschichte (o. Fn. 1), S. 111; *Izdebski*, Verwaltungsgeschichte (o. Fn. 17), S. 40; *Izdebski*, Kollegialität (o. Fn. 4), S. 50.

[29] *Witkowski*, Verwaltungsgeschichte (o. Fn. 2), S. 71 f.; *Malec/Malec*, Verwaltungsgeschichte (o. Fn. 1), S. 66; *Maciejewski*, Verwaltungsgeschichte (o. Fn. 1), S. 113; *Izdebski*, Verwaltungsgeschichte (o. Fn. 17), S. 40; *Izdebski*, Kollegialität (o. Fn. 4), S. 50.

[30] 18 vom Senat (Oberhaus), 18 vom Abgeordnetenhaus (Unterhaus), siehe *Witkowski*, Verwaltungsgeschichte (o. Fn. 2), S. 72; *Malec/Malec*, Verwaltungsgeschichte (o. Fn. 1), S. 66; *Maciejewski*, Verwaltungsgeschichte (o. Fn. 1), S. 112; *Izdebski*, Verwaltungsgeschichte (o. Fn. 17), S. 41; *Izdebski*, Kollegialität (o. Fn. 4), S. 49.

die alle zwei Jahre vom Sejm ernannt wurden. Es war eine komplexe Institution, die für die Plenarsitzungen und für die Arbeit in fünf Departments verantwortlich war: 1. Äußere Angelegenheiten, 2. Polizei, 3. Militär, 4. Justiz, 5. Schatzmeister (Finanzministerium).[31] Nach den Kollegialitätsprinzipien traf der Ständige Rat in den Sitzungen mit der absoluten Stimmenmehrheit seine Entscheidungen. Der König verfügte über zwei Stimmen.[32]

Von besonderem Interesse ist, dass die Regierungsmitglieder sich vor dem Sejmgericht verantworten mussten, wenn sie ihre Kompetenzen überschritten hatten. Der Ständige Rat verfügte allerdings über einen weiten Kompetenzbereich, der u.a. die Leitung und Aufsicht über die ganze Staatsverwaltung, die Kontrolle über die Zentralbeamten und das Recht zur Gesetzesinitiative umfasste.

Eine besondere Bedeutung für die Geschichte Polens hatten die Reformen des sog. Vierjährigen Sejms. Dieser Sejm tagte über vier Jahre, während eine normale Legislaturperiode nur zwei Jahre dauern sollte. Die Reformen gipfelten in einer polnischen Verfassung. Sie war in Europa die erste und weltweit nach der Verfassung der Vereinigten Staaten die zweite moderne Konstitution. Die Verfassung Polens vom 3. Mai 1791 schuf eine moderne Zentralverwaltung, die auf dem bewährten Kollegialitätsprinzip basierte. An der Spitze der Exekutive stand ein Kollegialorgan – Wache der Gesetze (*Straż Praw*) genannt. Dieses Organ entsprach funktional betrachtet einer Regierung. Ein Ministerkabinett im engeren Sinne fehlte indessen, weil die Minister nicht die zentralen Ressortorgane (der Kommissionen, d.h. Ministerien) leiteten.

Die Wache der Gesetze hatte weniger Mitglieder als der Ständige Rat, so dass sie effektiver arbeitete. Die Wache der Gesetze stand an der Spitze der gesamten öffentlichen Verwaltung. Zum Kollegialorgan gehörten der König als Vorsitzender und Regierungschef, der Primas als geistliches Oberhaupt in Polen und gleichzeitig als Kommissionsvorsitzender für die nationale Bildung sowie fünf Minister (Polizei-, Außen-, Innen-, Kriegs- und Schatzminister). Außerdem zählten ein Thronfolger und ein Sejmmarschall dazu; beide hatten aber kein Abstimmungsrecht. Die Minister wurden direkt vom König berufen.[33]

---

[31] Das erste Department (auch Ministerium genannt) zählte vier Mitglieder, der König fungierte als Vorsitzender. Die anderen einzelnen Departments bestanden aus acht Mitgliedern, wobei hier die entsprechenden Minister die Rolle der Vorsitzenden einnahmen, siehe *Malec/Malec*, Verwaltungsgeschichte (o. Fn. 1), S. 67.

[32] Das Quorum bestand aus 15 Mitgliedern, das war also weniger als die Hälfte. Zugleich sollte jedes Ratsmitglied nur sechs Monate pro Jahr arbeiten. Ferner führte man für die Ratsmitglieder Festgehälter ein, um die Korruption einzudämmen, siehe *Malec/Malec*, Verwaltungsgeschichte (o. Fn. 1), S. 67; *Witkowski*, Verwaltungsgeschichte (o. Fn. 2), S. 73.

[33] *Witkowski*, Verwaltungsgeschichte (o. Fn. 2), S. 76 f.; *Malec/Malec*, Verwaltungsgeschichte (o. Fn. 1), S. 70; *Maciejewski*, Verwaltungsgeschichte (o. Fn. 1), S. 114, *Izdebski*, Verwaltungsgeschichte (o. Fn. 17), S. 42 f.; *Izdebski*, Kollegialität (o. Fn. 4), S. 50 f.

Dem Kollegialorgan Wache der Gesetze waren vier Regierungskommissionen im Staat Polen-Litauen formal unterstellt: Militär-, Schatz-, Polizeikommission und die Kommission für die nationale Bildung. Das waren also die kollegial organisierten Ministerien, die aus den vom Sejm gewählten Mitgliedern bestanden. Sie wurden von den Ministern geleitet, die nicht der Wache der Gesetze angehörten. Dadurch verringerte sich der Einfluss der Regierung auf die Tätigkeit der Ministerien ganz erheblich. Auch die Kommission für die nationale Bildung bildete hier keine Ausnahme. Der Primas war zwar gleichzeitig Vorsitzender der Kommission und Mitglied der Wache der Gesetze, doch verfügte er über keine Ministerkompetenzen. Die Regierungskommissionen waren direkt dem Sejm unterstellt, deshalb konnten sie beim Sejm Berufung gegen Entscheidungen der Wache der Gesetze einlegen. Diese Lösung schwächte die Machtzentralisierung ab und unterstrich deutlich, welche überragende Rolle das Parlament im Staat spielte. Das war ein charakteristisches Merkmal des polnischen Systems bis zum 18. Jahrhundert.

Bedauerlicherweise unternahm man ab 1792 Schritte, um die Verfassung vom 3. Mai 1791 und die darauf aufbauenden Systemreformen aufzuheben. Das alte Regierungssystem sollte wiederhergestellt werden, das u.a. auf der Freien Wahl, dem Liberum Veto und der starken Position der lokalen Sejmiks basierte. Auf der Sejmsitzung des Jahres 1793 in Grodno stellte man wieder den aus dem König und aus den 24 (für vier Jahre vom Sejm gewählten) Mitgliedern bestehenden Ständigen Rat an die Spitze der Staatsverwaltung. Der Rat hatte aber die tatsächliche, von niemandem kontrollierte politische Macht zwischen den Sejmsitzungen.[34]

Die Zeit des Kościuszko-Aufstandes von 1794 ist ebenfalls von rechtshistorischem Interesse. Trotz der dauernden Kämpfe versuchte man, auf moderne Art und Weise die öffentliche Verwaltung zu gestalten. Dazu errichtete man zunächst einen Provisorischen Rat als übergeordnete Regierungs- und Verwaltungsgewalt und im Mai 1794 einen Obersten Nationalen Rat (*Rada Najwyższa Narodowa*). Der Rat teilte sich wiederum in acht Aufgabenbereiche, d.h. Ressorts: Aufgabenbereich für Ordnung, Sicherheit, Justiz, Schatzmeister, Nahrungsversorgung, Militär, äußere Interessen und nationale Einheit. Der Oberste Nationale Rat setzte sich aus dem Oberbefehlshaber und acht Mitgliedern, d.h. aus den Leitern der einzelnen Ressorts und 32 Stellvertretern zusammen.[35]

IV. Zusammenfassung

Die Rechtsgeschichte spricht für einen universalen, neutralen Charakter des Kollegialitätsprinzips, so dass es bei allen Verwaltungsreformen in jeder Staatsform, vom

---

[34] *Witkowski*, Verwaltungsgeschichte (o. Fn. 2), S. 83 f.; *Malec/Malec*, Verwaltungsgeschichte (o. Fn. 1), S. 75; *Maciejewski*, Verwaltungsgeschichte (o. Fn. 1), S. 116.

[35] *Witkowski*, Verwaltungsgeschichte (o. Fn. 2), S. 85; *Malec/Malec*, Verwaltungsgeschichte (o. Fn. 1), S. 76; *Maciejewski*, Verwaltungsgeschichte (o. Fn. 1), S. 116 f.

Absolutismus bis hin zum Parlamentarismus eingesetzt werden kann. Die am Anfang des Beitrags für das 18. Jahrhundert herausgearbeiteten Vorteile und Nachteile des Kollegialitätsprinzips sind zeitlos. Sie sind auch im frühen 21. Jahrhundert entscheidend, wenn es darum geht, die Zentral- und Kommunalverwaltung mit Kollegial- oder Einzelorganen zu strukturieren.

Probleme der Rechtsgeschichte bei Ivan Ivanovič Lappo, Professor an der Universität Tartu[1]

Ludmila Dubjeva

I. Einleitung

Ivan Ivanovič Lappo[2] (1869–1944), Professor für die Geschichte Russlands an der Jur'ever (bis 1893 Dorpater, in den Jahren 1893–1918 Jur'ever, ab 1919 Tartuer) Universität während der Jahre von 1905 bis 1918, ist vorwiegend bekannt als Spezialist für die Geschichte des Großfürstentums Litauen, insbesondere des 16. Jahrhunderts. Am Beispiel seiner wissenschaftlichen Arbeit kann man aber auch nachvollziehen, wie die Probleme der Rechtsgeschichte die Forschungen eines aktiv tätigen, in Archivalien vertieften Historikers beeinflussen.

II. Jugend in St. Petersburg

Professor Lappo kam 1869 in Carskoje Selo in der Familie des Leiters einer Kanzleiabteilung beim Oberstaatsanwalt im Heiligen Synod zur Welt und gehörte einem alten adeligen Geschlecht an, dessen Wurzeln auf die Zeiten des Großfürstentums Litauen zurückreichten. 1892 absolvierte er sein Examen an der historisch-philologischen Fakultät der Universität St. Petersburg und verblieb zur Qualifikation auf eine Professur an der Universität. Doch erhielt er kein Stipendium und musste neben der Forschung daher Unterricht erteilen. Dadurch verzögerte sich die Fertigstellung seiner Dissertation.[3] Zunächst unterrichtete Lappo am Nikolai-Gymnasium in Carskoje Selo. 1897 wurde er Lehrkraft der Kaiserlichen Erzieherischen Gesellschaft für höhere Töchter und des Mädchengymnasiums Mariinskaja.

---

1 Der Beitrag ist im Rahmen des Projekts SF0180040s08 des Ministeriums für Bildung und Wissenschaft der Republik Estland verfasst.

2 *Ludmila Dubjeva*, „Otdajus' nauke sovsem ...": I. I. Lappo – professor russkoj istorii Tartuskogo (Jur'evskogo) universiteta v 1905–1918 gg. [„Ich gebe mich der Wissenschaft gänzlich hin ...": I. I. Lappo – Professor für russische Geschichte an der Universität Tartu (Jur'ev) 1905–1918], in: Baltijskij archiv [Baltisches Archiv], Bd. 9, Vilnius 2005, S. 374–391; auch zugänglich unter: http://www.russianresources.lt/archive/Lappo/Lappo_1.html [20.12.2010]; *dies.*, Ivan Ivanovič Lappo (1869–1944): „Ich möchte die Staatsordnung von Litauen untersuchen", in: Konrad Maier/Matthias Thumser/Ralph Tuchtenhagen (Hg.), Geisteswissenschaften und Publizistik im Baltikum des 19. und frühen 20. Jahrhunderts (Schriften der Baltischen Historischen Kommission, Bd. 17), Berlin 2011, S. 513–539.

3 *Viktor Bračev/Andrej Dvorničenko*, Kafedra russkoj istorii Sankt-Peterburgskogo universiteta (1834–2004) [Lehrstuhl für Russische Geschichte an der Universität St. Petersburg (1834–2004)], St. Petersburg 2004, S. 122.

Lappos wissenschaftliches Interesse konzentrierte sich auf die Geschichte des Großfürstentums Litauen. Die Universität St. Petersburg unterstützte finanziell seine Forschungsreisen nach Vitebsk und Wilno, wo er in den Archiven arbeitete. Begeistert schrieb Lappo über die Archivarbeit und erinnerte sich daran, wie er

> „im Sommer 1895 im Laufe von fünf Wochen in einem Archiv arbeitete, es war eine von der Universität finanzierte Forschungsreise, und [...] wie er wie nur wenige andere Forscher im Hauptarchiv in Vitebsk arbeiten durfte, um den Stoff für seine wissenschaftlichen Studien zu sammeln. [...]"

Er schrieb:

> „Ich durfte unter Aufsicht eines Wachmannes arbeiten, der von Zeit zu Zeit im Zimmer, wo ich arbeitete, vorbeikam, indem er die von mir verlangten Bücher mitbrachte und die zurückgegebenen mit meiner Hilfe an die richtige Stelle setzte. Diese Vorgehensweise war mir sehr willkommen, gab sie mir doch die Möglichkeit, meinen Arbeitstag so auszudehnen, wie es in keinem anderen Archiv vorstellbar wäre – ich konnte von früh bis spät arbeiten und erledigte alles Notwendige binnen fünf Wochen".[4]

Die Magisterarbeit zum Thema „Das Großfürstentum Litauen in der Zeit zwischen dem Abschluss der Union von Lublin und Stefan Bathorys Tod (1569–1586). Versuch einer Studie über die politische und gesellschaftliche Ordnung"[5] verteidigte er am 3. Februar 1902. Mit seinem Magistergrad für russische Geschichte wurde Lappo am 1. Juli 1903 zum Privatdozenten mit Lehrerlaubnis an der Universität St. Petersburg zugelassen.[6]

Lappo war ein Schüler von Professor Sergei Fjodorovič Platonov,[7] der seinerzeit ein Schüler von Professor Konstantin Nikolajevič Bestužev-Rjumin[8] gewesen war. Für die über Platonov von Bestužev-Rjumin vererbte wissenschaftliche Schulrichtung waren eine nationale, staatlich-patriotische Ausrichtung sowie ein stark ausgeprägter Objektivismus durch Quellenarbeit und konkrete Untersuchung des

---

4 *Ivan Lappo*, Vitebskij zentralnyi arhiv i jego izdanije [Das zentrale Archiv in Vitebsk und seine Publikationsorgane], Žurnal Ministerstva narodnogo prosveščenija [Zeitschrift des Ministeriums für Volksaufklärung], 352, 1904, April, S. 328 f.

5 *Ivan Lappo*, Velikoje knjažestvo Litovskoje za vremja ot zaključenija Ljublinskoj Unii do smerti Stefana Batorija (1569–1586), Opyt issledovanija političeskogo i obščestvennogo stroja, B.1, St. Petersburg 1901, 780 Seiten.

6 *Bračev/Dvorničenko*, Lehrstuhl (o. Fn. 3), S. 122. In der Personalakte I. I. Lappo im Zentralen Staatsarchiv Litauens (Lietuvos Centrinio Valstybės archivo, 631–3–378, Blatt 6r) steht, dass er als Dozent an der Universität St. Petersburg zwischen 1901–1905 tätig war.

7 Sergej Fjodorovič Platonov (1860–1933) – Historiker, Professor der Universität St. Petersburg, 1909 korrespondierendes, 1920 ordentliches Mitglied der Russischen Akademie der Wissenschaften.

8 Konstantin Nikolajevič Bestužev-Rjumin (1829–1897) – Historiker, Zögling der rechtswissenschaftlichen Fakultät der Universität Moskau, Professor der Universität St. Petersburg, 1890 Mitglied der Russischen Akademie der Wissenschaften.

historischen Stoffs kennzeichnend.[9] Lappo setzte in den darauf folgenden Jahren seine Forschung besonders im letzteren Bereich fort.

> „Dabei legte er sein besonderes Augenmerk auf die Entwicklung der staatlichen Institutionen und die gesellschaftliche Struktur des Großfürstentums und setzte Untersuchungsmethoden ein, wie sie für die Staats- und Rechtswissenschaftliche Schule in der russischen Geschichtsschreibung kennzeichnend waren."[10]

Die Wahl des Forschungsthemas – die Geschichte des Großfürstentums Litauen – hat zweifellos genealogische Wurzeln; darüber hinaus übte offensichtlich das erwachende Interesse der wissenschaftlichen Gesellschaft am Thema einen bestimmenden Einfluss auf die Themenwahl aus. Darüber sprach auch Lappos Lehrer Platonov bei der Disputation im Jahre 1902, als er die Begeisterung seines Schülers für die litauische Geschichte des 15. und 16. Jahrhunderts bemerkte.[11] Zu diesem Zeitpunkt war bereits der im selben Feld agierende Gelehrte und spätere Rektor der Moskauer Universität M. K. Ljubavskij[12] in der Fachwelt bekannt.

Bereits im Brief vom 22. Oktober 1901 an den Archäographen Ivan Jakovlevič Sprogis (1833–1916), der im Archiv für historische Urkunden in Wilno (Vilnius) tätig war, beschrieb Lappo die besondere Bedeutung des Großfürstentums Litauen für die Geschichtswissenschaft wie folgt:

> „Der Ihnen gleichzeitig mit dem Brief zugeschickte Band meiner Arbeit[13] soll der Anfang eines umfangreicheren Werkes sein, das ich zur Lebensaufgabe genommen habe. Ich möchte die Staatsordnung Litauens für die Epoche nach der legendären Union von Lublin erschöpfend darstellen."[14]

Lappo konzentrierte sich auf den föderativen Charakter des Polnisch-Litauischen Staates nach dem Abschluss der Union von Lublin 1569 und auf die „Trennung"

---

9 *Bračev/Dvorničenko*, Lehrstuhl (o. Fn. 3), S. 102.

10 *Erich Donnert*, Die Universität Dorpat-Jurjev 1802–1918. Ein Beitrag zur Geschichte des Hochschulwesens in den Ostseeprovinzen des Russischen Reiches, Frankfurt a.M. 2007, S. 125.

11 *Bračev/Dvorničenko*, Lehrstuhl (o. Fn. 3), S. 122.

12 Matvej Kuzmič Ljubavskij (1860–1936) – Historiker, Professor und 1911–1917 Rektor der Universität Moskau, 1917 korrespondierendes Mitglied, 1929 ordentliches Mitglied der Russischen Akademie der Wissenschaften. Magisterdissertation: Oblastnoje delenije i mestnoje upravlenije Litovsko-Russkogo gosudarstva ko vremeni izdanija Litovskogo Statuta [Gebietseinteilung und Ortsverwaltung des Litauisch-Russischen Staates zur Zeit der Publikation des Litauischen Statuts], 1892; Doktordissertation: Litovsko-Russkij sejm. Opyt po istorii učreždenija v svjazi s vnutrennim strojem i vnešneju žiznju gosudarstva [Litauisch-Russischer Sejm. Ein Versuch zur Geschichte, dessen Gründung im Zusammenhang mit der inneren Staatsordnung und der Außentätigkeit des Staates], 1901. Siehe auch: *Aleksandr Sidorov/Jevgenij Starostin*, Ljubavskij Matvej Kuzmič (1860–1936), in: Istoriki Rossii, Biografii [Russische Historiker. Biographien], Moskau 2001, S. 369–377.

13 *Lappo*, Großfürstentum Litauen (o. Fn. 5).

14 Handschriftenabteilung der Bibliothek der Universität Vilnius, Bestand 6–63, Bl. 13–15.

des Großfürstentums Litauen von Polen. Seine allgemein als verdienstvoll erachtete[15] These lautet, das Großfürstentum Litauen habe seine Staatlichkeit selbst nach Abschluss der Union von Lublin 1569 nicht eingebüßt. Im Laufe seiner weiteren wissenschaftlichen Tätigkeit entwickelte Lappo diese These fort.

Doch stand er durch die Eigenheit seines Forschungsthemas – das Großfürstentum Litauen – in der wissenschaftlichen Welt in St. Petersburg etwas abgesondert da, so dass sich seine Arbeit „streng gesagt nur mit Mühe in die Hauptrichtung der Petersburger Schule einordnen ließ“.[16] Bereits kurz vor der Verteidigung seiner Doktordissertation bezeichnete Lappo in einem Brief an seinen Lehrer Platonov seine Lage in der Gelehrtenwelt von St. Petersburg folgenderweise:

> „Es hat sich herauskristallisiert, dass ich in St. Petersburg abseits des Postweges schritt, auf dem sonstige, sowohl jüngere als auch ältere Werktätige im Feld der russischen Geschichte sich fortbewegten [...]. Zu diesem Zeitpunkt erreichte mich aber der Ruf auf den Lehrstuhl in Jur'ev, so dass ich die Möglichkeit erhielt, mich vollkommen der wissenschaftlichen Arbeit zu widmen.“[17]

So hatte Lappo mit seinen Untersuchungen über das Großfürstentum Litauen (vorwiegend im 16. Jahrhundert) bereits in St. Petersburg begonnen und setzte diese Forschung als Professor an der Universität Jur'ev fort.

III. Die Jahre in Jur'ev

Die Jahre der schöpferischen Reife und des Aufblühens der wissenschaftlichen Tätigkeit des Gelehrten fielen in seine Zeit an der Universität Jur'ev von 1905 bis 1918.

1. Rechtsgeschichte in der Lehre

Lappo nahm seine Vorlesungen über russische Geschichte an der Universität Jur'ev im Herbst 1905 auf. Das war gerade die Zeit, als die Revolutionsereignisse von 1905 auch die Universität ergriffen hatten und im Frühjahrssemester 1906 die Veranstaltungen an der Universität Jur'ev ganz ausfielen.[18] Im Großen und Ganzen schwankte die pädagogische Belastung Lappos in den darauffolgenden Jahren – 1905–1918 – je Semester zwischen vier allgemeinen und zwei speziellen Vorlesungsstunden oder zwei allgemeinen und zwei speziellen Vorlesungsstunden sowie zwei Übungsstunden pro Woche. Nach den erhaltenen Teilen eines lithographisch

---

[15] *Povilas Lasinskas*, Russkije istoriki-emigranty v Litve [Russische Historiker-Emigranten in Litauen], in: Baltijskij archiv [Baltisches Archiv], B. 9, Vilnius 2005, S. 438; Tartu ülikooli ajalugu [Geschichte der Universität Tartu], Bd. 2: 1798–1918, Tallinn 1982, S. 327.

[16] *Bračev/Dvorničenko*, Lehrstuhl (o. Fn. 3), S. 123.

[17] Der Brief von I. I. Lappo an S. F. Platonov vom 27. Dezember 1910, in: Russische Nationalbibliothek, Bestand 585: Platonov S.F., Inventar 1, Akte 3344, Bl. 5 f.

[18] Geschichte der Universität Tartu (o. Fn. 15), S. 300.

ausgeführten Kurses Lappos für russische Geschichte[19] ist zu vermuten, dass er parallel zur politischen Geschichte ein erhebliches Augenmerk auf die Fragen der Sozialgeschichte richtete. Dabei ging er ausführlich auf die Lage sowohl des Moskauer Bojarentums und Dienstadels[20] als auch auf die der Leibeigenen und Bauern ein.[21] Im Studienjahr 1908–1909 und im Frühjahrssemester 1912 las er über die Geschichte der russischen Kirche – zwei Veranstaltungen pro Woche.[22] Im Frühjahr 1907 veranstaltete Lappo auch einen separaten Kurs über die russische Rechtsgeschichte.[23]

An dieser Stelle sollen die Beziehungen zu den Rechtshistorikern in Jur'ev hervorgehoben werden, welche russische Rechtsgeschichte lehrten. Michail Aleksandrovič D'jakonov,[24] ehemals Student an der Petersburger Universität, wirkte an der Universität Jur'ev in den Jahren 1889–1900 als außerordentlicher und 1901–1904 als ordentlicher Professor für russische Rechtsgeschichte. Seine engen freundschaftlichen Beziehungen zu Jevgenij Franzevič Šmurlo,[25] Professor der russischen Geschichte an der Universität Jur'ev und Vorgänger Lappos auf dem Lehrstuhl für russische Geschichte an der Universität Jur'ev, rührten aus ihrer Zeit an der Petersburger Universität her, wo sich beide am Historikerkreis beteiligt hatten.[26] Als ehemaliger Student der rechtswissenschaftlichen Fakultät und Schüler von Professor

---

[19] *Ivan Lappo*, Konspekt lekcij po russkoi istorii. (Prodolženije.) [Kompendium zu der russischen Geschichte. (Fortsetzung)], Jur'ev 1909, 148 S., aufbewahrt in: Abteilung für Handschriften der Bibliothek der Akademie der Wissenschaften Litauens, Bestand 211–86.

[20] A.a.O., S. 1–9, 34 f.

[21] A.a.O., S. 85–106.

[22] Obozrenie lekcij v Imperatorskom Jur'evskom Universitete 1908, semestr II. [Verzeichnis der Vorlesungen auf der Kaiserlichen Universität zu Jur'ev 1908, Semester II], Jur'ev 1908, S. 10. Obozrenie lekcij ... 1909, semestr I. [Verzeichnis der Vorlesungen ... 1909, Semester I], Jur'ev 1909, S. 9 f. Obozrenie lekcij ... 1912, semestr I. [Verzeichnis der Vorlesungen ... 1912, Semester I], Jur'ev 1912, S. 10.

[23] Obozrenie lekcij ... 1907, semestr I. [Verzeichnis der Vorlesungen ... 1907, Semester I], Jur'ev 1907, S. 10.

[24] Michail Aleksandrovič D'jakonov (1855–1919) – Rechtshistoriker, 1889–1904 Professor für russische Rechtsgeschichte an der Universität Jur'ev, 1905 Adjunkt der Russischen Akademie der Wissenschaften, 1912 Mitglied der Russischen Akademie der Wissenschaften.

[25] Jevgenij Franzevič Šmurlo (1853–1934) – Historiker, 1891–1903 Professor der russischen Geschichte der Universität Jur'ev, 1911 korrespondierendes Mitglied der Russischen Akademie der Wissenschaften. 1903–1924 arbeitete er als wissenschaftlicher Korrespondent der Russischen Akademie der Wissenschaften in Rom, seit 1924 Emigration nach Prag.

[26] *Raissa Kirejeva*, K. N. Beztužev-Rjumin i istoriceskaja nauka vtoroj poloviny XIX v. [K. N. Beztužev-Rjumin und Geschichtswissenschaft der zweiten Hälfte des 19. Jahrhunderts], Moskva 1990, S. 225; *Bračev/Dvorničenko*, Lehrstuhl (o. Fn. 3), S. 65. *Aleksej Camutali*, Bor'ba napravlenij v russkoi istoriografii v period imperialisma. Istoriografičeskie očerki. [Der Kampf der Strömungen in der russischen Geschichtsschreibung im Zeitalter des Imperialismus. Historiographische Beiträge], Leningrad 1985, S. 78.

Vassili Ivanovič Sergejevič[27] war D'jakonov ein Vertreter der staats- und rechtswissenschaftlichen Schule,[28] doch beruhten seine Untersuchungen zur Geschichte des Bauerntums[29] auf der These von Vasilij Osipovič Ključevskij[30] über die Verwandlung der Bauern in Leibeigene. D'jakonov wies nach, dass dieser Prozess keine gesetzliche Grundlage hatte.[31] Im Jahre 1905 wurde D'jakonov zum Adjunkten der Russischen Akademie der Wissenschaften gewählt (Abteilung der Geschichte Russlands) und 1912 zum Mitglied der Akademie. Die Vorlesungen D'jakonovs in Tartu wurden auch von Geschichtsstudenten besucht. Im Herbstsemester 1894 führten D'jakonov und Šmurlo zusammen Übungen für Geschichts- und Jurastudenten durch.[32] Nach dem Ausscheiden D'jakonovs las Lappo 1907 russische Rechtsgeschichte, was nochmals indirekt die Beziehung des letzteren zur staats- und rechtswissenschaftlichen Schule bestätigt.

Mit den Problemen der russischen Geschichte befasste sich auch Aleksandr Nikitič Filippov (1853–1927),[33] Professor für Staatsrecht, Zögling der Moskauer Universität und späteres korrespondierendes Mitglied der Russischen Akademie der Wissenschaften. Während seiner Zeit in Jur'ev von 1892 bis 1903 erforschte er die Geschichte der höheren russischen Staatsorgane – des Senats und des Ministerkabinetts – während der 1730er Jahre. Auch widmete er sich den Quelleneditionen.[34]

---

[27] Vassili Ivanovitš Sergejevič (1832–1910) – Rechtshistoriker, 1871–1872 Professor der Universität Moskau, seit 1872 Professor der russischen Rechtsgeschichte an der Universität St. Petersburg, 1897–1899 Rektor der Universität St. Petersburg.

[28] Geschichte der Universität Tartu (o. Fn. 15), S. 329.

[29] *Michail D'jakonov*, Očerki po istorii sel'skogo naselenija v Moskovskom gosudarstve XVI-XVII vv. T. I. [Studien zur Geschichte der agraren Bevölkerung Moskoviens im 16.–17. Jahrhundert], St. Petersburg 1898, 344, II, III Seiten; *Michail D'jakonov*, Očerki obsčestvennogo i gosudarstvennogo stroja Drevnei Rusi (do konca XVII veka). T. I. [Studien zur Geschichte der Gesellschafts- und Staatsordnung des Alten Russ' (bis zum Ende des 17. Jahrhunderts). Bd. 1], Jur'ev 1907, 511 Seiten; *Michail D'jakonov*, Akty, otnosjasčijesja k istorii tjaglogo naselenija v Moskovskom gosudarstve. Vypusk I–II. [Die steuerpflichtige Bevölkerung Moskoviens betreffende Akten, Lieferung I–II], Jur'ev 1895–1897.

[30] Vasilij Osipovič Ključevskij (1841–1911) – Historiker, Professor der russischen Geschichte an der Universität Moskau, 1889 korrespondierendes, 1900 ordentliches Mitglied der Russischen Akademie der Wissenschaften.

[31] *Karl Siilivask*, Djakonov, Mihhail, in: Eesti teaduse biograafiline leksikon [Biographisches Lexikon der Estnischen Wissenschaft], Bd. 1, Tallinn 2000, S. 200.

[32] Obozrenie lekcij ... 1894, semestr II. [Verzeichnis der Vorlesungen ... 1894, Semester II], Jur'ev 1894, S. 10.

[33] Geschichte der Universität Tartu (o. Fn. 15), S. 331.

[34] *Aleksandr Filippov*, Istorija Senata v Pravlenje Verhovnogo Tainogo Soveta. Č. 1: Senat v Pravlenje Verhovnogo Tainogo Soveta [Die Geschichte des Senats zur Zeit der Regierung des Oberen Geheimen Rates], Jur'ev 1895, 486 S.; Bumagi Kabineta Ministrov Imperatricy Anny Ioannovny 1731–1740 gg. Sobrany i izdany pod redakcijej *A. N. Filippova*. Tт. I-XII. [Die Akten

In Jur'ev fungierte Filippov als Prorektor und Rektor. Von dort begab er sich 1903 an die Moskauer Universität, doch erschienen seine Quelleneditionen bis 1915 in Jur'ev.

Die thematische Bandbreite in Lappos Spezialkursen war ziemlich groß. Einen Ankerpunkt bildete der Spezialkurs über russische Geschichtsschreibung, den er in den Jahren 1908, 1910, 1912, 1914, 1916, 1918 anbot.[35] Themen der weiteren Spezialkurse waren unter anderem: „Die Reform Peters des Großen und Ständeordnung“,[36] „Politische und soziale Ordnung des Großfürstentums Litauen“,[37] „Die innere Staatsordnung des Litauisch-Russischen Staates im 16. Jahrhundert“,[38] „Die Erforschung der Reformtätigkeit und die Verwaltungsreformen Peters des Großen“[39] sowie „Die innere Staatsordnung des Litauisch-Russischen Staates“.[40] In den restlichen Jahren, d.h. 1909, 1913, 1917, bot Lappo an der Universität Jur'ev im Rahmen der Spezialkurse Vorlesungen über Geschichte des Großfürstentums Litauen, genauer, über die Staatsordnung Litauens, an. Sein Student Hans Kruus, ein späteres Mitglied der Estnischen Akademie der Wissenschaften und Professor der Universität Tartu, hatte im Herbst 1914 das Studium an der historisch-sprachwissenschaftlichen Fakultät aufgenommen. Später charakterisierte er Lappos Vorlesung als

---

des Ministerkabinetts der Kaiserin Anna Ioannovna 1731–1740. Gesammelt und herausgegeben von A. N. Filippov. Bd. I–XII], Jur'ev 1898–1915.

35 Obozrenie lekcij ... 1908, semestr I. [Verzeichnis der Vorlesungen ... 1908, Semester I], Jur'ev 1908, S. 10; Obozrenie lekcij ... 1908, semestr II. [Verzeichnis der Vorlesungen ... 1908, Semester II], Jur'ev 1908, S. 10; Obozrenie lekcij ... 1910, semestr I. [Verzeichnis der Vorlesungen ... 1910, Semester I], Jur'ev 1910, S. 10; Obozrenie lekcij ... 1910, semestr II. [Verzeichnis der Vorlesungen ... 1910, Semester II], Jur'ev 1910, S. 10; Obozrenie lekcij ... 1912, semestr I. [Verzeichnis der Vorlesungen ... 1912, Semester I], Jur'ev 1912, S. 10; Obozrenie lekcij ... 1912 , semestr II. [Verzeichnis der Vorlesungen ... 1912, Semester II], Jur'ev 1912, S. 10; Obozrenie lekcij ... 1914, semestr I. [Verzeichnis der Vorlesungen ... 1914, Semester I], Jur'ev 1914, S. 10; Obozrenie lekcij ... 1914, semestr II. [Verzeichnis der Vorlesungen ... 1914, Semester II], Jur'ev 1914, S. 10; Obozrenie lekcij ... 1916, semestr I. [Verzeichnis der Vorlesungen ... 1916, Semester I], Jur'ev 1916, S. 10; Obozrenie lekcij ... 1916, semestr II. [Verzeichnis der Vorlesungen ... 1916, Semester II], Jur'ev 1916, S. 10; Obozrenie lekcij ... 1918, semestr I. [Verzeichnis der Vorlesungen ... 1918, Semester I], Jur'ev 1918, S. 8 f.

36 Obozrenie lekcij ... 1907, semestr II. [Verzeichnis der Vorlesungen ... 1907, Semester II], Jur'ev 1907, S. 10; Obozrenie lekcij ... 1908, semestr I. [Verzeichnis der Vorlesungen ... 1908, Semester I], Jur'ev 1908, S. 10.

37 Obozrenie lekcij ... 1909, semestr I. [Verzeichnis der Vorlesungen ... 1909, Semester I], Jur'ev 1909, S. 9 f.

38 Obozrenie lekcij ... 1913, semestr II. [Verzeichnis der Vorlesungen ... 1913, Semester II], Jur'ev 1913, S. 10.

39 Obozrenie lekcij ... 1915, semestr I. [Verzeichnis der Vorlesungen ... 1915, Semester I], Jur'ev 1915, S. 10.

40 Obozrenie lekcij ... 1917, semestr I. [Verzeichnis der Vorlesungen ... 1917, Semester I], Jur'ev 1917, S. 9 f.

„durchdacht und ausgeglichen“, sie sei ihm in ihrer Intensität im Gedächtnis geblieben.[41] Eine kurze Charakteristik der Verhältnisse in Jur'ev enthalten auch die späteren Erinnerungen Vernadskijs, die ihrerseits auf Lappos eigenen, während der Prager Periode memorierten Erinnerungen basieren könnten: „Lappo tauchte tief ins Leben der Universität Jur'ev ein. Sowohl zu den Professorenkollegen als auch zu den Studenten pflegte er freundschaftliche Beziehungen“.[42]

2. Forschungen und Quelleneditionen zum Litauischen Großfürstentum

Während des Aufenthalts an der Universität Jur'ev forschte Lappo intensiv. Nach wie vor bevorzugte er den breiten Zugriff auf die archivalischen Quellen; es war seine schöpferische Phase, wie seine Publikationen belegen.

Neben der Arbeit an der Doktordissertation, die er am 24. April 1911 an der Universität Moskau verteidigte,[43] begann Lappo mit der Edition der Litauischen Metrik (Litauische Matrikel), d.h. des staatlichen Archivs des Großfürstentums Litauen. Er widmete dieser Arbeit mehrere Jahre und leistete damit einen wichtigen Beitrag zur Erforschung der Geschichte des Großfürstentums Litauen. Der erste Band der Litauischen Metrik war noch 1903 auf Anregung von Professor Sergej Aleksadrovič Beršadskij (1850–1896) und unter Aufsicht von Petr Andrejevič Giltebrandt (1840–1905), Mitglied der Archäographischen Kommission, erschienen.[44] Dann beschloss die Kaiserliche Archäographische Kommission, Lappo persönlich mit der „Abfassung eines Dienstschreibens zur Organisierung der Edition der Litauischen Metrik“ zu beauftragen. Am 19. April 1906 legte Lappo in einem ausführlichen Dienstschreiben dar, dass das Projekt viele weitere Jahre in Anspruch nehmen werde.[45] In dem Schreiben stellt er das archäographische Konzept für seine Edition vor:

> „Archäographische Ausgaben der neueren Zeit tendieren zweifellos nicht zur Sammlung [einzelner] Dokumente, sondern zur Edition sämtlicher Archivalien, sei es Aktenbücher, Bündel u.ä. Man kann diese Entwicklung nur begrüßen. In der Wirklichkeit geschieht die Auswahl von Archivalien willkürlich. Bei der Auswahl begegnen wir der Frage nach der Wichtigkeit eines Belegs,[46] und diese Frage hat sowohl für Verleger als auch Forscher häufig eine verhängnisvolle Bedeutung. Es ist eine durchaus bekannte

---

[41] *Hans Kruus*, Ajaratta uutes ringides. Mälestusi 1907–1917 [In den neuen Kreisen des Zeitrades. Erinnerungen 1907–1917], Tallinn 1979, S. 135.

[42] *Georgij Vernadskij*, Russkaja istoriografija [Russische Geschichtsschreibung], Moskva 1998, S. 173.

[43] *Ivan Lappo*, Velikoje knjažestvo Litovskoje vo vtoroj polovine XVI stoletija. Litovsko-russkij povet i jego sejmik [Großfürstentum Litauen in der zweiten Hälfte des 16. Jahrhunderts. Litauisch-Russisches Povet und dessen Sejmik], Jur'ev 1911, XIII, 1, 624, 191, 1 Seiten.

[44] *Litovskaja metrika* [Litauische Metrik], B. 1, St. Petersburg 1903, S. III–VII.

[45] PFA RAN [Petersburgische Filiale des Archivs der Akademie der Wissenschaften Russlands], Bestand 133, Inventar 1, Akte 938, Bl. 4–20.

[46] In der Handschrift von Professor I. I. Lappo unterstrichen.

> Tatsache, dass das Urteil über die Wichtigkeit vom Standpunkt eines einzelnen Gelehrten abhängt, und dieses Urteil nicht nur zwischen verschiedenen Forschergenerationen, sondern auch innerhalb einer Generation unterschiedlich ausfallen kann. Die Geschichte der Wissenschaft bietet viele Beispiele, wie man gerade durch Kleinigkeiten zu einem wichtigen Schluss mittels detaillierter Analyse und Vergleichung kommt, Kleinigkeiten, welchen die älteren Wissenschaftler keine Aufmerksamkeit schenkten, weil sie diese für unwichtig hielten. Eine vollständige Edition schließt die Gefahr aus, Quellen subjektiv nach ihrer vermeintlichen Wichtigkeit auszuwählen und damit die eine oder andere Quelle von der Druckausgabe auszuschließen. Bereits die Zusammenfassung einer bestimmten Archivgruppe zu einer Sammlung ist verdienstvoll, und somit auch die Publikation in einer Edition. Allein der gegenwärtige Status und die Aufbewahrung der Materialien können für die Wissenschaftler unserer Zeit im Sinne einer entscheidenden Tatsache[47] von Bedeutung[48] sein, von zukünftigen Wissenschaftlern einmal abgesehen".[49]

Überhaupt bietet das Dienstschreiben viele Einblicke: einen historiographischen Überblick der publizierten Teile der Litauischen Metrik ab 1843, die Kriterien für die Auswahl der Materialien, eine Begründung, weshalb es notwendig sei, die Metrik „vollständig in der Art, wie sie erhalten geblieben ist", unter Berücksichtigung der eigenen sehr wertvollen Erfahrung des Autors bei der Edition von Archivalien der Archäographischen Kommission Wilno zu publizieren, eine Analyse des gegenwärtigen Zustandes der Litauischen Metrik sowie Richtlinien nebst Plan zur Edition.

Die Kommission antwortete am 4. Mai 1906:

> „Es soll mit dem Leiter des Archivs im Justizministerium Moskau über die Sendung der Bücher der Litauischen Metrik an die Universitätsbibliothek Jur'ev Verbindung aufgenommen und er benachrichtigt werden, dass die Edition der nach Jur'ev gesendeten Bände der Litauischen Metrik in den Händen von Professor Lappo liegt. Die Gewissenhaftigkeit der Edition wird versichert, auch liegt die Unterschrift des Professors vor, falls der Druck der Edition vom Archivvorgesetzten bewilligt werden wird. [...] Sofern der Kostenplan angemessen ist, soll die Ausgabe in Jur'ev gedruckt werden".[50]

Die Antwort des Archivleiters am Justizministerium in Moskau an die Archäographische Kommission vom 19. Mai 1906 fiel enttäuschend aus. Er wies darauf

---

[47] In der Handschrift von Professor I. I. Lappo unterstrichen.

[48] In der Druckversion ist hinzugefügt „und nicht selten von sehr großer Bedeutung" – Izvlečenija iz protokolov Imperatorskoi arheografičeskoi Komissii za 1906 g. [Auszüge aus den Protokollen der Kaiserlichen Archäographischen Kommission für 1906], in: Letopis' zanjatij Imperatorskoi arheografičeskoi Komissii za 1906 g. Vyp. 19, [Chronik der Tätigkeit der Kaiserlichen Archäographischen Kommission für 1906, Lieferung 19], St. Petersburg 1908, S. 23.

[49] PFA RAN, Bestand 133, Inventar 1, Akte 938, Bl. 6.

[50] Izvlečenija iz protokolov Imperatorskoj arheografičeskoj Komissii za 1906 g. [Auszüge aus den Protokollen der Kaiserlichen Archäographischen Kommission für 1906], in: Letopis' zanjatij Imperatorskoi arheografičeskoi Komissii za 1906 g. Vyp. 19 [Chronik der Tätigkeit der Kaiserlichen Archäographischen Kommission für 1906, Lieferung 19], St. Petersburg 1908, S. 18.

hin, dass er nach den gesetzlichen Verordnungen und Vorschriften für Archivkunde nicht die Kompetenz habe, die Bücher der Litauischen Metrik an die Bibliothek der Universität Jur'ev zu senden. Man habe bereits früher dieselbe Bitte der Archäographischen Kommission Kiev um die Zusendung der Bände der Litauischen Metrik an die Bibliothek der Universität Kiev abgelehnt.[51] Also musste Lappo die Edition der Litauischen Metrik gleichzeitig in St. Petersburg und Jur'ev vorbereiten (manche Bücher der Metrik waren schon aus Moskau dorthin gesendet worden). Dabei musste er auf postalischem Weg die auftretenden Schwierigkeiten mit der Archäographischen Kommission koordinieren,[52] was maßgeblich die Arbeit erschwerte und sie in die Länge zog.

Über seine Arbeit schrieb Lappo mit Brief vom 14. März 1910 an Sprogis:

> „Über mich kann ich nur eins sagen: ich arbeite ohne Rast und Ruh von früh bis spät. Die vom Unterricht an der Universität und den höheren Kursen für Frauen freie Zeit widme ich der Arbeit im Kabinett. Der Band der Litauischen Metrik ist gedruckt worden.[53] Jetzt werden Verzeichnisregister gesetzt. Hoffentlich wird der Band im Sommer veröffentlicht werden. Mein Augenmerk liegt zur Zeit auf einem anderen Werk. Habe mit dem Druck des Litauisch-Russischen Povets und den Sejmiks aus dem 16. Jahrhundert begonnen.[54] Diese Untersuchung schließt engst an das von mir 1901 herausgegebene Buch an, das Sie auch haben. Zehn Druckbogen Beilagen sind bereits abgedruckt worden. Jetzt steht der Text selbst im Druck. Gott gebe es, dass die Aufgabe gut erledigt wird. Habe daran hartnäckig und viele Jahre gearbeitet. Materialien: 1) Archiv im Justizministerium Moskau (Litauische Metrik), 2) Ihr Archiv in Wilno, 3) Archive in St. Petersburg und 4) veröffentlichte Materialien, worunter die Ausgaben von Wilno erstrangig sind. Habe mich in die Arbeit seit vielen Jahren vertieft, und aus diesem Grund fürchte ich, sie durch irgendeinen zufälligen Fehler zu beschädigen."[55]

Die letztgenannte Arbeit war gerade von Lappo als Doktordissertation eingereicht und am 24. April 1911 an der Universität Moskau verteidigt worden.[56] Die Verteidigung der Doktordissertation wurde zu einem wichtigen Ereignis in seinem Leben und hinterließ einen tiefen Eindruck, obwohl er vorher ganz bescheiden an Platonov geschrieben hatte:

> „Wenn der Doktorgrad für die Ordinatur und die Verbesserung der finanziellen Lage weniger nötig gewesen wäre, hätte ich nie danach gestrebt. Ich habe meine Einstellung zur wissenschaftlichen Arbeit, die Sie an meiner Magisterdisputation mit den Worten ‚I[van] I[vanovič]! Sie arbeiten nicht wegen akademischer Titel, sondern für die Wis-

---

[51] PFA RAN, Bestand 133, Inventar 1, Akte 938, Bl. 33 f.

[52] A.a.O., Bestand 133, Inventar 1, Akte 938; Inventar 2, Akte 62.

[53] Litovskaja metrika. Otdelenije 1. Čast' pervaja. Kniga zapisej: T.1 [Red. I. I. Lappo] [Litauische Metrik. Abteilung 1. Teil: Das Buch des Aufschreibens. Bd. 1.] [Hrsg. I. I. Lappo] St. Petersburg 1910, IX, 871, 150 S.

[54] *Lappo*, Großfürstentum Litauen (o. Fn. 43).

[55] Handschriftenabteilung der Bibliothek der Universität Vilnius, Bestand 6–63, Bl. 38 f.

[56] A.a.O., Bl. 48r.

> senschaft selbst' ausgedrückt hatten, nicht geändert. Danke Ihnen für diese mir werten Worte."[57]

Lappo schilderte seinem Freund Sprogis seine Eindrücke über seine Doktordisputation:

> „Es wäre untertrieben zu behaupten, ich wäre mit der Disputation einfach zufrieden. Um es einfach auszudrücken: dies war der beste Preis, den ich jemals für all die im Laufe der 20 Jahre lang geleistete Arbeit eines Wissenschaftlers gewonnen habe [...]. Opponenten waren Professor Ljubavskij (jetzt Rektor der Universität Moskau) und Privatdozent Gotje.[58] Zur Disputation kam, wenn auch nicht als Prüfer, noch Professor Platonov aus St. Petersburg."[59]

Auch nach der Disputation setzte Lappo seine Wissenschafts- und Herausgebertätigkeit fort, unter anderem mit der Herausgabe der Litauischen Metrik.[60] Daneben edierte er auch das Litauische Statut von 1588 in der Moskauer Übersetzung und Redaktion, die anfangs des 17. Jahrhunderts gemacht worden waren.[61] Die Edition wurde schon während des Ersten Weltkrieges gedruckt. Es liegt auf der Hand, dass der Erste Weltkrieg das Projekt erheblich beeinträchtigte. Ständig schwebte die drohende Gefahr einer Evakuation wie ein Damoklesschwert über dem Projekt – die Front stabilisierte sich 1915 bei Riga. Die weitere militärische Entwicklung war völlig offen; man wollte den Druck vor der Evakuation beenden, was dazu führte, dass das „Litauische Statut" schneller und ohne Registerverzeichnis publiziert wurde.[62]

Am 24. Februar 1918 besetzten deutsche Truppen Tartu. Unter dem Druck der Besatzungsmacht stellte die Universität bereits im April 1918 ihre Arbeit ein;[63] am

---

[57] Der Brief von I. I. Lappo an S. F. Platonov vom 27. Dezember 1910. Russische Nationalbibliothek, Bestand 585 Platonov S. F., Inventar 1, Akte 3344, Bl 6r.

[58] Jurij Vladimrovič Gotje (1873–1943) – Historiker, Archäologe, Privatdozent (1908–1915), Professor der Universität Moskau (1915–1941), 1922 korrespondierendes, 1939 ordentliches Mitglied der Russischen Akademie der Wissenschaften.

[59] Handschriftenabteilung der Bibliothek der Universität Vilnius, Bestand 6–63, Bl. 48 f.

[60] Litovskaja metrika. Otd.1–2. Čast' tretja: Kniga zapisej. T.1, [Red. I. I. Lappo], [Litauische Metrik. Abteilung 1–2. Teil 3: Das Buch des Aufschreibens. Bd. 1.] [Hrsg. I. I. Lappo], Jur'ev 1914, IV, 895, 44 S.

[61] *Ivan Lappo*, Litovskij statut v moskovskom perevode-redakcii [Litauisches Statut in Moskauer Übersetzung und Redaktion], Jur'ev 1916, XXX, 393 S. Siehe auch: *Ivan Lappo*, Litovskij statut v moskovskom perevodje-redakcii [Litauisches Statut in Moskauer Übersetzung und Redaktion], in: Letopis' zanjatij Imperatorskoj Arheografičeskoj Komissii za 1915 [*sic!* – L.D.] god, Vyp. 28 [Chronik der Tätigkeit der Kaiserlichen Archäographischen Kommission für 1915 (*sic!* – L.D.). Lieferung 28], St. Petersburg 1916, [4. Pag.], S. I–XXX, 1–395.

[62] PFA RAN, Bestand 133, Inventar 2, Akte 62, Bl. 82–92.

[63] *Konstantin Sent-Iler*, K istorii Voronežskogo universiteta. 1: Istorija poslednih dnej russkogo Jur'evskogo universiteta [Zur Geschichte der Universität Voronež. 1: Die Geschichte der letzten

31. Mai 1918 schloss man offiziell die russische Universität in Tartu.[64] Lappo schrieb über die Lebensverhältnisse während der Okkupation durch die kaiserlichen Truppen: „Die deutsche Macht steht für Ordnung" – verkündigte die deutsche Macht. Diese „Ordnung" aber verwandelte sich häufig in die „Laune eines Kaiserlichen Leutnants".[65] Danach folgte die Evakuation der Universität Jur'ev am 17. Juli und 31. August 1918 mit zwei Zügen nach Voronež.[66] „Im Juli 1918 verließ ich Jur'ev gemeinsam mit dem Universitätspersonal, das von den Deutschen den Bolscheviken ausgeliefert und nach Voronež verschickt worden war"[67] – schrieb Lappo, als er sich bereits in Prag befand.

IV. Lebensabend in Voronež, Prag, Kaunas, Vilnius und Flucht

In Voronež nahm Lappo die Arbeit an der neu geschaffenen Universität wieder auf,[68] wohin er einen Ruf auf den im Sommer 1919 geschaffenen Lehrstuhl für neue europäische Gesellschaften erhalten hatte.[69] Doch bereits im Oktober 1919, als weiße Truppen die Stadt besetzten, verließ Lappo gemeinsam mit seiner Familie die Stadt Voronež.[70] Sein weiterer Weg führte in die Emigration, wo er zunächst in Prag, später in Kaunas seine Studien und Hochschullehrertätigkeit fortsetzte. In Prag unterrichtete Lappo an der Russischen Volksuniversität und führte seine Studien zum Litauischen Statut fort. Dabei pflegte er weiterhin seine Beziehungen zu

---

Tage der russischen Universität Jur'ev], in: Trudy Voronežskogo gosudarstvennogo universiteta. T. 1. [Abhandlungen der staatlichen Universität Voronež. B. 1], Voronež 1925, S. 362.

64 Geschichte der Universität Tartu (o. Fn. 15), S. 319.

65 *Ivan Lappo*, Pamjati protoijereja o. M. Bleive [Zum Andenken an den Protoierei Vater M. Bleive], in: Pamjati novyh mučenikov za veru, postradavših v Jur'eve 14 janvarja 1919 g. [Zum Andenken der am 14. Januar 1919 in Jur'ev getöteten neuen Märtyrer], [Jur'ev 1928], S. 17.

66 *Sent-Iler*, Geschichte der Universität Voronež (o. Fn. 63), S. 396 f.

67 *Lappo*, Zum Andenken an den Protoierei Vater M. Bleive (o. Fn. 65), S. 21.

68 Die Personalakte von Professor I. I. Lappo, die sich im Zentralen Staatsarchiv Litauens (Lietuvos Centrinio Valstybės archivo, 631–3–378, Blatt 6r) befindet, nennt für seine Tätigkeit an der Universität Jur'ev („Dorpato Universiteto") die Jahre 1905–1919, obwohl er Tartu bereits am 17. Juli 1918 verlassen hatte und sein Engagement an der Universität sogar noch früher beendet hatte.

69 *Anatolij Moskalenko*, Nauka vseobščej istorii v Voronežskom universitete za 50 let [Wissenschaft der Allgemeinen Geschichte in der Universität Voronež während 50 Jahren], in: Iz istorii Voronežskogo kraja, Vyp. 3 [Zur Geschichte der Region Voronež, Lief. 3], Voronež 1969, S. 7.

70 *Vladimir Mjakišev*, I. I. Lappo – učenyj s žyvym čuvstvom istoričeskoj dejstvitel'nosti [I. I. Lappo – ein Gelehrter mit lebendigem Gespür für die historische Wirklichkeit], in: Vestnik Voronežskogo gosudarsrvennogo universiteta, Serija: Gumanitarnyje nauki [Informationsblatt der staatlichen Universität Voronež, Serie: Geisteswissenschaften], 2004, N° 1, S. 167.

Litauen,[71] so dass er ein Angebot der Universität Kaunas erhielt, wo er seit 15. Februar 1933 als Privatdozent am Lehrstuhl für Geschichte Litauens tätig war.[72]

An der Universität Kaunas hielt er von 1933 bis 1940 in zahlreichen Feldern Lehrveranstaltungen. Dabei sprach er unterschiedliche Aspekte der Geschichte an, darunter auch die Rechtsgeschichte Litauens. Erwähnenswert ist an dieser Stelle, dass der Sohn Professor Lappos, der Rechtswissenschaftler Ivan Ivanovič Lappo der Jüngere in Prag verblieb und dort unter anderem ebenfalls die Jurisprudenz des Großfürstentums Litauen und auch den Einfluss des römischen Rechts in Litauen erforschte. In seiner Litauischen Periode behandelte Lappo der Ältere sowohl in Veröffentlichungen als auch in Vorlesungen neben den allgemeinen Themen der litauischen Geschichte mehrmals Themen der litauischen Staatsverfassung vor der Union von Ljublin und danach. Er analysierte dazu die Rechtsordnung des Großfürstentums Litauen. Seine Publikationen und Vorlesungen behandelten das Statut von Litauen aus dem Jahr 1588, die Geschichte des Seims und anderer Staatsorgane und die dazu gehörigen Dokumente.[73]

Über diese Periode wird berichtet, dass

> „die breit angelegten Themen für die vom Professor abgehaltenen Kurse und seine wissenschaftlichen Arbeiten charakteristisch sind: Sie erfassen die ganze Geschichte des Großfürstentums Litauen, von der Gründung des Staates in der Zeit von Mindaugas (13. Jahrhundert) bis zur dritten Teilung von Rzeczpospolita. Der zentrale Themenkreis lag freilich im 16. Jahrhundert. Der Gelehrte vertrat eine originelle These, laut derer das Großfürstentum Litauen seine Staatlichkeit in der nach der Union von Lublin 1569 folgenden Zeit nicht verloren hatte. Ferner hinterließ er eine gründliche Studie zum Litauischen Statut von 1588 und viele Aufsätze, die er der Rechtsgeschichte und der Verfassung des Großfürstentums Litauen gewidmet hatte, so dass er einen ehrwürdigen Platz in der Geschichtsschreibung über Litauen einnahm."[74]

Aber es wurde auch die Meinung geäußert, dass

> „die litauische Periode im Lebenslauf Lappos doch keinesfalls schöpferisch war. Denn der Historiker des Großfürstentums Litauens befand sich in einer paradoxen Situation: Er hatte keinen Zugriff auf die entscheidenden schriftlichen Quellen, weil man diese in Russland oder Polen deponiert hatte. Dem praktizierenden Quellenforscher fehlte die Grundlage in den Quellen, und mehrere der hier veröffentlichten Studien verdienen schwerlich das Prädikat einer quellennahen Arbeit."[75]

---

[71] *Lasinskas*, Russische Historiker-Emigranten (o. Fn. 15), S. 419–425; *ders.*, I. I. Lappo v Litve [I. I. Lappo in Litauen], in: http://www.nivestnik.ru/2005_1/13.shtml [20.12.2010].

[72] Personalakte I. I. Lappo, in: Zentrales Staatsarchiv Litauens [Lietuvos Centrinio Valstybės archivo], 631–3–378, Blatt 7.

[73] *Lasinskas*, Lappo in Litauen (o. Fn. 71).

[74] *Lasinskas*, Russische Historiker-Emigranten (o. Fn. 15), S. 438; siehe auch: *Lasinskas*, Lappo in Litauen (o. Fn. 71).

[75] *Mjakišev*, Lappo (o. Fn. 70), S. 171.

Mit der Verlegung der geisteswissenschaftlichen Fakultät der Universität Kaunas nach Vilnius arbeitete Lappo seit 1. Januar 1940 an der Universität Vilnius.[76] Mit der Besetzung des Baltikums durch die Sowjetunion endeten seine Gehaltszahlungen. Dadurch geriet Lappo in eine schwierige finanzielle Lage, die auch in der Zeit der deutschen Besatzung anhielt.[77] Mehrere Forscher betonen, dass über die letzten Lebensjahre Lappos definitiv nichts bekannt ist.[78] Nach den neueren Untersuchungen ist er unter ungeklärten Umständen am Ende des Krieges in Dresden aufgetaucht, wo er zusammen mit seiner Frau und seinem Sohn – Rechtswissenschaftler Lappo dem Jüngeren – in einem anglo-amerikanischen Bombenangriff ums Leben kam.[79]

V. Zusammenfassung

Ivan Ivanovič Lappo gehört zweifellos zu den hervorragendsten Vertretern der Geschichtswissenschaft im vorrevolutionären Russland. Seine Tätigkeit demonstriert uns, wie der Charakter der Geschichtsquellen, aus denen der Forscher schöpft, in vielem die Richtung der Geschichtsforschung determiniert. Wenn diese Quellen Rechtstexte sind oder einen anderen juridischen Charakter haben, ist auch die Hinwendung zu rechtshistorischen Problemen unvermeidlich.

Lappo war kein Rechtshistoriker im heutigen Sinn dieses Wortes. Bei der Erforschung der Geschichte des Großfürstentums Litauen in Form schriftlicher Quellen (die originär Rechtstexte waren oder zumindest juridischen Charakter hatten) musste er notwendigerweise auch die bis dahin unerforschte Verfassungsgeschichte dieses Staatsgebildes und verschiedene Probleme der Rechtsgeschichte des Großfürstentums Litauen intensiv behandeln. Diese Themen erwiesen sich nach der Unabhängigkeit Litauens nach dem Ersten Weltkrieg als besonders aktuell und ermöglichten es ihm, in dieser Richtung in der Emigration sowohl in Prag als auch in Litauen weiterzuarbeiten.

---

[76] Zentrales Staatsarchiv Litauens [Lietuvos Centrinio Valstybės archivo], 631–3–378, Blatt 7r.

[77] *Aivaras Ragauskas*, Istorikas Ivanas Lappo (1869–1944) ir Lietuva [Der Historiker Ivan Lappo (1869–1944) in Litauen], in: Lietuvis istorijos metraštis [Chronik der litauischen Geschichte], 1993 metai, Vilnius 1994, S. 81–90.

[78] Siehe z. B.: *Mjakišev*, Lappo (o. Fn. 70), S. 172; *Vladimir Pašuto*, Russkije istoriki-emigranty v Evrope [Russische Historiker-Emigranten in Europa], Moskau 1992, S. 288.

[79] *Viktor Chebanov/Sergej Chebanov*, I. I. Lappo: izvestnyje i neizvestnyje stranitsy biografii [I. I. Lappo: die bekannten und unbekannten Seiten der Biographie], Jalik 59 (2004), S. 23 f., auch zugänglich in: http://kfinkelshteyn.narod.ru/Tzarskoye_Selo/Uch_zav/Nik_Gimn/NG_prep_Lappo _Chebanovi.htm [30.3.2011].

Livonian Law under Late Polish Rule

Thomas Hoffmann

I. Introduction

"To the great shame of our people in the neighbouring peoples and incalculable damage to our republic", as Grand Crown Hetman Lew Sapieha wrote in 1625 to Field Hetman Krzysztof Radziwiłł,[1] Poland-Lithuania's influence significantly weakened in the first decade of the 17th century. The Rzeczpospolita's loss of Livonia was completed in 1629. Until then, Livonia had been in the focus of Polish-Lithuanian politics for 73 years. However, little research has been done on the development of Livonian Law during the Polish-Lithuanian union. Legal history focused on the preceding Livonian Confederation (1418–1561) and on the following Swedish rule (1629–1721) instead. This article tries to fill the gap for the period of the Polish-Lithuanian union. The central question concerns the role of Poland for the Livonian legal system. Did Warsaw confine itself to controlling functions over an independent Livonian legislation (being a reluctant observer in periods of transition), or did Warsaw influence even the Livonian judiciary? During those bellicose decades the decreasing priority of internal judicature and the loss of many primary legal sources complicate giving a comprehensive answer to this question. Fortunately, some Livonian legislative drafts have survived (besides Polish-Lithuanian statutes imposed in Livonia within and after the procedure of submission). The most important is David Hilchen's "Land Law draft", which will be in the focus of this paper.

II. The Livonian Law before 1561

Since the expansion of the Hanseatic League to the Baltic territories in the late 12th century, since the founding of Livonian dioceses and their subsequent incorporation into the Holy Roman Empire, the legal development of Livonia was closely connected to German legal culture.[2] This is most obvious in the partial adoption of the Sachsenspiegel and in the development of Sachsenspiegel-based regional Law Books.[3] Taking into account the isolation of Livonia and the homogeneity of the German population, most of these books (starting with the Waldemar-Erichsche

---

[1] L. Sapieha an C. Radziwiłł, S. 275 Nr. 96 vom 29. August 1625, in: Herta von Ramm-Helmsing (Hg.), David Hilchen 1561–1610, 1937, p. 124.

[2] For Old Livonia see *Thomas Hoffmann*, Der Landrechtentwurf David Hilchens von 1599, 2007, pp. 7–29; *Dimitri Steinke*, Die Zivilrechtsordnungen des Baltikums unter dem Einfluss ausländischer, insbesondere deutscher Rechtsquellen, 2009, pp. 22–58.

[3] For detailed information see *Friedrich Georg von Bunge*, Über den Sachsenspiegel als Quelle der Ritterrechte des mittleren und umgearbeiteten livländischen Ritterrechts [...], 1827.

Landrecht in 1315) were comparable in both content and structure. They remained in force without essential changes throughout the centuries, supplemented only by major imperial legislative works such as the Constitutio Criminalis Carolina in 1532.

III. The legal impact of the submission to the Rzeczpospolita in 1561

Soon after the defeat of the Teutonic Order at Grunwald in 1410, the four Livonian dioceses, the Livonian Order and the Livonian cities formed the Livonian Confederation in order to settle disputes internally and to coordinate mutual foreign policies. However, the attack by Ivan IV unleashing the Livonian war in 1558 proved the confederation's feebleness when it did not show capacity to launch any effective defense against Moscow.

As Sweden was not willing to help and initiatives by Emperor Maximilian II to support Livonia somewhat lacked engagement, the Livonian Order saw no other alternative than to seek protection from the King of Poland and Grand Duke of Lithuania, Sigismund August, which was accepted in 1561. The Livonian Confederation ceased to exist, and Livonia submitted to the Polish King. Sigismund August in turn set up the Privilegia Sigismundi,[4] granting protection from the Tsardom of Russia and confirming traditional privileges of the Livonian nobility. Livonia was divided, and the major northern part was transferred into the property of the King (i.e. not belonging to Poland-Lithuania as a State) in 1561. However, these privileges were decisively restricted by Sigismund August's successor King Stephen Bathory by the *Constitutiones Livoniae* of 1582.[5] Stephen Bathory regarded Livonia as spoils of war,[6] and launched a rigorous re-catholicisation policy. Voivodeships replaced German administrative structures and Wenden was made central catholic diocese for the whole Baltic area. The restrictions provided by the constitutions Livoniae were further aggravated by the *Ordinationes Livoniae* of 1589 by King Sigismund III,[7] but – in reaction to harsh protest, as Livonians were e.g. prohibited to enter administrative positions – amended by an allaying version in the same year.

---

4 28th November 1561; see *Burkhard Klot*, Jost Clodt und das Privilegium Sigismundi Augusti, 2nd edition, 1980; *Hoffmann*, Landrechtsentwurf (supra fn. 2), pp. 37–40.

5 4th December 1582; see *Hoffmann*, Landrechtsentwurf (supra fn. 2), pp. 43 sq.

6 *Bogusław Dybaś*, Livland und Polen-Litauen nach dem Frieden von Oliva (1660), in: *Dietmar Willoweit*/*Hans Lemberg* (eds.), Reiche und Territorien in Ostmitteleuropa, 2006, p. 110. See also Anna Karabowciz' article in this collection.

7 March 1589; see *Hoffmann*, Landrechtsentwurf (supra fn. 2), pp. 44 sq.

IV. Legislative initiatives from Livonia during the Polish-Lithuanian period

The Polish-Lithuanian protection did not restrain Ivan IV from further attacks on Livonia. The following decades were marked by permanent war: After the unification of Poland with Lithuania in 1569, Stephen Bathory launched a series of successful attacks against Moscow, not only reconquering Polotsk in 1579, but also seizing Sokol, Velizh, Usvzat, Velikie Luki and in 1581 Narva and almost even Pskov. However, as Polish-Lithuanian troops often affected daily life in Livonia as devastatingly as the Russian ones,[8] there was not yet time to reestablish a stable judicature or even initiate legislative activities, although a respective right was included in the Sigismund privileges.[9]

When King Sigismund III asked the Livonian nobility to determine whether they preferred Magdeburg or Saxonian Law (as these laws were foreseen by the first *Ordinatio*), Livonia did not respond until 1593, since the matter was not yet settled among Livonians themselves. The nobility finally pleaded to decide in favour of none of these laws, but to propose an own draft for confirmation to the King. The King did not accept, which caused considerable rumour in the nobility. Riga's City secretary and Notary of the Wenden voivodeship David Hilchen, a protegé of Jan Zamoyski, the Rzeczpospolita's Lord Grand Chancellor, and also a diplomatically trained *Landbote* (member of the Polish voivodeship parliament, the Izba Poselska), published the *Livoniae Supplicantis Oratio* in 1597, insisting on Livonia's right to propose an own Land Law. The King finally agreed, and David Hilchen himself worked out a Land Law draft and presented it in Warsaw in 1599.

V. Hilchen's Land Law

The draft consists of three books: The first volume covers constitutional and administrative law, the second book provides for civil and penal law, the third finally for procedural law regulations. After its completion, the draft was brought to Warsaw in order to present it to the King. However, since King Sigismund III pursued other priorities due to the outbreak of the war against Sweden, no royal confirmation could be achieved. As Poland lost Livonia as a consequence of this war, the draft never entered into force, and even until recently,[10] no printed version was available. However, seven manuscripts of Hilchen's draft were spared during the

---

[8] *Reinhard Wittram*, Baltische Geschichte, 1954, p. 69.

[9] Privilegium Sigismundi, art. 4, e.g. in *Gustav Johann von Buddenbrock*, Sammlung der Gesetze, welche das heutige Livländische Landrecht enthalten, kritisch bearbeitet, vol. 1: Angestammte livländische Landes-Rechte, 1802, p. 138.

[10] A commented transcription of the Land Law can be found in *Hoffmann*, Landrechtsentwurf (supra fn. 2), pp. 185–222.

following centuries, three of them being accessible in the library of Tartu University.

Hilchen's draft as such is symptomatic for the situation of Livonia in the end of the 16th century, both with regard to the enforceability of law and to the value of law itself.

1. Hilchen's draft as a synopsis of Polish policy towards Livonia

Poland itself never intended to entirely subject Livonia to Polish law. Poland's policy towards Livonia was determined by different motives. Already in 1566 – shortly before the outbreak of the Livonian War – the Polish nobility had already discussed a military intervention in Livonia[11] in order to avoid an expansion of an eventual war to Lithuania, which was thought to be a probable event after a Russian victory over the Livonian confederation. Poland intended to avoid war with Moscow as far as possible, but was ready to enter into war with Moscow on Livonia's side as soon as the state treasury in Vilnius was endangered.[12] Consequently, Poland was not interested in changing the internal affairs of Livonia as long as Livonia behaved loyally. From Livonia's point of view, the *Privilegium Sigismundi* containing far-reaching freedoms was the best guarantee within this alliance. Therefore at this stage no major Polish or other foreign impact on the existing legal circumstances in Livonia could be observed.

The good relationship between the King and the Livonian nobility was tarnished in the late sixties by the fact that many Livonian nobles followed Duke Magnus of Holstein as he transgressed to Ivan IV.[13] The relations were further strained by the coronation of King Stephen Bathory, whose relationship with the Livonian nobility always had been rather sober and who added a religious aspect to conflicts in Livonia. Livonia should become a stronghold of Catholicism, and – strategically ideally located in the middle of non-catholic powers – serve as a starting point for extensive endeavours of recatholisation in protestant Sweden and orthodox Muscovy. As a side effect, Bathory's counter-reformation would slow down the germanization of the rural population, since reformation and germanization were only two sides of the same coin.[14]

In the *Constitutiones Livoniae* Livonian legal matters were amended for the first time in favour of Poland. In addition to the demotion of Lutheranism, the

[11] Sigismund August to Nikolai the Black, Palatin of Wilna, on 20 November 1566. Poznań, Raczyński library, MS. Nr. 93.

[12] Sigismund August to Nikolai Radziwiłł on 19 June 1562 from Vilnius. Poznań, Raczyński library, MS. Nr. 73.

[13] *Jürgen Heyde*, Die Adelspolitik Polen-Litauens und Schwedens in der Provinz Livland 1561 – 1650, Zeitschrift für Ostmitteleuropa-Forschung 47 (1998), p. 548.

[14] *Edward Kuntze*, Polska a Inflanty [Pland and Livland], 1939, p. 22.

revocation of all fief located in the former diocese of Dorpat was a direct interference with Livonian issues, which were not directly related to loyalty to the alliance with Poland.

Livonian autonomy was further restricted in the beginning of the reign of Sigismund III, when in 1589 the first *Ordinatio Livonia* was issued, considerably limiting the rights of the Livonian nobility. Poland was at the height of her power and had to take little account of Livonian interests. For David Hilchen's individual development these years have been decisive; the memories of his services in the office of Poland's Lord Grand-Chancellor Jan Zamoyski were still fresh, and Riga focussed on internal conflicts (calendar riots) in these years.

In 1594 Sigismund III ascended to the Polish and the Swedish throne. Within the soon emerging conflict with his uncle, Duke Charles of Södermanland, he had to rely on Livonian support. Therefore, Livonia was recognized as an equitable part of the Rzeczpospolita by the second *Ordinatio Livonia* of 1598. However, Poland's position in Livonia soon began to weaken. The loyalty of the Livonian knights had degraded by prior confession conflicts and the first *Ordinatio*, so that in 1600 a large part of Livonia switched over to the Swedish side. The war against Duke Charles of Södermanland escalated into an enduring conflict that lasted the following decades and finally led to the Polish defeat in Livonia by King Gustav Adolf of Sweden.

In this situation of transition Hilchen drafted his Land Law within only five months in 1599. In a retrospective, the conditions for the creation of a general Land Law were decisively disadvantageous, but the profound upheaval which was to reshape Livonia in the following decades was not yet fully foreseeable in the late nineties of the 16th century. Besides, it has to be taken into account that Hilchen's draft for a modern and updated Land Law was overdue after many decades of passivity by both the Livonian and the Polish side. Hilchen possessed a keen sense of politics. This might be the reason why he did not base the Land Law draft on the *Privilegium Sigismundi*, knowing that Poland could not accept a direct reference to a privilege granting a maximum of freedoms. On the other hand, Hilchen neither restricts the rights of the Livonian nobility to the status under the *Constitutiones* and *Ordinationes Livoniae*, but remains deliberately vague.

2. The Land Law as a reflection of Livonian and Foreign Law

Oswald Schmidt noted that the Land Law draft was not apt to give an accurate picture of the then Livonian law due to its many foreign sources.[15] However, Hilchen often chose such provisions from Polish and Lithuanian law which were very

[15] *Oswald Schmidt*, Rechtsgeschichte Liv-, Est- und Curlands. Reprint Hanover 1986 of volume 3 of Dorpater Juristische Studien, 1894, § 64, p. 148.

similar to the local regulations, which also was acknowledged by O. Schmidt.[16] Moreover, it is worth mentioning that the Livonian Land Law was approved by the Livonian nobility almost without complaints, possible changes in the draft law were thus accepted as being conform to the current legal positions or obviously evaluated as being of little importance.

During the last 150 years prior to the Land Law draft no new codification in Livonia had been issued.[17] In any case, Livonia was not a "legal vacuum", as stated in the first *Ordinatio*.[18] The old Law Books based on the *Sachsenspiegel* were formally still in force, only being amended according to most urgent needs of the economic and social developments. Many passages of the Land Law have no parallels in contemporary foreign laws, while there is an obvious affinity with the provisions of the old Law Books.

Today there are few traces of Livonian customary law of the Polish time due to massively missing court records. Nevertheless, there is a considerable probability that most of those German-law affected Land Law draft provisions, which do not have parallels in the Polish, Lithuanian or Prussian laws, are based on contemporary Livonian customary law, since Hilchen had represented the city of Riga in 1599 for 13 years in all legal matters of everyday life.

The content of the second part of the *Consuetudines Livonicae*, which is congruent with the Land Law draft, strengthens this estimation.

However, the Land Law draft also intended to introduce numerous new legal propositions into Livonian law. Most of these provisions, which – as the procedure *de crimine laesae maiestatis*, Book III, 31 Title – often originate from Polish and Prussian law, could not be enforced due to the lack of adoption and due to the end of Polish rule in Livonia which soon followed after the creation of the draft. Some innovations, however, were established in Livonian legal practice despite these adverse circumstances, and a small number even persisted until the Russian era. For example, the proceedings at *Succamerariengerichte*, Book III, Tit. 3, has besides its aim – the resolution of border disputes – nothing in common with the old Livonian *Bekreuzigungsverfahren*, as it is still described in detail in the *formulare procuratorum*. In the *Consuetudines Livonicae* the proceedings at *Succamerariengerichte* is

---

16 *Oswald Schmidt*, Beitrag zur Quellenkunde des Hilchenschen Landrechtsentwurfes, Dorpater Zeitschrift für Rechtswissenschaft (edited by the Faculty of Law of Dorpat University) 5 (1874), pp. 62–84, p. 71.

17 Apart from the *Formulare Procuratorum* by *Dionysius Faber*, Probst of Fellin, dating from 1538 and being the most developed Law Book of the late medieval era.

18 *Ordinatio Livoniae I*, Art. 10: "A iż Prowincya Inflantcka do tego czasu prawa swego nie miała, y nie ma, tedy tym czasem używać ma prawa Maydeburskiego, ab Saskiego. (…)" ("*And as the province of Livonia until our times had no own law – and still does not have –, from now on the law of Magdeburg or Saxonia will be in use*").

included almost entirely. With regard to the law of general civil procedure, it is for example the principle that all dilatory claims had to be brought to court before peremptory claims (Book III, Tit 18, §§ 1, 2) which found its way to practice also without formal issuance of Hilchen's Land Law.

3. Hilchen's draft as an example of late 16th century legal technique

The structural approach of the draft gives a clear picture of the contemporary methodology of law in Livonia: While medieval Law Book tradition still marked the first half of the 16th century (for instance the works of Dionysius Faber), in the end of the century humanism stepped into Livonia also in the sphere of law. The legal education most often took place at German universities and thus the knowledge of Roman law began to influence legal methodology thoroughly. However, even in this time Roman law itself – which was already established for more than 60 years in Germany[19] – did not enter into force in any Livonian legislative act during the Polish period, nor did it in early Swedish times; the Land Law draft by Engelbrecht von Mengden, dating from 1643, was considerably influenced by Roman Law,[20] but never formally enacted either.

Linguistically Hilchen's draft is an eloquent testimony of the German legal language (*Kanzleistil*) of early modern times. Hilchen's language is almost identical to the style of contemporary German writings. The author's early High German differs in this respect essentially from Faber's *Formulare Procuratorum*, which was written in Low German merely 62 years before. Hilchen's German is already modern by present criteria; e.g. meetings are "*angesetzt*" or "*außgeschrieben*". Hilchen already refers to "*Wiederklage*," money "*gebührt dem Kläger von Rechts wegen*", a suit is "*rechtshengig*" at court, and if possible, a procedure "*wirdt in den Standt gesetzet, in der es gewesen*".

VI. Conclusion

The period from 1561 to 1629 was not only in Eastern Europe a time of far-reaching upheavals. For Livonia, this epoch began in the fragile and feeble rudiments of the late medieval Teutonic Order's state and ended in the early baroque period. The time had not only been marked by numerous wars of intensity and cruelty unknown at that time, but also strong and diverse cultural, economic and religious developments. The judiciary hardly kept track, especially since a comprehensive enforcement of law could not always be maintained; there are hardly any major legislative

[19] See e.g. the *Laienspiegel* by Ulrich Tengler, dating from 1509.

[20] *Friedrich Georg von Bunge*, Das Römische Recht in den Deutschen Ostseeprovinzen Russlands. Programm zur dreizehnhundertjährigen Jubelfeier der Gesetzeskraft der Institutionen und Pandekten des Römischen Rechts, 1833, p. 17.

activities of Livonian origin dating from these time. Most legal initiatives were launched by Poland-Lithuania.

Hilchen's Land Law draft is the only major legislative initiative in Livonia under Polish rule. However, the draft did not reshape legal life in Livonia, which was not only due to political changes. The Land Law is marked by numerous compromises in favour of extremely different parties' interests and therefore lacks a somewhat straight programme. Even by the standards of his time, Hilchen's view on the function and status of the local peasantry was not very progressive. The ideal Livonian society's fixation on authorities represented by Hilchen's draft is on the one hand due to the Lutheran background of its creator, but on the other hand also by the affliction by numerous wars and riots, which aroused the desire for protection and safety of individuals in the context of a stable and authoritarian social and political order. Many legal historians, especially of the 19th century who often accused Hilchen's draft of alleged subservience to Polish needs underestimated the desperate state of large parts of Livonia after several decades of war.

After all Hilchen's Land Law draft is – in spite of its restricted practical significance for its epoch – considerably revealing not only in concerns of political relations and dependencies in late 16th century Livonia, but also with regard to the methodical approach of transferring these correlations into Law. The aptitude of the draft for a reconstruction of the Livonian judiciary in the late 16th century is for these reasons underestimated when it is reduced to confirming the nobility's loss of the *Privilegium Sigismundi*. On the contrary, the more than 600 paragraphs of Hilchen's draft reveal a wealth of legal practice and legal culture in Livonia under Polish rule in more than just legal terms. However, the actual value of the draft lies in its diversity, as regards to the choice of sources of law and the respective regulatory density.

Lübisches, Magdeburger, Hamburger, Stader, Bremer, Römisches oder Schwedisches Recht – nach welchem Recht wurde am Wismarer Tribunal geurteilt?[1]

Nils Jörn

I. Einleitung

Das Jahr 2003, in dem der 350. Jahrestag der Gründung des Wismarer Tribunals in Tagungen in Wismar[2] und Greifswald[3] feierlich begangen und in mehreren Publikationen gewürdigt wurde,[4] hat für die Erforschung der Geschichte dieses obersten Gerichts einen enormen Schub gebracht.[5] Die Tagungen im Umkreis dieses Jubiläums führten interessierte Wissenschaftler aus mehreren Ländern Europas zusammen, die im Jahre 2006 die David-Mevius-Gesellschaft zur Erforschung der nordeuropäischen Rechts- und Landesgeschichte gründeten.[6] Diese Gesellschaft trifft sich seither jährlich zu internationalen Tagungen unter einer übergreifenden Themenstellung[7] und veröffentlicht die Ergebnisse in einer eigenen Schriftenreihe, die für die Geschichte des Tribunals, der dort wirkenden Personen und verschiedener sachlicher Probleme zahlreiche neue Erkenntnisse hervorgebracht hat.[8]

---

[1] Der Beitrag folgt sehr stark der Vortragsfassung und ist nur um die nötigsten Anmerkungen ergänzt worden.

[2] Siehe dazu die Beiträge des Bandes *Nils Jörn/Bernhard Diestelkamp/Kjell Åke Modéer* (Hg.), Integration durch Recht. Das Wismarer Tribunal (1653–1806), 2003.

[3] Siehe dazu die Beiträge des Bandes *Dirk Alvermann/Jürgen Regge* (Hg.), Justitia in Pommern, 2004.

[4] Siehe u.a. das themenbezogene Heft der Wismarer Beiträge 15/2003 und *Nils Jörn* (Hg.), Servorum Dei Gaudium. Das ist Treuer Gottes Knechte Freuden=Lohn. Lebensbeschreibungen aus dem Umfeld des Wismarer Tribunals, Greifswald 2003.

[5] Eine erste, diese Tagungen vorbereitende Positionsbestimmung erfolgte in dem Beitrag von *Nils Jörn*, Stand und Aufgaben bei der Erforschung der Geschichte des Wismarer Tribunals, in: ders./Michael North (Hg.), Die Integration des südlichen Ostseeraums in das Alte Reich, 2000, S. 235–273, und fasst erste Forschungen im Rahmen eines von der Volkswagen-Stiftung in den Jahren 1996–1998 geförderten Projektes zur Integration des Südlichen Ostseeraumes im Alten Reich zusammen.

[6] Siehe www.davidmeviusgesellschaft.de.

[7] Bisherige Themen waren u.a. „Leben und Werk David Mevius", „Innovationen in Nordeuropa", „Aktuelle Probleme der Rechtsgeschichte in Nordeuropa", „Lebenswelt und Lebenswirklichkeit des Adels im Ostseeraum" oder „Kriegsfolgenbewältigung im Ostseeraum".

[8] In dieser Schriftenreihe sind bisher fünf Bände erschienen: *Nils Jörn* (Hg.), David Mevius (1609–1670). Leben und Werk eines pommerschen Juristen von europäischem Rang, 2007; *Nils Jörn* (Hg.), Die Pommerschen Hofgerichte. Geschichte – Personal – Probleme der Forschung, 2007; *Christoph Schmelz/Jana Zimdars* (Hg.), Innovationen im Schwedischen Großreich. Eine

Das 350. Gründungsjubiläum des Wismarer Tribunals war auch der äußere Anlass für ein Projekt des Archivs der Hansestadt Wismar, in dem mit freundlicher Unterstützung durch die Deutsche Forschungsgemeinschaft die Prozessakten dieses norddeutschen Oberappellationsgerichts nach dem Vorbild des Reichskammergerichts (RKG) verzeichnet werden. Durch dieses Inventarisierungsprojekt, in dessen Rahmen die im Staatsarchiv Stade lagernden Prozessakten für die Herzogtümer Bremen und Verden bereits erfolgreich verzeichnet worden sind, das sich für die im Archiv der Hansestadt Wismar liegenden Akten dem Ende nähert und die Erschließung der im Landesarchiv Greifswald befindlichen Akten vorbereitet, wird der Reichtum der Überlieferung erstmals für die wissenschaftliche Forschung erschlossen. Obwohl seit Projektbeginn bisher ca. 6.000 Prozessakten verzeichnet worden sind, erlebt man mit dieser erstrangigen Quelle für die Landes-, Regional- und Rechtsgeschichte immer noch jeden Tag Überraschungen.[9] Einige dieser Überraschungen sollen hier präsentiert werden.

Seit der großen Arbeit von Kjell Åke Modéer[10] wissen wir, dass das Wismarer Tribunal nach dem Westfälischen Frieden als oberstes Gericht der schwedischen Krone für deren deutsche Provinzen im Heiligen Römischen Reich deutscher Nation, also die Herzogtümer Bremen, Verden, Vorpommern *cum annexis*, das Hamburger Domkapitel und die Herrschaft Wismar nach dem Vorbild des Reichskammergerichts eingerichtet worden war. Die schwedische Krone verfolgte sehr ehrgeizige Pläne mit diesem neugegründeten Gerichtshof und sorgte deshalb dafür, dass die im Reich kursierende, z.T. sehr scharfe Kritik an den obersten Reichsgerichten aufgenommen und schöpferisch umgesetzt wurde. Oberstes Ziel am Tribunal war es, in den deutschen Provinzen Rechtssicherheit zu schaffen und zu erhalten und Prozesse zügig und unstrittig zu erledigen. Keinesfalls sollten Konfessionsstreitigkeiten wie an den beiden obersten Reichsgerichten oder Präsentationsstreitigkeiten wie am RKG die Arbeit behindern. Ersteres war einfach, denn alle Reichslehen der schwedischen Krone hingen dem evangelischen Glauben an, letzteres wurde durch eine einfache Präsentationsreihenfolge aller beteiligten Landstände gelöst, die, nachdem man sich einmal auf sie geeinigt hatte, unumstritten galt und erfolgreich angewendet wurde. Begünstigt durch diese Rahmenbedingungen sollte

---

Darstellung anhand von Fallstudien, 2009; *Sascha Ott*, Die Rechtsprechung des Greifswalder Oberappellationsgerichts in Strafsachen (1815–1849), 2009; *Nils Jörn/Haik Thomas Porada* (Hg.), Lebenswelt und Lebenswirklichkeit des Adels im Ostseeraum. Festgabe zum 80. Geburtstag von Bernhard Diestelkamp, 2009.

[9] Inventar der Prozessakten des Wismarer Tribunals, Teil 1, Bd. 1, bearb. v. Hans-Konrad Stein/Nils Jörn, Wismar 2008; Teil 1, Bd. 2, bearb. v. Nils Jörn, Wismar 2009; Teil 1, Band 3–6, bearb. v. Nils Jörn, Neustadt an der Aisch 2010, Bände 7–10 (mit Indices) für 2011 in Vorbereitung.

[10] *Kjell Åke Modéer*, Gerichtsbarkeiten der schwedischen Krone im deutschen Reichsterritorium, Stockholm 1975.

das Tribunal zu einer Art Modellgerichtshof werden, der personell sehr gut ausgestattet war und dessen Gehälter so attraktiv waren, dass sie auch hochrangige Juristen von außerhalb der schwedischen Besitzungen nach Wismar locken konnten.[11]

II. Verschiedene Rechtsgrundlagen in den Reichslehen der schwedischen Krone

Eine interessante Grundsatzfrage war natürlich, nach welchem Recht am Tribunal entschieden werden sollte. Einerseits waren die Herzogtümer Bremen, Verden und Pommern, das Hamburger Domkapitel und die Herrschaft Wismar Lehen, die Kaiser und Reich der schwedischen Krone zu ewigen Zeiten überlassen hatten, andererseits betrachtete die schwedische Krone sie als ihre deutschen Provinzen, in denen schwedische Truppen stationiert waren, in denen man Steuern forderte und alle anderen Hoheitsrechte ausübte. In Stockholm war Anfang der 1640er Jahre deshalb auch zunächst vorgesehen, in den deutschen Provinzen das schwedische Recht anzuwenden und sie verwaltungstechnisch nach schwedischem Vorbild zu zentralisieren – die Bestimmungen von Münster und Osnabrück regelten dies jedoch anders. Die Tribunalsordnung erinnerte in ihrem zweiten Teil einleitend an den von Kaiser und Reich erteilten Auftrag:

> „daß wir ein Höchstes Tribunal und Appellations-Instantz an einem in Teutschland wolgelegenem Ort constituiren sollten / woselbst einem jedweden die Justitz, nach des Römischen Reichs Constitutionen und eines jedes Ohrts Statuten, *absque ulteriori provocatione & causarum avocatione*, administriret werden sollte."[12]

Das heißt, es galt neben den Gesetzen des Alten Reiches und den auf den Reichstagen für alle Reichsstände beschlossenen gültigen Verfügungen das Recht des jeweiligen Ortes, in dem ein Rechtsstreit entstand. Wies dieses Recht Lücken auf, mit denen sich der Rechtsstreit nicht klären ließ, gelangte Römisches Recht zur Anwendung. Das klingt einfach und einleuchtend und Peter Oestmann hat die Anwendung dieses Grundsatzes sehr klar dargestellt,[13] aber jeder, der sich mit Rechtsprechung beschäftigt, ahnt zumindest die Probleme der alltäglichen Praxis. Zudem weiß jeder, der sich mit der schwedischen Krone in der Großmachtzeit beschäftigt hat, dass von ihr über kurz oder lang der Versuch unternommen werden würde, auch schwedisches Recht in die Rechtsprechung einfließen zu lassen und die klaren Festlegungen der Tribunalsordnung zu umgehen.

---

[11] Siehe dazu *David Mevius*, Beschreibung des ACTUS INTRODUCTIONIS Des Königl. Hohen Tribunals in Wißmar. Geschehen den 17. Maji Anno 1653 mit Kommentaren von Nils Jörn in: ders./Diestelkamp/Modéer, Integration (o. Fn. 2), S. 5–17.

[12] Tribunalsordnung 1657, Teil II. Hervorhebungen durch Autor.

[13] *Peter Oestmann*, Rechtsvielfalt vor Gericht. Rechtsanwendung und Partikularrecht im Alten Reich, Frankfurt a.M. 2002.

Doch gehen wir systematisch vor und fragen zunächst, welches Recht in den einzelnen deutschen Provinzen der schwedischen Krone galt. Für die Städte ist dies relativ einfach und eindeutig, sie wurden nach einem bestimmten Recht gegründet, nach dem sie im Wesentlichen bis ins 19. Jahrhundert lebten. So galt für Städte wie Wismar, Stralsund, Greifswald, Anklam oder Demmin Lübisches Recht, Rechtsbelehrungen wurden vom Lübecker Rat in seiner Funktion als Oberhof eingeholt. In Stettin, Altdamm, Gollnow und anderen pommerschen Städten unter schwedischer Herrschaft war es das Magdeburger Recht, in Zweifelsfällen wurden die Magdeburger Schöppen befragt. In Stade lebte man seit 1279 nach eigenem Recht, massiv beeinflusst vom benachbarten Hamburg. Das Stader Recht wurde 1328 auf Buxtehude übertragen. Verden lebte nach dem Bremer Stadtrecht. Im Hamburger Domkapitel galt für die weltlichen Belange das Hamburger Stadtrecht, für alle anderen Fragen kanonisches Recht.[14]

Die Städte in diesen Territorien verbindet die gemeinsame hansische Geschichte, aber natürlich waren sie auch in die sie umgebenden Herzogtümer eingebunden und wurden dementsprechend durch deren Landrechte und durch die Rechtsprechung an den Hofgerichten der Territorien geprägt. Dieser Rechtsprechung an den Hofgerichten versuchten sich die Städte zunächst zu entziehen, im Rahmen des Ausbaus der Landesherrschaft erhielten sie jedoch weitgehende Zugeständnisse von ihren Herzögen wie Besetzungsrechte an den Hofgerichten oder Appellationsprivilegien und wurden so sukzessive unter die Rechtsprechung der Landesgerichte gestellt. Zu Beginn der Schwedenzeit haben wir zumindest in Pommern immer noch ein Nebeneinander von Hofgericht und städtischem Oberhofsystem, wobei letzteres zwar deutlich auf dem Rückzug war und überwiegend nur noch in Fragen von Handel und Gewerbe oder Erbrecht bemüht wurde. Entgegen der Auffassung der älteren Forschung existierte es aber noch und wurde genutzt.[15]

Nun bestätigte die schwedische Krone bei der Übernahme der Macht in ihren durch den Westfälischen Frieden gewonnenen Provinzen zwar pauschal alle Privilegien, sie strebte aber natürlich an, ihren Rechtszug über die Untergerichte und das Hofgericht an das Tribunal nicht alternativ zum Lübecker oder Magdeburger Oberhofsystem einzurichten, sondern in alleiniger Zuständigkeit. Es wird zu prüfen sein, ob sich die jahrhundertealten Beziehungen zwischen den Städten einfach verbieten ließen und wie das Tribunal mit Anfragen aus den Städten an Lübeck oder Belehrungen und Gutachten aus Lübeck für die Städte oder einzelne Ämter umging.

Trotz der in den vergangenen Jahren wiederbelebten Forschung zu diesem Problemkreis ist viel zu wenig über die Gemeinsamkeiten und Unterschiede zwischen

---

[14] Siehe grundsätzlich dazu den Band: *Heiner Lück/Matthias Puhle/Andreas Ranft* (Hg.), Grundlagen für ein neues Europa. Das Magdeburger und Lübecker Recht in Spätmittelalter und Früher Neuzeit, Köln/Weimar/Wien 2009.

[15] Siehe dazu *Jörn*, Hofgerichte (o. Fn. 8).

Lübecker, Magdeburger, Hamburger oder Stader bzw. Bremer Recht bekannt. Dies ging den Richtern am Tribunal bereits genauso. Deshalb forderte der Gründungsdirektor David Mevius beim feierlichen Actus introductionis des Gerichts am 17. Mai 1653 die Vertreter aller Landstände auf, sämtliche Stadtrechte, Privilegien und Verträge mit ihren bisherigen Landesherren, die für die Rechtsprechung am Tribunal relevant werden könnten, umgehend einzusenden.[16] Nach diesem alten Gebrauch sollte, wie von Kaiser und Reich gefordert, geurteilt werden. Dass die Landstände und Städte dieser Aufforderung sehr bereitwillig nachkamen, wissen wir sowohl aus dem Katalog der Tribunalsbibliothek,[17] der diese Privilegiensammlungen verzeichnet, als auch aus den zahlreichen Prozessakten, in denen Auszüge aus den Stadt- und Landrechten sehr breit zitiert werden.

III. Probleme um die Anwendung des Lübischen Rechts am Tribunal

Für das Lübische Recht war der ehemalige Greifswalder Juraprofessor und Stralsunder Syndikus der kompetenteste Jurist seiner Zeit. Er hatte in seinem Stralsunder Amt den ersten wissenschaftlichen Kommentar zum Lübischen Recht verfasst, der zu einem Bestseller unter den Juristen des Ostseeraumes werden sollte.[18] Die systematische Beschäftigung mit einem Stadtrecht und seine Kommentierung sollten ihn dafür prädestinieren, auch nach Magdeburger, Stader, Hamburger oder Bremer Recht urteilen zu können, vor allem, da an einem Oberappellationsgericht überwiegend Appellationen anfielen, also „nur“ überprüft werden musste, ob die Untergerichte formal richtig entschieden hatten.

Wie fordernd diese Aufgabe in einer Stadt wie Wismar sein konnte, musste Vizepräsident Mevius zu Beginn des Jahres 1654 erfahren, als sich zwei Wismarer Parteien um die Verteilung eines Erbes stritten, das laut Lübischem Recht den Appellanten, laut den Wismarer Stadtstatuten aber möglicherweise den Appellaten zustand.[19] Der Wismarer Rat, vor dem die Sache in erster Instanz anhängig gewesen war, entschied natürlich nach § 16 der Wismarer Stadtstatuten und begründete dies so:

> „Sintemahl derselbe Articulus ausdrücklich meldet, das ein jedes testament, welches auf Erlaubnis des worthaltenden Herren Bürgermeisters, durch einen Secretarium vorfertiget, und durch zwene Raths Persohnen auf der Cämmerey uberandwordtet ist, soll nach Ausgang der Vier Wochen von des *Testatris* absterben an zu rechnen, uff vorhergehende Citirung der Erben eröfnet, abgelesen, und woferne keine öffentliche nullität darin befunden ohne alle weitleuftigkeit vom Ehrbaren Rathe confirmiret, und bestetiget werden.“

---

[16] Mevius, Beschreibung (o. Fn. 11).

[17] *Kjell Åke Modéer*, David Mevius und die Bibliothek des Wismarer Tribunals, in: Jörn, David Mevius (o. Fn. 8), S. 157–164.

[18] *David Mevius*, Commentarius in Jus Lubecense, Leipzig 1642; Frankfurt a.M. 1664, 1669, 1700, Tübingen 1744.

[19] Archiv der Hansestadt Wismar (AHW), Prozessakten des Tribunals, Nr. 2382.

Daraus schloss der Wismarer Rat, dass auch Frauen ohne Zustimmung ihres Mannes, denn darum ging es in dem konkreten Fall, ihre Güter vererben dürften. Ganz anders sahen das die Appellanten, die darauf pochten, dass Wismar eine Stadt Lübischen Rechts sei und dort natürlich Lübisches Recht unverfälscht und im vollen Umfang gelten müsse. Sie argumentierten:

> „Nun ist ja in diesem *testamento quaestionis* eine *manifestissima nullität* vorgegangen, In dem die *Testratrix contra expressum textum articul 14 tit. 1 lib. 2 Juris Lubecensis Wismariae recepti* von ihren Erbgütern testiret, Und dieselben Ihren natürlichen und *Legitimis haeredibus* entzogen ...“[20]

Da der Frau nach Art. 14 des Lübischen Rechts verboten sei, ererbte Güter aus eigenem Recht weiterzuvererben, sondern ihr dies nur mit Zustimmung ihres Mannes erlaubt sei, müsse dieser Artikel in Wismar natürlich zur Anwendung gelangen. Die selbstbewussten Appellaten meinten hingegen, die Wismarer Stadtstatuten würden in diesem Punkt das Lübische Recht korrigieren und seien allein für die Rechtsprechung relevant.

Natürlich war den Richtern am Tribunal sehr schnell klar, wie zu entscheiden war. Mevius hatte in seinem Kommentar eindeutig dazu Stellung bezogen, die Beklagten wurden aber vom Wismarer Rat unterstützt, der seine Rechtsprechung verteidigte und meinte, die Stadtstatuten richtig angewendet zu haben. Diese fröhliche Selbstgewissheit begleitet die Wismarer Stadtväter seit vielen hundert Jahren, üblicherweise müssen sie jedoch irgendwann einsehen, geirrt zu haben. So war es auch hier. Nach langwieriger Beweisführung, Streit um den konkreten Umfang des Erbes, abzulegende Eide über Beweismittel und angeblich verlorengegangene Inventare, vermittelte das Tribunal im Sommer 1660 einen Vergleich zwischen den Parteien, Ende Oktober 1661 war schließlich der letzte Nebenkriegsschauplatz, bei dem es um Zinszahlungen für die Laufzeit des Prozesses ging, durch einen weiteren Vergleich geschlossen worden. Den Parteien wurde verdeutlicht, dass es keinen Gegensatz zwischen Lübischem Recht und Wismarer Stadtstatuten gab, sondern, dass die Wismarer tatsächlich eine Nullität begangen hatten und dass ihre Statuten mitnichten das Lübische Recht berichtigten, sondern sie dieses nur falsch interpretiert hatten.[21]

Natürlich gab es auch in der weiteren Geschichte des Tribunals immer wieder Diskussionen darüber, wie das Lübische Recht anzuwenden sei. Der traditionelle Weg für den Wismarer Rat, Klarheit darüber zu gewinnen, war eine Anfrage an die Lübecker Kollegen in ihrer Eigenschaft als Oberhof. Von dort erhielten sie seit dem Mittelalter Rechtsbelehrungen. Bisher war man nach Auswertung der bis 1550 reichenden Edition der Lübecker Ratsurteile durch Wilhelm Ebel[22] vielfach irrig

---

[20] A.a.O.

[21] A.a.O.

[22] *Wilhelm Ebel* (Hg.), Lübecker Ratsurteile, 4 Bände, Göttingen 1955.

davon ausgegangen, dass es nach 1550 keine Inanspruchnahme des Lübecker Oberhofes mehr gegeben habe. Dies ist eindeutig falsch! Die reiche Prozessaktenüberlieferung in Wismar zeigt, dass die Lübecker Kollegen auch seit der zweiten Hälfte des 16. Jahrhunderts gern angefragt wurden. In den Ratsgerichtsakten sind bis ins 18. Jahrhundert zahlreiche Rechtsbelehrungen erhalten, die durch Appellationen auch in die Akten des Tribunals gelangten und dort in die Rechtsprechung einbezogen wurden. Geändert hat sich nach bisherigen Beobachtungen einzig und allein die Form. Hatte der Lübecker Oberhof bis dahin Recht gesprochen und war davon ausgegangen, dass dieses 1:1 in den Tochterstädten umgesetzt wurde, so kam die Rechtsbelehrung in der Schwedenzeit eher in Form eines freundschaftlichen Ratschlags daher.

Interessant ist nun, wie das Tribunal damit umging, denn braucht ein oberstes Gericht, das sich als gleichberechtigt mit Reichshofrat und Reichskammergericht ansieht und diese beiden obersten Reichsgerichte in den schwedischen Reichslehen ersetzte, freundliche Ratschläge? Umfangreiche Anwendung fand der Lübecker Rechtsgebrauch offenbar in Wismarer Konkursverfahren. 1695 entstand die Frage, ob gemeine Stadtschulden in einem Konkurs vor oder nach Privatschulden zu befriedigen seien. Der Wismarer Rat argumentierte für eine vorrangige Befriedigung und holte im laufenden Verfahren des Tribunals nach Aufforderung des Oberappellationsgerichts offiziell ein Gutachten des Lübecker Rates über den dortigen Rechtsgebrauch ein. Der Lübecker Rat teilte jedoch nach mehr als einjähriger Suche bedauernd mit,

> „daß wir davon keine umbständliche Nachricht mittheilen können“, da er in den Gerichtsbüchern „nicht finden könne[n], daß dergleichen *Casus in Terminis* nicht bey uns *in contradictorio* vorkommen.“[23]

1729 fühlten sich Wismarer Ärzte und Apotheker, die einen Verstorbenen während seiner letzten Krankheit gepflegt und versorgt hatten, gegenüber einem Prokurator am Tribunal bei der Aufteilung der Konkursmasse des Verstorbenen benachteiligt und argumentierten mit dem Rechtsgebrauch in Lübeck und Wismar, den sie umfangreich mit Ratsgerichtsurteilen aus beiden Städten belegten. Leider kennen wir das Tribunalsurteil nicht, so dass wir nicht wissen, ob der Lübecker Rechtsgebrauch berücksichtigt wurde.[24] 1730 wurden in einem anderen Fall um die Aufteilung einer Konkursmasse mehrere Gutachten von Prokuratoren des Lübecker Niedergerichts über den Rechtsgebrauch in Lübeck vorgetragen,[25] das Tribunal bestätigte aber das Urteil des Ratsgerichts trotz der angeführten Lübecker Beispiele. 1731 stritt man erneut um die Aufteilung einer Konkursmasse, ein Prokurator am Tribunal fühlte sich gegenüber Kämmerei und Wasserkollekte benachteiligt. Die Beklagten argu-

---

[23] AHW, Prozessakten des Tribunals, Nr. 1650.

[24] AHW, Prozessakten des Tribunals, Nr. 1714.

[25] AHW, Prozessakten des Tribunals, Nr. 0581.

mentierten mit dem Rechtsgebrauch in Lübeck und führten ein Gutachten des Lübecker Syndikus an, das dieser nach offizieller Anfrage des Wismarer Rates erstellt hatte. Leider ist der Ausgang des Falles nicht überliefert, so dass wir nicht wissen, ob das Tribunal dem Gutachten des Lübecker Rechtspraktikers folgte.[26]

Ein Dauerbrenner in den Streitgegenständen ist auch der Verkauf von Häusern an Gerber, Pelzer und andere Gewerbe, deren Berufsausübung die Nachbarn beeinträchtigt. So appellierten im Jahre 1756 mehrere Nachbarn gegen den Verkauf eines Hauses in der Lübschen Straße, eine der Hauptstraßen der Stadt, an einen Pelzer. Im Kaufvertrag war zwar vereinbart worden, dass der Pelzer in dem Haus nicht sein Handwerk ausüben dürfe, weshalb das Ratsgericht keine Probleme damit sah, den Kauf zu genehmigen, es zeigte sich aber bald, dass der neue Eigentümer diese Klausel im Vertrag zu umgehen versuchte. Deshalb argumentierten die Kläger mit drei vom Lübecker Rat zwischen 1751 und 1755 gefällten Urteilen, um das Wismarer Ratsgericht und später das Tribunal zur Übernahme dieser Sichtweise zu veranlassen. Nach Aufforderung des Tribunals ließen die Kläger die Kopien dieser Urteile durch einen Lübecker Notar bestätigen, womit die Sache einen offiziellen Anstrich bekam. Auch wenn die Urteile nicht wie früher vom Lübecker Rat auf eine offizielle Anfrage seiner Wismarer Kollegen zugeschickt worden waren, flossen die Urteile des Lübecker Rates doch in die Rechtsfindung in Wismar mit ein. Das Tribunal bestätigte zwar das Urteil des Wismarer Ratsgerichts, verbot dem neuen Eigentümer des Hauses aber eindeutig das Beizen und Gerben und auf Nachfrage der Appellanten auch das Ausgießen der Lauge auf der Straße, womit die Beeinträchtigungen der Nachbarn zumindest minimiert wurden.[27]

Im Jahre 1765 antworteten die Ältesten der Lübecker Schifferkompanie auf eine Anfrage ihrer Wismarer Kollegen in einem Streit um Heuer und Führung, das Tribunal[28] berücksichtigte die Information über die Rechtsanwendung in Lübeck jedoch nicht und lehnte die Appellation wegen zu geringen Streitwertes in zwei Instanzen ab.

Aus den wenigen überlieferten Beispielen soll keine Entwicklung von der offiziellen Anfrage an den Lübecker Rat nach Aufforderung durch das Tribunal im Jahre 1695 bis zur Nichtberücksichtigung eines unverbindlichen Ratschlages aus Lübeck im Jahre 1765 konstruiert werden. Die Beispiele sollen einfach zeigen, dass auch am Wismarer Oberappellationsgericht Rechtsgutachten aus Lübeck immer noch ihre Bedeutung im Prozess und in der Urteilsfindung hatten. Interessant wäre zu untersuchen, wie dies in der mehrere zehntausend Prozessakten umfassenden Überlieferung des Wismarer Ratsgerichts aussah. Man darf davon ausgehen, dass

---

[26] AHW, Prozessakten des Tribunals, Nr. 1713.

[27] AHW, Prozessakten des Tribunals, Nr. 1991.

[28] AHW, Prozessakten des Tribunals, Nr. 3339.

sich dort neben den üblichen Gutachten der Juristenfakultäten ein sehr lebendiger Austausch mit dem Lübecker Rat gefunden haben wird.[29]

IV. Probleme um die Anwendung des schwedischen Rechts am Tribunal

Soweit zunächst zum Themenkreis Anwendung des Lübischen Rechts in Wismar. Wie sieht es nun aber mit dem bereits angedeuteten Konflikt zwischen einheimischem und schwedischem Recht aus? Auch dafür sollen einige Beispiele angeführt werden. Es ist interessant, dass das Wismarer Tribunal zwar im Namen der schwedischen Krone Recht sprach, aber üblicherweise den von Kaiser und Reich erteilten Auftrag gewissenhaft ausführte und dafür sorgte, dass Prozesse, die an das Tribunal gehörten, nicht an schwedische Gerichte gelangten oder nach schwedischem Recht erledigt wurden. Immer wieder baten einzelne Parteien in dieser Frage um die Unterstützung des Tribunals. So Anders Bjugg, Sekretär der Landesregierung von Bremen und Verden, aus Stade. Er wehrte sich dagegen, von Anne Oxenstierna, Witwe des Grafen von Dohna, vor ein schwedisches Gericht gezogen zu werden, da dies

> „wieder das *Instrumentum pacis*, hiesigen Hertzogthums *Privilegia*, Königl. *Resolutiones* und die Tribunals Ordnung läuft, *per rerum naturam* auch unmueglich die Sache recht zu entscheiden an dem Orthe, da man den *Constitutionibus Imperii*, denen beschriebenen Rechten und in Deutschland üblichen Processen, nicht nachzuleben schuldich, auch so weinig davon, als des orthes alwo *contractus vel delicti* forum ist, zustande, intraden, der einwohner abgifften qualität und andere umbständen wißenschaft hat.“[30]

Das Tribunal folgte dem Antrag Bjuggs, der offenbar aus Schweden stammte, innerhalb weniger Tage und forderte die Witwe des Grafen von Dohna auf, ihre Streitigkeiten mit Bjugg auf dem Boden des Alten Reiches zu klären.

Ein interessanter Fall führt uns in das Jahr 1702, in dem es darum geht, ob man nach Recht gerichtet werden kann, das man gar nicht kennt. Der Hintergrund des

---

[29] Neben den ca. 4.000 Prozessakten des Tribunals findet sich im AHW eine sehr reichhaltige Überlieferung von Prozessakten des Ratsgerichts (ca. 20.000 Akteneinheiten in drei zeitlich voneinander getrennten Serien) und seiner Untergerichte, Gewett, Kriminalgericht, Hebungs-, Waisen- und Vormundschaftsgericht (zusammen weitere ca. 6.000 Prozessakten). Bisher nicht verzeichnete Suppliken an den Rat (ca. 3.000) und Prozessakten des Wismarer Konsistoriums (ca. 1.000) vervollständigen das Bild einer sehr ausgeprägten Gerichtslandschaft, von der an das Tribunal appelliert werden konnte. Bei den Akten der Untergerichte sind, soweit sie überhaupt inventarisiert sind, nur die Namen der Parteien, der zeitgenössisch formulierte Prozessgegenstand und die Laufzeit erfasst. Gutachten verschiedener Juristenfakultäten, des Lübecker Oberhofes oder anderer Institutionen sind nur in Ausnahmefällen bisher identifiziert worden. Dies wäre für eine Fragestellung wie die hier skizzierte aber natürlich unbedingt erforderlich.

[30] AHW, Prozessakten des Tribunals, Nr. 0552.

Falles ist schnell erzählt. Im Jahre 1702 hatte Oberstleutnant Wachenfeld von Jürgen Levin von Bassewitz auf Hohen Luckow ein Haus in der Wismarer Großschmiedestraße neben dem Königlichen Lizenthaus gekauft, weigerte sich aber, dessen Steuerschulden bei der Stadtkämmerei zu übernehmen. Bassewitz geriet darüber so in Wallung, dass er Wachenfeld zunächst mit Worten, dann tätlich bedrohte und ihm schließlich eine Ohrfeige gab. Dieser ließ sich nicht lumpen, gab Bassewitz mehrere Ohrfeigen zurück und schlug ihm schließlich mit einem Stock auf den Kopf. Danach ging er zum Stadtkommandanten Oberst Magnus von Palmquist und beschwerte sich, Bassewitz habe das königliche Duellplakat übertreten und müsse bestraft werden. Das Tribunal übertrug die Untersuchung dem Fiskal, der für eine Strafe von 1.000 Reichstaler und 2 Jahre Gefängnis für Bassewitz plädierte. Das wäre für den mecklenburgischen Adligen eine teure Ohrfeige geworden, weshalb er sich auf die Tribunalsordnung und den Westfälischen Frieden bezog und argumentierte, er könne nicht nach schwedischen Gesetzen gerichtet werden, zu denen er das Schwedische Duellplakat zählte. Das Tribunal verdeutlichte ihm jedoch, dass das Duellplakat durchaus in den deutschen Provinzen der schwedischen Krone seine Gültigkeit habe und der Friedenswahrung dienen würde, die von Kaiser und Reich ausdrücklich begrüßt würde und zu dessen Zweck schließlich oberste Gerichte eingerichtet worden seien. Bassewitz erreichte seine Freilassung aus der Gefangenschaft gegen Stellung von Bürgen und Kaution, in der Sache, ob er nach Schwedischem Recht verurteilt werden könne, wurde jedoch weiter hart verhandelt. Leider erhellt der Ausgang des Falles nicht, Bassewitz verstarb anderthalb Jahre nach Prozessbeginn, seine Erben führten den Fall zwar weiter, die Akte ist aber unvollständig.[31]

Anders gelagert war der Fall der Wismarer Bootsleute, die sich am 1. März 1736 darüber beschwerten, dass sie nach dem Schwedischen Schiffsreglement vom 1. Oktober 1735 behandelt werden sollten und Dienste, die sie bisher bezahlt bekommen hatten, „das Schrapen, Lappsalben und das Ein- und Ausbringen des Kalcks“, ohne Entgelt übernehmen sollten. Die Bootsleute beharrten darauf, dass dieses Schiffsreglement „das Schwedische See-Volck, welches nach ausdrücklichen Einhalt desselben dort im Reiche zu der Reichs Ausfarth angenommen worden, bloß angehet.“ Die Wismarer Bootsleute machten die erheblichen Unterschiede zwischen den üblichen Vertragsbedingungen deutlich, zu denen sie bzw. die schwedischen Bootsleute angestellt wurden, sie wiesen auch darauf hin, dass sie, im Gegensatz zu den Schweden, in Wismar sämtliche bürgerliche Lasten zu tragen hätten. Außerdem sei „überhaupt von Ihro Königl. Maytt. unterthänigsten teutschen Schiffs-Volck in gedachter hohen Verordnung nicht ein Worth zu finden“, weshalb die Wismarer Bootsleute baten, sie zunächst ein Jahr lang bei ihren alten Rechten zu schützen, bis eine Königliche Deklaration das offenbare Missverständnis aufklären würde. Unterstützt wurden die Bootsleute durch die Wismarer Kaufleute, die in

---

[31] AHW, Prozessakten des Tribunals, Nr. 0826.

einer Supplik an das Tribunal einen Streik der Bootsleute befürchteten und damit eine Einschränkung ihres Handels und ebenfalls darum baten, die Schifferkompanie anzuweisen, alles beim Alten zu lassen. So kam es, dass das Tribunal eine Woche später, nach gründlicher Prüfung der Verhandlungen im Gewett und vor dem Ratsgericht, den Rat anwies, vorerst alles beim Alten zu belassen und weitere Verordnungen aus Schweden abzuwarten. Diese gingen Ende des Jahres 1736 ein und bestätigten den Status quo, in Wismar wurde also bis zum Ende der Schwedenzeit nach den alten Regelungen der Hansezeit gefahren und Heuerverträge abgeschlossen.

Es gab aber auch Beispiele, wo das Tribunal zustimmte, Fälle nach schwedischem Seerecht zu entscheiden, dies aber offenbar nur, weil alle beteiligten Seiten Bürger schwedischer Städte waren.[32] So hatte der Wismarer Schiffer Ernst Jochim Linow jahrelang einen profitablen Handel dadurch betrieben, dass er sowohl Bürger von Stockholm als auch von Wismar war, mit seinem Schiff „Anna Elsabe“ zwischen beiden Städten pendelte und sich in brenzligen Situationen immer für die richtige Heimatstadt entschied. Im Herbst 1774 geriet er jedoch in einen schweren Sturm, der sein Schiff reparaturbedürftig nahe Stockholms anspülte. Die mit der Reparatur beauftragte Werft ging zunächst davon aus, dass Linow bei einem Wismarer Kaufmann gegen solche Schäden versichert war und ließ ihn wieder fahren, machte jedoch bald darauf ihre Forderungen gegen Linow geltend. Der verkaufte einen Bodmereibrief an die späteren Kläger, Philipp von Bippen und Kompanie zu Stockholm. Dann reiste er nach Stralsund, verkaufte dort sein Schiff an einen Schiffer aus Apenrade und reiste auf dem Landweg zurück nach Wismar, wo ihn die Forderungen der Stockholmer Gläubiger bereits vor dem Ratsgericht erwarteten. Diese hatten ihr Geld nicht erhalten können, da der Bodmereibrief in die Konkursmasse Linows eingeflossen war und die Ansprüche an den Konkurs nach ihrem Alter gereiht worden waren. Damit waren die Forderungen Bippens nachrangig. Dieser berief sich in seiner Appellation an das Tribunal jedoch auf schwedisches Seerecht, nach dem derjenige, der dazu beigetragen hatte, das Schiff wieder fahrbereit zu machen, bevorzugt bei einem eventuellen Schaden zu entschädigen sei. Das Tribunal akzeptierte diese Argumentation und wies das Ratsgericht nach Abwägung aller Umstände dazu an, seine Reihung des Konkurses entsprechend zu ändern. Möglicherweise geschah dies wie gesagt, weil beide Seiten Bürger Stockholms und damit Schwedens waren, jedenfalls ist es das einzige Beispiel, das mir bisher bekannt geworden ist, bei dem das Tribunal nach Schwedischem Recht entschieden hatte.

[32] AHW, Prozessakten des Tribunals, Nr. 0519.

V. Probleme um die Anwendung des Römischen Rechts am Tribunal

Kollisionen zwischen einheimischem, also Lübischem, und Kaiserrecht, also Römischem Recht, sind nur sehr vereinzelt überliefert. So beschwerte sich 1727 eine Frau über Benachteiligung im Konkursverfahren um den Schwartzen Hof auf Poel. Das Tribunal hatte dem dortigen Amtsgericht auf dessen Anfrage geraten, nach Kaiserrecht zu verfahren, da Poel vor der schwedischen Herrschaft zu Mecklenburg gehörte und dort Kaiserrecht gegolten habe. Das Tribunal hatte dem Amtsgericht geraten, den Gläubigern, die die Reihung nach Lübischem Recht durchführen wollten, den Beweis aufzutragen, dass auf Poel Lübisches Recht gegolten habe. Diese Beweise waren vom Amtsgericht als nicht hinreichend erklärt worden, es hatte „auf eingeholten Rath auswärtiger Rechts Gelahrter" – leider wird nicht klar, an welche Juristenfakultät man sich gewandt hatte – die Reihung der Ansprüche nach Römischem Recht festgelegt, aber Lübisches Recht einfließen lassen, weshalb die Aufteilung strittig wurde.[33] Die Appellantin bat darum, sie nach Römischem Recht als Frau mit Brautschatz und eingebrachtem Gut vor andere Gläubiger einzureihen und nicht wie jetzt mit ihrem Brautschatz als 19. und wegen der Bau- und Meliorationskosten als letzte Berechtigte zu behandeln. Das Tribunal lehnte den Antrag zwar ab, beauftragte das Amtsgericht jedoch zu prüfen, ob die Baukosten wirklich zur Reparatur des Hofes angewandt worden seien und in diesem Sinne das Urteil zu deklarieren. Dieser Fall ist der bisher einzige bei knapp 4.000 verzeichneten Prozessakten aus der Herrschaft Wismar, in denen das Tribunal zur Anwendung des Römischen Rechts riet oder es selbst anwandte, mit Hilfe des Lübischen Rechts waren offenbar alle Streitigkeiten angemessen zu erledigen.

VI. Fazit und Ausblick

Soweit einige Beobachtungen über die Rechtsanwendung am Wismarer Tribunal aus den Beständen des Archivs der Hansestadt Wismar. Der bereits verzeichnete Stader Bestand mit den Akten zu den Herzogtümern Bremen und Verden sowie der in Greifswald lagernde Restbestand der pommerschen Prozessakten, der ab Frühjahr 2011 verzeichnet werden soll, müssten analog befragt werden, um trotz aller Verluste, die in Wismar aufgezeigten Tendenzen zu bestätigen oder zu hinterfragen. Dann könnten auch Aussagen zur Anwendung von Magdeburger, Hamburger, Stader oder Bremer Recht getroffen werden. Nach Auswertung der Wismarer Akten hat sich nicht überraschend der Vorrang des einheimischen, also Lübischen Rechts, gezeigt, nach dem üblicherweise in den Wismarer Fällen geurteilt wurde. Für mich interessant waren die Irritationen um den Gebrauch des Lübischen Rechts in den Wismarer Stadtstatuten und die Veränderungen, wie Anfragen aus Wismar nach Lübeck gelangten und dort zur Urteilsfindung eingesetzt wurden. Interessant sind auch die wiederholten Versuche einzelner Parteien, schwedisches Recht anzuwen-

---

[33] AHW, Prozessakten des Tribunals, Nr. 1063.

den oder Prozessparteien aus den deutschen Provinzen der schwedischen Krone vor schwedische Gerichte zu ziehen, mit denen das Tribunal sehr differenziert und selbstbewusst umging. Insgesamt ist wichtig, dass das Tribunal alle Versuche der Einflussnahme von außen abwehrte und Recht, wie von Kaiser und Reich vorgegeben, nach den alten Gewohnheiten und Stadtrechten sprach.

The legal activities of King Stephen Bathory in Livonia (1576–1586)

Anna Karabowicz

I. Introduction

In the 16th century, several monarchies in the area of the Baltic Sea began to compete with one another: the Swedish, Danish, Russian and Polish-Lithuanian monarchies. They began to wage the wars for *dominium Maris Baltici*. This brought misfortune on Livonia. The latter became the bone of contention between the countries involved in the competition. This was *inter alia* what gave rise to the wars which, throughout the 16th century and even later, were waged between Poland-Lithuania and Muscovy.

II. Historical background and legal framework

In the 16th century Livonia's legal standing, which resulted from the disintegration of the Monastic State of the Cavaliers of the Sword, was fairly complex. It was, to a large extent, analogous to that of the Monastic State of the Teutonic Knights in Prussia. As a result, Polish king Sigismund August, who was also Grand Duke of Lithuania, could seek with respect to Livonia a similar solution to that which was applied with respect to the Teutonic Knights by his predecessors on the Polish throne. When in the 15th century the Teutonic Order was fully defeated by the Kingdom of Poland, the state of the Teutonic Knights was divided into the part referred to as Royal Prussia which, with the mouth of the Vistula, was incorporated into Poland, and its eastern part, the Ducal Prussia, that was turned into a vassal state subjected to Poland.

The tie between the two monastic states – that in Prussia and that in Livonia – was becoming ever weaker from the moment the Teutonic Order was in the losing side both militarily and diplomatically, in its relationships with the Kingdom of Poland. The tie between the two states totally disappeared as a result of the Ducal Prussia's secularization. The last Master of the Teutonic Order, Albrecht Hohenzollern, became the Duke of Prussia and received the Duchy of Prussia in fief from the Polish king in 1525.

The weakness of Livonia's Order was in its turn generated by the increasing influence of Protestantism and by the threat posed by Muscovy. This stimulated the Grand Master of the Order, together with the archbishop of Riga, to apply to King Sigismund August for establishing a protectorate over them. In 1561 the agreement referred to as the Vilna Settlement was concluded.[1] According to it the monastic Order in Livonia was dissolved. Its last Master, Gotthard Kettler, was declared the hereditary secular Prince of Courland and Semigalia. Like the Ducal Prussia in 1525, thus also these territories were, as the vassal state, subjected to the king of Poland.[2]

On that occasion the remaining part of Livonia with Riga was turned into a joint condominium of Poland and Lithuania. This resembled the aforementioned incorporation of Royal Prussia directly into the Kingdom of Poland one century before. In the Vilna Settlement king Sigismund August guaranteed to the inhabitants of Livonia free exercise of their Augsburg denomination, the continuation of the existing administrative structure and the use of German language. Likewise the king guaranteed the conversion of fiefs into the hereditary land. In this respect the Polish pattern of land-holding was expected to be followed. Riga itself was awarded a position similar to that of Gdańsk.[3]

Soon after these developments the General Seyms that were convened in the Kingdom of Poland considered the regulation of Polish-Lithuanian relationships with Livonia to be one of the most important issues, next to that which at one time led to the forming of the constitutional union between Poles and Lithuanians. It was as early as at the Seym held in Parczew in 1564 that, despite this Seym's unsuccessful legislative efforts, the question of Livonia was raised. The Seym held in Lublin in 1569 which was responsible for the Polish-Lithuanian settlement that tightened the union between the two countries, produced also the act of *Incorporatio Ducatus Curlandiae et Semigaliae.* According to it the Duchy of Courland and Semigalia became the vassal state subjected to Poland-Lithuania.[4] In the laws adopted at this Seym it was possible to read that Livonia was treated as a part of the Polish-Lithuanian Commonwealth. The laws emphasized that it was obtained thanks to considerable effort and guaranteed protection equal to that which was secured to other parts of the Commonwealth.[5]

---

[1] See more in: *Tomasz Święcki*, Opis starożytney Polski [The description of ancient Poland], Vol. 1, 1816, pp. 253–254.

[2] About the similarities between Prussia and Livonia see in: *Jędrzej Moraczewski*, Dzieje Rzeczypospolitej Polskiej z drugiej połowy szesnastego wieku [History of the Polish Republic from the second half of the 16th century], 1849, pp. 145–146.

[3] *Święcki*, Description (supra fn. 1), p. 255.

[4] Volumina Constitutionum, t. II, vol. 1: 1550-1585, ed. by *Stanisław Grodziski/Irena Dwornicka*/Wacław *Uruszczak*, 2005, pp. 244–245.

[5] Konstytucyje sejmu koronnego lubelskiego Obojga Narodu uniowanego, polskiego i litewskiego, roku 1569 [Constitutions of the crown Seym of both nations, Polish and Lithuanian, in Lublin 1569, 11th of August], Volumina Constitutionum (supra fn. 4), p. 246.

At that time Livonia was ruled by the king's governor.[6] Livonia preserved its own Seym, authorities, offices, separate laws and privileges, and – what was particularly important – its separate court-applied law.[7] According to the Seym-adopted law of 1569 the detailed legal arrangements pertaining to Livonia were expected to be dealt with at the next General Seym. However due to the disease and soon-to-happen death of king Sigismund August, the successive Seyms of 1570 and 1572 were found incapable of passing any legal acts on the problem. The only thing that was done was the confirmation in Stettin in 1570 of the three-year armistice with the Duke of Muscovy Ivan the Terrible.

III. Stephen Bathory's military objectives

The four-year interregnum that followed the death of the Commonwealth's king facilitated the renewal of Muscovy's attacks against Livonia.[8] This happened in 1575. When in May 1576 Stephen Bathory obtained the Polish-Lithuanian throne it became clear that the conflict with Ivan the Terrible drifted to the foreground.[9] This is what Norman Davies emphasized in his History of Poland, where he wrote:

> "The prime object of Bathory's concern was the Republic's eastern neighbour – the Grand Duchy of Moscow and its Grand Duke, Ivan IV, called the 'Terrible'. Muscovy was no ordinary state, and Ivan was no normal neighbour. It was not just that Muscovy had been in conflict with Lithuania over Smolensk throughout the century; nor that Ivan had renewed the war in Livonia during the late interregnum. Such things were commonplace. Nor did it matter unduly that the Muscovite's cruelty and ambition was unmatched in a cruel and ambitious age. Bathory's concern centered on the demonic quality of Moscow, which was visibly consuming not just the lands of its neighbours but the best citizens and traditions of Russia itself. It enabled Ivan to pursue claims to lands and honours in Russia far beyond any which he, or his forebears, or his remote principality, had ever possessed. The 'gathering of the Russian lands' by this 'Third Rome' had as much rationale in Eastern Europe as might have been professed in Western Europe by some Irish prince who thought to gather the Celtic lands of France, Spain, and Britain under the aegis of Dublin, or by some Duke of Franconia who sought to restore the Frankish Empire of Charlemagne. Entirely devoid of any taint of the Renaissance or Reformation, Ivan's Moscow lived by its own pathological values in its own closed world. Yet forty years of unbridled barbarity had failed to arouse the retribution which elsewhere would have flowed as a matter of course. What is more, Ivan enjoyed a certain cachet in the eyes of people not directly affected. It was all very

---

[6] From 1566 the function of governor of Livonia was performed by Jan Karol Chodkiewicz. It was him who in the Seym of the Grand Duchy of Lithuania in Grodno in 1566 got the Livonia to join to the Duchy, see *Święcki*, Description (supra fn. 1), p. 254.

[7] *Zdzisław Kaczmarczyk, Bogusław Leśnodorski*, Historia państwa i prawa Polski, t. II: Od połowy XV wieku do r. 1795 [History of the state and law of Poland, vol. II: From the 15th century until 1975], ed. *Juliusz Bardach*, 1966, p. 172.

[8] See in *Moraczewski*, History (supra fn. 2), pp. 147–152.

[9] *Moraczewski*, History (supra fn. 2), pp. 152 sqq.

well for Elizabeth of England to foster trading contracts round the North Cape or for the Emperor in distant Vienna to engineer diplomatic alliances. But for Poland-Lithuania, it was different. Resistance to Muscovy at this time was a matter both of principle and of survival. When at his election Stefan Bathory had promised action 'for defense of Christendom', he was not calling for a crusade against the Turks, whose culture he admired and whose suzerainty over Transylvania he had long accepted. He was calling for war against Muscovy".[10]

After some time during which Bathory managed to resolve certain internal conflicts in the state that he ruled,[11] he started, in 1579, the first of his three successive military expeditions against the Duke of Muscovy. He was determined to carry the offensives to the territory of the enemy, thereby cutting the transportation lines between the occupied Livonia and the state of Ivan the Terrible. The main goal pursued by the king was to restore full control of the Commonwealth over the entire Livonia. The decision to wage the war on the territory of Livonia was not however made. The long siege of strong fortresses and castles at one time erected by the monastic Order was what was feared, although in the official version the concern about Livonia, which had already suffered a lot as a result of successive occupations and invasions, was what was emphasized.[12]

The predominant part of the legal activities of Stephan Bathory towards Livonia was performed as late as after the conclusion of the truce in Yam Zapolski in January 1582. Especially the Seym that was convened in October 1582 was engaged in the matters of Livonia. It was during its debates when the main statutory laws on the internal problems of this territory were adopted.

However, as early as in 1579, on occasion of the Bathory's expedition against Polotsk, in the military camp pitched in Dysna, one of the most important laws for Livonia was issued. On that occasion the Duke of Courland, as the vassal of the king of Poland, paid homage to the latter. The terms of the vassalage relationship between the two were rearranged. In a few points they departed from the Vilna Settlement of 1561, especially in the matter of the royal income. For this reason there arose a serious opposition of the Polish nobility against the monarch who without obtaining their consent at the Seym changed the terms of Kettler's fief. On the 4th of August 1579 a set of the following documents were issued: *Feudi literae*

[10] *Norman Davies*, God's Playground. A history of Poland, 2005, pp. 323–324.

[11] I.e. the conflict with Gdańsk. At this time the king nominated Mikołaj Radziwiłł to the position of governor in Livonia. *Moraczewski*, History (supra fn. 2), p. 153.

[12] *Reinhold Heidenstein*, Dzieje Polski od śmierci Zygmunta Augusta do roku 1594. Ksiąg XII [History of Poland from the Sigismund August's death until 1594, 12 volumes], transl. *M. Gliszczyński*, vol. I, 1857, p. 306; also: *Moraczewski*, History (supra fn. 2), p. 156.

Ducis Curlandiae super Ducatum Curlandiae and Insignia Duci Curlandiae ab Augusto Rege donata approbantur.[13]

In 1581, Bathory's expedition moved northwards. In summer the siege was laid on Pskov. Polish troops arrived as far as Staristsa on the Volga, close to the residence of the Duke of Muscovy. At the same time the Swedish army, advancing from the North, took Narva.[14] Ivan the Terrible was forced to sue for peace. The latter was signed in Yam Zapolski in 1582. The Polish side was represented by Jan Zamoyski while the groups of Muscovite dignitaries represented Ivan the Terrible. Their powers of attorney authorized them to surrender the whole of Livonia with Polotsk and Velizh to Poland. What they managed to preserve for the Muscovite side were Velikiye Luki, Zavoloche and Newel. They also tried to insist on keeping Dorpat and Livonia's Neuhaus. They argued that they introduced Orthodox religion there. But the only concession that they eventually obtained by persuasion was the return of liturgical vessels of the place to them and the guarantee that their clergy would not suffer abuse there. The keys to the castles and fortresses awarded to Poland were surrendered to Jan Zamoyski. In February 1582 Zamoyski moved off for Dorpat. The Muscovites had to leave it after occupying it for 24 years.

IV. Stephen Bathory's legal objectives towards Livonia

The Vilna Settlement of 1561 itself already indicated the group of trouble spots that were raised also in the negotiations between King Stephen Bathory and the inhabitants of Livonia and eventually were reflected in the legal acts granted by him toward Livonia.[15] First of all was the guarantee of the free exercise of their Augsburg confession. Moreover, what was problematic was the confirmation and restoration of land-holding as well as the native character of the administrative structure. A separate issue was the regulation of internal matters of the city of Riga whose inhabitants endeavored to obtain the confirmation of their privileges from Bathory. Let us discuss the aforementioned problems in a piecemeal way. The king was busy with them during his stay in Livonia as well as during the session of the Seym that was convened in autumn 1582.

---

[13] Matriculum Regni Poloniae, Libri inscriptionum, in: Archiwum Główne Akt Dawnych w Warszawie [The Main Archive of the Ancient Acts in Warsaw] nr 119, mf 144, ff. 172–177 and ff. 177–179v.; see also the so called Teki Naruszewicza [The Naruszewicz's Acts] in: Archiwum Czartoryskich w Krakowie [The Czartoryscy's Archive in Cracow], nr 87, ff. 121–137 (as: *Privilegium Stephani Regis, qui Insigniae Duci Curlandiae a Sigismundo Augusto donata auget, et approbat* and *Diplom investiturae Gothardo Curlandiae et Semigaliae Duci, a Stephano Poloniae Rege de feudis Ducalibus concessa*).

[14] *Davies*, Playground (supra fn. 10), pp. 325 sqq.

[15] Supra fn 1.

V. Religious conflicts

The problem of the guarantees of the free confession for the inhabitants of Livonia was also connected with the question that required solving the fact situation in Riga where upon the death of its Archbishop Wilhelm the town captured his palace and the Archbishop's Church as well as the rights and incomes connected with these places. The agreement that was reached on this issue provided for the delivery to the Catholics the churches of Saint Jacob and Saint Mary Magdalene, together with the rights and incomes from the parishes affiliated to these places. The Archbishop's palace and the squares belonging to it were expected to be held by the town.

Since Bathory was intensely concerned about the spreading of Catholic faith on the new territories he founded Jesuit colleges in Riga and Tartu[16] and introduced the Gregorian Calendar in October 1582.[17] This last maneuver gave rise to numerous protests in Prussia and Livonia, especially seriously in Riga.[18]

According to Pope Gregory XIII's bull *Inter gravissimas* of the 24th of February 1582 the Gregorian Calendar was introduced in place of the Julian one. Pursuant to section 7 of this papal statute[19] the 4th of October 1582 should be automatically followed by the 15th of this month. In the section 14 it was, in turn, decided that the former calendar be totally lifted. The will of the pope that from that time on all Church hierarchs and also all secular functionaries should apply the new

---

[16] Fundatio collegii Jesuitarum in Ciuitate Rigensi, Cracoviae, 25.06.1583, in: Matriculum Regni Poloniae, Libri inscriptionum, nr 127, mf 152, sqq. 367v–370v; Fundatio Collegii Societatis Jesu Dorpatensis, Grodnae 16.01.1586, in: Matriculum Regni Poloniae, Libri inscriptionum, nr 132, mf 157, sqq. 15v–17v.

[17] See more in: Chronologia polska [The Polish chronology], ed. by *Bronisław Włodarski*, 1957, pp. 41–45.

[18] *Jan Ciirzciciel Albrertrandy*, Panowanie Henryka Walezyusza i Stefana Batorego królów polskich, Wyjęte z rękopismów Albertrandego biskupa zenopolitańskiego przez: Zegotę Onacewicza [The rules of Henry de Valois and Stephen Bathory, the polish kings, as taken from the manuscripts of J. Albertrandy, the bishop of Zenopoli, by Z. Onacewicz], vol. II, 1823, pp. 223–226.

[19] Quo igitur vernum aequinoctium, quod a patribus concilii Nicaeni ad XII Kalendas Aprilis fuit constitutum, ad eamdem sedem restituatur, praecipimus et mandamus ut de mense Octobri anni MDLXXXII decem dies inclusive a tertia Nonarum usque ad pridie Idus eximantur, et dies, qui festum S. Francisci IV Nonas celebrari solitum sequitur, dicatur Idus Octobris, atque in eo celebretur festum Ss. Dionysii, Rustici et Eleutherii martyrum, cum commemoratione S. Marci Papae et confessoris, et Ss. Sergii, Bacchi, Marcelli et Apulei martyrum; septimodecimo vero Kalendas Novembris, qui dies proxime sequitur, celebretur festum S. Callisti Papae et martyris; deinde XVI Kalendas Novembris fiat officium et missa de dominica XVIII post Pentecostem, mutata litera dominicali G in C; quintodecimo denique Kalendas Novembris dies festus agatur S. Lucae evangelistae, a quo reliqui deinceps agantur festi dies, prout sunt in calendario descripti; see http://www.intratext.com/IXT/LAT0682/_P1.HTM [6.1.2011].

system of calculating days was pronounced there. In section 15 the pope addressed the German emperor:

> „ceterosque reges, principes ac respublicas, iisdemque mandamus ut quo studio illi a nobis contenderunt, ut hoc tam praeclarum opus perficeremus, eodem, immo etiam maiore, ad conservandam in celebrandis festivitatibus inter christianas nationes concordiam, nostrum hoc calendarium et ipsi suscipiant, et a cunctis sibi subiectis populis religiose suscipiendum inviolateque observandum curent".

The papal bull was brought into Poland by the apostolic nuncio, Alberto Bolognetti.[20] According to the information given by Bielski it was as early as the 15th of October 1582 that the new calendar – in accordance with the guidelines of the papal bull – was introduced in Poland.[21] Only Riga delayed the decision on the acceptance of the new calendar. While facing the resistance of the Riga inhabitants the king threatened them with the possibility of imposing the penalty of 1000 ducats on them.[22]

In the period preceding the Seym of 1585 riots of social and religious background broke out in Livonia. They were particularly intense in Riga and Pernau. What provided a pretext for them was the introduction of the Gregorian calendar – in accordance with the decree issued by Stephen Bathory – in Livonia. The riots turned later into the conflicts between the representatives of thc city authorities that opted for the Polish king and, on the other side, the Protestant population. The fight concentrated on the controversy over the church of St. Jacob. In May 1585 the riots intensified, the opponents of the king appointed a new administration of the city and issued new laws. In these circumstances cardinal Radziwiłł, governor of Livonia, applied to Bathory for dismissing him. The king issued a decree in which he condemned the leaders of the rebellion to exile and ordered the restoring to power of the functionaries who were previously removed. The city that was controlled by the anti-royal part applied to Sweden for help. The conflict in Riga

---

[20] *Jan Dymitr Solikowski*, Krótki pamiętnik Rzeczy polskich od zgonu Zygmunta Augusta, zmarłego w Knyszynie 1572 r. w miesiącu lipcu, do r. 1590 [The short diary of the Polish affairs from the Sigismund August's death in Knyszyn in July 1572 until 1590], transl. W. Syrokomla, 1855, p. 62.

[21] Except the Orthodox Church, see: *Marcin Bielski*, Kronika [The Chronicle], vol. III, book VI, 1856, p. 1507. On the reform of the calendar and its practical acceptance and application in the Polish-Lithuanian Commonwealth see also: Chronology (supra fn. 18), pp. 39–45. It was as early as the 17th of August 1582 that Bathory sent two universals to Gdansk (one to the Municipal Council and the second to booksellers and printers) ordering the city to accept the Calendar. The city accepted it. At the beginning of 1583 the Prussian Prince himself addressed the king while emphasizing that the acceptance of the calendar would infringe religious freedom, cf. *Heidenstein*, History (supra fn. 12), pp. 153–154; *Albrertrandy*, Rules (supra fn. 19), p. 158.

[22] *Anna Ziemlewska*, Ryga w Rzeczypospolitej polsko-litewskiej (1581–1621) [Riga in the Polish-Lithuanian Commonwealth (1581–1621)], Roczniki Towarzystwa Naukowego w Toruniu, r. 92, z. 3 [The Yearbook of the Scientific Association in Toruń, year 92, nr. 3], 2008, pp. 93–94.

was not resolved prior to the death of king Stephen Bathory. It was therefore only the agreement of 1589 that put an end to it.[23]

VI. Internal matters

On the 12th of March 1582 Stephen Bathory arrived in Riga while Zamoyski accompanied by many senators representing the Crown of Poland and Lithuania appeared there one day later.[24] King Stephen Bathory called on the Duke of Courland and the Livonia's nobility to discuss the lines along which the post-war circumstances could be arranged. The concern of both parties focused on such problems as the return of churches to the faithful of the given denomination, the appointment of bishops, the organization of administration and its staffing, establishing public treasury etc. Bathory tended toward submitting these issues to the debates of the closest Seym. In the meantime he appointed commissaries whose business was to deal with temporary solutions such as registering landed estates, identifying those who could claim them and specifying the potential revenue that could be derived from these estates. The problem arose from the policy of Bathory toward the estates that were taken away from the native land-holders during the period of the Russian occupation of Livonia. Bathory took the opportunity to turn the considerable amount of the territories formerly held by the Livonian nobles into royal property. This caused the situations that a substantial number of the Livonian nobles were forced to emigrate. Contrary to the provisions of the Vilna Settlement not all fiefs were converted into the hereditary land. The fiefs were granted by Bathory to Polish and Lithuanian nobles as an award for their efforts during the war with Ivan the Terrible. It was already by that time thus there started to appear the disagreements among the Poles, Lithuanians and Hungarians with respect to the grants of the Livonian landed estates.[25] Bathory called on the Prince of Courland

[23] *Heidenstein*, History (supra fn. 12), pp. 192–194, 197–198; *Albrertrandy*, Rules (supra fn. 19), pp. 222–227, 232–235; *Bielski*, Chronicle (supra fn. 22), s. 1532; *Ziemlewska*, Riga (supra fn. 23), pp. 95–129; *Kazimierz Tyszkowski*, Polska polityka kościelna w Inflantach (1581–1621) [The Polish church policy in Livonia (1581–1621)], 1939, pp. 19–21.

[24] *Jan Piotrowski*, Dziennik wyprawy Stefana Batorego pod Psków r. 1581 [The diary of the Stephen Bathory's expedition on Pskov in 1581], [in:] Nowa biblioteka uniwersalna, r. VIII, seria II, z. 89 [New universal library, Year VIII, series II, nr 89], 1894, (p. 213) commented on the king's decision to go to Livonia instead of participating in the Seym: His Majesty is expected to be in Riga. I do not know why and who advised him to go there. Piotrowski adds: "The king argues: I will settle the problem of Livonia in a few weeks' time and forget about it. In fact one would have to live here for one year to reach the solution. But first one would have to discuss the problem at home with one's counselors" (ibidem, p. 212; see also *Heidenstein*, History (supra fn. 12), p. 107; *Albrertrandy*, Rules (supra fn. 19), p. 84.

[25] On the disputes between Poles and Lithuanians over the estates in Livonia see *Henryk Lulewicz*, Gniewów o unię ciąg dalszy. Stosunki polsko-litewskie w latach 1569–1588 [The

and the Livonians to lay down in writing their opinion on how to organize internal affairs in Livonia.[26]

The next on the list was the administrative division and management as well as the fiscal matters. Stephen Bathory adopted a position that the General Seym should have its share in the adoption of the normative act for Livonia. For this reason the king decided to delay the solving of the problem of the newly seized territory until the next Seym. In the meantime he appointed four commissionaires recruited from among the Livonian Court staff and from among the Livonian nobility. They were assigned a task to carry out a kind of lustration of the landed estates and the incomes obtained from them in order to submit the report on this lustration at the Seym debates. The Livonian estates were divided into four categories comprising of: 1) those that secured public safety. They were granted to the castles at the borderland and were expected to be supported by their own income; 2) those that made up the means of support for the bishopric, the Catholic Church and the public treasury; 3) those designed to be given to private individuals as their ownership or treated as the indemnity for the estates taken over by the state; 4) those that were expected to be granted to the individuals that deserved such grants for their war services. The settling of other matters, including the demands of Magnus, Danish prince, and thc dcmands of the Livonian nobility was delayed until the Seym debates.[27]

According to Piorowski's narrative Bathory did not tend toward returning anyone his estates on the basis of restitution although this was what the Livonians expropriated by Muscovy demanded. Nor did Bathory plan to grant to anyone any landed estates on the newly seized territory before the aforementioned commis-

continuation of the disputes on the Union. Polish-Lithuanian relationships in 1569–1588], 2002, pp. 340–343.

[26] It was already earlier, before signing the peace treaty, that the monarch exchanged letters with Zamoyski on how to arrange internal affairs of Livonia, on that cf. Zamoyski do króla Stefana, pod Pskowem [Zamoyski to king Stephen, Pskov] 26.12.1581, in: Archiwum Jana Zamoyskiego kanclerza i hetmana wielkiego koronnego. Tom II (1580–1582) [The Jan Zamoyski, the crown chancellor and great commander's archive, vol. II (1580–1582)], ed. by *Józef Siemieński*, 1909, pp. 167–171; Zamoyski do króla Stefana, pod Pskowem [Zamoyski to king Stephen, Pskov] 4.01.1582, ibidem, pp. 233–236; Zamoyski do Króla Stefana, pod Pskowem [Zamoyski to king Stephen, Pskov] 4.01.1582, ibidem, pp. 236–241; Król Stefan do Zamoyskiego, Wilno [King Stephen to Zamoyski, Vilnius] 8.01.1582, ibidem, pp. 274–277; Król Stefan do Zamoyskiego, Wilno [King Stephen to Zamoyski, Vilnius] 15.01.1582, ibidem, pp. 306–308; Zamoyski do króla Stefana, pod Pskowem [Zamoyski to king Stephen, Pskov] 25.01.1582, ibidem, pp. 344–346.

[27] *Heidenstein*, History (supra fn. 12), pp. 107–109; *Albrertrandy*, Rules (supra fn. 19), pp. 84–87; *Bielski*, Chronicle (supra fn. 22), p. 1506; *Solikowski*, Diary (supra fn. 21), pp. 61–62.

sionaires completed their work. Vilna bishop Jerzy Radziwiłł was the one whom the king appointed to the position of his governor in Livonia.[28]

VII. Privileges for Riga

When talking about the privileges for the city of Riga, it is important to note that as soon as upon the seizure of Vielikiye Luki the king and the Senate, on the request of the representatives of Riga, appointed a group of royal secretaries whose task was to formulate the conditions on which this town would subject itself to Bathory's protection. Jan Zamoyski, chancellor and hetman, was involved in the negotiations, and the first part of the privilege was soon granted and sworn by the town representatives. The king demanded that the town should pay to him two thirds of the tax laid on its port since Riga owed to him the driving away of the Muscovite staff garrisoned in the Livonia castles.[29]

It was as early as September 1578 that the Riga inhabitants opted for the faithfulness to the Commonwealth and declared their readiness to pay homage to Bathory, obviously in return for the confirming of their rights and freedoms.[30] In other matters the conclusive decisions were delayed until the arrival of the king to the city. On the 14th of January 1581 in Drohiczyn king Stephen Bathory issued on act *Corpus privilegiorum Stephaneum* (*Privilegium Stephaneum*). The act contained the rights and the privileges of Riga.[31]

The Seym that was convened in Warsaw in August 1582 was found ineffective.[32] The question of constitutional arrangements in Livonia was left unsettled, the opposition attacking the Court for leaving a lot of Polish internal problems

---

[28] List X. Jana Piotrowskiego do Pana Marszałka Koronnego, Ludnik na Żmujdzi [Letter written by Jan Piotrowski to Sir Crown Marshall, Ludnik in Semogitia] 14.04.1582, in: *Ignacy Polkowski*, Sprawy wojenne króla Stefana Batorego. Dyjaryjusze, relacyje, listy i akta z lat 1576–1586 [The military affairs of the king Stephen Bathory. The diaries, relations, letter and acts from 1576–1586] in: Acta historica res gestas Poloniae illustrantia ab Anno 1507 ad Annum 1795, vol. XI, 1887, pp. 349–352.

[29] *Moraczewski*, History (supra fn. 2), p. 175; also in: *Heidenstein*, History (supra fn. 12), p. 40; *Albrertrandy*, Rules (supra fn. 19), vol. I, pp. 280–281.

[30] *Ziemlewska*, Riga (supra fn. 23), pp. 72–83.

[31] *Heidenstein*, History (supra fn. 12), p. 40, *Albrertrandy*, Rules (supra fn. 19), vol. I, pp. 281–282.

[32] Stephen Bathory summoned the representatives of Livonia to appear at this Seym ("viros prudentes et gravos"), see: Accersiti etiam fuere Livones dataeque ad illos fuerunt literae hoc exemplo et ad Rigensem ciuitatem imprimis, Matriculum Regni Poloniae, Libri inscriptionum, nr 129, mf 154, ff. 22–22v.; printed in: Akta Metryki Koronnej co ważniejsze z czasów Stefana Batorego 1576–1586 [The most important acts of Matriculum Regni Poloniae from the times of Stephen Bathory (1576–1586)], ed. by *Adolf Pawiński*, Źródła Dziejowe, t. XI [The historical sources, vol. XI], 1882, p. 239.

unsolved. On the other hand during its debates the *Corpus Privilegiorum Stephaneum*, which was a group of privileges for the city of Riga, was issued by the king Bathory as early as the 14th of January 1581, but confirmed by the Seym on the 16th of November 1582.[33] According to the official registry of the documents of that time, referred to as *Matriculum Regni Poloniae*, the Seym confirmed *Privilegii Civitati Rigensi antea concessi in Comitiis innovatio, Aliorum quorundam Privilegiorum civitatis Rigensis in Conventu Regni innovatio.*[34] Moreover, during the Seym of 1582 other significant privileges and documents were adopted.[35]

VIII. The Livonia's Constitutions

Upon the closing of the Seym debates, the Senators themselves discussed the question of Livonia with the king. This resulted in the issuing by the king of the so called Livonia's Constitutions.[36] This was done in December 1582. The king was determined to establish a new bishopric in Wenden. Hence a special petition was filed with the Pope containing the request for his permission in this respect. In the constitutional arrangements of Livonia, the Constitutions of 1582 repeated the Vilna Settlement of 1561 but they specified the structure of the courts of law in Livonia. According to the Constitutions of 1582 the presidents who exercised the judicial power over the criminal matters were appointed. They were also granted military power. They were subjected to the king or the governor of Livonia. The courts of law for the nobility consisted of the members nominated by the king from among the candidates appointed by the nobles. The structure of the courts followed the Polish pattern of the time. Despite the fact that the legal act issued in December 1582 concerning the problems of Livonia was called as *constitutiones* it was not a parliamentary statute but rather the act of the king who produced it while assisted by his senators.

The heading provision of the act was responsible for founding the bishopric in Kiesia (germ. Wenden, latv. Cesis). The bishopric was planned to replace the earlier archbishopric and bishoprics „*deinde vero hostii gladio exterminati*". In Wenden a canon college was also planned to be erected. A network of parishes was also created. The discussed provision was followed by the next one which, while fulfilling the requests of Livonia's inhabitants, guaranteed the freedom of the

---

[33] *Ralph Tuchtenhagen*, Geschichte der Baltischen Länder, 2005, pp. 37–38.

[34] Matriculum Regni Poloniae, Libri inscriptionum, nr 129, mf 154, sqq. 131v–141v; 141v–146.

[35] Like: Facultas turris dictae Liaternia in portu maris aedificandae Rigensibus conceditur, Varschaviae in Conventu Regni generali, 24.11.1582; Aquaeductus Civitati Regensi permittur, Varschaviae in Conventu Regni generali, 24.11.1582; Privilegium Oppidi Kochenhausen in Livonia, Varschaviae in Conventu Regni generali 3.12.1582; Oppidi Lembsel in Livoniae Privilegium, Varschauiae in Conuentu Regni generali 3.12.1582; all in: Matriculum Regni Poloniae, Libri inscriptionum, nr 129, mf 154, sqq. 219v–220; 220–220v; 249–251; 251–253v.

[36] Volumina Constitutionum (supra fn. 4), pp. 469–473.

Augsburg religion. Likewise, it was ascertained that the Lutheran Church, as already introduced in the province, could freely develop its activities.

In the area of Livonia's internal administration three voivodships were created (but referred to as *praesidatus* and not as *palatinatus*). Their borders were outlined. There were the Wenden, Dorpat and Pernau voivodships[37]. Three voivods („*praesides*") were vested in the competence parallel to that enjoyed by the voivods in Royal Prussia. They were charged with the duty of waging war. In that respect they were required to follow the instruction given by the monarch, his governor or the royal commissioners who would be sent to Livonia. Apart from the voivods the office of chamberlain was also created. There were three chamberlains that functioned in each voivodship. The chamberlains' competence was analogous to that of the Prussian counterparts. They were *inter alia* authorized to mark the boundary lines between the nobiliary estates. In each Livonian voivodship one chief-warrant officer was appointed.

In the area of the judiciary the places and the dates of sessions of the *ziemski* courts (germ. Landgericht) were specified. In the Wenden voivodship the latter were expected to function on Tuesday following the first Sunday after Easter. The next session was designed to be held on Tuesday following the 11th of November. In Pernau the court sessions were planned to be held one week after the sessions held in Wenden while those in Dorpat were designed to be held after the aforementioned ones. The appointment of judges was modeled on the appointment of judges in Korona (the Polish part of the Commonwealth). Thus it was the king who nominated them out of four candidates submitted to him. The *ziemski* judge was expected to appoint the lay assessors who assisted him. The appointment of the *ziemski* clerk was left within the competence of the king and followed a similar pattern. In addition the discussed act provided also for the office of notary public. It was within the competence of the voivods' courts to settle the disputes whose value did not exceed the 30 Riga marks.

The voivods and starostas, whether of Livonian, Polish or Lithuanian nationality, were subjected to the jurisdiction of the *ziemski* courts with the exception of the disputes referring to the royal estates. The appeals from the *ziemski* court were expected to be filed with the Livonia's provincial Seym. While filing the appeal the party was required to pay 18 Riga marks to the *ziemski* court. In case the party lost the case in the second instance court, the money was also lost for the benefit of the *ziemski* court.

The discussed act vided also for the summoning of the provincial Seym to Wenden. The latter was expected to sit in session twice a year, prior to St. Stanislaus' day (8 May) in spring, and prior to St. Michael's day (before 29 September) in

[37] On the ordination for Livonia, see: *Ziemlewska*, Riga (supra fn. 23), 65–69.

autumn. On these occasions the Seym was expected to deal with judicial matters. The order in which the appeals were required to be examined was also regulated. The Seym was expected to be presided by the Livonia's governor or by the king's commissioner. It was the law of Livonia that was designed to be applicable before the courts of all instances. These were the voivods who were competent to execute the judgments of the courts. In doing this they were assisted by the starostas and the nobility. The provisions issued for Livonia in 1582 contained also the regulations referring to penal law (highway violence, capturing criminals and capturing those who committed torts, punishing plunderers, prohibition of weapon as possessed by peasants) and civil law (the provisions on merchants and peasants, the question of trade in the towns and villages, the provisions for Moscow merchants). What was also introduced was the freedom of river navigation. Likewise, the payment of specified subsidies by the towns that owned the landed estates as well as by the nobles who owned real property in the towns was regulated.

The provincial Seym could be also summoned by the monarch for public reasons if the circumstances required this. On such occasion the king could determine the place and the time of the Seym sessions. What preceded the Seym session was that the *ziemskie* seymiks convened in the voivodships. They were required to elect the deputies to the provincial Seym. Riga was authorized to appoint two persons while the Livonian voivodships were entitled to appoint one deputy. Sending one deputy was also within the competence of the Prince of Courland.

The king appointed Prince Jerzy Radziwiłł, bishop of Vilnius, to the position of his governor in Livonia. He nominated Stanisław Pękosławski to the position of his deputy, and granted to him the Marienburg *starostwo* in Livonia in return for his services.

IX. Conclusion

Stephen Bathory, to the extent to which he was competent, tried to meet the expectations of the Livonian inhabitants. He did it in a piecemeal manner. But it was on the basis of these partial arrangements that later, in 1598, the Seym that was convened under the reign of Sigismund III Vasa could formulate the complex constitutional regulation for Livonia. Anyhow Stephen Bathory secured the freedom of the Augsburg confession both to the nobles and the inhabitants of towns. Despite the requests of the Livonian inhabitants on how the offices in that land should be staffed, Bathory was against staffing them with the individuals of German extraction only. He argued that those who spared no pains to deliver Livonia of Muscovite occupation could not be left unrewarded. Nevertheless he promised that those appointed to the official posts would be obliged to abide by the laws that were in force in Livonia. The Livonian nobility were guaranteed to have a considerable share in the staffing of the positions in the Domestic Council, in the courts of law, in the *starostwas* and *podkomorstwas*. Bathory also tried to justify why he was determined to demolish some of the fortresses and castles. By doing this he tried to prevent the dispersion of the army. In order to facilitate the process of ransoming the prisoners of war from the hands of Muscovites, Bathory transferred to the hand of the Livonians a number of Muscovites of high-ranking boyar clans captured during the war hostilities.[38]

---

[38] *Albrertrandy, Rules* (supra fn. 19), vol. II, pp. 117–122.

Die Besonderheiten des sowjetischen Erbrechts am Beispiel der Sowjetrepublik Lettland

Jānis Lazdiņš

I. Einleitung

Die Sowjetunion hatte ein ambivalentes Verhältnis zum Erbrecht, angefangen beim Verzicht auf das Erbrecht als Institution bis hin zur Wiederherstellung des Erbrechts. Die Professoren Günther Grasmann, Renè David sowie weitere Autoren beschreiben dies sehr genau in der Monografie „Einführung in die großen Rechtssysteme der Gegenwart“:

> „Von den Begründern des Marxismus war als eine der Maßnahmen zur Überwindung des privatkapitalistischen Eigentums auch die ‚Abschaffung des Erbrechts‘ vorgesehen worden. Dementsprechend hat die frühe sowjetische Gesetzgebung zunächst in einer gewissen Überinterpretation des Gemeinten das Erbrecht generell aufgehoben, ab 1922 aber wieder zugelassen und über eine Reihe von Schritten in der Zivilrechtsreform von 1961/64 wieder voll hergestellt.“[1]

Somit kann man die Geschichte des sowjetischen Erbrechts anhand des ideologischen Wechsels formell in zwei Entwicklungsetappen einteilen:

die Periode des Erbrechts des sozialistischen „Romantismus“ (1917–1920/22);

die Periode des „klassischen“ sowjetischen Erbrechts (1920/22 bis zum Zusammenbruch der UdSSR).

II. Das Erbrecht des sozialistischen „Romantismus“

Das sowjetische Erbrecht des sozialistischen „Romantismus“ sprach sich für die Abschaffung des Privateigentums aus.[2] Plato (427–347 v. Chr.),[3] der utopische Sozialist Tommaso Campanella (1568–1639),[4] Friedrich Engels (1820–1895),[5] Karl

---

[1] *Renè David/Günther Grasmann u.a.*, Einführung in die großen Rechtssysteme der Gegenwart, 2. deutsche Aufl. auf der Grundlage „Les grands systèmes de droit contemporains“, von Renè David und Camille Jauffret Spinosi, 8. Aufl., 1988, S. 340.

[2] Siehe z.B. *Norbert Reich*, Sozialismus und Zivilrecht. Eine rechtstheoretisch-rechtshistorische Studie zur Zivilrechtstheorie und Kodifikationspraxis im sowjetischen Gesellschafts- und Rechtssystem, 1972, S. 40–43; *Otto-Wilhelm Jakobs*, Eigentumsbegriff und Eigentumssystem des sowjetischen Rechtes, 1965.

[3] *Platons* [*Plato*], Valsts. Pagātnes domātāju darbi [Der Staat. Werke der Denker der Vergangenheit], [s. a.].

[4] *Tomazo Kampanella* [*Tommaso Campanella*], Saules pilsēta [Sonnenstaat], [s. a.].

[5] *Frīdrihs Engelss* [*Friedrich Engels*], Ģimenes privātīpašums un valsts izcelšanās [Der Ursprung der Familie, des Privateigentums und des Staats oder The Origine of the Family, Private Property, and the State], 1970.

Marx (1818–1883)[6] und viele andere Autoren sahen im Privateigentum die Grundlage der Ungleichheit und somit eine Ursache allen Übels. Der Verzicht auf das Privateigentum und somit auf das Erbrecht bedeutete gleichzeitig aus ihrer Sicht die Möglichkeit, eine sozial gerechte Gesellschaft zu bilden und den Kommunismus aufzubauen.

Die von Pēteris Stučka (1865–1932) angeführte Regierung der Volkskommissare (1918–1920) der Lettischen Sozialistischen Sowjetrepublik (Lettische SSR) legte einen besonderen Eifer bei der Abschaffung des Privateigentums an den Tag: Sie verstaatlichte selbst Haushaltsgegenstände. Sogar Lenin (1870–1924)[7] kritisierte diesen „beneidenswerten" Eifer bei der Umsetzung der Diktatur des Proletariats, weil eine so rasante Sozialisierung den Menschen unverständlich bleiben und zu erheblichem Missfallen gegenüber der Sowjetmacht führen musste. Deshalb verbindet der größte Teil der Einwohner Lettlands den Aufruf Stučkas „Wir machen uns gleich auf den Weg zum Sozialismus"[8] bis zum heutigen Tag mit einer rechtswidrigen Entziehung des Eigentums, mit Terror und staatlich organisiertem ideologischen und politischen Druck.[9]

In der ersten Etappe war das Dekret des Allrussischen Zentralen Exekutivkomitees (AZEK) der Russischen Sozialistischen Föderativen Sowjetrepublik (RSFSR) vom 21. April 1918 „Über die Aufhebung des Erbrechts" (ab 26. März 1919 durch die Vermittlung des Justizkommissariats der Lettischen SSR auch in Lettland in Kraft)[10] von besonders großer Bedeutung. Der erste Paragraph des Dekrets bestimmte, dass

> „[...] sowohl das gesetzliche als auch das testamentarische Erbe abgeschafft wird. Nach dem Tod des Erblassers geht das Vermögen (sowohl bewegliches als auch unbewegliches) in das Eigentum des Staates über [...]."[11]

---

[6] *Kārlis Markss* [*Karl Marx*]/*Frīdrihs Engelss* [*Friedrich Engels*], Komunistiskās partijas manifests [Manifest der Kommunistischen Partei], [s. a.].

[7] Echter Name: *Vladimir Il'ič Ul'janov – Владимир Ильич Ульянов* – Anmerkung des Autors.

[8] Zitiert nach: *Arnolds Aizsilnieks*, Latvijas saimniecības vēsture [Die Geschichte der lettischen Wirtschaft] (1914–1945), 1968, S. 85.

[9] *Jānis Lazdiņš*, Zemes īpašuma nacionalizācijas un denacionalizācijas pieredze Latvijā (19.–21. gadsimts) [Die Erfahrung der Nationalisierung und Denationalisierung des Grundbesitzes in Lettland (19.–21. Jh.)], in: Likums un Tiesības [Gesetz und Recht], 2005, Bd. 7, Nr. 6 (70), S. 171. Siehe auch *ders.*, Die Geschichte der Reprivatisierung und der Privatisierung des Eigentums in Lettland im 20. Jahrhundert, in: Ditlev Tamm/Helle Vogt (Hg.), Nationalismus und Rechtsgeschichte im Ostseeraum nach 1800, Beiträge vom 5. Rechtshistorikertag im Ostseeraum 3.–4. November 2008, 2010, S. 112–126.

[10] *Ādolfs Šilde*, Latvijas vēsture [Die Geschichte Lettlands] (1914–1940), 1976, S. 296.

[11] „Наследование как по закону, так и по духовному завещанию отменяется. После смерти владельца имущество, ему принадлежавшее (как движимое, так и недвижимое), становится государственным достоянием [...]". Siehe Сборник декретов 1917–1918 гг. Собрание

Die Aufhebung des Erbrechts war nicht nur ein Versuch, das Eigentumsrecht als solches zu beschneiden, sondern auch die darauf ausgerichteten privatrechtlichen „Instinkte"[12] auszurotten. Doch fiel laut der Gesamtstatistik für Moskau in den Jahren 1918–1922 der Staatsgewinn aus den von den Bürgern hinterlassenen Erbschaften nicht sehr hoch aus, weil zum Zeitpunkt des Erbfalls fast kein persönliches Vermögen vorhanden war.[13]

Obwohl man Gegenteiliges gehofft hatte, stellte sich heraus, dass weder die Sowjetbürger noch der Staat selbst zur Aufhebung des Erbrechts bereit waren. Deshalb wurde mit dem Dekret vom 27. April 1918 das Erbrecht für arbeitsunfähige, arme nahe Verwandte teilweise wiederhergestellt. Als Erben wurden die Verwandten des Erblassers in aufsteigender und absteigender Linie sowie Geschwister, Halbgeschwister und der überlebende Ehepartner anerkannt. Die Erbschaft wurde auf 10.000 Rubel begrenzt. In den darauffolgenden Jahren der Sowjetmacht weitete man das Erbrecht allmählich aus, indem der Personenkreis der Erbberechtigten erweitert und die Beschränkung auf einen bestimmten Nachlasswert aufgehoben wurde.[14]

III. Das „klassische" sowjetische Erbrecht und dessen Entwicklung

Bereits in der Endperiode des Kriegskommunismus distanzierte man sich zunehmend vom Erbrecht des sozialistischen Romantismus. Der Übergang zur Neuen Ökonomischen Politik (NÖP) beschleunigte diese Entwicklung und förderte nach dem Vorbild Kontinentaleuropas die Erneuerung des Erbrechts. Doch beseitigte man wegen der kommunistischen Ideologie nicht alle Hemmnisse. Das zeigt sich besonders beim Eigentumsbegriff als Grundlage des Erbrechts. Die sowjetische Definition des Privateigentums war sehr eng gefasst. Nach den sowjetischen Verfassungen konnte ein Sowjetbürger kein Eigentum am Boden und anderen Produktionsmitteln und somit auch keine entsprechende Erbschaft erwerben. Boden und andere Produktionsmittel waren zur Sowjetzeit aus dem privaten Rechtsverkehr ausgeschlossen, da sie zum exklusiven Staats- bzw. Volkseigentum gehörten.[15]

узаконений и распоряжений рабочего и крестьянского правительства [Sammlung von Dekreten 1917–1918, Sammlung der Gesetze und Verordnungen der Arbeiter- und Bauernregierung], 1920, § 1.

[12] *Kurt Ed. von Gabain*, Das Erbrecht in Sowjetrussland. Seine Entwicklung und heutige Geltung, 1929, S. 11.

[13] A.a.O, S. 12 f.

[14] *Д. М. Генкин/И. Б. Новицкий/Н. В. Рабинович*, История советского гражданского права [Geschichte des sowjetischen Bürgerrechts] (1917–1947), 1949, S. 500–515.

[15] Siehe z.B. 1977. gada 7. oktobra Padomju Sociālistisko Republiku Savienības Konstitūcija/Pamatlikums/ [Die Verfassung der Union der Sozialistischen Sowjetrepubliken v. 7. Oktober 1977 /Grundgesetz/], §§ 10–12; 1940. gada 25. augusta Latvijas Padomju Sociālistiskās Republikas Konstitūcija (pamatlikums) [Die Verfassung der Lettischen Sozialistischen Sowjetrepublik v.

Immerhin wurden mit dem Dekret vom 22. Mai 1922 „Über das Grundrecht auf Privateigentum“ die römischrechtlichen Grundlagen des Erbrechts wieder hergestellt. Somit stellte das klassische sowjetische Zivilrecht sowohl die gesetzliche als auch die testamentarische Erbfolge bereit.[16] Nach Meinung von Professor Kurt Ed. von Gabain hatte das Dekret aber nur einen deklarativen Charakter. Faktisch wurde das gesetzliche und testamentarische Erbrecht erst mit der Verabschiedung (am 26. Oktober 1922) und dem Inkrafttreten (am 1. Januar 1923) des Zivilgesetzbuchs (ZGB) der RSFSR wieder hergestellt.[17] Der Gesamtwert des Erbes durfte 10.000 Rubel nicht übersteigen.[18] Falls der Gesamtwert des Erbes diese Grenze überschritt, fiel der überschüssige Teil dem Staat zu.

1925 wurde der Wert der möglichen Erbschaft auf 200.000 Rubel erhöht, dazu wurden Haushaltsgegenstände, Versicherungen, Autorenrechte, Patentrechte und die bei der staatlichen Arbeitssparkasse befindlichen Einlagen nicht besteuert. Bereits 1926 hob man die Begrenzung auf einen bestimmten Erbwert vollständig auf. Im Gegenzug wurde eine Erbschaftssteuer mit einem progressiven Satz[19] eingeführt, so dass für einen Erbschaftswert über 500.000 Rubel der maximale Steuersatz 90 Prozent betrug.[20] Solche hohen Erbschaftssteuersätze wurden mit dem Ziel gerechtfertigt,[21] die Anhäufung von Privatkapital allmählich abzuschaffen, denn als Resultat der NÖP begannen die Sowjetbürger, ihr Privatkapital zu mehren.

---

25. August 1940 /Grundgesetz/], §§ 4–7, in: Hronoloģiskais likumkrājums. Latvijas PSR likumu. Latvijas PSR Augstākās Padomes Prezidija dekrētu un Latvijas PSR valdības lēmumu hronoloģiskais krājums (1940.–1959.) [Chronologische Gesetzessammlung, Chronologische Sammlung der Gesetze der Lettischen SSR, der Dekrete des Präsidiums des Obersten Sowjets der Lettischen SSR und der Beschlüsse der Regierung der Lettischen SSR (1940–1959)], 1960, S. 10 f.; Конституция/Основной закон/Латвийской Советской Социалистической Республики от 18 апреля 1978 года [Die Verfassung/Grundgesetz/der Lettischen Sozialistischen Sowjetrepublik vom 18. April 1978], §§ 10–12, in: Конституция/ Основной закон/Латвийской Советской Социалистической Республики. Принята на внеочередной сессии Верховного Совета Латвийской ССР девятого созыва 18 апреля 1978 года [Die Verfassung/Grundgesetz /der Lettischen Sozialistischen Sowjetrepublik. Verabschiedet auf der außerordentlichen Tagung der neunten Einberufung des Obersten Sowjets der Lettischen SSR am 18. April 1978], 1978, S. 8 f.

[16] Siehe KPFSR Civīlkodeks. Ar grozījumiem līdz 1940. gada 15. novembrim [Der Zivilkodex der RSFSR mit Änderungen bis zum 15. November 1940], 1940, § 416.

[17] *Gabain*, Das Erbrecht (o. Fn. 12), S. 21. Siehe auch den Zivilkodex der RSFSR mit Änderungen bis zum 15. November 1940, § 416.

[18] *Генкин/Новицкий/Рабинович*, Geschichte (o. Fn. 14), S. 515 f.

[19] *Lothar Schultz*, Russische Rechtsgeschichte (von den Anfängen bis zur Gegenwart einschließlich des Rechts der Sowjetunion), [s. a.], S. 309 f.

[20] *Генкин/Новицкий/Рабинович*, Geschichte (o. Fn. 14), S. 525.

[21] Nach Ansicht des Erbrechts der 20er Jahre des 20. Jahrhunderts (dies bezog sich nicht nur auf die Theorie des sowjetischen Rechts) wurde die Erbschaft als Einkommen angesehen und somit wie jedes Einkommen besteuert. Auf die Erbschaftssteuer wurde allmählich verzichtet und in den 60er Jahren des 20. Jahrhunderts betrug die maximale Höhe der Erbschaftssteuer nur noch 10%

Der Beschluss der AZEK und des Rates der Volkskommissare (RVK) der RSFSR vom 6. April 1928 nahm in den Kreis der Erbberechtigten Adoptierte und deren Nachfolger auf. Außerdem durfte der Erblasser künftig auch staatliche, kooperative und öffentliche Organisationen testamentarisch bedenken.[22] Am 28. Mai 1928 kam es zu einer weiteren Änderung, die eine im sowjetischen Recht bisher nicht bekannte Institution einführte – den (unveräußerlichen) Pflichtteil. Zwar kam dies nur den unmündigen Erben zugute, doch waren diese nunmehr in Höhe von drei Vierteln des gesetzlichen Erbes abgesichert.[23]

Paragraph 10 der Verfassung der UdSSR vom 5. Dezember 1936 deklarierte, das persönliche Eigentum der Bürger sei gesetzlich geschützt.[24] Die einzige Quelle zur Vermehrung des persönlichen Eigentums durfte das Einkommen aus Erwerbstätigkeit sein, d.h. bis zum 5. Dezember 1936 gestattete der Sowjetstaat zwar die erbrechtliche Übertragung „kapitalistischen Eigentums“, allerdings schützte nach Inkrafttreten der sogenannten Stalinschen Verfassung das Gesetz nur die Übertragung persönlichen Eigentums, das aus Erwerbstätigkeit stammte. Der Schutz persönlichen Eigentums wurde auch in die Verfassung der UdSSR vom 7. Oktober 1977 aufgenommen[25] (vom Volk oft Breschnew-Verfassung[26] genannt) sowie in die von dieser abgeleiteten Verfassung der Lettischen SSR vom 18. April 1978.[27]

---

vom Erbschaftswert. Siehe *Gabain*, Das Erbrecht (o. Fn. 12), S. 28; *Aleksandrs Pavars*, Mantošanas tiesības (Pēc Latvijas PSR Civilkodeksa) [Erbrecht (nach dem Zivilkodex der Lettischen SSR)], 1968, S. 96.

[22] *Генкин/Новицкий/Рабинович*, Geschichte (o. Fn. 14), S. 528 f.

[23] A.a.O., S. 529–531.

[24] „Право личной собственности граждан на их трудовые доходы и сбережения, на жилой дом и подсобное домашнее хозяйство, на предметы домашнего хозяйства и обихода, на предметы личного потребления и удобства, равно как право наследования личной собственности граждан – охраняются законом“ [Das Recht des persönlichen Eigentums der Bürger auf ihr Arbeitseinkommen und die Ersparnisse, auf ein Wohnhaus, auf individuelle Hauswirtschaft, Haushalts- und Gebrauchsgegenstände, auf Artikel des persönlichen Bedarfs und Bequemlichkeiten, sowie das Recht, das persönliche Eigentum zu erben, wird vom Gesetz geschützt]. Siehe: Основной закон (Конституция) Союза Советских Социалистических Республик. Утвержден Чрезвычайным VIII съездом Советов Союза ССР 5 декабря 1936 года. [Das Grundgesetz (Verfassung) der Union der Sozialistischen Sowjetrepubliken. Verabschiedet auf dem Außerordentlichen VIII. Sowjetkongreß der UdSSR am 5. Dezember 1936], zugänglich unter: http://www.verfassungen.net/su/udssr36-index.htm [20.06.2011].

[25] Padomju Sociālistisko Republiku Savienības /Pamatlikums/ [Die Verfassung der Union der Sozialistischen Sowjetrepubliken/Grundgesetz/], 1978, § 13.

[26] *Leonid Il'ič Brežnev* (1906–1982): 1966–1982 Generalsekretär des ZK der Kommunistischen Partei, sowie 1960–1964 und 1977–1982 Vorsitzender des Präsidiums des Obersten Sowjets der UdSSR.

[27] „Основу личной собственности граждан Латвийской ССР составляют трудовые доходы. В личной собственности могут находиться предметы обихода, личного потребления, удобства и подсобного домашнего хозяйства, жилой дом и трудовые сбережения. Личная собственность граждан и право ее наследования охраняются государством“ [Die Grundlage

Eine große Rolle in der Entwicklung des sowjetischen Erbrechts spielte das Dekret des Präsidiums des Obersten Sowjets der UdSSR vom 14. März 1945 „Über das gesetzliche und testamentarische Erben“.[28] Das Dekret erweiterte wesentlich den Kreis der Erbberechtigten und führte das Stammes- bzw. Linienprinzip ein.

Das Gesetz teilte alle Erben künftig in drei Ordnungen ein. Somit legte das sowjetische Erbrecht das erste Mal die Erbfolge (очерёдность) fest. Zur ersten Ordnung gehörten Kinder (auch Adoptivkinder), der überlebende Ehepartner sowie arbeitsunfähige Eltern, die zu gleichen Teilen erbten. Jedoch drang auch kommunistisches Gedankengut in das Erbrecht ein, welches die Verwandschaftsbande ablehnte und soziale Beziehungen abseits der Verwandtschaft bevorzugte. Deshalb wurden als gesetzliche Erben der ersten Ordnung auch arbeitsunfähige Personen[29] anerkannt, die unabhängig vom Verwandschaftsgrad mindestens ein Jahr vor dem Tod des Erblassers von diesem unterhalten wurden.[30] Zur zweiten Ordnung gehörten arbeitsfähige Eltern und zur dritten Ordnung die Geschwister des Verstorbenen. Die weitere Erbfolge des Verstorbenen wurde nach dem Stammes- bzw. Linienprinzip festgelegt, d.h. Enkel und Urenkel erbten gesetzlich zu gleichen Teilen den Teil, der ihrem verstorbenen Vater bzw. ihrer verstorbenen Mutter zugestanden hätte. Das hob die vorherige Erbfolge auf, nach der die Enkel zu gleichen Teilen mit anderen Erben berechtigt waren.[31] Außerdem hat das Dekret den Pflichtteil erhöht. Der Pflichtteil sollte bei unmündigen Kindern oder anderweitiger Arbeitsunfähigkeit der gesetzlichen Erben den ganzen Nachlass umfassen. Das Dekret bestimmte weiterhin, dass im Falle eines Verzichts eines Erben auf seinen Erbteil dieser den anderen gesetzlichen Erben zufällt. Erst wenn kein gesetzlicher Erbe existierte, fiel der Nachlass als herrenloses Gut dem Staat zu. Der Beschluss des RVK der RSFSR vom 7. März 1946 präzisierte, dass der Nachlass erst dann als herrenloses Gut galt, wenn weder gesetzliche noch testamentarische Erben existierten.[32]

---

des persönlichen Eigentums der Bürger der Lettischen SSR bildet das Arbeitseinkommen. Als persönliches Eigentum können den Bürgern auch Gebrauchsgegenstände, Artikel des persönlichen Bedarfs, der Bequemlichkeiten und der individuellen Hauswirtschaft, ein Wohnhaus und Ersparnisse gehören. Das persönliche Eigentum der Bürger und das Recht, dieses zu erben, wird vom Staat geschützt]. Siehe dazu die Verfassung der Union der Sozialistischen Sowjetrepubliken, 1978, § 13.

[28] *Генкин/Новицкий/Рабинович*, Geschichte (o. Fn. 14), S. 538.

[29] Als arbeitsunfähige Personen galten Frauen ab 55 Jahren, Männer ab 60 Jahren, Behinderte I., II. und III. Grades, Unmündige bis 16 Jahre und Zöglinge von Lehranstalten bis 18 Jahre. Siehe *Jānis Rozenfelds*, Mantošanas tiesības Latvijas PSR [Erbrecht der Lettischen SSR], 1990, S. 14.

[30] *Jānis Lazdiņš*, Padomju tiesību periods Latvijā [Die Periode des sowjetischen Rechts in Lettland] (1944/45–1985), in: Latvijas tiesību vēsture (1914–2000) [Die Geschichte des lettischen Rechts (1914–2000)], 2000, S. 386.

[31] *Schultz*, Russische Rechtsgeschichte (o. Fn. 19), S. 309 f.

[32] *Генкин/Новицкий/Рабинович*, Geschichte (o. Fn. 14), S. 541 f.

Das Präsidium des Obersten Sowjets (OS) der Lettischen SSR erweiterte mit Dekret vom 10. September 1945 den Erbenkreis. Künftig sollten nicht nur Personen, die im Moment des Todes des Erblassers am Leben waren, sondern auch die Personen erbberechtigt sein, die zu dessen Lebzeiten gezeugt und erst nach dessen Tode geboren wurden. Außerdem hat das Dekret die Testamentserbfolge erweitert und festgelegt, dass, falls es keine gesetzlichen Erben gibt, der Erblasser sein Vermögen einer jeden Person zuwenden kann.[33] Davor durfte das Vermögen nach dem ZGB der RSFSR testamentarisch nur den gesetzlichen Erben zugewendet werden.[34]

Am 8. Dezember 1961 hat der OS der UdSSR die Grundlagen der zivilrechtlichen Gesetzgebung der UdSSR und der Sozialistischen Republiken durch Gesetz festgelegt.[35] Formell hatte man sich zum Ziel gesetzt, mit den Grundlagen der Zivilgesetzgebung das souveräne Recht der Sowjetrepubliken auf dem Gebiet der Gesetzgebung zu akzentuieren. Faktisch wurden aber keine wesentlichen Unterschiede bei der Ausarbeitung der ZGB der Unionsrepubliken zugelassen. Da die ZGB der Sowjetrepubliken vergleichbar sind, wird der Autor dieses Beitrags die Entwicklung des sowjetischen Erbrechts im Folgenden anhand des ZGB der Lettischen SSR analysieren. In strenger Übereinstimmung mit den Grundlagen der Zivilgesetzgebung hat der OS der Lettischen SSR das ZGB der Lettischen SSR ausgearbeitet. Dieses Gesetzbuch wurde am 27. Dezember 1963 verabschiedet und ist am 1. Juni 1964 in Kraft getreten.[36]

Das ZGB der Lettischen SSR behielt sowohl das gesetzliche als auch das testamentarische Erbrecht bei (§ 550).

> „Da der Erblasser durch die Errichtung eines Testaments die Initiative ergreift und seinen Willen über das Schicksal seines Vermögens äußert, zieht das Gesetz das Testament vor. Die gesetzliche Erbfolge kommt zur Anwendung, soweit sie nicht durch ein Testament abgeändert worden ist“.[37]

Laut sowjetischem Recht durfte der Erblasser nur eine natürliche Person sein. Juristische Personen (Organisationen) wurden nicht als Erblasser zugelassen. Als Erben wurden nicht nur sowjetische Bürger anerkannt, sondern auch Ausländer und

[33] 1945. gada 10. septembra Latvijas Padomju Sociālistiskās Republikas (Latvijas PSR) Augstākās Padomes Prezidija (APP) dekrēts [Das Dekret des Präsidiums des Obersten Sowjets (POS) der Lettischen Sozialistischen Sowjetrepublik (Lettische SSR) vom 10. September 1945], in: Latvijas PSR AP un Valdības Ziņotājs [Amtsblatt des OS der Lettischen SSR und der Regierung], 1945, Nr. 190.

[34] Siehe §§ 418, 422.

[35] *Pavars*, Erbrecht (o. Fn. 21), S. 6.

[36] 1963. gada 27. decembra Latvijas PSR AP Civilkodekss, in: Latvijas PSR AP un Valdības Ziņotājs. [Der Zivilkodex des OS der Lettischen SSR vom 27. Dezember 1963, in: Amtsblatt des OS der Lettischen SSR und der Regierung], 1964, Nr. 1.

[37] *Pavars*, Erbrecht (o. Fn. 21), S. 10.

in der UdSSR lebende Personen ohne Staatsbürgerschaft.[38] Falls weder gesetzliche noch testamentarische Erben existierten, falls die Erbschaft nicht angenommen wurde oder falls der Erblasser alle gesetzlichen Erben von der Erbschaft ausgeschlossen hatte, fiel der gesamte Nachlass als herrenloses Gut dem Staat zu.

Bei der gesetzlichen Erbfolge waren die Erben der ersten Ordnung zu gleichen Teilen berechtigt:[39] die Kinder des Verstorbenen (auch Adoptivkinder), der überlebende Ehepartner und die Eltern (auch Adoptiveltern). Falls diese Erben ausfielen, haben in der zweiten Ordnung die Geschwister und die Großeltern sowohl mütterlicher- als auch väterlicherseits geerbt. Auch die Enkel und Urenkel gehörten zu den gesetzlichen Erben. Sie haben zu gleichen Teilen den Teil des Nachlasses geerbt, der ihrem verstorbenen Vater bzw. ihrer verstorbenen Mutter auf Grund des Stammes- bzw. Linienprinzips zugestanden hätte.[40]

In anderen Worten entschied sich das sowjetische Recht anders als das römische Recht (der Zeit Justinians) nicht für eine Erbfolge bis ins Unbegrenzte (*ad infinitum*),[41] obwohl es doch auf dem römischen basierte.

Mit Hilfe eines Testaments konnte ein jeder Bürger sein gesamtes Vermögen oder einen Teil davon einer jeden Person (und damit auch dem Staat und öffentlichen Organisationen) zuwenden. Gleichwohl garantierte man den unmündigen und/oder arbeitsunfähigen Kindern (auch Adoptivkindern), dem überlebenden Ehepartner, Eltern (auch Adoptiveltern) und den zu unterhaltenden Personen unabhängig vom Inhalt des Testaments einen Pflichtteil, der mindestens zwei Drittel des gesetzlichen Erbteils betrug. Die aus dem Pflichtteil berechtigten Personen nannte man Pflichtteilsberechtigte. Außerdem konnte der Erblasser einen Nacherben ernennen, falls die im Testament angegebene Person vor dem Erbfall sterben oder die

[38] ZGB der Lettischen SSR, §§ 585 f.

[39] „Likumiskās mantošanas ceļā to mantinieku daļa, kas dzīvoja kopā ar mantojuma atstājēju, var būt lielāka nekā pārējo likumisko mantinieku daļa, jo dzīvokļa iekārtas un mājturības priekšmetus kopā dzīvojušie saņem kā *virsdaļu*, nezaudējot savu daļu tiesības uz pārējo atstāto mantu." [Beim gesetzlichen Erben kann der Anteil der Erbschaft der Erben, die zusammen mit dem Erblasser gewohnt haben, höher sein als der Anteil der anderen gesetzlichen Erben, denn die Wohnungseinrichtung und Haushaltsgegenstände bekommen die zusammen Wohnenden als einen „zusätzlichen Teil". Dabei geht das Recht auf ihren Anteil am verbleibenden Vermögen nicht verloren]. Siehe *Pavars*, Erbrecht (o. Fn. 21), S. 57.

[40] ZGB der Lettischen SSR, § 555.

[41] Siehe z.B. *Voldemārs Kalniņš*, Romiešu civiltiesību pamati [Die Grundlagen des römischen Zivilrechts], 1977, S. 175–190; *Д.В. Дождев*, Римское частное право. Учебник для вузов. Под общей редакцией академика РАН, доктора юридических наук, профессора В.С. Нерсесянца [Das römische Privatrecht. Lehrbuch für Hochschulen, Redaktion: Prof. Dr. der Rechtswissenschaften V.S. Nersesian, Akademiker der Russischen Akademie der Wissenschaften], 2003, S. 639–650; *И.А. Покровский*, История римского права [Die Geschichte des römischen Rechts], 2002, S. 476–482; *Lazdiņš*, Periode (o. Fn. 30), S. 386 u.a.

Erbschaft nicht annehmen würde. Der Erblasser konnte auch ein Legat auflegen oder eine Auflage[42] festlegen, d.h. er konnte dem Erben die Erfüllung einer gemeinnützigen Tätigkeit auferlegen. Beispiel: Anordnung, einer Person die Benutzung einer Bibliothek zu gestatten.

> „Die neue Zivilgesetzgebung hat die Rechte des Erblassers wesentlich erweitert. Gleichzeitig muss aber bedacht werden, dass eine schrankenlose Testiermöglichkeit mit den Interessen der sozialistischen Gesellschaft [nicht] vereinbar war, deshalb hat der Gesetzgeber die schrankenlose Dispositionsmacht des Erblassers durch einen Pflichtteil, der den im Gesetz bestimmten Erbenkategorien zusteht, eingegrenzt."[43]

Die Testamentsform stellte folgende Vorgaben: das Testament musste schriftlich verfasst, es mussten Ort und Zeit angegeben und es musste vom Erblasser eigenhändig unterschrieben und vom Notar beglaubigt sein.[44]

Um die Erbschaft anzutreten, musste man es annehmen.[45] Dazu durfte die Annahme weder mit Bedingungen noch Einwänden verbunden werden. Die Erbschaft durfte auch ausgeschlagen werden.

Personen, die sich irgendwelcher Handlungen gegen den Verstorbenen oder gegen einen Erben schuldig gemacht hatten, oder sich selbst rechtswidrig bereichert hatten, durften weder gesetzlich noch testamentarisch erben. Der Anspruch auf das Erbe ging auch bei Eltern verloren, denen die Elternschaft aberkannt worden war, sowie bei Eltern und ihren vollmündigen Kindern, die sich böswillig der Unter-

---

[42] ZGB der Lettischen SSR, §§ 561 f.

[43] *Pavars*, Erbrecht (o. Fn. 21), S. 69.

[44] Falls die Person keine Möglichkeit hatte, sich an einen Notar zu wenden, wurde der notariellen Beglaubigung folgendes gleichgesetzt: 1) für das Testament eines Soldaten: die Beglaubigung vom Kommando der Streitkräfte; 2) für das Testament der Bürger auf See- oder Flussschiffen: die Beglaubigung vom Schiffskapitän; 3) für in Heilanstalten befindliche Personen: die Beglaubigung vom Haupt-, ältesten- oder diensthabenden Arzt; 4) für Expeditionsmitglieder: die Beglaubigung vom Expeditionsleiter; 5) für die Testamente der auf Dorf- oder Gemeindeterritorium ständig lebenden Personen: die Beglaubigung vom örtlichen Vollzugskomitee; 6) für sowjetische Bürger in ausländischen Konsulaten und Strafanstalten: die Beglaubigung vom Leiter der entsprechenden Behörden. Siehe ZGB der Lettischen SSR, § 564.

[45] „Die Form der Erbschaftsannahme [war] entweder ein schriftlicher Antrag an das zuständige örtliche Notarbüro, wo die Erbschaft eröffnet wurde, oder die faktische Übernahme des zu erbenden Guts in den Besitz". Siehe *Rozenfelds*, Erbrecht (o. Fn. 29), S. 18. Von der Übernahme des zu erbenden Guts in den Besitz zeugten sein Gebrauch, die Bezahlung der Mietkosten, die Instandhaltung usw. Das Plenum des Obersten Gerichts der Lettischen SSR (weiter: OG) wies in Bezug auf die Annahme der Erbschaft auch darauf hin, dass sich der Erbe gegenüber der Erbschaft wie gegenüber seinem Eigentum verhält. Siehe Latvijas PSR AT Plēnuma 1988. gada 27. jūlija lēmums Nr. 6, in: Latvijas Padomju Sociālistiskās Republikas Biļetens [Der Beschluss Nr. 6 des Plenums des OG der Lettischen SSR vom 27. Juli 1988, in: Bulletin der Lettischen Sozialistischen Sowjetrepublik], 1988, Nr. 4.

haltspflicht gegenüber dem Erblasser entzogen hatten, falls das Gericht diese Tatsachen bestätigte.[46]

Bis 1928 waren die sowjetischen Finanzbehörden für Erbschaftssachen zuständig. Nach 1928 übernahmen Notarbüros den Schutz von Nachlässen und die Aushändigung von Erbschaftsurkunden. Erbschaftsstreitigkeiten wurden vor Gericht verhandelt.

IV. Die Sonderfälle des sowjetischen Erbrechts

Für den Hof eines Kolchosbauern (des Einzelhofs), für Einlagen in der staatlichen Arbeitssparkasse und in der Staatsbank der UdSSR sowie für Urheberrechte (Autorenrechte) gab es besondere Regeln:

1. Im Todesfall eines Hofmitglieds eines Kolchosbauern (des Einzelhofs)[47] trat keine Erbfolge ein, solange dort noch jemand lebte, der den Hof bewirtschaftete. Stattdessen unterfiel nur das persönliche Vermögen des Verstorbenen der Erbfolge nach der allgemeinen Ordnung.[48] Damit blieb der Hof als Wirtschaftseinheit erhalten. Deshalb hatte nur das letzte Hofmitglied eines Kolchosbauern (eines Einzelhofs) das Recht, ein Testament zu verfassen. Der Sowjetstaat wollte auf diese Weise die Abwanderung von den ländlichen Gebieten in die Städte hemmen.

2. Ab dem 26. Dezember 1922 bestand eine besondere Erbschaftsregelung für die Einlagen in der staatlichen Arbeitssparkasse (Гострудсбербанк). Diese Einlagen durften aufgrund einer Anordnung des Erblassers einer jeden Person ausgehändigt werden, unabhängig davon, ob diese Person ein gesetzlicher Erbe war oder nicht. Außerdem unterfielen die in der staatlichen Arbeitssparkasse eingelegten Mittel weder einer Erbschaftssteuer noch anderen Restriktionen. Die Sowjetregierung wollte durch die Befreiung von der Erbschaftssteuer die Finanzkraft der Arbeitssparkasse stärken.[49] In den 30er Jahren des 20. Jahrhunderts weitete man dieses Privileg auf die Einlagen in der Staatsbank der UdSSR (Госбанк) und in der Außenhandelsbank (Внешторгбанк) aus. Nach Ansicht der sowjetischen Erbrechtswissenschaft war die Verordnung über die Aushändigung der Mittel im Todesfall keine Erbschaftsverordnung (завещательное распораряжение).[50] Diese Regelung wurde auch vom ZGB der Lettischen SSR übernommen.[51]

---

[46] ZGB der Lettischen SSR, §§ 554, 569.

[47] Pēc analoģijas ar kolhoznieku sētu padomju valstī juridiski regulēja zemnieku „[...] viensētas īpašuma valdījums, lietojums un rīcībai ar to“ [Ebenso wie beim Hof eines Kolchosebauern wurden [...] vom Sowjetstaat „der Besitz und die Benutzung des Einzelhofs, sowie die Handlungen damit rechtlich festgelegt“]. Siehe *Pavars*, Erbrecht (o. Fn. 21), S. 102.

[48] ZGB der Lettischen SSR, § 583.

[49] *Gabain*, Erbrecht (o. Fn. 12), S. 28–32.

[50] *Генкин/Новицкий/Рабинович*, Geschichte (o. Fn. 14), S. 530–532.

[51] ZGB der Lettischen SSR, § 584.

3. Die Autorenrechte fielen den Erben des Autors für einen Zeitraum von 25 Jahren nach dessen Tod zu, und zwar ab dem 1. Januar des auf den Tod des Autors folgenden Jahres. Das Recht auf den Autorennamen und auf die Unantastbarkeit des Werks war nicht vererbbar.[52] Der Autor hatte das Recht, einen Testamentsvollzieher zu ernennen, der die Unantastbarkeit des Werks garantierte. Falls eine solche Person nicht ernannt wurde, garantierten die Erben bzw. spezielle Organisationen den Schutz der Arbeiten.[53]

Der Sowjetstaat hatte das Recht, die Autorenrechte dem Autor oder dessen Erben zwangsweise abzukaufen, sowie nach Ablauf einer bestimmten Frist seine Arbeiten zu staatlichem Eigentum zu erklären.[54]

V. Zusammenfassung

1. Zur Zeit des sozialistischen Romantismus hob der Sowjetstaat das Erbrecht auf. Doch es stellte sich schnell heraus, dass dafür weder die Sowjetbürger noch der sowjetische Staat selbst bereit waren. Deshalb kam man wieder von der Idee ab, das Erbrecht komplett abzuschaffen.

2. Das sowjetische Erbrecht der klassischen Zeit entsprach im Wesentlichen dem Erbrecht Kontinentaleuropas. Das Erbrecht der UdSSR verfügte über dieselben Begriffe und Institutionen des römischen Rechts wie die anderen europäischen Rechtsordnungen, nur mit dem Unterschied, dass der Inhalt der Begriffe und der römischrechtlichen Institutionen oft verändert wurde, um diese der kommunistischen Ideologie anzupassen.

3. Anders als das römische Recht grenzte das sowjetische Erbrecht den Erbenkreis auf die näheren Verwandten ein.

4. Auf der Grundlage der kommunistischen Ideologie wurden in den Erbenkreis auch nicht verwandte arbeitsunfähige Personen, die der Erblasser unterhielt, aufgenommen, um die Bedeutung der Blutsverwandschaft abzuschwächen und die Bedeutung des Kollektivismus für die Bildung sozialer Beziehungen zu stärken.

5. Für die Einlagen in staatlichen Banken und für den Hof eines Kolchosbauern (des Einzelhofs) bestanden besondere Erbschaftsregeln.

---

[52] A.a.O., §§ 521 f.

[53] *Rozenfelds*, Erbrecht (o. Fn. 29), S. 6 f.

[54] ZGB der Lettischen SSR, §§ 524 f.

Aller Anfang ist gleich? Die estnischen Rechtszeitschriften vor dem Ersten Weltkrieg[1]

Marju Luts-Sootak

I. Einleitung

Die Sprache des Rechts und der Rechtsliteratur ist für die europäischen Großvölker erst in den letzten Jahrzehnten zu einem bewussten Problem und zu einer Herausforderung geworden. Die übrigen Nationalsprachen stehen unter dem Druck der Globalisierung und Amerikanisierung und der damit verbundenen Bevorzugung des Englischen als einer nicht nur international benutzten Sprache. An sich sollte ja die Selbstverständlichkeit der muttersprachlichen Rechtsliteratur mindestens für die Rechtshistoriker gar nicht so selbstverständlich sein. Der muttersprachliche Rechtsunterricht an den Universitäten hat sich erst im 18. Jahrhundert etabliert und wäre vielleicht ohne besonderen Sang und Klang sogar untergegangen, wenn man sich in Preußen am Anfang des 19. Jahrhunderts nicht unter dem Reformdruck zu einem neuen Universitätsmodell bekannt hätte. Ich meine das Ideal der Forschungsuniversität, wie es vor allem von Wilhelm von Humboldt formuliert und in der neugegründeten Berliner Universität seit 1810 durchgeführt wurde. Ziemlich zeitgleich zum Übergang von Latein auf die Nationalsprachen an den Universitäten ist eine neue Literaturgattung der Rechtszeitschriften entstanden.[2] Im Laufe des 19. Jahrhunderts hat sich diese Gattung mindestens im deutschsprachigen Kulturraum so weit durchgesetzt,[3] dass man wohl gar nicht daran gedacht hatte, dass es nicht selbstverständlich ist, Rechtszeitschriften auf Deutsch herauszugeben. Für viele europäische Kleinvölker dagegen kam der Durchbruch zur Rechtszeitschriftenliteratur erst um einen Jahrhundertwechsel später, um 1900. Auch die Vergewisserung, dass man

---

[1] Die Untersuchungen für diesen Beitrag sind mit Hilfe des Grants 7923 der Estnischen Wissenschaftsstiftung durchgeführt worden.

[2] Zu den Anfängen der Rechtszeitschriftenliteratur in Deutschland folgender Sammelband: *Michael Stolleis* (Hg.), Juristische Zeitschriften: Die neuen Medien des 18.–20. Jahrhunderts, 1999 vor allem die Beiträge von M. Stolleis (S. VII ff.), O. Dann (S. 1 ff.) und D. Klippel (S. 15 ff.). Zu den anderen europäischen Ländern siehe die Beiträge im Sammelband *Michael Stolleis/Thomas Simon* (Hg.), Juristische Zeitschriften in Europa, 2006.

[3] Einen hervorragenden Überblick über den Werdegang der deutschen Rechtszeitschriften im Laufe des 19. Jahrhunderts bietet: *Joachim Rückert*, Zur Charakteristik führender juristischer Periodika im 19. Jahrhundert, Juridica International. Law Review University of Tartu XVII, 2010, S. 19–39. In demselben Band befinden sich auch weitere Beiträge der internationalen Tagung „Law Journals: National, Regional, International", die in Tartu Ende des Jahres 2009 stattfand. „Juridica International" ist das fremdsprachige Beiheft der einzigen estnischen Rechtszeitschrift „Juridica", in der elektronischen Form frei zugänglich unter www.juridicainternational.eu.

durch die Zeitschriften, Lehrbücher, Monographien, Dissertationen und Kommentare in der Muttersprache diese Sprache überhaupt als eine Rechts- und Wissenschaftssprache am Leben hält und jeder juristische Schriftsteller[4] damit eigentlich eine persönliche Verantwortung vor seinem Volk trägt, ist in den Kleinvölkern viel präsenter als bei den großen.[5]

Es soll hier nun um die ersten Gründungen estnischsprachiger Rechtszeitschriften gehen. Diese ersten Versuche fallen in die Zeit unmittelbar vor dem Ersten Weltkrieg, als es noch keinen estnischen Staat gab – die Republik Estland wurde erst 1918 gegründet. Davor gehörte Estland zum russischen Zarenreich, administrativ geteilt in die Gouvernements Estland im nördlichen Teil und Livland im südlichen Teil. Livland umfasste auch den nördlichen Teil des heutigen Lettlands – als unabhängiger Nationalstaat ebenfalls ein Produkt der Kriege und Revolutionen der Jahre 1914–1920. Immerhin befanden sich Esten wie Letten seit der zweiten Hälfte des 19. Jahrhunderts im Prozess des intensiven nationalen Erwachens – wie man dies auf Estnisch bezeichnet –, einer sozialen Differenzierung innerhalb des vormals fast ausschließlich leibeigenen Bauernvolkes, in wachsender Parteibildung innerhalb der anfangs noch ziemlich homogenen nationalen Bewegung, dem Aufblühen des Vereinswesens u.ä. Modernisierungen. Die Gründungen der ersten Rechtszeitschriften sind auch als ein Spross dieser allgemeinen Erwachensprozesse zu betrachten.

II. Die erste Schwalbe, die den Frühling ausgelöst hatte

Die erste estnische Rechtszeitschrift *Seadus ja Kohus* (dt. Gesetz und Gericht) wurde im Januar 1909 in der Hauptstadt des Zarenreichs, in St. Petersburg herausgegeben.[6] Damals gab es noch keine estnischsprachige Universität. Die heutige estnische Nationaluniversität zu Tartu hat diese Stellung erst 1919 bekommen. Vor dem Krieg war sie noch eine russische Provinzialuniversität zu Jurjev, nachdem durch die Universitätsreform 1892/93 die seit 1802 wiedereröffnete deutsche Landesuniversität der Ostseeprovinzen zu Dorpat persönlich und sprachlich russifiziert worden war.[7] Der Unterrichtssprache nach war es für die Esten also gleichgültig, ob sie zuhause oder anderswo im Zarenreich studierten. So gab es in der Tat relativ viele estnische Jurastudenten in den beiden Hauptstädten des Reichs. Petersburg lag

---

[4] Ich erlaube mir hier und weiterhin die Freiheit, auf die weibliche Parallelform bei solchen Stellen zu verzichten – die Damen werden einfach stillschweigend mitgedacht.

[5] Dies bezeugt auch der Beitrag von Sanita Osipova aus Lettland in diesem Band. Zum Beispiel Kroatien: *Zoran Pokrovac*, Die lange Geburt der juristischen Periodika in Kroatien. Ein Genre zwischen dem Patriotischen und Fachlichen, in: Stolleis/Simon (Hg.), Zeitschriften in Europa (o. Fn. 2), S. 191–236, hier besonders S. 198 ff.

[6] Eingehend zu dieser Zeitschrift *Marju Luts-Sootak*, Estonia's First Law Journal in the Struggle for Law. Juridica International XVII, 2010, S. 59–68.

[7] Tartu, Jurjev und Dorpat sind die gleiche Stadt in verschiedenen Sprachen.

aber viel näher als Moskau und es hatte sich dort eine nennenswerte estnische Diaspora von Fabrikarbeitern, Hausdienern und -lehrern, Studenten u.a. gebildet. Die ‚Stadt der Hoffnungen'[8] hat estnische Sozialaufsteiger angezogen und nach dem Universitätsstudium solche Karrierechancen im russischen Reichsinneren oder in anderen Provinzen ermöglicht, die in den immer noch stark ständisch geprägten Ostseeprovinzen für die Bauernsöhne undenkbar waren. Unter den damaligen estnischen Akademikern in St. Petersburg haben gerade Juristen eine erhebliche Mehrheit ausgemacht.[9] Auch auf Island z.B. hat eine gewisse Konzentration der akademisch ausgebildeten Juristen zur Gründung einer Rechtszeitschrift schon vor der eigenen Universität und vor dem Rechtsunterricht in der Muttersprache geführt.[10] Darüber hinaus waren die estnischen Juristen im Vergleich zu den isländischen Kollegen zahlreicher. In Island wurde die Zeitschrift *Lögfræðingur* (dt. Der Jurist) in den Jahren 1897–1901 herausgegeben, als man nur ungefähr fünfzig Juristen mit Universitätsausbildung zählte.[11] Juristisch ausgebildete Esten soll es 1909 ungefähr zweimal so viele gegeben haben. 1915 gab es schon 123 Universitätsabsolventen mit einer Juristenausbildung und weitere 118 Jurastudenten strebten sie noch an.[12]

Neben anderen mannigfaltigen Aktivitäten hat man ab September 1908 bis November 1914 in St. Petersburg eine Zeitung namens „Petersburger Anzeiger" (est. *Peterburi Teataja*) herausgegeben, die alle Esten im ganzen Zarenreich ansprechen wollte. Die hier zu betrachtende *Seadus ja Kohus* erschien als eine preisgünstige (50 Kopeken pro Jahr) ‚rechtswissenschaftliche' Monats-Beilage dieser Zeitung.

Diese erste Schwalbe im estnischen Rechtszeitschriftenhimmel war trotz ihrer schlanken Gestalt (16 Seiten in DIN A5) nicht immer regelmäßig flugfähig. Es kam öfters zu Doppelnummern und im Jahr 1911, als der geschäftsführende Redakteur

---

8 So *Raimo Pullat*, Lootuste linn Peterburi ja eesti haritlaskonna kujunemine kuni 1917 [Die Stadt der Hoffnungen St. Petersburg und die Bildung der estnischen Bildungselite bis zum Jahr 1917], 2004.

9 Dazu näher *Raimo Pullat*, Estnische Juristen in St. Petersburg bis 1917, in: Heinrich Bosse/Otto-Heinrich Elias/Robert Schweitzer (Hg.), Buch und Bildung im Baltikum: Festschrift für Paul Kaegbein zum 80. Geburtstag, 2005, S. 555–579.

10 Auf Island hat *Lagaskóli* ihre Tätigkeit erst 1908 aufgenommen, eine erste Rechtszeitschrift auf Isländisch ist aber schon in den Jahren 1897–1901 erschienen. Siehe *Lars Björne*, Den konstruktiva riktningen. Den nordiska rättsvetenskapens historia. Del III: 1871–1910 [Die konstruktive Richtung. Geschichte der nordischen Rechtswissenschaft. Teil III: 1871–1910], 2002, S. 13 und 72.

11 *Lars Björne*, Nordische juristische Zeitschriften im 18. und 19. Jahrhundert, in: Stolleis/Simon, Zeitschriften (o. Fn. 2), S. 26.

12 *Karl Martinson*, Teadustegevuse institutsionaliseerumine Eestis XVII sajandist 1917. aastani [Die Institutionalisierung der wissenschaftlichen Tätigkeit in Estland vom 17. Jahrhundert bis zum Jahr 1917], 1988, S. 359.

von St. Petersburg in die estländische Hauptstadt Tallinn (dt. Reval) umgezogen war, erschien von der nunmehr ebenfalls umgezogenen Zeitschrift am Jahresende sogar eine Vierernummer.[13] Als die Zeitschrift nach der Mainummer von 1913 untergegangen war, hatte sie insgesamt 683 Seiten Rechtsliteratur auf Estnisch hervorgebracht. Unter den oben beschriebenen politischen und bildungsmäßigen Rahmenbedingungen war dies keine kleine Leistung. Warum die Zeitschrift plötzlich nicht mehr herausgegeben wurde, kann man nach heutigem Forschungsstand nicht mit Sicherheit sagen. Es ist aber zu vermuten, dass hier die innere Konkurrenz eine Rolle gespielt hatte. Seit Januar 1912 war in Tallinn nämlich eine weitere ähnliche Rechtszeitschrift *Õigus ja Kohus* (dt. Recht und Gericht) erschienen, die ihren Erscheinungsrhythmus als Monatsschrift viel besser einhalten konnte und bis zur Julinummer 1914 ihrerseits weitere 492 Seiten für den estnischsprachigen Rechtsmarkt geliefert hatte. Als ob es mit zwei recht ähnlichen Zeitschriften nicht genug gewesen wäre, kam es 1913 zu einer dritten Gründung. Die in der Universitätsstadt Tartu herausgegebene *Õigus* (dt. Das Recht) sollte allerdings keine Monatsschrift sein, sondern ein Zwei-Monats-Organ. Sie hat diesen Rhythmus durch das Jahr 1913 gehalten, vom Jahr 1914 ist aber nur die erste Lieferung bekannt. Immerhin, auch diese Zeitschrift hat 114 Seiten estnische Rechtsliteratur vor dem Ersten Weltkrieg hervorgebracht. Noch in der Kriegszeit ist im Dezember 1914 ein weiterer Gründungsversuch unternommen worden, ebenfalls unter dem Namen *Õigus* – dieser Versuch blieb aber bei der ersten Nummer mit nur 16 Seiten. Nach einem deutschen Sprichwort soll eine Schwalbe noch keinen Frühling ‚machen', nach der estnischen Variante ‚auslösen'. Hier haben wir den seltenen Fall, dass das Vorbild der ersten Zeitschrift wahrscheinlich doch ansteckend genug war, um den Versuch zu wiederholen. Immerhin, alle diese Zeitschriften haben zusammen insgesamt 1305 Seiten Rechtsliteratur auf Estnisch geliefert.

So viele estnische Juristen es im Vergleich zu den Kollegen auf Island auch gab, drei Rechtszeitschriften auf einmal nebeneinander zu haben, scheint jedoch merkwürdig. Alle drei waren nämlich auch recht ähnlich. Dies betrifft nicht nur das Aussehen: bescheiden, grau, im Buchformat und von Anfang an für das Einbinden bestimmt.[14] Es kommt noch etwas dazu, was diese ersten estnischen Rechtszeitschriften eigenartig macht. Die erwähnte isländische *Lögfræðingur* war nämlich eine Zeitschrift von Juristen für Juristen, so wenige es auch gab. Die estnischen Rechtszeitschriften waren aber ausschließlich von Juristen für Laien gemacht. Und alle drei Zeitschriften wurden von relativ jungen Rechtsanwälten bzw. Rechtsanwaltsgehilfen im Alter von ca. 25 bis ca. 40 Jahren herausgegeben und absolut

---

[13] Trotz des Umzugs hatte das Hauptorgan noch Anfang 1913 *Seadus ja Kohus* als seine Beilage angekündigt. S. Peterburi Teataja [Petersburger Anzeiger] 1913 Nr. 1 (3.1.1913).

[14] Alle hatten nämlich ein Titelblatt für den ganzen Jahrgang geliefert.

mehrheitlich auch von diesen verfasst.[15] Sieht man sich die Programmtexte näher an, wird das Bild allerdings etwas differenzierter.

III. Programme im Vergleich

1. Seadus ja Kohus im Kampf um's Recht

1909 hat der geschäftsführende Redakteur Mihkel Pung[16] die erste Nummer von *Seadus ja Kohus*[17] mit einem etwa zweiseitigen kurzen Programmtext „An den Leser“ in die Welt hinausgeschickt. Es gibt zwar keinen Verfassernamen. Da aber Pung diese ganze Nummer selbst verfasst hatte, ist anzunehmen, dass das Programm ebenfalls von ihm stammt.

Als erster Grund für die Herausgabe so einer Rechtszeitschrift wird angegeben, dass ganz allgemein „der Zweck der Herausgabe derartiger Zeitschriften die Verbreitung der Kenntnis über die Gesetze und das Recht im Volk“ sei. Es sollte also in erster Linie um die rechtliche Volksaufklärung gehen – wie ich so ein Unternehmen hier nennen will.

Das Bedürfnis nach Verbreitung der Rechtskenntnisse wurde mit der aktuellen hochrangigen Stellung der Rechtskunde begründet: „Hat doch die Rechts-Kunde in unserer Zeit als ein so wichtiges Wissenschaftsgebiet solchermaßen Anerkennung gefunden, dass sie sogar unter die Unterrichtsgegenstände der Oberschulen aufgenommen worden ist.“ Auch durch diesen Unterricht sollten sich die Rechtskenntnisse im Volk verbreiten. Dies schien aber den Initiatoren der estnischsprachigen Rechtszeitschrift nicht genügend. Der Rechtsausbildung in Ober- und Hochschulen fehlten nämlich die Besonderheiten und Ziele, welche die großen Volksmassen beim Kennenlernen des Rechts zu berücksichtigen hatten. Gewöhnlicherweise unterrichte man an den Universitäten die Rechtskunde „als eine hohe und reine Wissenschaft ohne Rücksicht auf die Lebensquellen des Gesetzes und des Rechts“. Als Grundlage für die „hohen und schönen rechtswissenschaftlichen Bau-

---

[15] Zur Verfasserschaft von *Seadus ja Kohus* exemplarisch näher: *Luts-Sootak*, Juridica International XVII, 2010, S. 62 ff.

[16] Mihkel Pung wurde 1876 als Bauernsohn geboren, hatte dann das Gymnasium in Tartu besucht, um danach 1897–1900 in Tartu und 1901–1902 in St. Petersburg Recht zu studieren. 1901–1904 war er als Rechtsanwalt in Tallinn tätig, wurde wegen der Beteiligung in der revolutionären Bewegung des Jahres 1905 verbannt und war dann 1906–1911 Rechtsanwalt in St. Petersburg. Als er mit der Herausgabe von *Seadus ja Kohus* begann, war er 32 Jahre alt. Auch nach dem Umzug nach Tallinn hat er die Anwaltspraxis in den Jahren 1911–1918, 1924–1931 und 1932–1940 fortgesetzt. Darüber hinaus war er 1920 Präsident der Estnischen Bank, 1920–1924 Bankier, 1931 Wirtschaftsminister, 1932 Außenminister, auch mehrfach Parlamentsmitglied. Während der ersten sowjetischen Besatzung wurde er 1941 inhaftiert und ist in demselben Jahr im *Sevurallag* zu Turinski im Sverdlovsk-Gebiet gestorben.

[17] Mit Untertitel eigentlich „Gericht und Gesetz: Rechtswissenschaftliche Zeitschrift“.

ten," die „einen weiten rechtswissenschaftlichen Horizont" eröffnen, sollte ein akademischer Rechtsunterricht durchaus schätzenswert sein. Für den Zweck der rechtlichen Volksaufklärung blieb so eine Ausbildung aber zu weit entfernt von den ‚Lebensquellen des Rechts'. Auf den ersten Blick erscheint dies als eine Anspielung auf die Modebewegung der Zeit, die das Recht vom Diktat des Gesetzes und vom angeblichen Formalismus der traditionellen Rechtswissenschaft befreien wollte. Die Forderung, dass die Rechtswissenschaft – wie auch immer konkret – lebensnäher sein sollte, stand schon seit einiger Zeit auf der Tagesordnung.[18] Obwohl diese estnische Rechtszeitschrift ungefähr zeitgleich mit der Hochkonjunktur der deutschen Freirechtsbewegung erschien,[19] ging es hier überhaupt nicht um Rechtswissenschaft oder Methodenkritik. Rechtswissenschaft sollte sich nicht für das Leben öffnen, sondern von ihrem lebensfremden Elfenbeinturm herunterklettern und selbst aktiv in das Leben treten.

Diese erste estnische Rechtszeitschrift sollte nämlich „praktische Gesetzes- und Rechtskunde verbreiten". Die Rechtskenntnis sollte „in den Dienst der Lebenserfordernisse" gestellt werden. Es waren dabei aber keine alltäglichen Lebensprobleme und Geschäfte gemeint, also z.B. „wie man eine Klageschrift verfasst, wie man einen Prozess führt, wie man die Zeugen vernimmt, wie man das Geld mit der Hilfe des Gerichtspristaws [hier als Gerichtsvollzieher] einfordert usw." Pung hatte ein weiterreichenderes Ziel: „Nein, auch die praktische Rechtskenntnis soll ihre höheren und schöneren Aufgaben haben als die gerade genannten". Gerade diesen ‚höheren und schöneren Aufgaben' sollte die frischgebackene Zeitschrift dienen. An dieser Stelle schien dem Verfasser eine Erklärung nötig. Die höhere Aufgabe der praktischen Rechtskenntnis komme von der Tatsache, dass „das Grundgesetz des heutigen Gesellschaftslebens in dem Kampf um das Dasein und in dem Kampf für die Erreichung einer besseren Position [in der gesellschaftlichen Hierarchie]" bestehe. „Ein jeder Mensch" habe „den Trieb, in seiner gesellschaftlichen Position aufzusteigen und sich auf einem möglichst höheren und besseren Rang niederzulassen". Mindestens in der „heutigen Gesellschaft" sei es „unmöglich, diesen Trieb zu vernichten oder zu verleugnen". Der Daseinskampf und der Kampf um eine bessere Position oder, wie es da auch hieß, der „Gesellschaftskampf" sollte nämlich nicht nur eine Sache der Einzelpersonen, sondern der ganzen Volksmassen und sogar der

---

[18] Dazu aufschlussreich über die deutsche Diskussion seit dem 19. Jahrhundert *Hans-Peter Haferkamp*, Der Jurist, das Recht und das Leben, in: [Kölner] Fakultätsspiegel, hg. vom Verein zur Förderung der Rechtswissenschaft, Sommersemester 2005, 2005, S. 83–98.

[19] Zur sog. Freirechtsbewegung und ihrer späteren Nachkommenschaft quellennah und eingehend *Joachim Rückert*, Vom „Freirecht" zur freien „Wertungsjurisprudenz" – eine Geschichte voller Legenden, Zeitschrift der Savigny-Stiftung für Rechtsgeschichte, Germanistische Abteilung 125 (2008), S. 199–255. Die Freirechtsbewegung war eigentlich keine homogene Bewegung oder Schule, vielmehr eine Anzahl ziemlich heterogen argumentierender Autoren, deren konzeptuelle Aktivität zwischen den Jahren 1903 und 1914 liegt, mit einem gewissen Höhepunkt im Jahr 1911 (S. 205).

ganzen Völker sein. Das hört sich fast sozialdarwinistisch oder marxistisch an, ist es aber nicht. Von ‚Klassen' wird nicht gesprochen.

Wozu aber die Rechtskenntnisse in diesem gesellschaftlichen Machtkampf? Im Kampf zählen ja vielmehr die Macht und Kraft und gute Waffen. Genau diese Letztgenannten sollten die Rechtskenntnisse aber nach Pungs Überzeugung sein bzw. durch die Verbreitung im Volk werden. Der Kampf um die bessere Position in der Gesellschaft sei nämlich kein anarchistischer oder gewaltsamer, sondern vollziehe sich im Rahmen der gegebenen Ordnung. Diese Ordnung wiederum komme durch die rechtlich gestalteten Machtanstalten zustande. In erster Linie seien dies die Staatsorgane, aber auch allerlei andere öffentliche Anstalten. Um seinen eigenen kleinen Kampf in dem großen Gesellschaftskampf erfolgreich und vor allem rechtskräftig zu führen, brauche man also die Kenntnisse von diesen rechtlichen Schranken, die den Rahmen und die Regeln für das Schlachtfeld lieferten. Der Einzelne war in dieser Konzeption nicht der Gemeinschaft untergeordnet. Im Gegenteil, die Konzeption der nützlichen praktischen Rechtskenntnis war in erster Linie auf eine (unternehmerische) Einzelperson zugeschnitten:

> „Ein jeder Mensch, der seine Vorteile versteht [und verfolgt], hat die Möglichkeit, in diesen [d.h. rechtlichen] Grenzen Rechtsgeschäfte vorzunehmen, ohne dass man diese Geschäfte für nichtig erklärt, obwohl sie ggf. andere Menschen oder ganze Volksmengen beschädigen können. In diesem Sinn haben unsere gegenwärtigen rechtlichen Maßnahmen eine große Bedeutung und wer diese Maßnahmen in der richtigen Zeit auf der richtigen Stelle einzusetzen weiß, sticht im gesellschaftlichen Leben den anderen aus."

Obwohl der Einzelne dem gesellschaftlichen Ganzen oder dem kollektiven Volk nicht untergeordnet wird, gibt es auch in dieser Konzeption eine Rückbindung des Einzelnen an das Ganze, die ich als metaphysisch bezeichnen und als mit Jherings „Kampf um's Recht"[20] verwandt[21] einordnen würde:

> „Damit aber die rechtliche Maßnahme, die jemand für den Eigennutz erfolgreich eingesetzt hat, für die breiten Volksmengen ebenfalls nützlich werden kann, darf jedes einzelne Gesellschaftsmitglied seine Rechte nicht niedertreten lassen, sondern ist verpflichtet,

[20] *Rudolf von Jhering*, Der Kampf um's Recht. Die erste Auflage Wien 1872 ist zugänglich unter: http://gdz.sub.uni-goettingen.de/dms/load/img/?IDDOC=293883 [18.2.2010]. Die über Amazon noch erhältliche, von Alexander Hollerbach bearbeitete „8., ergänzte Auflage 2003" ist leider unvollständig.

[21] Jherings „Kampf" ist wahrscheinlich einer der besten Übersetzungsartikel in der Weltliteratur des Rechts gewesen. Die Schrift soll in 26 Sprachen übersetzt worden sein. Schon 1874 sollen drei unabhängige russische Übersetzungen vorgelegen haben, 1902 und 1912 kamen noch zwei weitere dazu. Auch eine estnische Übersetzung wurde 1913 (oder 1911?) veröffentlicht. Zur Verwandtschaft des Programms von *Seadus ja Kohus* mit Jherings Rechtslehre im „Kampf" näher: *Luts-Sootak*, Juridica International XVII, 2010, S. 61 f. Ganz im Sinn Jherings hat auch *Seadus ja Kohus* vor allem auf das Privatrecht gesetzt, wodurch der Einzelne seine Rechte in erster Linie zur Geltung bringt.

> diese auf jede Weise zu schützen, um damit gleichfalls zur Erhaltung des gesellschaftlichen Rechtsgefühls beizutragen."[22]

Jene ‚höhere und schönere Aufgabe' der Verbreitung der praktischen Rechtskenntnisse durch eine für die Laien bestimmte Rechtszeitschrift sollte also die Erziehung dieses allumfassenden gesellschaftlichen Rechtsgefühls sein. Vor allem dem Privatrecht sollte die höhere Aufgabe der Erziehung des ‚gesellschaftlichen Rechtsgefühls' zukommen, wenn es nicht um die Staatsbehörden, sondern um die Einzelpersonen ging und dies sollten ja die Leser dieser Rechtszeitschrift mehrheitlich sein. Auch dieses Konzept hatte schon Jhering vorformuliert:

> „In jenem Fall [des öffentlichen und Staatsrechts mit ihren staatlichen Behörden] hängt die rechtliche Verwirklichung des Gesetzes davon ab, daß die Behörden und Beamten des Staates ihre Pflicht erfüllen, in diesem Fall davon, daß die Privatpersonen ihr Recht geltend machen. [...] Die Wirklichkeit, die praktische Kraft der Sätze des Privatrechts dokumentiert sich in und an der Geltendmachung der konkreten Rechte. [...] Das Verhältnis des objektiven oder abstrakten Rechts und der subjektiven konkreten Rechte ist der Kreislauf des Blutes, das vom Herzen ausströmt und zum Herzen zurückströmt. [...] Auch auf dem Gebiete des Privatrechts gilt es einen Kampf des Rechts gegen das Unrecht, einen gemeinschaftlichen Kampf der ganzen Nation, bei dem alle fest zusammenhalten müssen, auch hier begeht jeder, der [aus der Schlacht] flieht, einen Verrat an der gemeinsamen Sache. [...] Wer sein Recht behauptet, verteidigt innerhalb des engen Raumes desselben das Recht. Das Interesse und die Folgen dieser seiner Handlungsweise gehen daher über seine Person weit hinaus. Das allgemeine Interesse, welches sich an die knüpft, ist nicht bloß das ideale, daß die Autorität und Majestät des Gesetzes sich behaupte, sondern es ist das sehr reale, höchst praktische Sicherung der festen Ordnung des Verkehrslebens."[23]

So viel zum theoretischen Hintergrund des Programms der ersten estnischen Rechtszeitschrift. Nach den theoretischen Überlegungen hat der Verfasser des Programms „unser Volk" zur Rede genommen, womit die Esten gemeint waren. Für dieses Volk sei „die Pflege des Rechtsgefühls besonders wichtig". Einerseits bezeuge dies der zeitgenössisch zu betrachtende „enorme Trieb für die Erhöhung und Sicherung des Lebensstandards". Um diesen Trieb rechtmäßig und zugleich rechtskräftig zu befriedigen, solle man die dafür erforderliche „gesetzlichen und rechtlichen Maßnahmen aus der Nähe kennenlernen". Auch im Kontext dieses nicht besonders großen ‚unseren Volkes' wird das vielversprechende Rechtsgefühl nicht vergessen: „In seinem Leben gedeihen kann ein Volk nur dann, wenn in ihm ein festes Rechtsgefühl herrscht." Nichts weniger als das Beispiel der Blütezeit des römischen Reichs sollte dies bezeugen und für das Estenvolk ein Vorbild sein.

Worüber in dieser Einleitung überhaupt kein Wort fällt, ist die Sprache – diese erschien dem Verfasser nicht erwähnenswert. Die Sprache nimmt er als ein selbstverständliches Instrument der Kommunikation und setzt sie für die Verbreitung der

---

[22] Hervorhebung wie im Original.

[23] *Jhering*, Kampf (o. Fn. 20), S. 53 ff. Hervorhebungen wie im Original.

Rechtskenntnisse und Erziehung des Rechtsgefühls ein. Dass er dies durch seine Zeitschrift zum ersten Mal in der Geschichte des estnischen Volkes in dessen Muttersprache tut, hat er ebenfalls nicht erwähnt. Erst etwa zwei Jahre später, am Ende des Jahres 1911 kommt die Topik von „der ersten estnischen Rechtszeitschrift" vor – in der Selbstanzeige für das Jahresabonnement der Zeitung „Petersburger Anzeiger" unter der Hauptredaktion von cand. jur. Konstantin Päts.[24]

2. *Õigus ja Kohus als ein nüchterner Rechtsratgeber*

Im Jahr 1912, als die gerade betrachtete *Seadus ja Kohus* für ein halbes Jahr den geänderten Namen „Das Recht" trug[25] und danach auch im geringeren Umfang eher Niedergang als Blüte gezeigt hatte, ist eine neue Zeitschrift gegründet worden. Diese trug einen anderen, aber doch ziemlich ähnlichen Namen: Jene hieß ‚Gesetz und Gericht', diese ‚Recht und Gericht'.[26] Auch der Erscheinungsort war gleich: die damals noch ‚estländische' Hauptstadt Tallinn. Die neue Zeitschrift war ebenfalls eine Beilage zur Tagespresse, nun waren es aber sogar drei Zeitungen:[27] *Päevaleht*

---

[24] Peterburi Teataja 1911 Nr. 113 (29.12.1911). Konstantin Päts wurde 1874 geboren. Sein Vater wird in Lexika als ‚Grundeigentümer' bezeichnet, gemeint ist ein Bauarbeiter, der eine Gesindestelle gekauft hatte. K. Päts hat in Tartu Jura studiert und sein Studium mit der Prüfung und einer schriftlichen Abhandlung absolviert – dies bedeutet ‚cand. jur.' in seinem Titel. Neben seinem Beruf als Anwaltsgehilfe im Büro des berühmten Anwalts Jaan Poska ist er politisch aktiv gewesen, hat in Tallinn 1901–1904 die estnisch-national gesinnte Zeitung „Anzeiger" (est. *Teataja*) herausgegeben und wurde 1905 Vizebürgermeister von Tallinn. Im Laufe der Niederschlagung der revolutionären Bewegung des Jahres 1905 wurde Päts vom Straftruppentribunal zum Tod verurteilt und flüchtete in die Schweiz und nach Finnland. 1909 kehrte er nach Estland zurück, wurde inhaftiert und war 1910–1911 in St. Petersburg in Festungshaft. Nach der Befreiung blieb Päts in St. Petersburg, wo er die Herausgabe des „Petersburger Anzeigers" übernommen hatte. In der Kriegszeit kehrte Päts zurück nach Estland, war in dem ersten estnischen Wahlgremium Landrat, hat als Vorsitzender des Komitees zur Rettung Estlands die estnische Unabhängigkeitsdeklaration verkündet und war an der Spitze der Provisorischen Regierung und in der Nationalversammlung der Republik Estland. Päts war in den 1920er und anfangs der 1930er Jahre mehrfach als ‚Staatsältester' an der Spitze der Regierung, hat 1934 einen Staatsstreich durch- und ein autoritäres Regime eingeführt. Es wurde ein neues Grundgesetz verabschiedet, das sich vom parlamentaristischen Modell abkehrte und die Institution eines starken Staatspräsidenten (genannt ‚Staatshüter') einführte. K. Päts war der erste und letzte Präsident der Republik Estland bis zur sowjetischen Besatzung in 1940, als er außer Amt gesetzt, inhaftiert und mit der Familie nach Russland deportiert wurde, wo er 1956 in der Haft starb.

[25] Die Umbenennung der Zeitschrift vom Januar bis Mai 1912 könnte der Zensur geschuldet sein. Das Hauptorgan „Petersburger Anzeiger" hat selbst aus diesen Gründen im Jahr 1910 einen veränderten Titel *Pealinna Teataja* (dt. Anzeiger der Hauptstadt) getragen.

[26] Auch diese wieder mit gleichem Untertitel: „Recht und Gericht: Rechtswissenschaftliche Zeitschrift".

[27] Nur für diese Zeitungen konnte ich Auflagen ermitteln und dies auch nur für das Jahr 1907, aber die Dimensionen sollten damit doch aufgezeigt sein. Die Auflage von *Päevaleht* war 13.000, von *Aeg* 10.000 und von *Koit* 6.000. So *Iira Igasta*, Eesti perioodiliste väljaannete arvu ja

(dt. Tageszeitung), *Aeg* (dt. Die Zeit) und *Koit* (dt. Die Morgenröte). Ein weiterer Unterschied zu der schon vorhandenen Zeitschrift bestand darin, dass *Õigus ja Kohus* nicht einmal ein günstiges Abonnement vorausgesetzt hat – sie wurde den Abonnenten der Tageszeitungen kostenlos mitgegeben.

Es gibt auch bei dieser zweiten Zeitschriftengründung auf Estnisch keinen ausführlichen Programmaufsatz, sondern ganz ähnlich wie bei der ersten eine fast ebenso lange (2,5 Seiten) Zuschrift „An den Leser" von dem geschäftsführenden Redakteur Jüri Wilms.[28] Im Unterschied zu Pung im Jahr 1909 hat Wilms das kleine Schriftstück vom Januar 1912 unter seinem Namen veröffentlicht. Als Grund für die neue Zeitschrift wird zunächst der anwachsende Rechtsverkehr angegeben:

> „Die Leute sind immer mehr mit Gesetzen und Gerichten konfrontiert, die Kunde des Gesetzes wächst unter unseren Leuten aber nicht in demselben Tempo. Ebenso verhält es sich mit der Kenntnis über die Prozessweisen."

Der Grund scheint also ganz praktisch und pragmatisch zu sein – die estnischsprachige Bevölkerung nimmt immer mehr am Rechtverkehr teil,[29] die Prozesse werden immer komplizierter und das Volk soll entsprechend über seine Rechte und Pflichten, ebenso über die Rechtsmittel für die gerichtliche[30] oder auch außergerichtliche Durchsetzung seiner Rechtsinteressen belehrt werden. Dass dabei in der

tiraažide dünaamika (1766–1917). Diplomitöö [Die Dynamik der Zahl und Auflagen der estnischen Periodika (1766–1917). Diplomarbeit], 1978, S. 80; das Manuskript ist über den Katalog der UB Tartu erreichbar. Auch wenn man von der Verminderung der Auflagen nach 1907 und von der Kongruenz der Abonnenten aller drei Zeitungen ausgeht, bleibt wohl doch noch eine ca. 5.000–10.000 Exemplare starke Auflage für die Zeitschrift *Õigus ja Kohus*.

[28] In Estland wird meistens die Schreibweise ‚Vilms' verwendet. Hier wird die Form ‚Wilms' benutzt, weil er selbst in *Õigus ja Kohus* seinen Namen so geschrieben hatte. Jüri Wilms wurde 1889 ebenfalls auf dem Lande geboren und arbeitete nach dem Jurastudium in Tartu seit 1911 in Tallinn als Rechtsanwalt. Er betrieb seit 1917 aktiv Politik und gehörte ebenfalls zum Komitee zur Rettung Estlands. Er war als Gerichtsminister in der Provisorischen Regierung der Republik Estland und ist im April 1918 über den finnischen Meerbusen nach Finnland gezogen, um aus dem Ausland für die Unabhängigkeit der Republik Estland Unterstützung zu erlangen. Er wurde von den Deutschen ertappt und exekutiert.

[29] Man denke etwa daran, dass seit der zweiten Hälfte des 19. Jahrhunderts die Gesindestellen von den Landgütern separiert und als Bauernhöfe verkauft wurden. Dies hat in Estland und Lettland zu der Herausbildung des „westlichen" Kleingrundeigentums geführt. Im Reichsinneren sind ja die Bauern zwar im Jahr 1861 von der Leibeigenschaft befreit worden, aber das Land blieb in dem kollektiven Eigentum der Bauerngemeinde (russ. *mir*).

[30] Dass das Bauernvolk sich im Gericht üblicherweise nicht gerade rational verhalten hatte, bezeugt die Volksüberlieferung. Dazu näher: *Marju Luts-Sootak*, Ein Bauer[n]volk vor dem Gericht: von Zaubersprüche[n] bis zur [pro ‚zu den'] Zeitschriften, in: Per Andersen/Pia Letto-Vanamo/Kjell Åke Modéer/Helle Vogt (Hg.), Law, History and Culture. Liber Amicorum Ditlev Tamm, 2011, S. 321–334. Trotz der Korrekturen auf den Druckfahnen ist der Titel des Beitrags im Buch leider fehlerhaft gedruckt.

Tat und auch bei dieser Zeitschrift vor allem der Privatrechtsverkehr gemeint war, zeigt die unmittelbar folgende Erläuterung des Redakteurs:

> „Ein weiterer erschwerender Umstand [für die verbreitete Gesetzeskunde] kommt daher, dass unser Baltisches Privat-Recht[31] keine einheitliche systematisierte (geordnete) Gesetzessammlung ist. Zunächst sind da die Unterschiede je nach Gouvernements: in Kurland (dies ist für uns zwar nicht wichtig)[32] soll es auf die eine, in Livland auf eine andere, in Estland auf eine dritte Weise gehen. Dazu kommen noch die Unterschiede zwischen den Stadt-, Land- und Bauernrechten. Wenn in einem dieser Rechte die entsprechende Verordnung fehlt, soll diese bei den anderen als Ergänzung gesucht werden usw."

Dem Privatrecht kommt in diesem Zusammenhang also keine besondere oder gar höhere Aufgabe der Erziehung des Rechtsgefühls und im Kampf um ‚das' Recht zu. Vielmehr lag das Problem einfach darin, dass das in den baltischen Provinzen geltende Privatrecht sogar trotz der Kodifikationen des 19. Jahrhunderts[33] keine Vereinheitlichung erlebt hatte – weder territorial noch personell. Damit war die Privatrechtsordnung trotz der Existenz einer ziemlich jungen Gesetzgebung eigentlich sehr unübersichtlich und durch einen ausgedehnten Partikularismus geprägt. Dass man in einer solchen Lage als ein gemeiner Rechtsgenosse sachkundige Erklärung brauchte, liegt auf der Hand.

Es wurde aber noch ein zweiter Grund genannt, der wahrscheinlich für die Gründung solcher juristischer Laienzeitschriften auf Estnisch der eigentlich ausschlaggebende war:

> „Unsere Gesetze sind in den uns fremden Sprachen gedruckt, ebenso ist die Sprache des Gerichts unserem Volk fremd – dies bereitet dem Kennenlernen der Gesetze besondere Hindernisse. Was die wissenschaftliche Behandlung angeht, erfolgt auch diese in den fremden Sprachen – so dass unser Volk auf keine Weise seine Gesetze in unmittelbaren Originalquellen kennenlernen kann."

---

[31] Gemeint ist das am 12. November 1864 vom Zaren Alexander II. bestätigte und am 1. Juli 1865 in Kraft getretene „Provincialrecht der Ostseegouvernements. Dritter Theil. Privatrecht: Liv-, Est- und Curlaendisches Privatrecht", das öfters kürzer als ‚Baltisches Privatrecht' bezeichnet wird. Davon wurde gleich eine offizielle russische Übersetzung gemacht, ins Estnische ist es aber nur teilweise und inoffiziell übersetzt worden.

[32] Die dritte Ostseeprovinz Kurland gehört heute zu Lettland und wurde mehrheitlich von den Letten besiedelt.

[33] Unter den Kodifikationen im Plural sind hier sowohl das schon erwähnte Gesetzeswerk von 1864/65 als auch die im Laufe der Agrarreformen zustande gekommenen Bauernverordnungen gemeint. Zu den unterschiedlichen Gesetzesideologien der beiden Gattungen näher: *Marju Luts-Sootak*. Die baltischen Privatrechte in den Händen der russischen Reichsjustiz, hier die Abteilung I. 1. Der Beitrag soll demnächst im Rechtsprechungs-Sammelband des MPI-Projekts „Rechtskulturen des modernen Osteuropa. Traditionen und Transfers" erscheinen.

Die Sprachprobleme sollten ein Grund für die etlichen Fehler und Missverständnisse sein, dies gerade im alltäglichen Rechtsverkehr. Wilms nannte dazu ausschließlich privatrechtliche Beispiele:

> „Deshalb [sc. wegen der Sprachbarrieren] ist es verständlich, dass die Leute sich irren und dadurch selbst schädigen, wenn sie ihre Tätigkeit nach den Gesetzessätzen ausüben sollten, diese aber nicht kennen. So treten bei den Verträgen, Testamenten, Pacht- und Mietkontrakten usw. immer Fehler und Unklarheiten auf, die unnütze und manchmal kostspielige Geschäfte verursachen, die aber durch eine weiterreichende und tiefere Gesetzeskunde vermeidbar gewesen wären."

Dem wollte die neue kostenlose Rechtszeitschrift also „nach Kräften abhelfen und diejenigen Fragen erklären, die im Leben alltäglich unmittelbar vorkommen". Deshalb wollte man den Schwerpunkt auf die Erklärung des Baltischen Privatrechts legen. Es ist anzunehmen, dass mit den Beispielen vor allem die Leute auf dem flachen Lande gemeint waren – auch im Jahr 1912 immer noch die Mehrheit der Esten. Immerhin wurden in diesem Zusammenhang nun auch die Strafgesetze erwähnt – auch diese sollten „berührt und erklärt" werden.

Während die privatrechtlichen Fragen alle oder fast alle Leute und die strafrechtlichen eigentlich nur sehr wenige betreffen sollten, wurde doch noch eine konkrete Bevölkerungsgruppe angesprochen, die innerhalb des estnischen Volkes damals an Bedeutung gewann – die Industriearbeiter. Auch diese galten mit guten Gründen als belehrungsbedürftig, wenn es um die Kenntnis der eigenen Rechte und die sozialen Chancen gehen sollte:

> „In unseren immer mehr wachsenden Industriestädten werden die Arbeiterschutzgesetzgebung und die Verordnungen über die Entschädigung für Arbeitsunfälle immer wichtiger. Dasselbe gilt für die für die Emanzipation der Arbeiterklasse so wichtige Assoziationsfreiheit und die gesetzlichen Möglichkeiten des Vereinswesens. Diese Fragen nach den geltenden Gesetzen zu erörtern und die gesetzlichen Chancen aufzuzeigen, ist eine der Hauptaufgaben der Redaktion."

Bei der Gründung der Zeitschrift *Seadus ja Kohus* im 1909 war der Staatsbürgerstatus im Programm nicht direkt angesprochen. Erst im Laufe des Erscheinens der Zeitschrift durch die Übersetzung und Erläuterung der Gesetze zur Staatsversammlung ab dem Jahr 1910 und besonders stark im Jahr 1912 kam dies zum Tragen. Die Wahl zur Staatsversammlung (russ. *Gosudarstvennaja Duma*) hatte im September 1912 stattgefunden. So ist es ziemlich verständlich, dass die Problematik in der neuen Zeitschrift gleich im Programm vom Januar 1912 stand:

> „In der Geschichte der Befreiung unseres Staates und in dem Kampf um die Grundgesetzlichkeit[34] desselben spielen die öffentlichen oder bürgerlichen Rechte der Bürger keine geringe Rolle; deshalb hält die Redaktion auch deren Behandlung für notwendig."

---

[34] Auf Estnisch werden ‚Staat' und ‚Reich' beide mit dem Wort *riik* ausgedrückt. Deshalb bleibt es hier etwas unklar, ob das russische Zarenreich gemeint war oder es um den künftigen estni-

Damit hatte Wilms seine Aufzählung der „wichtigen Fragen des Volkslebens“ zwar beschlossen, die Liste selbst aber für Weiteres offen gelassen. Um „den Kontakt zwischen der Zeitung[sic!] und der Leserschaft zu schaffen und bewahren“, wollte man eine Abteilung für Fragen und Antworten einrichten.[35] Ebenso wollte man die „interessanteren Gerichtsprozesse“ betrachten und bemerkenswerte Gerichtsurteile veröffentlichen. Unter den letzten werden die höchstrichterlichen Urteile des Dirigierenden Senats besonders genannt, weil diese „die Fragen behandelten, die sogar unter den Rechtswissenschaftlern umstritten“ waren, dagegen aber eine „allgemeinere Bedeutung“ hatten.[36]

Dass es schon eine Rechtszeitschrift mit ähnlichen – wenn nicht gleichen – Aufgabenstellungen auf Estnisch gibt, wurde nicht erwähnt. Stattdessen wird das eigene Unternehmen als ein „in Estland fast unversuchter Weg“ bezeichnet.

3. Õigus wieder für Kampf und Erziehung

Eine weitere und wieder ähnliche Zeitschriftengründung hat ein Jahr später stattgefunden, territorial allerdings eher südestnisch ausgerichtet. Die in Tartu erschienene Zeitschrift „Das Recht“[37] war ebenfalls eine Beilage zu mehreren Zeitungen. Als ihre Hauptorgane werden allerdings andere Zeitungen angegeben als bei der vorigen Zeitschrift. Diesmal sind es *Meie Aastasada* (dt. Unser Jahrhundert), *Sakala*[38] und *Meie Kodumaa* (dt. Unser Heimatland). Die erstere wurde 1913 allerdings nicht mehr verlegt, da es sich um eine Zeitung handelte, die nur im Jahr 1907 vom 5. bis 21. Juli anstelle der vorläufig eingestellten ältesten und berühmtesten estnischen Tageszeitung *Postimees* (dt. Der Postbote), des Organs des sog. gemäßigten Zweigs der estnischen Nationalbewegung, in Tartu erschienen war. *Sakala* war bei der Gründung im Jahr 1878 als ein Organ des konkurrierenden Zweiges der estnischen nationalen Erwachensbewegung ein Konkurrenzprodukt. Der Gegensatz der Gründungszeit existierte um die Jahrhundertwende nicht mehr, aber die Stadt Viljandi war ein weiterer Akzent auf der estnischen Periodikalandschaft geblieben. Die

schen Nationalstaat gehen sollte. Ich neige eher dazu, dass mit der ‚Grundgesetzlichkeit‘ hier die erste schriftliche Verfassung des Zarenreichs, das Reichsgrundgesetz von 1906, gemeint war.

[35] Der Aufruf ist auf Resonanz gestoßen. Schon in der übernächsten, der März-Nummer des Jahres 1912, kommt die Rubrik „Briefkasten der Redaktion“ mit Fragen und Antworten (S. 47–48) vor und bewährt sich fortwährend.

[36] Der höchsten Gerichtsbehörde des Zarenreichs, dem Dirigierenden Senat, kam außer der Rechtsprechung, die ebenfalls gleich einem Gesetz verbindlich sein sollte, auch eine gewisse legislative Funktion zu. Dazu näher: *Peter Liessem*, Verwaltungsgerichtsbarkeit im späten Zarenreich: Der Dirigierende Senat und seine Entscheidungen zur russischen Selbstverwaltung (1864–1917), 1996, S. 31 ff.

[37] Hier ist der Untertitel etwas anders, aber doch auch gleich: „Das Recht: kostenlose rechtswissenschaftliche Beilage zu *Unser Jahrhundert*, *Sakala* und *Unser Heimatland*“.

[38] Sakala war ein alter Ortsname für das Gebiet um Viljandi (dt. Fellin).

dritte hier genannte Zeitung ist 1907–1914 ebenfalls in Viljandi und Pärnu (dt. Pernau) erschienen.

Als Herausgeber von *Õigus* werden „der vereidigte Rechtsanwalt O. Rütli[39] und andere Rechtswissenschaftler“ angegeben. Der geschäftsführende Redakteur kam ebenfalls aus dem anwaltlichen Milieu, es war Rechtsanwaltsgehilfe Karl Pikk.[40] Wem von beiden das ca. zwei Seiten starke „Vorwort“ in der ersten Nummer zuzuschreiben ist, bleibt unklar. Ebenso gut können sie dieses Schriftstück auch gemeinsam geschrieben haben. Erneut sollten auf diese Weise die Pläne und Intentionen des Organs mitgeteilt werden.

Wenn es bei den ersten zwei Programmen zunächst darum ging, dass die Verbreitung der Rechtskenntnisse Not tue, wird hier gleich die allgemeinere und abstraktere Ebene des Rechtsstaates angesprochen:

> „Wenn man die Charakteristik des Staates unserer Zeit kurz bezeichnen will, dann sagt man: der Staat der neuen Zeit ist der Staat des Rechts. [...] Während der Staat des Altertums und des Mittelalters, ebenso der sich in der heutigen Zeit auf den niederen Stufen der Entwicklung befindende keine Selbstbeschränkung kennt, sondern beliebig nach seinen Wünschen handelt, bestimmt in dem Staat der neuen Zeit das Recht sowohl das Verhältnis der einzelnen Staaten miteinander als auch das Verhältnis der einzelnen Staatsgewalten und seiner Bürger. Im inneren Leben des Staates wiederum ordnet das Recht die Verhältnisse der einzelnen Bürger untereinander.“[41]

Die estnische Rechtssprache hatte sich inzwischen entwickelt und das Recht war ein eigener Terminus neben dem Gesetz geworden. Dazu hat übrigens Jüri Wilms ein Jahr früher im ersten Aufsatz von *Õigus ja Kohus* erheblich beigetragen. Seiner kurzen Gesamtdarstellung des Baltischen Privatrechts hat er eine lehrbuchartige Erklärung über den Begriff des ‚Gesetzes‘ als einer allgemeinen und nach Regeln erlassenen Verordnung und dann über die beiden Bedeutungen des Begriffs ‚Recht‘ vorausgeschickt.[42] Auch der Verfasser des Programms der nächsten Schwesterzeit-

---

[39] Johan Oskar Rütli wurde 1871 geboren und war damit mit seinen 42 Jahren der älteste unter den hiesigen Akteuren. Er hatte 1897–1901 in Tartu Jura studiert und war nach einem kurzen Abstecher nach Pleskau und Riga daselbst als vereidigter Rechtsanwalt tätig. 1906 wurde er als Deputierter des Gouvernements Livland in die russische Staatsversammlung gewählt, vor und nach dem Krieg mehrfach Deputierter der Stadtversammlung zu Tartu, mehrfach auch Mitglied des Parlaments der Republik Estland. Die erste sowjetische Besatzung hatte er überlebt und ist im Jahr 1944 nach Deutschland emigriert, wo er 1949 in Augsburg im Lager Haunstetten starb.

[40] Karl Robert Pikk wurde 1886 geboren und hatte 1911 sein Studium des Rechts an der Universität Tartu absolviert. In der Zwischenkriegszeit war er vereidigter Rechtsanwalt in Tartu. Während der NS-Besatzung war er im Polizeidienst, wofür er 1944 von Sowjets inhaftiert und für 10 (im Lager) + 5 (in sibirischer Verbannung) Jahre Freiheitsstrafe im Gebiet Kemerovo verurteilt wurde.

[41] Die Hervorhebungen hier und in den folgenden Zitaten folgen dem Original.

[42] *Jüri Wilms*, Pilk Balti eraõigusesse [Blick in das Baltische Privatrecht], Õigus ja Kohus 1 (1912), S. 3 f.

schrift hat seine Erklärungen zu dem Begriff des ‚Rechtsstaates‘ in einem schulmeisterlich erklärenden Ton abgefasst. Diese lehrhafte Erklärung setzt sich fort mit der Beschreibung der Ausnahmen von der gerade geschilderten Normalsituation: Gewalt und Willkür, die sich als Krieg, Aufstand oder Verbrechen manifestieren. Diese sollten aber „seltene Ereignisse“ sein, „das gewöhnliche Leben wird durch das Recht gesteuert“.

Immer noch im Stil einer allgemeinen Rechtslehre wird die innere Entwicklung des Rechts als eine durch Kampf und Gewalt sich vollziehende dargestellt:

> „Aber das Recht selbst ist keine unveränderliche Größe, kein von der Natur vorgegebener Maßstab. Auch das Recht selbst ist die Frucht der Gewalt, des Kampfes, eigentlich ist es einmal Unrecht gewesen, das im Laufe der Zeit das Gute, das Recht geworden ist, als das Unrecht in die Vergessenheit geraten war. Diesen Prozess des Werdens des Rechts miterleben wir jeden Tag, weil ein jedes neue Recht, das jemand erwirbt, auf einer anderen Seite als Unrecht empfunden wird, erst die Zeit formt es zum Recht um, für manche sogar zum Vorrecht.“

Und nun liest man wieder den schon bekannten Topos von der Aufgabe des Einzelnen, für die eigenen subjektiven Rechte zu kämpfen. Allerdings wird diese Pflicht zum Kampf um das Recht nicht als ein sittlicher Imperativ aufgestellt, wie es Jhering getan hatte.[43] Hier wird der Kampf um das Recht in eine Evolution des Rechts eingebettet, die ganz ähnlich wie die Evolution in der Natur laufen sollte:

> „Der Kampf um die eigenen Rechte, die Erweiterung des Kreises der eigenen Rechte, ist ein Teil der Lebensaufgabe eines jeden Menschen, sowohl als Privatperson als auch als Staatsbürger. Damit ist das Recht wie die ganze Natur zum einen stets im Werden, zum anderen im Sterben: der Untergang der Vorrechte des Einen vergrößert die Rechte der Anderen erheblich und notwendig.“

Wenn die Veränderungen in der Rechtsordnung, die man in diesem Kontext nun auch als ‚Rechts-Entwicklung‘ bezeichnen könnte, an ein solches naturwissenschaftliches Konzept gekoppelt werden, kommt dem Kennenlernen der eigenen Rechte wieder eine höhere Dimension zu. Es soll nicht bloß der Vermeidung der möglichen Fehler bei den alltäglichen oder auch etwas ungewöhnlicheren Rechtsgeschäften dienen. Der große Kampf um das Recht steht im Vordergrund und der Einzelne soll sich dem ergeben:

> „In diesem Kampf um das Recht ist das Recht selbst eine Waffe und wie die Waffe rostet, wenn sie nicht benutzt wird, so verliert auch das Recht seine Kraft, wenn es ruht; das Recht ruht aber, wenn die Person es nicht kennt, es nicht zur Hilfe bei der Gestaltung ihres Lebens einsetzen mag. Schon das Kennenlernen der eigenen Rechte ist eine wichtige Tat im Kampf um das Recht.“

---

[43] Vgl. *Jhering*, Kampf (o. Fn.20), S. 27: „Der Widerstand gegen das Unrecht ist Pflicht, Pflicht des Berechtigten gegen sich selber – denn es ist ein Gebot der moralischen Selbsterhaltung – Pflicht gegen das Gemeinwesen – denn er muss, um erfolgreich zu sein, ein allgemeiner sein“. In der späteren ergänzten Auflage heißt das Ende etwas anders: „ [...] denn er ist nötig, damit das Recht sich verwirkliche“.

Nun kommt also die helfende Hand einer estnischen Rechtszeitschrift. Die Rechte des Einzelnen seien in der „neuen Zeit" aus den Gesetzen zu entnehmen. Es soll aber so viele Gesetze geben, dass nicht Jedermann fähig sei, die richtigen herauszufinden, um seine Rechte kennenzulernen. Dass die geltenden Gesetze für die Esten in einer fremden Sprache erlassen sind, wird hier nicht erwähnt. Vielmehr wird betont, es seien die Gesetze öfters so kompliziert gefasst, dass das Herausfinden „des richtigen Kerns sehr scharfe Zähne" verlange. Genau hier wollte die Zeitschrift ihrer Leserschaft die nötige Hilfe anbieten:

> „Hier will ‚Das Recht' seinem Leser beiseite treten. Erstens will es in seinem Leserkreis das Rechtsgefühl erziehen und bilden und bemüht sich deshalb, Übersichten von allgemeinerer Bedeutung zu allen wichtigen Rechtsbereichen anzubieten, insbesondere aber durch die Behandlung der neuen Gesetzesentwürfe zu zeigen, was die staatsbürgerlichen Interessen von kommenden Gesetzen verlangen und wie sich das neue Gesetz gestalten soll, gleichfalls die Defizite der geltenden Gesetze aufzeigen."

Zum ersten Mal kommt hier ein rechtspolitisches Element im Programm einer estnischen Rechtszeitschrift ausdrücklich vor. Die Absicht ist aber merkwürdig genug, um sie noch einmal näher anzuschauen. Es sollten die Gesetzesentwürfe also nicht einfach bekanntgemacht werden, damit die Leute wissen, welche neuen Rechte oder auch Pflichten und Einschränkungen das künftige Gesetz ihnen zukommen lassen will. Nein, durch die Behandlung des Entwurfs sollte sozusagen das künftige Gesetz selbst belehrt werden. Insoweit erscheint *Õigus* vielmehr als eine erste estnischsprachige Zeitschrift von Juristen für Juristen – der Werdegang eines Entwurfs sollte in die künftige Anwendung des Gesetzes münden und dies war damals wie heute ein Juristengeschäft.

Während das nüchterne Programm von *Õigus ja Kohus* ein Jahr zuvor am Ende auf Bescheidenheit setzte und „mehr anbieten als versprechen" wollte, um die Erwartungen nicht zu enttäuschen, gab es hier keinen Platz für die Bescheidenheit. Das Ziel der Zeitschrift sollte nicht etwa nur Hilfe bei konkreten Lebensproblemen sein, sondern war viel höher oder vielleicht auch tiefer gelegt und zwar in der Erziehung des Staatsbürgers:

> „Wenn ‚Das Recht' mitwirken kann, dass seine Leser zu reifen, wohlbeleibten Staatsbürgern gedeihen, dann können die Redaktion und Mitverfasser mit ihrer Arbeit zufrieden sein."

Für die Zufriedenheit gab es anscheinend schon nach einem Jahr keinen Grund mehr – die Zeitschrift ist anfangs 1914 eingestellt worden. So hat bis zum Kriegsausbruch nur die zweite hier betrachtete Zeitschrift *Õigus ja Kohus* durchgehalten. Insoweit erscheint die nüchterne praktische Ratgeberrolle im Vergleich zu metaphysisch gesättigten Ambitionen die erfolgreichere Strategie gewesen zu sein. Eine andere Frage ist aber, inwieweit die unterschiedlichen Programme zu einer unterschiedlichen Veröffentlichungspraxis geführt haben.

IV. Inhalte

In der Veröffentlichungspraxis der drei Zeitschriften kann man nur winzige Unterschiede beobachten. So konnte die älteste der Zeitschriften die angekündigte Rubrik „Fragen und Antworten" eigentlich nicht etablieren, die anderen zwei Zeitschriften aber sehr wohl und regelmäßig. Dagegen gab es in *Seadus ja Kohus* mehr Berichte über die neuen Senatsentscheidungen, Regierungserlasse, Übersetzungen der Vereinssatzungen u.ä.[44] Dies allerdings vor allem in der Petersburger Zeit der Zeitschrift und unter der Redaktion Pungs. Nachdem der Anwaltsgehilfe Ado Birk,[45] der schon im Jahrgang 1912 sehr intensiv mitgeschrieben hatte, seit 1913 die Geschäftsführung der Redaktion übernommen hatte, fielen solche Berichte auch bei *Seadus ja Kohus* weg und damit ist auch dieser Unterschied eingeebnet.

Thematisch kann man ebenfalls keine gravierenden Unterschiede feststellen. In allen drei prävalieren die privatrechtlichen Themen, von der allgemeinen Übersicht über das Baltische Privatrecht im Allgemeinen bis zur Behandlung der einzelnen Institute und Verträge. Auch *Õigus*, die im Programm mehr die staatsbürgerliche Seite betont hatte, lieferte von insgesamt 22 Beiträgen zehn zum Privatrecht (daneben drei zum Steuerrecht, zwei zum Strafrecht, zwei zum Prozessrecht und jeweils nur einen zu den Themen Arbeiterversicherung, Militärdienst, Staatsversammlung und Straßenbau). Bei den anderen Zeitschriften waren die Proportionen und öfters auch die Themen gleich. Dass im Wahljahr 1912 und danach alle drei über die Staatsversammlung, über das entsprechende Wahlrecht u.ä. berichteten, ist nur natürlich. Dagegen erscheinen die mehrfachen Belehrungen zu Handgeld[46] und Schenkung[47] oder mehrere Gesamtübersichten zum Erbrecht[48] fast wie eine Res-

---

[44] Eingehend zu der inhaltlichen Seite der Zeitschrift *Seadus ja Kohus*: *Luts-Sootak*, Juridica International XVII, 2010, S. 64 ff., die hier auch als *pars pro toto* für die anderen zwei Zeitschriften gelten kann.

[45] Ado Birk wurde 1883 in der Familie eines Bauernhofpächters geboren, hatte seine Ausbildung im orthodoxen Seminar zu Riga und 1905–1907 in der orthodoxen Akademie zu St. Petersburg bekommen, begann dann 1907–1908 in Tartu mit dem Rechtsstudium, das er 1908–1911 in St. Petersburg und 1911 in Leipzig fortsetzte. Die berufliche Laufbahn hat er im Statistikbüro in Tallinn begonnen, war dann aber 1912–1917 Anwaltsgehilfe, und zwar ebenfalls im schon erwähnten Büro von Jaan Poska. Auch Birk gehörte 1917 zum Landrat und 1919–1920 zur Nationalversammlung, später zum Parlament der Republik Estland. Er war 1919–20 Außenminister, dann Premierminister, 1925 wieder Außenminister und 1922–1926 Estlands Botschafter in der Sowjetunion. Seit dem Ende der 1920er Jahre wechselte er von der Politik in die Wirtschaft, wurde aber trotzdem 1941 von den Sowjets inhaftiert. Er ist im Lager in Sverdlovsk noch vor der Vollziehung des Todesurteils in demselben Jahr gestorben.

[46] *Aleksander Pallas*, Käsiraha [Das Handgeld], Seadus ja Kohus 9 (1912), S. 49–51; *Peeter Ruubel*, Käsiraha [Das Handgeld], Õigus ja Kohus 2 (1914), S. 25–27.

[47] Tegew adwokat [Tätiger Rechtsanwalt], Juhtumised praktikast [Fälle aus der Praxis], Seadus ja Kohus 10 (1912), S. 75–80; *Aleksander Pallas*, Kinkimine [Die Schenkung], Õigus ja Kohus 3 (1913), S. 33–41; *Karl Pikk*, Kinkimine [Die Schenkung], Õigus 5 (1913), S. 74–77.

sourcenverschwendung bei der im Allgemeinen waltenden Rechtsliteraturarmut auf Estnisch. Die wiederholte Beschäftigung mit den gleichen Themen lässt sich auch nicht etwa damit erklären, dass die Zeitschriften für die Diskussion der Streitfragen benutzt worden wären. Ganz im Gegenteil, die früheren Beiträge zu den behandelten Themen wurden nicht einmal erwähnt.

Die Beobachtung Joachim Rückerts über die populären Rechtszeitschriften im Deutschland des 19. Jahrhunderts, dass sie relativ politischer waren als die professionellen wissenschaftlichen und praktischen Zeitschriften,[49] lässt sich bei diesen estnischen Gründungen nur teilweise bestätigen. Natürlich kann dies von den Zensurverhältnissen des Zarenreichs herrühren, aber die Politik und sogar die Rechtspolitik ist kaum das Thema der betrachteten estnischen Zeitschriften gewesen. *Õigus* hatte im Programm zwar durch das Versprechen, Gesetzesentwürfe zu veröffentlichen, die rechtspolitische Seite angesprochen, aber in Wirklichkeit wurde dort gar kein Entwurf abgedruckt. Die einzige veröffentlichte Erklärung zu einem Gesetz im Vakationszustand schildert ohne jegliche rechtspolitische Ambitionen nur die kommenden Veränderungen in der Prozessform.[50] In dem einzigen klar rechtspolitisch geprägten Beitrag ging es um die Frage, wer in Livland die Dorfstraßen reparieren soll[51] – auch nicht gerade ein gesellschaftsumstürzendes Problem.

Von der allgemeinen Bescheidenheit im Politischen scheint *Õigus ja Kohus* doch auch eine Ausnahme zu machen. Schon in der ersten Nummer wurde Front gegen die baltischen Gutsherren gemacht. Wilms hat dies schon in seinem Auftaktartikel zum Baltischen Privatrecht – eigentlich eine Übersicht über die Artikel I–XXIX des einleitenden Teils des Gesetzbuchs[52] – getan. Da das Baltische Privatrecht nur das adlige, nicht aber das bäuerliche Landrecht enthalten hatte, kommt es am Ende des Aufsatzes zu einer Frage, die er damals wohl nicht nur rhetorisch gemeint haben kann und auch so wahrgenommen wurde: „Wer kennt denn nicht unsere baltischen Gutsherren und ihre Vorrechte?“[53] Nach dieser Frage versprach Wilms mehr zum Thema Gutsherren und Vorrechte in der Zukunft, aber es folgt

[48] *Anton Palwadre*, Pärandamine Eesti- ja Liiwimaa Talupoja-õiguse järele [Die Vererbung nach dem est- und livländischen Bauern-Recht], Õigus ja Kohus 3, 4 und 5 (1912), S. 44–47, 58–63 und 68–79; *Karl Pikk*, Liiwimaa talurahwa päranduseõigus [Bäuerliches Erbrecht Livlands], Õigus 3 und 4 (1913), S. 40–44 und 61–64.

[49] *Rückert*, Juridica International XVII, 2010, S. 25

[50] *Rein Eliaser*, Lähemad uuendused kohtupidamises. Üleüldised märkused [Die nächsten Erneuerungen im Gerichtswesen. Allgemeine Bemerkungen], Õigus 6 (1913), S. 88–94.

[51] [anonym], Külawahe-teede korraspidamise asjus Liiwimaal [Über die Reparatur der Dorfstraßen in Livland], Õigus 5 (1913), S. 78.

[52] Die Einleitung setzt sich fort mit den Artikeln XXX–XXXVI über die Kollisionsregeln zwischen verschiedenen örtlichen Rechten, die für Wilms vielleicht zu kompliziert erschienen, um sie in aller Kürze für das Laienpublikum zu erklären.

[53] *Wilms*, Õigus ja Kohus 1 (1912), S. 10.

gleich auf der nächsten Seite ein Aufsatz von Rein Eliaser[54] über die baltischen Gutsherren und bäuerlichen Pächter, der gleich im ersten Satz ganz ähnlich fragt: „Wer in Estland kennt denn nicht den baltischen Baron und seinen Charakter?“[55] Nach einer ziemlich massiven Kritik an den Baronen mündete die Abhandlung in eine recht ausführliche Rechtsbelehrung über die entsprechenden Artikel des Baltischen Privatrechts für die bäuerlichen Pächter. Dass die russische Zensur so einen Angriff gegen die vorhandenen Verhältnisse nicht verboten hat, liegt wohl daran, dass sich auch die Zentralmacht selbst schon seit Jahrzehnten die Einschränkung der Vorrechte der ‚baltischen Barone‘ zur eigenen Aufgabe gemacht hatte. Alle sollten gut den baltischen Baron kennen, nun wollte man allerdings auch sein Privatrecht näher kennenlernen und durch die bessere Rechtskenntnis eigene Geschäfte – auch mit den Baronen – sicherer führen.

Es ist also auch hier festzuhalten, dass trotz der wiederholten Kritik gegenüber den Baronen, manchmal auch gegenüber der Regierungswillkür[56] oder den Gesetzesvorschriften, die etwa in marxistischer Selbstverständlichkeit zum Herrschaftsinstrumentarium erklärt wurden,[57] diese danach doch sorgfältig ausgelegt und volkstümlich belehrend dargestellt wurden. Es ging nicht darum, zur Revolution oder mindestens zur Gesetzesreform aufzurufen, obschon die entsprechenden Gesetze nach der festen Überzeugung des Verfassers „alt und veraltet“ waren. Ganz im Gegenteil – auch diese veralteten und verworrenen, in den fremden Sprachen abgefassten Rechtssätze waren nicht allgemein bekannt und in diesem Punkt wollte man durch die volkstümliche Rechtszeitschrift nachhelfen. Genau so – zunächst allgemein kritisch gegenüber den angeblich veralteten und den gesellschaftlichen

[54] Rein Eliaser wurde 1885 als Bauernsohn geboren, lernte 1897–1906 in der Schule der Geistlichen zu Riga und studierte danach 1906–1907 in Kasan und 1907–1910 in Tartu Rechtswissenschaft. 1910–1939 war er vereidigter Rechtsanwalt in Tallinn, 1939–1940 kurz auch Mitglied des Obersten Gerichtshofs, Staatsgericht; nach dessen Auflösung aufgrund der sowjetischen Besatzung wieder Rechtsanwalt. Er wurde 1941 inhaftiert und ist noch in demselben Jahr im Lager im Sverdlovsk-Gebiet gestorben.

[55] *Rein Eliaser*, Balti mõisnikud ja rentnikud [Die baltischen Gutsherren und Pächter], Õigus ja Kohus 1 (1912), S. 11.

[56] *Jüri Wilms*, Omavalitsuse-ametnikkude nimetamine ja wabastamine [Die Ernennung und Entlassung der Selbstverwaltungsbeamten], Õigus ja Kohus 2 und 3 (1912), S. 17–22 und 33–41.

[57] Vgl. *Jüri Wilms*, Peremeeste ja teenijate wahekord [Das Verhältnis zwischen den Hausherren und Bediensteten], Õigus ja Kohus 6 (1913), S. 81 f.: „Es ist eine Binsenwahrheit, dass die Gesetze im Allgemeinen, insbesondere aber die Gesetze in diesem hier zu behandelnden Bereich im Interesse dieser Klasse gemacht werden, die im Staat die Schaltstellen der Macht besetzt. Mit anderen Worten: in unseren Gesetzen spiegeln sich die Kraftverhältnisse zwischen den [gesellschaftlichen] Klassen wider, die auf dem Entwicklungsstand des wirtschaftlichen Fortschritts beruhen. Da in keinem Staat die Herrschaft in den Händen der Arbeiter liegt, ist jedem nüchternen und wissenschaftlichen Beobachter klar, dass die Gesetze nicht zugunsten der Arbeiter gemacht worden sind. […] Die Rechtssätze unserer Bauernverordnungen lassen unsere Junker klar wiedererkennen.“

Bedürfnissen nicht mehr entsprechenden Lösungen der geltenden Gesetze und dann doch das geltende Recht erklärend und belehrend – behandelte man etwa auch die Problematik der Zivilehe.[58] Das geltende Recht kannte nämlich nur die kirchliche Ehe, in der Gesellschaft gab es aber schon genügend Paare, die selbst ihre Beziehung als Zivilehe betrachteten. Der Verfasser meinte, dass „im Laufe der Zeit auch bei uns die Entwicklung der Idee der Glaubensfreiheit das Privatrecht von der Wirkung des kirchlichen Glaubens endgültig befreit",[59] zunächst war es aber noch nicht so weit und sogar Freigeister sollten sich über das geltende Recht vergewissern. Insoweit blieb auch die politisch etwas radikalere Zeitschrift *Õigus ja Kohus* grundsätzlich loyal zum geltenden Recht.

Nicht in einer Arbeitsteilung zwischen den Zeitschriften, aber etwa an der Zeitachse kann man sehen, dass die Thematik sich von „mehr ländlich" zu „mehr städtisch" bewegte. In den Jahren 1909–1912 ist die Problematik der Bauerngemeinden noch sehr präsent. In den Jahren 1913/14 kommt sie kaum noch vor. Dagegen schreibt man in allen drei Zeitschriften 1913 über das neue Arbeiterversicherungsgesetz. Alle drei Zeitschriften berichteten sorgfältig über die rechtlichen Möglichkeiten der Selbstentfaltung, der Verwirklichung der staatsbürgerlichen Rechte oder der Assoziationsfreiheit u.ä. *Seadus ja Kohus* etwa hat in seinen viereinhalb Erscheinungsjahren zehn Beispielsatzungen von der des Bau- und Sparvereins Hannover bis zur Satzung der Hufbeschlagkurse in Tukkum in estnischer Übersetzung veröffentlicht. Der in den Programmen geschilderte Trieb zum sozialen Aufstieg und zur Selbstentfaltung ist auch in den Zeitschriftenbeiträgen spürbar. Sei es nun mit oder ohne metaphysischen Bezug, Emanzipationsansprüche und Freiheitsethos sind unverkennbar, auch wenn sie in den jeweiligen Rahmenbedingungen des geltenden Rechts zu verwirklichen waren. Als ein Beleg dafür gilt eine Passage aus dem Beitrag eines cand. jur., des 32-jährigen Anwaltsgehilfen J. Sabas,[60] dessen privatrechtstheoretische Überlegungen man heute als ‚historisch-kritisch' bezeichnen könnte:

---

[58] *Anton Palwadre*, Wäljaspool abielu sugulise läbikäimise seaduslikud tagajärjed [Die rechtlichen Folgen der außerehelichen geschlechtlichen Beziehungen], Õigus ja Kohus 9 (1913), S. 129–139.

[59] A.a.O., S. 130.

[60] Später benutzte man die Namensvariante Johan Sapas. Er wurde 1880 geboren, absolvierte das Geistlichenseminar zu Riga und war dann als Küster und Landschullehrer tätig. 1904 hat er sein Studium an der Naturwissenschaftlichen Fakultät zu Tartu aufgenommen, ist dann aber schnell in die Juristenfakultät gewechselt und hat dort 1909 die Prüfung absolviert. Er blieb noch kurz als Anwaltsgehilfe in Tartu, wo er auch die Zeitung *Olevik* (dt. Die Gegenwart) redigierte. 1912 wurde er Anwaltsgehilfe in Riga, 1913 Vorsitzender des Stadtweisengerichts in Tallinn. 1919–1921 war er als Konsul in der estnischen Botschaft zu London, dann wieder Anwaltsgehilfe und 1927–1934 vereidigter Rechtsanwalt in Tallinn. 1941 evakuierte er nach Russland und kehrte nach dem Krieg zurück nach Estland, wo er 1952 starb. Ich konnte nicht ermitteln, was für einen Beruf er nach seiner Streichung von der Liste der estnischen Anwälte im Jahr 1934 ausgeübt hat.

„Damit Sachen- und Schuld-Recht nebeneinander als zwei selbständige Bereiche existieren können, wird als eine notwendige Voraussetzung die persönliche Freiheit der Menschen benötigt. Die Menschen müssen von dem persönlichen und ständischen Joch frei sein, mit einem Wort: es wird die Vertragsfreiheit benötigt. [...] Aber da, wo die Voraussetzung des Schuldrechts, die Vertragsfreiheit, fehlt, wo die Gesellschaft gebunden ist, wie im mittelalterlichen West-Europa oder bis zur zweiten Hälfte des 19. Jahrhunderts in Russland, da hat das Schuldrecht keine Chance sich zu entwickeln wie im alten Rom oder im heutigen deutschen Recht. Noch mehr: da kommt das Schuldrecht erst nach dem Sachenrecht, wo es als ein Mittel des niederen Ranges für die Erlangung der sachenrechtlichen Ziele eingesetzt wird“.[61]

Es wird hier also der Übergang von der gebundenen Gesellschaft zur freien Gesellschaft und damit einhergehend vom gebundenen Privatrecht zum freien Privatrecht[62] geschildert und die besondere Stellung des Schuldrechts in einer solchen neuen Gesellschaft und besonders für ein solch neues Recht hervorgehoben. Es wundert wohl nicht, dass in diesem Zusammenhang der Unterscheidung zwischen Schuld- und Sachenrecht auch Friedrich Carl von Savigny erwähnt wird,[63] zwar nur ganz allgemein und ohne konkreten Werkhinweis. Immerhin, bei dem eher üblichen Behandlungsstil ohne Hinweise im Allgemeinen war so eine Erwähnung schon eine besondere Hervorhebung – möglicherweise sogar die allererste auf Estnisch.

V. Schlussbetrachtung

Wie erwähnt, ist von den drei gleichzeitig erschienenen Zeitschriften nach dem Frühjahr 1914 nur noch die nüchtern praktische und pragmatische, aber auch politisch etwas engagiertere *Õigus ja Kohus* erhalten geblieben. Ich will trotzdem diese Anfangsphase der estnischen Rechtsperiodika als eine Erfolgsgeschichte der populären Rechtszeitschriften bezeichnen.

Erstens schon deshalb, weil diese Zeitschriften überhaupt gegründet und herausgegeben wurden. In Skandinavien z.B., wo die Rechts- und Gerichtskultur im Allgemeinen etwas „volksnäher“ ist als etwa in Deutschland, sind solche populären Rechtszeitschriften nicht bekannt.[64] Für die Laien war die Literaturgattung der

---

[61] *Johan Sabas*, Asja- ja kohustuse-õiguse wahekorrast [Über das Verhältnis des Sachen- und Schuldrechts], Õigus ja Kohus 5 (1912), S. 66 f. Hervorhebung wie im Original.

[62] Zu Begriff und Konzeption des ‚gebundenen‘ Privatrechts und zur Gegenüberstellung eines solchen zum freiheitlichen, aber auch selbst ‚freien‘ Privatrecht grundlegend: *Joachim Rückert*, Das BGB und seine Prinzipien: Aufgabe, Lösung, Erfolg, in: Mathias Schmoeckel/Joachim Rückert/Reinhard Zimmermann (Hg.), Historisch-kritischer Kommentar zum BGB, Bd. 1, 2003, Rn. 69 ff.

[63] *Sabas*, Õigus ja Kohus 5 (1912), S. 65.

[64] Zur Laienbeteiligung im schwedischen und finnischen Gerichtswesen: *Pia Letto-Vanamo*, Laien als Richter – warum und wozu?, in: Jörn Eckert/Pia Letto-Vanamo/Kjell Åke Modéer (Hg.), Juristen im Ostseeraum. Dritter Rechtshistorikertag im Ostseeraum 20.–22. Mai 2004, 2007, S. 97–105; zum Zusammenhang zwischen der durch die Laienbeteiligung geprägten Gerichtskultur und dem Realismus im Rechtsdenken aufschlussreich: *Heikki Pihlajamäki*, Against

Handbücher und Rechtsratgeber bestimmt, nicht aber besondere Periodika. Auf Estnisch gab es übrigens auch solche Ratgeber,[65] aber man hat trotzdem diese Laienzeitschriften daneben herausgegeben.

Zweitens war z.B. *Seadus ja Kohus* auch im internationalen Vergleich mit seinen viereinhalb Erscheinungsjahren relativ langlebig. Die Einstellung der Zeitschrift scheint vor allem durch innere Konkurrenz mit den ähnlichen Zeitschriften bedingt zu sein. Ebenso ist zu vermuten, dass *Õigus ja Kohus* weiterhin ruhig als Monatsschrift fortgesetzt worden wäre, wäre nicht der Krieg ausgebrochen. Im Blick zurück erscheint es nahezu symbolisch, dass es in ihrem letzten Beitrag in der Julinummer 1914 darum ging, worüber nach einem Gesetz vom 12.7.1914 die öffentliche Presse im Zarenreich nicht berichten durfte: alles mit Militär verbundene, ebenso Eisenbahn, Seehafen, neue Straßen usw.[66] J. Rückert zählt für ganz Deutschland im 19. Jahrhundert etwa 20 populäre Rechtszeitschriften auf, von denen sich aber keine eigentlich zu einem Langläufer mit zehn oder mehr Erscheinungsjahren qualifizierte. In Deutschland hatten sich anfangs populäre Zeitschriften teilweise auch schnell in mehr wissenschaftliche oder mehr praktische Organe umgewandelt.[67] Diese Gefahr gab es bei diesen estnischen Zeitschriften nicht – wegen des Fehlens einer estnischsprachigen Universität und wegen des Fehlens einer estnischsprachigen Rechtsprechung. Nach dem Krieg, in der neuen Republik Estland hat man beides gleich eingeführt und es sind gar keine populären Rechtszeitschriften mehr erschienen – nur eine einzige, wissenschaftlich-praktische Zeitschrift *Õigus* (dt. Das Recht), die in Tartu 1920–1940 vom Juristenverein herausgegeben wurde. Insoweit hat sich die Rechtszeitschriftenlandschaft im estnischen Nationalstaat ebenfalls „normalisiert“: Für die Juristen gab es zwar nur eine und universale, aber immerhin eine Standeszeitschrift und den Laien hat man über Handbücher und allgemeine Periodika die Rechtsbelehrung angeboten. Aber genau da zeigt sich noch

---

Metaphysics in Law: The Historical Background of American and Scandinavian Legal Realism Compared, American Journal of Comparative Law 52 (2004), S. 469–487.

[65] *Georg Eduard Luiga*, Õigus ja kohus: Tarviline seaduse asjade käsiraamat igaühele igapäevases elus ja kohtukäimises. 1. jagu: Kohtupidamise kord kõigis kohtutes ja palvekirjade proovid [Recht und Gericht: Nützliches Handbuch der Gesetzessachen für Jedermann im alltäglichen Leben und Prozessführung. 1. Teil: Prozessordnung aller Gerichte und Proben der Klageschriften], 1891, 75 S.; *Joosep Robert Rezold*, Tark kohtu käia. Juhatus, kuidas igaüks isi oma kohtu asju aeada ja protsessid wõita wõib, kui temal wähegi õigus on [Kluger Prozessführer: Belehrung, wie Jedermann selbst seine Gerichtssachen führen und Prozesse gewinnen kann, wenn er mindestens einigermaßen Recht hat], 1893, 32 S.; *Jaan Tõnisson* (Hg.), Kodaniku käsiraamat [Handbuch des Bürgers], 3 Bde., 1911–1913, 139, 147 und 164 S. Diese mir bekannten Bücher haben also ihrerseits 557 weitere Seiten Rechtsliteratur von Juristen für Laien angeboten.

[66] [anonym], Asjad, millest ajalehed ei tohi kirjutada [Die Dinge, worüber die Zeitungen nicht schreiben dürfen], Õigus ja Kohus 7 (1914), S. 106–108.

[67] *Rückert*, Juridica International XVII, 2010, S. 25 f.

einmal die Eigenart der estnischen Bemühungen um die populären Rechtszeitschriften vor dem Ersten Weltkrieg.

Es gab auch vor dem Krieg in den estnischen Zeitungen allgemeine Spalten für Rechtsrat, Juristensprechstunden, merkwürdige Gerichtsfälle usw. Gewöhnlicherweise sollten diese so viel Konkurrenz erzeugen, dass kein Marktanteil mehr für die populären Rechtszeitschriften übrig bleibt.[68] Dass es damals recht viele Zeitungen auf Estnisch gab, ist hier schon oben klar geworden, als die Hauptorgane der Zeitschriften aufgelistet wurden. Und dies sind ja nicht alle – es sind in diesen Jahren 33 bis 35 Zeitungen auf Estnisch erschienen.[69] Wenn manche dieser Zeitungen die Rechtszeitschriften als günstige oder gar kostenlose Beilagen erscheinen ließen, dann haben sie ihre Beilagen anscheinend nicht als Konkurrenz zum Hauptorgan betrachtet. Noch mehr, die kostenlosen oder günstigen Beilagen als Geschenke zu den Jahresabonnements sollten in der enormen Zeitungenkonkurrenz zum Vorteil werden,[70] und so wurden sie vielmehr für Werbezwecke eingesetzt.

Damit bin ich bei einem Punkt gekommen, der mir bei diesen estnischen Rechtszeitschriften für Laien als entscheidend erscheint: das Missionsgefühl und das persönliche Engagement der Herausgeber und Verfasser. Dass diese Zeitschriften keinen Profit erwirtschaftet oder gar versprochen haben, ist ganz klar. Auf der Herausgeber- und Verfasserseite haben sich aktive Anwälte durch ihren alltäglichen Beruf ernährt und darüber hinaus die Zeit und Mühe in diese kostenlose Volksaufklärung investiert. Von welchem Berufsethos dieses Tätigkeitsfeld getragen wurde, lässt ein anonymer Verfasser gut erkennen:

> „Der Staat und die Gesellschaft sind wegen des Ziels gerechter Rechtsprechung gleicherweise sowohl daran interessiert, dass in den Gerichten sachkundige und gerechte Richter fungieren, wie daran, dass in den Gerichten sachkundige und gerechte Anwälte auftreten. Mit der Entwicklung des Gesellschaftslebens reicht aber die Wichtigkeit des Anwaltsstandes über die ab und zu hervorgehobene Wichtigkeit des Gerichts hinaus. Die Anwaltschaft wird dann zum Träger einer noch breiteren gesellschaftlichen Pflicht, nämlich zum Beschützer der Gesetzlichkeit und Gerechtigkeit im allgemeineren Sinn im Staate selbst, auch gegen den Staat als Organisation der Herrschaft. Zwischen der Person als Einzelnem und dem Ganzen als staatlichem Gebilde gibt es einen ständigen An[t]agonismus. Die Person ist öfters gezwungen, ihre Rechte gegenüber der Staatsgewalt einzufordern und zu schützen. Diese Aufgabe ist schwer und für die Einzelperson technisch unerfüllbar. Man braucht hier einen besonderen Schutz, den Schutz einer tat-

---

[68] Siehe *Rückert*, Juridica International XVII, 2010, S. 26 m.w.N.

[69] *Igasta*, Dynamik (o. Fn. 27), S. 43.

[70] So *Anneli Avistu*, Ajaleheturunduse algusaegadelt [Aus der Anfangzeit der Zeitungsvermarktung], in: Epp Lauk (Hg.), Peatükke Eesti ajakirjanduse ajaloost [Stationen aus der Geschichte des estnischen Journalismus], 2000, S. 54.

> kräftigen, selbständigen und freien Organisation. Diese Aufgabe soll ein richtig geordneter Anwaltsstand auf sich nehmen."[71]

Die oben in den Fußnoten angegebenen Kurzbiographien zeigen meistens glänzende politische Karrieren in der Republik Estland in der Zwischenkriegszeit. Anscheinend waren die hiesigen Akteure, alles Bildungsaufsteiger der ersten und damit sehr motivierten Generation, für die engen Wände einer gewöhnlichen Anwaltskanzlei einfach zu ambitioniert und zu tatkräftig. Dieselben Kurzbiographien lassen aber noch eine öfters durchlaufende Gemeinsamkeit erkennen – die meisten von diesen aktiven und mutigen Männern sind irgendwo im Lager gestorben oder erschossen worden, die meisten im Gulag in Sibirien. Es sei deshalb mit diesem Beitrag hier ein kleines Denkmal für diese ersten estnischen Juristen gesetzt, die, der Geschichte vorauseilend, die auf ihren Gräbern fehlenden Denkmäler durch die ersten estnischen Rechtszeitschriften schon zu Lebzeiten gesetzt hatten.

[71] [anonym], Mis wahe on wannutatud adwokadi, wannutatud adwokadi abi, era-adwokadi ja n.n. „nurga-adwokadi" wahel [Was für einen Unterschied gibt es zwischen dem vereideten Rechtsanwalt, dem Gehilfen des vereideten Rechtsanwalts, dem Privatanwalt und dem sog. „Winkeladvokaten"], Õigus ja Kohus 2 (1914), S. 42; für seine Ausführungen stützte sich der anonyme Verfasser auf Edmund Benedikts Werk „Die Advokatur unserer Zeit", Wien 1903.

Transformation of the Post-Soviet Russian Constitutional Order: The Influence of European Trends

Elena Makarova

I. Introduction

Seventeen years ago, in 1993 Russia adopted its first post-Soviet Constitution, which marked the beginning of a new era in the history of the state: a transition from a totalitarian regime to democracy.

The new Russian Constitution is a product of the Russian mind, influenced in some ways by constitutional models elsewhere. And in spite of its possible short-comings, it is the best document that Russia presents at this time.[1] Just like any other modern constitution, it will be subjected to revisions and modifications in response to internal and external development. As one of the "fathers" of the Constitution, Oleg Rumyantshev has said: "On the phase of drafting, we put everything on a clear sheet of paper. It was not copying a US model, or a French model".[2] From his point of view, the main task then was to come up with basic rules and to set up "what the main order for the Russian Federation was" in post-perestroika times.

Why have the constitutional makers looked very attentively to the experience of western countries and even tried to copy them sometimes? For the Soviet and Russian people Europe was (and partly is) a highly attractive region in terms of way of life. During the last years of Russian president Gorbachev's term of office, western European democracies were clearly taken as a model, or goal. In the years 1991–1992 everybody spoke of a transition to the Western system. Here, Western means precisely European, not American. This has depended on many factors: the Soviet attitude towards the USA as the main enemy, similarity of the Russian legal system to the continental system, not to common law, and others. Europe was closer in the mind of average Russians. For example, Sweden no doubt came out as the successful model of combined socialism and capitalism. And France was traditionally perceived as the country with the nicest culture. Most educated Russians have some notions about French literature, German music and Italian art. Now the young generation is less educated in humanities and art and is more attracted to American music, movies, law and economics. But to an average Russian in 1990, America

---

1 For example, Oleg Rumyantshev called the history of the constitution "a thriller", adding that there has been nothing more exciting in contemporary Russian history. *O. Rumyantshev*, Russian constitution turns 16, in: http://www.rumiantsev.ru/englishtexts/36/ [9.1.2011].

2 Ibid.

remained a very remote and unknown universe whereas Europe is and was at the time of making the constitution closer. As the geographer Vladimir Kolossov explains, "Russia is a Eurasian country by its geographic location but in cultural terms and in self-identification, it claims to be European. However, other aspects of Russian culture, in particular the relation between rules and being ruled is far from being European".[3]

However, during the time of the creation of a new constitutional order, many politicians looked at the different European models and tried to embody them to the Russian system.

II. The constitutional developments before and after the fall of the USSR

Under Mikhail Gorbachev radical changes began to occur in the USSR in the 1980s, and the 1977 Constitution was amended to advance these changes. The 1988–1990 amendments secured relatively free elections to a newly created Congress of People's Deputies, abolished the special constitutional position of the Communist Party, legalized competing political parties, and created the post of president who should be chosen by popular election. An amendment to the constitution created a Committee on Constitutional Review empowered to examine legislation for conformity to the constitution. During its brief existence, the committee identified a number of the worst features of the Soviet system as being unconstitutional, such as secret legislation and restrictions on freedom of movement.[4]

The Constitution of 1977 was amended over 300 times. But when the USSR disintegrated in 1990 and 1991, the constitution lost its practical importance. On 25 December 1991 the USSR was formally dissolved, thus ending the history of the 1977 Constitution.

---

[3] *В. Колосов* [*V. Kolossov*], «Низкая» и «высокая» геополитика: образы зарубежных стран в представлении российских граждан ["Low" and "high" geopolitics: images of foreign countries in view of Russian citizens], Отечественные записки [Domestic Notes], 2002, 3/4, C.49; see for a detailed analysis of the problem of Russian identity: *J. O'Loughlin*, Geopolitical Fantasies and Ordinary Russians: Perception and Reality in the Post-Yeltsin Era, Geopolitics 2001: *Г. Дилигенский* [*G. Diligenskiy*], «Запад» в российском общественном сознании ["West" in Russian public consciousness], Общественные науки и современность [Social Sciences and Modernity], 2000, 5, C. 41–53.

[4] The detailed analysis of the "perestroika" amendments see: *С. Авакьян* [*C.Avakyan*], Конститутция России: природа, эволюция, современность [Constitution of Russia: the nature, evolution, contemporaneity], Moscow 2000, in: http://constitution.garant.ru/sciencework/ modern /1776651/chapter/2/#200 [15.03.2011].

During the period 1990–1993 seven different constitutions were drafted, debated, and dismissed. Five of them were parliamentary and two presidential.[5]

Due to the the constitutional crisis (conflict between Yeltsin and the parliamentary leaders) with the bombing of the Russian White House on 3 October 1993 a draft for a new constitution[6] proposing a strong presidential system was issued in November for public discussion. This version concentrated even greater formal powers in the center in general and in the presidency in particular than any of the drafts previously debated and rejected. With only minor revisions, the draft was approved by popular vote in the December referendum. According to the official figures,[7] turnout was 54.8 percent, and of those who voted, 58.4 percent voted in favor of the constitution.[8]

III. Russian version of European semi-presidentialism

1. Backgrounds of semi-presidential system

The Constitution of 1993 was designed to establish a semi-presidentialism through the origination and maintenance of power. Semi-presidential systems combine elements both of a parliamentary and a presidential system. Like all presidential systems, there is a president who is elected directly by the people for a fixed term and is not easily removed from office before that term is completed. But, like parliamentary systems, semi-presidentialism also includes a prime minister and a government that requires the support (or at least the tolerance) of a majority of the legislature. In semi-presidential systems, the president is also frequently given the power to dissolve the legislature and call new elections, which is denied to presidents in pure presidential systems.[9] The model of semi-presidentialism contains a

---

[5] See: *O. Rumyantshev* (ed.), Из истории создания Конституции Российской Федерации. Конституционная комиссия: стенограммы, материалы, документы (1990–1993 гг.) [From the history of formation of the Constitution of the Russian Federation. Constitutional Commission: transcript, materials, documents (1990–1993)], T. 1, Moscow 2007. p. 599.

[6] See the text of the project of Constitution of the Russian Federation by the President of Russia, in: http://constitution.garant.ru/history/active/1021/ [10.12.2010].

[7] Российская газета [Newsletter of Russia], 25 December 1993.

[8] In May 1994 the results of investigation done by expert group of A.A. Sobyanin (A.A. Собянин) were published. The results implied massive falsifications: only less than 46% of eligible citizen took part in the referendum. Thus the legitimity of the new Constitution is disputed by some experts. *А.А. Собянин/В.Г. Суховольский* [*A.A. Sobyanin/B.G. Suhovolskiy*], Итоги выборов 12 декабря 1993 года и будущий федеральный закон о выборах [The results of elections on 12 Dec. 1993 and the future federal election law], Конституционное право: восточно-европейское обозрение [Constitutional Law: East European Review1994] 1, C. 2–10.

[9] For the conditions that allowed semi-presidentialism to work reasonably well in France see: *Ezra N. Suleiman*, Presidentialism and Political Stability in France, in: Juan J. Linz/Arturo Valenzuela (eds.), The Failure of Presidential Democracy, Baltimore 1994, pp. 137–162.

safety waive that avoids the clash and crises of two popularly elected legitimacies by permitting the political system to function now as a presidential system, now as a parliamentary system.

The first country where this form of governance was fixed in the constitution was Finland. According to Article 23 of the Constitution of 1919,[10] the president chose the members of the State Council and at the same time, a prime minister and members of the State Council existed, who were under Article 43 responsible for the conduct of their affairs to the Eduskunta.[11]

Traditionally, there are six West European countries that could be classified as semi-presidential: Austria, Finland, France, Iceland, Ireland, Portugal. In 1990s some former socialist states in Central and Eastern Europe such as Poland, Romania, Bulgaria, Croatia, Macedonia, Slovenia and post-Soviet countries Uzbekistan, Armenia, Azerbaijan, Belarus, Georgia, Kazakhstan, Kyrgyzstan, Lithuania, Moldova, Ukraine were added to this list.[12] Under the Constitution of 1993 the Russian Federation was also designed as semi-presidential.

2. Semi-presidentialism or super-presidentialism?

According to the Article 80 of the Constitution the Russian president is called as the head of state.The head of state is the generic term for the individual or collective office that serves as the chief public representative of a monarchy, republic, federation, commonwealth or other kind of state. His or her role generally includes personifying the continuity and legitimacy of the state and exercising the political powers, functions and duties granted to the head of state in the country's constitution and laws. In nation states the head of state is often thought of as the official "leader" of the nation. Charles de Gaulle described his own role when he wrote about the modern French constitution, stating the head of state should embody "the spirit of the nation" for the nation itself and the world.[13] In spite of that there are no exact words "Head of State" in French Constitution. Today many countries expect their head of state to embody national values in a similar fashion.

The president of the Russian Federation is not the chief executive. The prime minister (formally, the Chairman of the Government) has overall responsibility for

---

[10] Constitution of Finland (1919), translated by Prof. Dr. Martin Scheinin, in: http://www.servat.unibe.ch/icl/fi01000_.html [15.4.2011].

[11] According to the Duverger's conception, in the semi-presidential republic the prime-minister and ministers can stay in office only if the parliament does not show its opposition to them *M. Duverger*, A New Political System Model: Semi-Presidentialist Government, European Journal of Political Research, 1980, 8(2), p. 166.

[12] Examples by regions in *R. Elgie*, The Politics of Semi-Presidentialism, in: http://fds.oup.com/www.oup.co.uk/pdf/0-19-829386-0.pdf [10.12.2010].

[13] *Charles de Gaulle*, Memoires de guerre, tome 1, Plon, 1954, in: http://www.de-gaulle-edu.net/sentrainer/trois_commt/certaineidee.htm [10.12.2010].

the work of the executive branch. Successful performance under a dual executive system requires a constructive working relationship between president and prime minister.

The analysis of European constitutions shows that in some of them the right to appoint the prime minister at one's own discretion is given to the president (Italy, Iceland, France, Slovakia). In a number of others, the president appoints the prime minister, but with the consent of the parliament. In Article 83 of the Russian Constitution the president shall appoint the prime minister by agreement with the State Duma. And Article 103 stipulates that the jurisdiction of the State Duma includes approving the appointment of the prime minister. At first sight there is an impression, that the parliament solves the question of who will be the prime minister, but it is erroneous, as only the president has the right to propose a nominee for the prime minister. Hence, although many of the nominees offered by the president are dismissed, in the end the parliament will be compelled to agree with one of them. Also after a third dismission of these nominees by the State Duma the president dissolves the parliament and appoints the Prime minister at his own discretion. Excluding this, the president can appoint and remove the deputy prime minister and other ministers without needing parliamentary consent. These decisions are, nonetheless, to be made "upon the proposal" of the prime minister. In this point the president's power is the same as that of the French president, and the language of the relevant provisions of the two Constitutions is the same.[14] The Russian and French Constitutions allow a good deal of room for variation in the possible effective relationship between the president and the prime minister, depending on the personalities and political tendencies of both.

In France as well as in other semi-presidential republics, the president has the right to displace the prime minister in case of majority support in the parliament. However, the president is able to do this on the basis of the request of the prime minister for resignation (Article 8 of French Constitution 1958). This means that if the majority of the parliament supports the prime minister, the president cannot displace him. In Russia, as in Portugal, Czech Republic and Ukraine, the President has a right to independently decide the resignation of the government. However, unlike constitutions of all European republics, the Constitution of the Russian Federation gives the right to the president, first, to reject the resignation of the Government, secondly, to disagree with the decision of the State Duma on expression of mistrust to the Government. In case[15] the State Duma has repeatedly failed to trust

---

[14] *Thomas F. Remington*, Politics in Russia, New York 2004, p. 58.

[15] The Presidents of Azerbaijan, Belorussia, Portugal, Russia, Ukraine and Czech Republic have the right to resing the government alone. *D. Kovachev* (ed.), Конституционное право государств Европы [Constitutional law of European states], Moscow 2005, C. 210.

the Government during three months, the president declares the resignation of the Government or dissolves the State Duma.

Another major difference between Russia's system and the European semi-presidential or parliamentary models is that the Russian government is not formed from a party majority in the parliament. The president appoints the government based on calculations about the relative power of different bureaucratic and personal factions, taking care to balance competing interests.

> "The relation between the distribution of party forces in the Duma and the political balance of the government is extremely loose. Most members of the government are career administrators rather then party politicians. Most ministers are chosen for their expertise in a particular sphere or their links to particular patron-client networks, but not as representatives of parties."[16]

The Russian president submits bills to the State Duma and signs federals laws. This power of the Russian president is not common to any other semi-presidential country. As a rule, the president of a semi-presidential republic has no right of legislative initiative. For example, according to article 39 of the Constitution of France "the legislative initiative belongs simultaneously to the Prime minister and members of Parliament". The right of the legislative initiative is absent as well at the president of Romania.[17]

> "The president's powers vis-a-vis parliament are great but should not be exaggerated. Certainly the Constitution makes it extremely difficult for the parliament to remove the president. The legislature's sole device for forcing out the president is the drastic means of impeachment. Parliament's power to check the president has little to do with the threat of impeachment, however. Rather it stems from two constitutional facts: first, that any piece of legislation must have parliament's approval, and, second, the requirement that the government must enjoy the confidence of parliament. A president who ruled by decree could not be certain that the government would comply with his directives; a law has greater credibility and longevity than a decree."[18]

Of course there are large swaths of executive power – particularly those relating to foreign policy and national-security policy – where the parliament's influence is diminished because it is directly overseen by the president.

---

[16] *Remington*, Politics (supra fn. 14), pp. 58, 61.

[17] Article 73 of the Constitution of Romania: (1) The legislative initiative lies with the Government, Deputies, Senators, as well as no fewer than 250,000 citizens having the right to vote. The citizens exercising the right to legislative initiative must belong to at least one quarter of the country's counties, while in each of these counties or the Municipality of Bucuresti at least 10,000 signatures should be registered in the support of this initiative.

[18] *Zoltan Barany/Robert G. Moser* (eds.), Russian Politics: Challenges of Democratization, London 2001, p. 77.

The analysis of the constitutions of European republics, concerning the legal grounds for prosecution of the president, leads to the conclusion, that they can be divided into two groups:

– Ones that provide for early removal of president from office if he is not fulfilling his constitutional duties (Austria, Hungary, Poland, Romania, Germany);

– Ones that provide as grounds for prosecution of the presidents the committing of a crime – treason or other serious crimes (Russia, France, Iceland, Turkey, Czech Republic).

The constitutions of the second group allow unlimited power of the president. The Russian Constitution provides that the president can only be removed in case of serious crime or high treason and specifies the sequence of procedures required: One-third of the members of the Duma must initiate the process; the decision must be considered by a special commission of the Duma; the Duma must approve the action by a two-thirds vote; the Supreme Court must issue a ruling finding that the president's actions constituted a grave crime or act of treason; the Constitutional Court must find that the parliament acted properly; and the Federation Council must finally approve the removal by a two-thirds vote.[19]

Constitutions of many European republics give the president essential rights concerning the organization and activity of judicial bodies. For example, in Greece, Ireland and Germany the president appoints all the judges of the state. In Russia, the parliament is involved in case of a nomination of a member to the highest judicial bodies.[20] And in this case the president basically solves the problem of the personal structure of the judicial power as it is the unique subject possessing such right. The judges of the Constitutional court in Russia are selected by the parliament according to the proposal of the president, which in essence also means that the president defines the personal structure of judges.[21] A similar system also exists in Slovenia. In a number of European republics (France, Italy, Romania, Bulgaria) the president appoints one third of the members of the constitutional court. Constitutions of Hungary, Portugal, Latvia, and Germany do not include in the compe-

---

[19] Article 93 of the Constitution

[20] According to article 128 the judges of the Constitutional Court of the Russian Federation, the Supreme Court of the Russian Federation, the Higher Arbitration Court of the Russian Federation shall be appointed by the Council of the Federation at proposals by the president of the Russian Federation.

[21] For a detailed analysis of the problems of constitutional justice in post-Soviet Russia see: *Herman Schwartz*, The Struggle for Constitutional Justice in Post-Communist Europe, Chicago 2000; *Robert Sharlet*, Bringing the Rule of Law to Russia and the NIS: The Role of the West in the Transformation of the Post-Soviet Legal Systems, in: Karen Dawisha (ed.), The International Dimensions of Post-Communist Transitions in Russia and the New States of Eurasia, Armonk, New York 1997, pp. 322–349.

tence of the president any rights, concerning formation of personal structure of the constitutional court.

Many observers have called the Russian system "super-presidential" because the president's powers are so broad. In his review of the powers of presidents in twenty-four post-communist countries, Timothy Frye observes that Russia's president has the largest number of formal and residual powers of all of them.[22] From his point of view the super-presidential system has three dangers in this arrangement. Firstly, the regime depends heavily on the person of the president, who may be (or become) unfit for the job; secondly, president and parliament have competing electoral mandates and so may well come into conflict; thirdly, the government is in an ambiguous position since it must serve both president and parliament. The Russian president exercises control over almost every policy in fact, but we should classify the system not because of the number of president's functions, but because of the mechanism of combination of executive and legislative power under the constitutional regulation.

3. The Council of Federation: external and internal dimensions

In addition to the research of European models of semi-presidentialism (mainly the French system) constitutionalists of transforming Russia also pay deep attention to the experience of Germany: a mixed proportional/single-member electoral system, the organization of legislative power, system of federalism, etc.

In the ongoing debate on the further improvement of the order of formation and activities of Russia's Council of Federation the choice of Germany as an object of research (even some constitutional commentators do not consider the Bundesrat as a chamber of the parliament[23]) and comparative analysis for Russian constitutionalists is not accidental.

Russia and Germany are federal states and the Council of Federation in Russia and the German Bundesrat both represent the territorial units and federalism is the basic point of the constitutional order in both countries.[24] The German model of

---

[22] *Timoty Frye*, A Politics of International Choice: Post-Communists Presidencies, Comparative Political Studies, Vol. 30, No. 5 (Oct. 1997), pp. 523–552.

[23] *И.П. Паргачёва* [*I.P. Pargacheva*], Совет Федерации Федерального Собрания Российской Федерации и Бундесрат Федеративной Республики Германия: сравнительный анализ генезиса, порядка формирования, функций [The Council of Federation of Federal Assembly of the Russian Federation and the Bundesrat of the Federal Republic of Germany: a comparative analysis of the genesis, the order of formation, functions], дисс. канд. полит. наук: [Dissertation of candidate of political sciences], 23.00.02. Moscow, Russian State Library (Department of Dissertations), (61 06–23/208) 2006, С. 8.

[24] *П.А. Федосов* [*P.A. Fedossov*], Бикамерализм в России и Германии: размышления о будущем в историческом контексте [Bicameralism in Russia and Germany: Reflections on the future in the historical context], Власть 2006, 3, С. 33–36.

federalism is well-known as a successful one. And traditionally during centuries the German styles of state building have been researched in Russia very attentively and some elements of it have been incorporated into our system. This does not mean that a copy of German constructions has been made: the parliaments of both countries are quite different. Germany is a republic with a consolidated parliamentary democracy, with good structures of the civil society and powerful political parties. Russia is a state on the road to consolidated democracy, but still so far from the German level. Russia has a very weakly developed civil society, unsettled party system and the dominance of non-institutional groups of interests.

But at the same time, there are a lot of common aspects in the genesis, functions and activities mechanism of the Council of Federation in Russia and the German Bundesrat. There are optimal forms of participation of territorial units in federal parliament process. Fruitful work of the upper chamber of Parliament to a large extent is provided by non-partical nature, which makes the position of members of the Chamber fairly independent of the views of the factional leaders of the first chamber and the Ministers of the majority. Meanwhile, the Bundesrat's experience demonstrates the possibility of constructive influence of party structuring of the lower chamber by the work of regional chambers.

Members of The Council of Federation were elected by direct popular vote in December 1993 but since the constitution did not provide how they were to be chosen in the future, a law was passed in 1995 governing the formation of the chamber. Under that law, the heads of the executive and legislative branches of each constituent unit of the federation were automatically given seats in the Council of Federation.[25] The chamber consisted of 178 representatives of the subjects of the Federation who were heads of legislative (representative) and executive state authority bodies.[26] All members of the Council of Federation continued to exercise their powers as officials of local authorities while being members of the federal parliament.

President Putin chose to change this procedure as part of a package of reforms intended to strengthen the power of the federal government. On 8 August 2000 the new Federal Law came into force.[27] Now the chamber consists of 166 representa-

---

[25] According to the Article 95, part 2 of the Constitution of the Russian Federation the procedure of formation of the Council of Federation was defined by the Федеральный закон № 192-ФЗ, 5.12.1995 «О порядке формирования Совета Федерации Федерального Собрания Российской Федерации» [Federal Law N192-FZ "On the Procedure of Formation of the Council of Federation of the Federal Assembly of the Russian Federation"], Собрание законодательства РФ [Collection of Laws of the Russian Federation], 1995, 50, Art. 4869.

[26] Article 95 of the Constitution.

[27] Федеральный закон № 113-ФЗ от 05.08.2000 «О порядке формирования Совета Федерации Федерального Собрания Российской Федерации» [Federal Law N113-FZ "On the Procedure of Formation of the Council of Federation of the Federal Assembly of the Russian

tives elected by legislative (representative) state authority bodies of the subjects of the Federation or they are appointed by higher officials amongst the subjects of the Federation (heads of higher executive state authority bodies of the subjects of the Federation).[28] The term of the representatives' commissions is defined by term of commissions of the bodies having elected or appointed them, but the mandates could be withdrawn ahead of time by the above mentioned bodies in accordance with the same procedure, as applyed for election (appointment) of members of the Council of Federation.[29]

In this composition, the Council of Federation has consistently supported president Putin and now Medvedev and their program, and has passed nearly every law they have proposed even when the legislation directly counteracts the interests of the regions. The members with immunity from all criminal prosecution have found this parliamentary membership to be useful to them in lobbying for the interests of the regions.

This situation began to change in December 2008 when president Medvedev announced the initiations of a new reform concerning the composition of the Council of Federation. The new legislation has been accepted in 2009 with an effective date since 1 January 2011 that the Federation Council and its members had time to be prepared for life by new rules. Now only deputies of regional legislative organs could be named as senators. The new legislation repealed the 10-year residency requirement for future senators and stated choosing the upper chamber members only from persons who got the people's support in regional elections.[30] The law provides that again appointed senators, as well as whose term of appointment already expires, should be renominated according to new rules.

IV. The Constitutional Court: towards the rule of law

The Constitutional Court is another object to compare with the German one. The founding fathers of Russia's first experiment in constitutional rule of law elected to

---

Federation"], Собрание законодательства РФ [Collection of Laws of the Russian Federation], 2000, 32, Art. 3336.

[28] Such a mixed system of forming (made by Putin's reform), was refused in Germany in 1948, when the German constitutionalists discussed the system of the Bundesrat composition.

[29] Status and power of the Council of Federation of the Federal Assembly of Russian Federation, in: http://council.gov.ru/eng/index.html [15.3.2011].

[30] Федеральный закон № 21-ФЗ от 14.02.2009 «О внесении изменений в отдельные законодательные акты Российской Федерации в связи с изменением порядка формирования Совета Федерации Федерального Собрания Россиской Федерации» [Federal Law N21-FZ "On Amendments to Certain Legislative Acts of the Russian Federation in Connection with a Changing of Procedure for the Formation of the Council of Federation of the Federal Assembly of the Russian Federation"], Российская газета [Rossiyskaya gazeta], 19 February 2009, in: http://www.rg.ru/2009/02/18/sf-dok.html [15.3.2011].

emulate the European constitutional tradition as exemplified by post-World War II Germany. In Germany, the Federal Constitutional Court is a court of original jurisdiction. Individuals in Germany may take their case to the Constitutional Court when they feel that their civil rights have been violated, but departments and agencies of the federal and state governments may call on the Federal Constitutional Court to interpret the Constitution. Disputes between the federal and state governments may also be settled by the Federal Constitutional Court.

Mechanisms of most wide constitutional control with the creation of special organs (courts) and the right to the individual constitutional complaint – directly or through other organs (so called concentrated "Austrian model") – were established in the legislation of the majority of Eastern-European countries and those of the post-Soviet space: Albania, Armenia, Azerbaijan, Croatia, Czech Republic, Georgia, Hungary, Kyrgyzstan, Latvia, Montenegro, Poland, Romania, Russia, Serbia, Slovakia, Slovenia, Former Yugoslav Republic of Macedonia, Ukraine.[31]

The Constitutional Court of the Russian Federation is the first judicial body of constitutional review in the history of Russia. The Court was created by the Fifth (extraordinary) Congress of Peoples' Deputies of the RSFSR on 30 October 1991. The Court comprising 15 justices had been anticipated by the amendments to the 1978 Constitution and the Law "On the RSFSR Constitutional Court" adopted on the basis of the amendments to the Constitution. The Russian Constitutional Court made several significant decisions in 1991–1993: It confirmed the supremacy of international human rights law, which it applied to validate fundamental rights including guaranteed legal protection of rights and freedoms, the right to be protected against discrimination, each individual's right to possess and dispose of private property, the right of free access to information from the government, etc.

Among the significant decisions was a finding that an action of president Yeltsin merging two state ministries into a single body was unconstitutional; the president complied with the decision, establishing the precedent of effective judicial review.[32] The longest case in the history of the Constitutional Court hearing, which lasted nearly six months, was the case on the constitutionality of the president's decrees outlawing the Communist Party and nationalizing its property. And finally in 5 October 1993, the Court[33] declared Yeltsin's decree № 1400 and the dis-

[31] For the place of the Constitutional Court in the system of separation of powers and in the structure of judicial power in Russia, the role of the Constitutional Court's judgments in the Russian legal system, problems of enforcement of the Constitutional Court's judgements see: *V. Zorkin* (President of the Constitutional Court of the Russian Federation), Constitutional Justice of the New Democracies in the Conditions of Modern Challenges and Threats, in: http://www. mkab.hu/ index.php?id=valery_zorkin__president_of_the_constitutional_court_of_russia [15.3.2011].

[32] *Remington*, Politics (supra fn. 14), pp. 58, 240.

[33] For a survey of the recent history and the legal status see *Herbert Hausmaninger*, Towards a "New" Russian Constitutional Court, Cornell International Law Journal, 28 (1995), pp. 349–386.

solution of the Congress of People's Deputies as being unconstitutional. Two days later, president Yeltsin suspended the activities of the Constitutional Court.

The adoption of the current Constitution of the Russian Federation by referendum in December 1993 marked the beginning of a new stage in the development of the constitutional proceedings. The Federal Constitutional Law "On the Constitutional Court of the Russian Federation" was adopted in the summer of 1994. The Law has considerably changed the Court's jurisdiction and its operations. Now the Constitutional Court of the Russian Federation consists of 19 judges, one being the Chairman[34] (currently Valery Zorkin) and another one being Deputy Chairman. Judges are appointed by the president of Russia with the consent of the Council of Federation of Russia. In order to become a judge of the Constitutional Court a person must be a citizen of Russia, attain the age of 40, have legal education, have the length of service as a lawyer for at least 15 years and have "recognized high qualification".[35] The Constitutional Court consists of two chambers consisting of 10 and 9 judges respectively.

Certain powers of the Constitutional Court are enumerated in the Article 125 of the Constitution of Russia. The Constitutional Court declares laws, presidential and governmental decrees and laws of federal subjects unconstitutional if it finds that they are contrary to the Constitution (i.e. they violate certain rights and freedoms of citizens enumerated in and protected by the Constitution). In such instances, that particular law becomes unenforceable, and governmental agencies are barred from implementing it. Also, before an international treaty is ratified by the State Duma, the constitutionality of the treaty may be observed by the Constitutional Court. The Constitutional Court is not entitled to judge the constitutionality of laws on its own initiative. The law may be submitted to the Constitutional Court by the President of Russia, the government of Russia, the State Duma, the Federation Council of Russia, one-fifth of members of the State Duma or the Federation Council, the Supreme Court of the Russian Federation, the Supreme Arbitration Court of the Russian Federation, or a legislative body of a Federal subject. Any federal court may request the Constitutional Court to judge on the constitutionality of a law if the law is to be implemented in a case, and a judge of the federal court is in doubt about whether the law is contrary to the Constitution or not. Also, any private citizen may submit in the Constitutional Court a claim challenging the constitutionality of a

---

[34] President Dmitry Medvedev proposed to the legislature on 8 May 2009 and signed on 2 June into law an amendment whereby the chairperson of the court and his deputies would be proposed to the parliament by the president rather than elected by the judges, as was the case before.

[35] Федеральный конституционный закон N 1-ФКЗ от 21.7.1994 «О Конституционном Суде Российской Федерации» [Constitutional Court Act N1-FCL "On the Constitutional Court of the Russian Federation"]. Собрание законодательства РФ [Collection of Laws of the Russian Federation] 1994, 13, art. 1447; 2001, 7, art. 607; 2001, 51, art. 4825; 2004, 27, art. 2710.

particular law if that law was implemented in a particular case and thus violated rights of that citizen.

In Russia, the Constitutional Court demonstrates its popularity through the submission of fifteen thousand petitions per year to the court from individual Russian citizens.[36] This level of support for the Constitutional Court may seem ironic, given that the judges are not popularly elected, but apparently "citizens see in these courts a real hope for the recognition of human rights and the rule of law".[37] The Constitutional Court's practice demonstrates the trend that is determined by the Russian Constitution itself, for increase of the role of judiciary in strengthening of interaction between the national and international legal systems, and in more and more active integration of Russia into the international legal space, including the European one.

V. Conclusion

Based on the above discussion, some conclusions can be made about the constitutional history of post-socialist Russia. *Firstly*, the transition from socialism to liberal democracy constitutes one of the most complex and difficult types of social, political, and economic transformation. The Russian history of the 1990s was full of institutional improvisation, based on the European models and experience. Some of the new forms proved viable, many others fell by the wayside. Yet constitutional structures such as parliament, the Constitutional Court and popular elections are important institutions in shaping the exercise of state power, even if central and regional leaders continue to wield a great deal of extra-constitutional power.

Secondly, the definition of the type of power organization (presidential, semi-presidential or super-presidential) is a very difficult question because of the weakness of the parliament and the great number of formal and unformal power of the Russian president. Formally it's the semi-presidentialism, but the presidential power is much broader than in other European semi-presidential states. At present, the president, once he has won an electoral mandate, has enormous freedom to rule as he chooses; he is not bound by accountability to a party and constitutional restraints on his power are weak. He can dominate the government and put pressure on the courts, the governors, the mass media, and business leaders to support his policies. Nevertheless, analyzing the traditional composition of parliamentary and presidential features of formatting the power institutions, the Russian governmental

---

[36] *J. Richardson*, Religion, Constitutional Courts, and Democracy in Former Communist Countries, Annals of the American Academy of Political and Social Science, Vol. 603: Law, Society, and Democracy: Comparative Perspectives, Jan., 2006, p. 134.

[37] *K.L. Scheppele*, Constitutional negotiations: Political contexts of judicial activism on post-Soviet Europe, International Sociology, March 2003, vol. 18, 1, p. 221.

system should be defined as semi-presidential and the super-presidentialism could be considered as a sign of political regime.

Thirdly, the basics of the federal system in Russia were built during the 1990s, but some of the urgent problems were left unsolved. Compared with other federally-arranged countries federalism in Russia was not a stable order and still in transition. The 20-years destiny of the Council of Federation or, as it is called in Russia, the "collective voice of the region" is an evidence of it. During its short history, the principle for forming this state organ changed four times. Current law on the composition of the chamber should be placed by one providing that the members of the upper house are popularly elected, but under the constitutional requirement that the two members of the Council of Federation from each of Russian territorial units represent the executive and legislative branches.

Fourthly, the Constitutional Court of the Russian Federation is the first judicial body of constitutional review in the history of Russia and resembles that of other western democracies. But the transformation of the constitutional justice from a totalitarian regulation to a democratic regime was abrupt, practically revolutionary, and needed not only legislative fixation of the relevant institutions and procedures, but rather developed legal culture and well-sharpened mechanisms of inter-relation of the constitutional courts with other branches of state power and other courts. Lack of the said mechanisms and developed legal culture caused general problems which face the organs of constitutional control of modern Russia, including the common problem of ineffective enforcement of judicial decision, which must be provided for not only through compulsory procedures and sanctions but by an efficient mechanism of interaction between different courts as well as by the general high level of the judicial corps' legal conscience.

However, as Valery Zorkin said,

> "the Constitutional Court's practice demonstrates the trend that is determined by the Russian Constitution itself, for increase of the role of judiciary in strengthening of interaction between the national and international legal systems, and in more and more active integration of Russia into the international legal space, including the European one".[38]

---

[38] *V. Zorkin*, Constitutional Justice (supra fn. 31).

Die Entwicklung der lettischen Rechtssprache nach der Gründung der Republik Lettland am Beispiel der juristischen Ausbildung*

Sanita Osipova

I. Einleitung

Das lettische Volk forderte im Verlauf des 19. Jahrhunderts mit immer lauterer Stimme die Stärkung seiner Rechte ein. Am Anfang des 20. Jahrhunderts kulminierte dies in der Idee eines Nationalstaates. Jede Nation habe ihr Recht auf Selbstbestimmung, schrieb Kārlis Dišlers in dieser Zeit.[1] Das Recht auf Selbstbestimmung sei das natürliche Recht eines Volkes. Dišlers leitete das Recht des Volksrates, im Namen des lettischen Volkes die Republik Lettland zu proklamieren, aus dem Selbstbestimmungsrecht der Völker sowie aus dem aus dem römischen Recht bekannten Rechtsinstitut der *negotiorum gestio* her.[2] Man betonte, dass auch die Letten nach mehreren Jahrhunderten der Abhängigkeit das Recht auf Selbstbestimmung und Gründung eines Nationalstaates hätten. Ein Mitglied des lettischen Volksrates, Atis Ķeniņš, hob auf dem Festakt zur Proklamierung der Lettischen Republik hervor:

> „Die Völker nehmen ihren ursprünglichen Lebensraum ein und gründen Staaten in ihren ethnographischen Grenzen auf der Grundlage von Vereinigung und Selbstbestimmung. Dies gibt den Letten aus Kurland, Livland und dem langersehnten Lettgalien die Möglichkeit, inmitten des vereinigten Lettlands einander die Hände zu reichen; wir erhalten die Fahne der lettischen Freiheit also nicht durch die Macht, sondern aus den Händen der Rechtsgöttin."[3]

Die Republik Lettland wurde nicht nur von Letten proklamiert – auch Vertreter anderer in Lettland wohnhafter Völker beteiligten sich am Volksrat und an den Freiheitskämpfen. Ähnlich verlief das dritte „nationale Erwachen" Ende der 80er Jahre des vergangenen Jahrhunderts, als polnische, russische, jüdische, ukrainische

---

* Der Aufsatz ist dem im Herbst 2009 begangenen 90. Jubiläum der Universität Lettlands gewidmet.

[1] *Kārlis Dišlers*, Demokrātiskas valsts iekārtas pamati [System des demokratischen Staates. Grundlagen], Rīga: Gulbis, 1921. Auch *ders.*, Tautu pašnoteikšanās principa tiesiskais saturs [Rechtlicher Inhalt des Prinzips der Selbsbestimmung des Volkes], Rīga: Latvijas Universitāte, 1932.

[2] *Dietrich André Loeber* (Hg.), Latvijas tiesību vēsture (1914–2000) [Rechtsgeschichte Lettlands (1914–2000)], Rīga: Latvijas Vēstures Fonds, 2000, S. 154.

[3] Latvijas Tautas padomes veiktā svinīgas Latvijas neatkarības proklamēšanas akta 1918. gada 18. novembrī stenogramma [Volksrat Lettlands. Stenogramm der feierlichen Proklamation der Unabhängigkeit Lettlands am 18. November 1918], http://www.historia.lv/ alfabets/T/ta/tautas_padome/dokumenti/1918.18.11.htm [19.01.2010].

und andere Mitbürger zusammen mit den Letten in der Volksfront wirkten, die für die Wiedererlangung der Unabhängigkeit des lettischen Staates kämpfte. Es ist deshalb nur folgerichtig, dass anderen ethnischen Gruppen, die das den Letten zukommende Recht auf Selbstbestimmung anerkannten und dieses Recht sowie die lettische Kultur respektierten, das Recht eingeräumt wurde, in der Lettischen Republik frei zu leben und sich entfalten zu können. Die Letten wurden zur Titelnation bzw. Grundnation (der lettische Begriff lautet „titulnācija"), d.h. zu der Nation, nach der der Staat benannt wird.

II. Die Universität Lettlands als nationale Universität

Trotzdem ist nicht alles so einfach, wie es sich anhört. Das Herzstück einer Nation ist ihre Sprache. Die lettische Sprache und der Status der lettischen Sprache gaben der lettischen Nation im Verlauf des gesamten 20. Jahrhunderts ständig Anlass zur Sorge. Das änderte sich erst nach der Unabhängigkeit Lettlands und der damit verbundenen verfassungsrechtlichen Verankerung des Lettischen als Amtssprache.[4] Doch wird die Lebensfähigkeit einer Sprache nicht durch ein konstitutionell garantiertes Recht oder durch einen Status gesichert. Eine Sprache muss gebraucht werden, sie muss lebendig und umfassend einsetzbar sein, damit man mit ihr die bestehende Realität erfassen und wissenschaftliche Erkenntnisse formulieren kann. Die Lebensfähigkeit einer Sprache hängt davon ab, ob sie in der Bevölkerung gebraucht wird. Für die Amtssprache ist darüber hinaus vor allem wichtig, dass sie in der Verwaltung eingesetzt wird und der Verwirklichung der Beziehungen zwischen Staat und Bürgern dient. Die Entwicklung eines Staates und einer Nation hängt auch davon ab, ob ein voller Ausbildungszyklus in der Nationalsprache angeboten wird und sich alle wissenschaftlichen Disziplinen in dieser Sprache entwickeln können. Aus diesem Grund maß der Staat der 1919 gegründeten Lettischen Hochschule (heute „Universität Lettlands") eine besondere Bedeutung bei und widmete ihr große Aufmerksamkeit. Diese Hochschule bot zum ersten Mal die Möglichkeit, akademische Grade in lettischer Sprache zu erwerben. Das betont insbesondere die Verfassung der Universität Lettlands von 1923. Artikel 3 formuliert:

> „Die Unterrichtssprache der Universität Lettlands ist lettisch. In einzelnen Fällen kann die Lehre auch in anderen Sprachen erfolgen, jedoch nur mit besonderer Genehmigung des Universitätsrats."[5]

Die Norm stimmte allerdings nicht mit der Praxis überein, da im Verlauf der ersten Jahrzehnte solche „einzelnen Fälle" in beinahe allen Fakultäten auftraten. In eini-

[4] Der Wortlaut des Artikels lautet wie folgt: „4. Die Amtssprache der Republik Lettland ist die lettische Sprache. Die lettische Fahne ist rot mit einem weißen Streifen." Gesetz v. 15.10.1998, „Änderungen der Verfassung der Republik Lettland", Latvijas Vēstnesis, Nr. 308/312 (1369/1373), 23.10.1998.

[5] Latvijas Universtitātes Satversme [Verfassung der Universität Lettlands]. Rīga: J. Mitrevica drukatava, 1923, S. 3.

gen Disziplinen überwogen die Ausnahmen sogar die Regel. Nach einer Initiative des lettischen Bildungsministeriums[6] wurde ab dem Februar 1922 an der Universität Lettlands die Sprachenfrage wieder aktuell. Es begann ein ungefähr fünfzehn Jahre andauernder Kampf, der auf die volle Durchsetzung der lettischen Amtssprache an der Universität Lettlands abzielte. Das war bemerkenswert, weil man sich bereits am 4. September 1919 auf der Sitzung des Organisierungsrates der Lettischen Hochschule, also noch vor Gründung der Hochschule selbst, eindeutig auf die lettische Sprache als Unterrichtssprache festgelegt hatte:

> „Was wird die Unterrichtssprache sein? Es wird beschlossen, dass dies Lettisch sein soll, wobei in Notfällen Russisch und Deutsch ebenfalls zulässig sind.“[7]

Diese Position wurde auch in der Verfassung der Universität Lettlands verankert. Letzte Aktivitäten in Sachen Amtssprache sind noch im März 1934 zu verzeichnen, als der Rat der Dekane einen Ausschuss über Fragen zur Amtssprache einsetzte.[8] Allerdings beendete der Ausschuss im Jahre 1936 seine Tätigkeit, ohne spürbare Ergebnisse geliefert zu haben. Das lag an Gesetzesänderungen und -ergänzungen zur Sprachenfrage.[9]

III. Kampf um die lettische Sprache an der Universität Lettlands

Auch die Verfassung der Universität Lettlands selbst wurde relativ kurz nach der lettischsprachigen Erstveröffentlichung ebenfalls in deutscher Sprache veröffentlicht.[10] Wäre die lettische Sprache tatsächlich zur gemeinsamen Sprache des Lehrkörpers und der Studenten geworden, hätte es keinen Bedarf für diese Übersetzung gegeben. Die im Historischen Staatsarchiv Lettlands gesammelten Urkunden sowie die damalige Presse beweisen aber, dass Lettland in der Epoche zwischen den beiden Kriegen des 20. Jahrhunderts dreisprachig lebte: Lettisch, Deutsch und Russisch.

Im Jahr 1922 erlebte Lettland eine Kampagne für die Lehre in der Amtssprache, in deren Rahmen alle Fakultäten auf eine Umfrage hin über Lehrkräfte Auskunft gaben, die ihre Vorlesungen in „anderen“ Sprachen hielten.[11] Bei der Gründung der Lettischen Hochschule wurden nicht nur die Räumlichkeiten des Rigaschen Poly-

---

[6] Brief des Rektors der Universität Lettlands an das lettische Bildungsministerium, in: Historisches Staatsarchiv Lettlands (HSL), Sammlung 74276, Sache 197, Dokument Nr. 13.

[7] Ergebnisse der Durchsichtung der Protokolle des Organisierungsrates der Lettischen Hochschule betreffend der Sprachenfrage, in: a.a.O., Dokument Nr. 14.

[8] Beschluss des Rates der Dekane betreffend des Einsatzes eines Ausschusses zur Klärung der Sprachenfrage, in: a.a.O., Dokument Nr. 192.

[9] Beschluss des Rates der Dekane, in: a.a.O., Dokument Nr. 199.

[10] Verfassung der Universität Lettlands, Rīga: J. Mitrevica drukatava, 1928.

[11] Gerade der Begriff „andere“ kommt in den Antworten meistens vor, ohne genauere Angaben, ob es sich um Deutsch, Russisch oder beide genannten Sprachen handelte.

technischen Instituts (RPI), sondern auch ein wesentlicher Teil der Studierenden und, wie es sich von selbst versteht, viele Lehrkräfte übernommen. Die mit den Lehrkräften des ehemaligen Rigaschen Polytechnischen Instituts abgeschlossenen Verträge sahen keine Verpflichtung vor, die Vorlesungen in der lettischen Sprache bzw. in der Amtssprache abzuhalten. In der Anfangsphase war das sowohl den Lehrkräften als auch den meisten Studierenden recht, denn sie konnten einfach den im Rahmen des Rigaschen Polytechnischen Instituts begonnenen Unterrichtsprozess fortsetzen.[12] Die Berechtigung der Lehrkräfte des ehemaligen RPI, die Vorlesungen nach eigener Wahl in der deutschen oder der russischen Sprache abzuhalten, wurde auch später respektiert. So antwortete der Dekan der Technischen Fakultät der Lettischen Hochschule am 18. Februar 1922 auf eine Anfrage des Rates der Dekane der Lettischen Hochschule wie folgt:

> „Die Professoren Denffer, Feldweg, Schiemann und Taube sind in ihrer Eigenschaft als Professoren des ehemaligen Rigaschen Polytechnischen Instituts berechtigt, in der Sprache ihrer Wahl zu unterrichten."[13]

Die Professoren des RPI waren selbstverständlich vor allem an den technisch ausgerichteten Fakultäten wie beispielsweise der Ingenieurwissenschaftlichen Fakultät, der Technischen Fakultät und der Fakultät für Architektur beschäftigt.

Die Fakultät für Volkswirtschaft und Rechtswissenschaften teilte als eine der letzten Fakultäten am 6. März 1922 den leitenden Gremien der Universität Lettlands mit:

> „Unter Berücksichtigung der Tatsache, dass nur eine richtige und gute Sprache es ermöglicht, Vorlesungen und Seminare erfolgreich abzuhalten, findet die Fakultät, dass es nicht wünschenswert wäre, einen Zeitraum von weniger als 5 Jahre festzulegen"

im Laufe dessen die nichtlettischen Lehrkräfte den Übergang zur Lehre in lettischer Sprache schaffen sollten.

An der Fakultät für Volkswirtschaft und Rechtswissenschaften hielten im Studienjahr 1921/22 folgende Lehrkräfte ihre Vorlesungen in „anderen Sprachen" ab: „Professor Gribowski, Professor Mintz, Professor Frese, Dozent Bukowsky, Dozent Hedenström und Dozent Henzel". Die Fakultät räumte ihnen eine fünfjährige Frist für die Vorbereitung auf die lettischsprachige Lehre ein.[14] Im Jahre 1922 wurde auf Universitätsebene ebenfalls eine fünfjährige Frist für den Übergang zur

[12] In diesem Zusammenhang muss erwähnt werden, dass die Studierenden des Rigaschen Polytechnischen Instituts die lettische Sprache teilweise nicht ausreichend beherrschten, um in dieser Sprache studieren und Prüfungen bestehen zu können.

[13] Technische Fakultät der Universität Lettlands. Brief des Dekans an den Dekansrat der Universität Lettlands, 18. Februar 1922, in: HSL, Sammlung 74276, Sache 197, Dokument Nr. 1.

[14] Beschluss der Fakultät für Volkswirtschaft und Rechtswissenschaften vom 6. März 1922. in: a.a.O., Dokument Nr. 6.

Unterrichtssprache Lettisch beschlossen. Der Organisierungsrat legte in seinem Beschluss von 31. Mai 1922 fest, dass

> „das Recht, in der deutschen, bzw. in der russischen Sprache zu lehren, die Lehrkräfte genießen, die in der Gründungsphase der Hochschule von dem Rigaschen Polytechnischen Institut übernommen wurden, und dass zu einem späteren Zeitpunkt berufenen Professoren das Lehren in einer fremden Sprache noch fünf Jahre lang gestattet ist.“[15]

Ähnlich wie an anderen Fakultäten hatten an der Fakultät für Volkswirtschaft und Rechtswissenschaften diejenigen fremdstämmigen Lehrkräfte, die früher nicht auf lettischem Gebiet gelebt und gearbeitet hatten, die größten Schwierigkeiten mit der Lehre in lettischer Sprache. Dies waren erstens die Lehrkräfte, die bis zum Ersten Weltkrieg auf dem lettischen Territorium entweder gar nicht oder nur teilweise gelebt hatten. Selbst wenn viele unter ihnen eine Verbindung zum Baltikum bzw. nach 1918 zu Lettland und Estland hatten, waren bei ihnen keine ausreichenden Lettischkenntnisse vorhanden, um diese Sprache als Unterrichtssprache gebrauchen zu können. Charakteristische Beispiele sind: Wladimir Bukowsky (Владимир Иосифович Буковский, geboren 1867 in Petersburg, 1902 Mitglied des Bezirkgerichtes von Mitau [lett. Jelgava], 1905 Mitglied des Bezirkgerichtes von Riga, 1915 Juriskonsult der russischen Armee, seit 1921 Dozent der Rechtswissenschaftlichen Fakultät an der Universität Lettlands, 1932 Professor[16] daselbst, gestorben 1937 in Riga)[17] und Paul Mintz (geboren 1868 in Daugavpils, einem Teil des damaligen Gouvernement Witebsk, 1886–1890 Studium der Rechtswissenschaften in Petersburg, 1892 Magistergrad in Dorpat [est. Tartu], 1917 Ernennung zum Privatdozenten an der Universität Moskau, verstorben 1941 im Lager Taischet). Paul Mintz wirkte im Volksrat und im Lettischen Senat (der höchste Gerichtshof der Republik Lettland), war Abgeordneter der Lettischen Verfassungsversammlung und ab 1921 Professor an der Universität Lettlands.[18] Obwohl ein Patriot Lettlands, der einen praktischen Beitrag zur Konstituierung des Staates und seiner Rechtsordnung geleistet hatte, sowie als führender Professor im Bereich des Strafrechts, war Mintz nicht in der Lage, Vorlesungen auf Lettisch abzuhalten, und daher wurde ihm das Recht eingeräumt, für die Lehre eine andere Sprache zu gebrauchen. Zum ersten Mal wurde diese Frage im Jahre 1922 verhandelt:

---

[15] *Dietrich André Loeber* (Hg.), No romiešu tiesībām līdz Hāgas konvencijām. Senatora Augusta Lēbera juridiskie atzinumi (1909–1939) [Vom römischen Recht bis zur Haager Konvention. Senator August Loebers juridische Gutachten (1909–1939)], Rīga: Latvijas Universitātes žurnāla „Latvijas Vēsture“ fonds [Die Stiftung der Universität Lettlands für die Zeitschrift „Geschichte Lettlands“], 2004, S. 280.

[16] Tieslietu Ministrijas un Tiesu Vēsture 1918–1938 [Die Geschichte des Ministeriums der Justiz und der Gerichte 1918–1938], Rīga: [s. a.], S. 205.

[17] *Līna Birziņa*, Latvijas Universitātes tiesībzinātnieki. Tiesiskā doma Latvijā XX gs. [Rechtsgelehrte an der Universität Lettlands. Rechtswissenschaft in Lettland im XX. Jh.], Rīga: Zvaigzne ABC, 1999, S. 81 f.

[18] A.a.O., S. 68 f.

„An Herrn Professor P. Mintz: Der Organisierungsrat der Universität Lettlands hat auf seiner Sitzung vom 31. Mai gemäß den allgemeinen Bestimmungen betreffend die Unterrichtssprache an der Universität Lettlands beschlossen, Ihnen das Recht einzuräumen, die Lehre in einer anderen Sprache als Lettisch bis zum 1. Juli 1927 fortzusetzen, und es ist meine Ehre, es Ihnen mitzuteilen. Rektor Felsbergs, am 2. Juni 1922."[19]

Im Jahre 1927 schlug die Fakultät für Volkswirtschaft und Rechtswissenschaften erneut vor, im Falle von Professor Mintz die Berechtigung zur Lehre in einer anderen Sprache um weitere fünf Jahre zu verlängern.[20] Es ist dokumentiert, dass Professor Mintz ab dem Studienjahr 1932/33 Lettisch als Unterrichtssprache verwendete.[21]

Zweitens gab es Wissenschaftler, die aus dem bolschewistischen Russland emigriert waren. Sie hielten sich in beträchtlicher Zahl an der Juristischen Abteilung der Fakultät auf. Aus diesem Kreis der russischen Emigranten hatte die Universität Lettlands hervorragende Lehrkräfte gewonnen. Zu den an der Juristischen Abteilung tätigen Wissenschaftlern zählten u.a. Wassily Sinaisky (geb. 1876 in Gouvernement Tambow, gest. 1949 in Brüssel), der 1922 nach Lettland kam,[22] sowie Alexander Kruglewski (geb. 1886 in Petersburg, gest. 1964 in Riga[23]), der erst 1924 nach Lettland wechselte.[24] Wladimir Bukowsky wurde zum Dozenten der Lettischen Hochschule mit der Erlaubnis berufen, während der ersten drei Jahre die Vorlesungen auf Russisch abhalten zu dürfen.[25] Es ist dokumentiert,[26] dass man für Professor Bukowsky als endgültige Frist für den Übergang auf den lettischsprachigen Unterricht schließlich das Studienjahr 1933/34 festlegte, für Privatdozent Alexander Kruglewski das Studienjahr 1930/31 und für Professor Wassily Sinaisky das Studienjahr 1932/33. Sinaisky hat tatsächlich wie geplant im Herbstsemester

---

[19] Brief des Rektors der Universität Lettlands an Prof. P. Mintz, in: HSL, Sammlung 74276, Sache 197, Dokument Nr. 23

[20] Beschluss der Fakultät für Volkswirtschaft und Rechtswissenschaften vom 28. Mai 1927, in: a.a.O., Dokument Nr. 102.

[21] Wirtschafts- und Rechtswissenschaftliche Fakultät der Universität Lettlands. Beschluss über die Fristen der Staatssprachenkenntnisse der Lehrkräfte fremder Herkunft, in: a.a.O., Dokument Nr. 124.

[22] *Svetlana Kovaļčuka/Ksenija Eļtazarova*, Bez kultūras nav tiesību, bez tiesībām nav īstas dzīves [Ohne Kultur gibt es keine Rechte, ohne Rechte kein wirkliches Leben], in: Jurista Vārds [Wort für Juristen], 29.09.2009, Nr. 39 (582), S. 12 f.

[23] *Ivans Mihailovs*, Aleksandrs Kruglevskis: dzīve un uzskati [Aleksander Kruglewski: Leben und Lehre], in: Likums un Tiesības [Recht und Gesetz] 2004. 9, Nr. 61, S. 284.

[24] *Birziņa*, Rechtsgelehrte (o. Fn. 17), S. 154.

[25] Ergebnisse der Durchsicht der Protokolle des Organisierungsrates der Lettischen Hochschule betreffend die Sprachenfrage, in: HSL, Sammlung 74276, Sache 197, Dok. Nr. 14.

[26] Wirtschafts- und Rechtswissenschaftliche Fakultät der Universität Lettlands. Beschluss über die Fristen der Staatssprachkenntnisse der Lehrkräfte fremder Herkunft, in: a.a.O., Dokument Nr. 124.

1932 mit der Lehre auf Lettisch begonnen und Kruglewski im Herbstsemester 1930.[27]

Diese Beispiele zeigen, dass die Universität Lettlands den ausländischen Lehrkräften in den Jahren 1922 und 1927 zweimal eine fünfjährige Frist einräumte, um den Übergang auf die Unterrichtssprache Lettisch zu vollziehen. Im Jahre 1927 erwog man ernsthaft die Gründe, einschließlich der rechtlichen Gründe, weshalb bestimmte Lehrkräfte auf die Lehre in lettischer Sprache verzichten durften. Davon zeugt beispielsweise eine vom damaligen Rechtsberater der Universität Lettlands, August Loeber, im Auftrag des Rektors verfasste Stellungnahme vom 2. Juni 1927[28] zum Thema „Zum Recht im Falle von Professor Boris Popow, an der Universität Lettlands in anderen Sprachen als der lettischen zu unterrichten".[29]

Die Beschlüsse der Fakultät für Volkswirtschaft und Rechtswissenschaften sowie die Antworten auf von leitenden Universitätsgremien gestellten Anfragen zeugen davon, dass es bei den Lehrkräften untereinander keine Sprachprobleme gab und dass sich die auf Lettisch unterrichtenden Lehrkräfte entgegenkommend und verständnisvoll gegenüber denjenigen Kollegen verhielten, die ihre Vorlesungen nicht auf Lettisch abhalten konnten. So wurden an der Fakultät für Volkswirtschaft und Rechtswissenschaften bis ins Jahr 1932 Lettisch, Russisch und Deutsch als Unterrichtssprachen gebraucht, und bei einzelnen Lehrkräften war dies sogar noch länger der Fall. Noch am 15. September 1933 richtete die Fakultät für Volkswirtschaft und Rechtswissenschaften eine Bitte an den Rat der Dekane, bei der es darum ging, Professor Bukowsky aufgrund seiner gesundheitlichen Situation auch weiterhin das Recht einzuräumen, die Vorlesungen auf Russisch abzuhalten.[30] Zu jenem Zeitpunkt war Professor Bukowsky schon 66 Jahre alt. An der Universität Lettlands gab es schon seit 1920 Entwürfe, die vorsahen, von den Lehrkräften über der Altersgrenze von 55 Jahren den Übergang auf Lettisch als Unterrichtssprache nicht zu verlangen.[31] Allerdings wurde dieser durchaus sinnvolle Vorschlag nicht umgesetzt.

IV. Die Vielsprachigkeit in der Studentenschaft

Die juristische Praxis verlangte nach gut ausgebildeten Juristen, die alle drei erwähnten Sprachen, nämlich Lettisch, Russisch und Deutsch beherrschten. Bereits

---

[27] Lehrkräfte an der Universität Lettlands, die für einen bestimmten Zeitraum oder mit einer Sprachfrist gewählt worden sind, in: a.a.O., Dokument Nr. 150.

[28] *Loeber*, Vom römischen Recht (o. Fn. 15), S. 277.

[29] Popow war Professor für Mineralogie und Geologie an der Chemischen Fakultät, seine Berufung erfolgte 1920.

[30] Antrag der Fakultät für Volkswirtschaft und Rechtswisssenschaft der Universität Lettlands, in: HSL, Sammlung 74276, Sache 197, Dokument Nr. 185.

[31] A.a.O., Dokument Nr. 17.

auf dem ersten Lettischen Juristenkongress, der im Jahre 1932 endlich die Juristen Lettlands aller ethnischen Gruppen vereinigte (insgesamt 520 Vollmitglieder sowie 200 Gäste),[32] wurde zur juristischen Ausbildung an der Universität Lettlands folgender Beschluss gefasst:

> „In Anbetracht der besonderen Bedürfnisse des Studiums juristischer Literatur[33] sowie der besonderen Situation in Lettland äußert die Sektion zur Ausbildung und beruflichen Situation der Juristen den Wunsch, dass von den Absolventen der Juristischen Abteilung der Universität Lettlands gute Deutsch- und Russischkenntnisse verlangt werden."[34]

Der Vortrag von Kārlis Dišlers (damals noch leitender Dozent) zum Thema „Die Entwicklung und die Tätigkeiten der Juristischen Abteilung der Universität Lettlands" hatte den Juristenkongress beeinflusst.[35] Die Beschlüsse des Lettischen Juristenkongresses wurden am 9. Mai 1932 ebenfalls im Rat der Dekane der Universität Lettlands diskutiert, allerdings wurde kein Beschluss zur Umsetzung gefasst.[36]

Die Vielsprachigkeit und die unterschiedlichen nationalen Interessen führten zu Spaltungen und Spannungen in der Studentenschaft der Universität Lettlands. Bereits seit dem Mittelalter bildeten sich die Studentenorganisationen aufgrund des Prinzips der Vereinigung von Landsleuten. Schon im 13. Jahrhundert haben sich die Studierenden der ersten mittelalterlichen Universitäten in Bologna und Padova aufgrund ihrer geographischen Herkunft in Verbindungen, sog. „Nationen" (*nationes*),[37] zusammengeschlossen, deren Mitglieder miteinander konkurrierten und in Konflikt standen (bis hin zum Duell). So kann man vom historischen Standpunkt aus einerseits schlussfolgern, dass die Konflikte der „Nationen" an der Universität Lettlands lediglich als Belege dafür zu betrachten sind, dass dies eine typische Universität war. Doch andererseits haben sich alle Universitäten im Laufe ihrer Geschichte permanent bemüht, Konflikte zwischen Studierendengruppen, die sich nach dem Prinzip der „Nationen" gebildet hatten, zu lösen und zu vermeiden. So hat auch die Universität Lettlands in der Epoche zwischen den beiden Weltkriegen versucht, die nationalen Konflikte innerhalb der Studentenschaft abzumildern.

---

[32] *Olga Jurovska*, Pirmais juristu kongress. Atreferējums [Der erste Kongress der Juristen. Abstract], in: Jurists [Der Jurist] 1932, Nr. 1 (35), S. 3.

[33] Die Literatur zu den bestehenden Gesetzen, die zu einem wesentlichen Teil bereits noch zu den Zeiten des Russischen Imperiums verabschiedet worden waren, lag größtenteils in der deutschen und der russischen Sprache vor (einschließlich der Kommentare zu den Gesetzestexten).

[34] *Jurovska*, Kongress (o. Fn. 32), S. 10.

[35] A.a.O.

[36] HSL, Sammlung 74276, Sache 462, Dokument Nr. 67.

[37] *Людмила Михайловна Волосникова/Геннадий Николаевич Чебаторев*, Правовой статус университетов: история и современность [Rechtliche Stellung der Universtitäten: Geschichte und Gegenwart]. Москва: Норма, 2007, S. 22.

Ab dem Jahr 1922 erschien die lettischsprachige Studierendenzeitung „Students“ („Der Student“). Bereits von den Anfängen ihres Erscheinens an spiegelt die Zeitung die Bemühungen der lettischen Studierenden um den Gebrauch der lettischen Sprache in allen Institutionen der Universität Lettlands und in allen Vorlesungen wider. Ähnlich traten gewisse Spannungen zwischen lettischen und deutschen Studentenverbindungen zu Tage. So findet sich in der Ausgabe vom 8. November 1922 folgende Nachricht:

> „Die lettischen Studentenverbindungen hatten den deutschen Verbindungen mehrmals Fristen für den Übergang zum Gebrauch der lettischen Sprache bei den Sitzungen des präsidierenden Konvents eingeräumt. Doch sind die Deutschen diesen Aufforderungen nicht nachgekommen [...]. Für die Teilnahme an den Sitzungen delegierte man Vertreter, die des Lettischen kaum mächtig sind, auch wenn es unter den deutschen Verbindungsmitgliedern solche gibt, die die lettische Sprache gut beherrschen. Außerdem wollten die deutschen Verbindungen ungeachtet ihrer geringen Stärke (1:5) überall die gleiche Kandidatenanzahl durchsetzen, wogegen sich die lettischen Körperschaften streng verwahrten. Nun haben die deutschen Verbindungen dem lettischen präsidierenden Konvent mitgeteilt, dass sie aus diesem ausscheiden [...]. Man hört, dass die Deutschen ihren eigenen deutschen präsidierenden Konvent zu gründen beabsichtigen, dessen Aufgabe es wohl in erster Linie sein wird, die lettische Sprache und alles Lettische zu ignorieren.“[38]

Im Laufe der 20er und 30er Jahre hielten die Spannungen zwischen den Studierenden unterschiedlicher Nationalität an. Der Konflikt hinterließ seine Spuren in Anträgen des Studierendenrates an die leitenden Gremien der Universität sowie in einzelnen Fakultäten. Im Sitzungsprotokoll des Rats der Fakultät für Volkswirtschaft und Rechtswissenschaften vom 27. März 1930 liest man:

> „Es wird ein von Studierenden gestellter Antrag zum Gebrauch der russischen Sprache vorgelesen und besprochen. Es wird beschlossen, die Besprechung der Angelegenheit und den Beschluss auf die nächste Sitzung zu verschieben.“[39]

Auf der nächsten Sitzung, die am 30. April 1930 stattfand, gaben die beiden im Antrag erwähnten Professoren Kruglewski und Sinaisky Erklärungen über ihre Fähigkeit ab, auf Lettisch zu unterrichten. Professor Kruglewski versprach ab dem folgenden Jahr, auf Lettisch zu unterrichten, während Professor Sinaisky vorschlug, zunächst zwei Wochenstunden auf Lettisch abzuhalten und den vollen Übergang auf die lettische Sprache stufenweise zu verwirklichen. Die Vorschläge der Professoren wurden vom Rat akzeptiert. Gleichzeitig beschloss der Rat, die russische Sprache ab dem Studienjahr 1930/31 an der Juristischen Abteilung als „obligatorisches Fach“ vorzuschreiben.[40] Als einer der letzen Anträge, die von Studierenden in Sachen Sprachgebrauch eingereicht wurden, ist der an den Rektor gestellte An-

---

[38] Uja. Vācieši aiziet no Prezidējošā konventa [Die Deutschen verlassen den Präsidierenden Konvent], in: Students [Der Student], 8.11.1922, Nr. 8, S. 5.

[39] HSL, Sammlung 74276, Sache 197, Dokument Nr. 6.

[40] HSL, Sammlung 74276, Sache 462, Dokument Nr. 70.

trag des Studierendenrates der Universität Lettlands vom 6. November 1933 zu erwähnen, der für eine ausschließlich auf Lettisch zu haltende Lehre eintrat und vorschlug, für die künftigen Studierenden Quoten entsprechend dem Prinzip vorzusehen, dass jede ethnische Gruppe einen so großen prozentuellen Anteil an den Studierenden stellen darf, wie ihr Anteil an der gesamten Bevölkerung Lettlands ist.[41]

V. Bildung der lettischen Rechtssprache

Doch waren die mangelnden Lettischkenntnisse des Lehrkörpers und der Studierenden nicht das einzige Hindernis für einen vollwertigen lettischsprachigen Unterricht. Um die lettische Sprache zu einer vollwertigen Amtssprache und Lettland selbst zu einem Nationalstaat werden zu lassen, bedurfte es einer lettischen Rechtsterminologie. Bis 1919 war es nicht möglich gewesen, eine juristische Ausbildung in lettischer Sprache zu erhalten. Ebenso gab es aus staatlicher Sicht keinen Bedarf an einer umfassenden lettischen Rechtsterminologie, denn die Arbeitssprache in Rechtsprechung und Verwaltung war Deutsch, später Russisch. Die lettische Rechtsterminologie entwickelte sich selbstverständlich dennoch schon weit im Vorfeld der Gründung des lettischen Staates.

Die ersten Übersetzungen von Gesetzestexten aus der deutschen und der schwedischen Sprache entstanden bereits im 17. Jahrhundert.[42] Die Anzahl der übersetzten Gesetze vergrößerte sich erheblich zur Zeit des russischen Imperiums in der ersten Hälfte des 19. Jahrhunderts, als nach staatlichen Vorgaben die Gesetze für die Bauern ins Lettische übersetzt und in den Kirchen von der Kanzel aus verlesen wurden. Die Pfarrer erhielten die Aufgabe, das Volk mit den Gesetzen in seiner Muttersprache bekannt zu machen. Allerdings waren diese „Übersetzungen" bis in die zweite Hälfte des 19. Jahrhunderts eine gequälte Nacherzählung der Gesetzestexte von schlechter Qualität. Viele deutsche Pfarrer, welche diese Aufgabe übernommen hatten, verfügten weder über ausreichende Kenntnisse der lettischen Sprache noch über juristische Kenntnisse. Außerdem erforderte die Aufgabe die innovative Erschaffung juristischer Termini, denn eine lettische Rechtssprache gab es zu jener Zeit noch nicht. Einen wesentlichen Beitrag zur weiteren Entwicklung der lettischen Sprache einschließlich der Rechtsterminologie hat der deutsche Pfarrer und Absolvent der Universität Dorpat August Bielenstein (1826–1907) geleistet.[43]Ende des 19. Jahrhunderts wendeten sich allmählich die ersten gebildeten lettischen Juristen der Gesetzesübersetzung zu. Es ist die Epoche der Bewegung der Jungletten. Besonders hervorzuheben ist dabei die Tätigkeit von Andrejs Stērste

[41] HSL, Sammlung 74276, Sache 197, Dokument Nr. 194.

[42] Tiesību aktu tulkošanas rokasgrāmata [Führer der Übersetzungen der Gesetzgebung] (b.a.) Rīga: Tulkošanas un terminoloģijas centrs. 2006, S. 34.

[43] *August Bielenstein*, Die lettische Sprache, nach ihren Lauten und Formen, 2 Bde., Berlin: Dümmler, 1863/64, ND: Leipzig: Zentralantiquariat der DDR, 1972.

(1853–1921), dessen Leistung nach Bielensteins Aktivitäten den nächsten Schritt auf dem Weg zur Herausbildung der lettischen Rechtsterminologie darstellte.[44] Andrejs Stērste, der Ende des 19. Jahrhunderts als Sekretär und Übersetzer bei der Senatorenrevision von 1882–1883 durch Nikolai Manasein tätig war, erarbeitete im Laufe seiner beruflichen Tätigkeit zahlreiche lettische Rechtstermini. Bielenstein bot Stērste 1883 an, bei der Übersetzung der „Gerichts-Gesetze von Kaiser Alexander II." zu assistieren. Die Kooperation der beiden erwies sich als unmöglich, so dass sich Stērste aus dem Projekt zurückzog. Aus sprachlicher Sicht war Bielensteins Übersetzung schwerfälliger. Daher wurde 1889 die von Stērste angefertigte Übersetzung der „Gerichts-Gesetze von Kaiser Alexander II." veröffentlicht.[45]

Nach der Gründung der Republik Lettland war der Bedarf an lettischer Rechtsterminologie größer denn je. Die Juristen standen vor der Aufgabe, die Grundlagen der Gesetze des Nationalstaates, der Rechtsprechung sowie der öffentlichen Verwaltung zu schaffen. Die lettische Rechtssprache war nicht nur für die Gesetzgebung und die Rechtsprechung unerlässlich, sondern auch für die Bildung und die Weiterentwicklung der lettischen Jurisprudenz. Es bestand daher sowohl im Bereich der Rechtsgeschichte als auch der Rechtstheorie und -philosophie ein Bedarf für eine lettischsprachige Terminologie.

Vorlesungen und Forschung gestalten sich wesentlich einfacher in der Muttersprache und/oder der Sprache, in der man seine Ausbildung erhalten hat. Die ersten Lehrkräfte der Universität Lettlands waren, wie bereits erwähnt, deutscher, russischer, jüdischer und lettischer Herkunft und hatten auf Deutsch und auf Russisch studiert. Sogar die lettischen Lehrkräfte hatten erhebliche Schwierigkeiten, die Vorlesungen in ihrer Muttersprache vorzubereiten und abzuhalten, da in einigen Fachrichtungen gar keine Fachterminologie existierte und diese in anderen unvollständig war. Im Jahre 1922 stellte die Studierendenzeitung beispielsweise fest, dass der Dozent Kalniņš bei seinen Vorlesungen im Fach „Darstellende Geometrie" die lettische Sprache entstellt habe.[46] Es mangelte an lettischsprachiger Fachliteratur, einschließlich der juristischen Fachliteratur. Selbst in den Fällen, wo Unterricht auf Lettisch angeboten wurde, musste auf deutsche, russische, französische und englische Lehrbücher zurückgegriffen werden. Die Lage änderte sich zugunsten der lettischen Sprache erst dann, als die ersten lettischen Absolventen der Universität Lettlands in den Lehrkörper der Universität kamen, während die aus Russland emigrierten Lehrkräfte sich die lettische Sprache angeeignet hatten und anfingen, ihren Unterricht auf Lettisch abzuhalten. Auch setzte sich in den Skripten zu den angebotenen Vorlesungen und später in Lehrbüchern die lettische Sprache durch.

---

[44] *Birziņa*, Rechtsgelehrte (o. Fn. 17), S. 10.

[45] *Maija Baltiņa*, Valsts valoda. Vēl nebūs rimis sauciens mans… [Staatssprache. Wird nicht mein Ruf verstummt sein ...], http://www.vvk.lv/index.php?sadala=203&id=634 [1.10.2009].

[46] *Asistents Ādams*, [Ohne Titel] in: Students [Der Student], 8.11.1922, Nr. 8, S. 6.

Ein wesentlicher Faktor für den akademischen Unterricht und die rechtswissenschaftliche Publikation in lettischer Sprache war die Entwicklung der lettischen Rechtssprache im ersten Jahrzehnt des Bestehens der Republik Lettland. Die damaligen Versuche, die lettische Rechtssprache zu vervollständigen, spiegeln sich auch in der Presse wider. So schlug der Rechtsanwalt A. Strausmanis im Jahr 1929 vor:

> „Kollegiales Gericht nennt man ein Gericht, das aus nicht weniger als drei Richtern besteht, im Unterschied zu einem Gericht, wo das Urteil von einem einzigen Richter gefällt wird; man könnte also für den ersten Fall den lettischen Begriff ‚koptiesa' verwenden und für den letzteren Fall ‚vientiesa'."[47]

Heutzutage können wir mit Sicherheit feststellen, dass der Vorschlag von Strausmanis keinen Platz in der lettischen Sprache gefunden hat.

Erst rund zehn Jahre nach der Eröffnung der Universität Lettlands begann ein langsamer und schwerfälliger Übergang zur lettischsprachigen Lehre. Während der Diktatur von Kārlis Ulmanis maß man dem eine besondere Bedeutung bei, weil Ulmanis eine ausgesprochen nationalistische Politik verfolgte. Die geschilderte lange Übergangszeit bis zum lettischsprachigen Unterricht ist, wie bereits erwähnt, vor allem auf zwei Gründe zurückzuführen:

1. Die Lehrkräfte mussten sich erst die lettische Sprache, insbesondere die entsprechende lettische Fachsprache aneignen.

2. In vielen Gebieten existierte keine lettische Fachsprache oder sie war unvollständig. Insofern bedurfte es einiger Zeit, um sie zu entwickeln bzw. zu vervollständigen.

Leider ist für die gegenwärtige Zeit, in der die lettische Rechtssprache ausgebildet und gefestigt ist, ein Nachlassen der Kenntnisse der deutschen Sprache und in der jüngeren Juristengeneration teilweise auch der russischen Sprache charakteristisch. Vor nicht allzu langer Zeit, vor 70 bis 80 Jahren, konkurrierten die beiden letzteren Sprachen in diesem Kontext noch mit dem Lettischen.

VI. Zusammenfassung

Die Entwicklung eines Staates und einer Nation hängt auch davon ab, ob ein voller Ausbildungszyklus in der Nationalsprache angeboten wird und sich alle wissenschaftlichen Disziplinen in dieser Sprache entwickeln können. Aus diesem Grund maß der Staat der 1919 gegründeten Lettischen Hochschule (heute „Universität Lettlands") eine besondere Bedeutung bei und widmete ihr große Aufmerksamkeit.

---

[47] *Andrejs Strausmanis*, Vai Latvijas koleģiālā tiesa, kā pirmā instance visās nekrimināla rakstura lietās, būtu atstājama? [Soll ein kollegiales Gericht in Lettland als Gericht erster Instanz in allen nicht-strafrechtlichen Rechtssachen zuständig sein?] in: Jurists [Der Student] 1932, Nr. 1 (35), Sp. 11.

Diese Hochschule bot zum ersten Mal die Möglichkeit, akademische Grade in lettischer Sprache zu erwerben.

Die im Historischen Staatsarchiv Lettlands gesammelten Urkunden sowie die damalige Presse beweisen aber, dass die Universität Lettlands in der Epoche zwischen den beiden Kriegen des 20. Jahrhunderts dreisprachig lebte: Lettisch, Deutsch und Russisch. Ähnlich wie an anderen Fakultäten hatten an der Fakultät für Volkswirtschaft und Rechtswissenschaften diejenigen fremdstämmigen Lehrkräfte, die früher nicht auf lettischem Gebiet gelebt und gearbeitet hatten, die größten Schwierigkeiten mit der Lehre in lettischer Sprache. Sogar die lettischen Lehrkräfte hatten erhebliche Schwierigkeiten, die Vorlesungen in ihrer Muttersprache vorzubereiten und abzuhalten, da in einigen Fachrichtungen gar keine Fachterminologie existierte und diese in anderen unvollständig war.

Ein wesentlicher Faktor für den akademischen Unterricht und die rechtswissenschaftliche Publikation in lettischer Sprache war die Entwicklung der lettischen Rechtssprache im ersten Jahrzehnt des Bestehens der Republik Lettland. Die Lage änderte sich zugunsten der lettischen Sprache erst dann, als die ersten lettischen Absolventen der Universität Lettlands in den Lehrkörper der Universität kamen, während die aus Russland emigrierten Lehrkräfte sich die lettische Sprache angeeignet hatten und anfingen, ihren Unterricht auf Lettisch abzuhalten. Auch setzte sich in den Skripten zu den angebotenen Vorlesungen und später in Lehrbüchern die lettische Sprache durch.

Latin Terms in Civil Law Textbooks in Estonia: Conceptual Unity and Terminological Plurality[1]

Merike Ristikivi

I. Introduction

Civil law in Continental Europe is one of the areas of law that uses terminology and principal concepts developed in antiquity on the basis of the Latin. Continental law has developed on the basis of the Latin language and it relies heavily on the system of concepts stemming from Roman civil law. Therefore the role of Latin terms in civil law is more significant than in other areas of law. Latin legal terms deriving from Roman law convey the concepts in civil law and give them their form; they are the principal means of expression for the object and essence of the discipline.

In the juridical journals published during the period of independence in Estonia Latin terminology has become noticeably more common over the years, particularly in the area of civil law.[2] The use of terminology has been influenced considerably by the accession of the Republic of Estonia to the European Union (on the 1st May 2004), as it bound Estonia to the European legal environment, which has developed on the basis of the Latin.

But what is the basis for law students for knowing and understanding the terms used in research articles? How is technical vocabulary acquired and which specific items make up that vocabulary? Courses on Latin and legal terminology are obligatory for today's law students in Tartu University. As Latin is currently taught only in a few secondary schools in Estonia, the majority of law students make their first contact with the Latin language at university level. In the course of 30 classes (lectures and seminars), pronunciation, grammar rules and vocabulary are taught. The latter contains terminology pertaining to penal power, international law, etc., but it mostly focuses on the lexis and sources of Roman private law, which is another compulsory course in the first year. The bulk of Latin terms in modern civil law originates from Ancient Rome, and the form of the terms is learned during the Latin course at university. Thus everything seems to be in order. However,[3] research re-

---

[1] This article was published with support from ESF Grant No. 7923.

[2] About Latin terms in the language of today's lawyers see *Merike Ristikivi*, *Lexica iuridica* in *Juridica*: Latin Terms as a Reflection of Europanisation of Estonian Legal Culture, Juridica International 2007, XII, pp. 173–179; see also *Merike Ristikivi*, Latin terms in the Estonian legal language: form, meaning and influences. Dissertationes Iuridicae Universitatis Tartuensis 26, Tartu 2009, pp. 22–27, 31–47, 52–54.

[3] A detailed review of the problems in the usage of Latin terms: *Merike Ristikivi*, Ladina õigusterminite vormilisest ja sisulisest korrektsusest [Accuracy of the Form and Content of Latin Legal Terms], in: Eesti Rakenduslingvistika Ühingu aastaraamat 4 [Anniversary of Estonian Society for

sults reveal that mistakes are made in the use of Latin terms on the semantic level as well.

The sociolinguist Michael A. K. Halliday claims that problems with professional terminology do not arise from the terms themselves, but from the complex associations between the terms. He points out that terms cannot be defined in isolation; they should be treated as part of a larger framework and each term must be defined in connection with all others.[4] Hence, although the orthography and morphology of terms are thoroughly dealt with in Latin classes, it is virtually impossible to explain simultaneously all semantic aspects as well. More detailed knowledge of the functioning of a term in a real legal situation is acquired during the course of the corresponding area of law with the help of special study aids.

In the current survey we are going to find out which Latin terms occur in civil law textbooks published in the Estonian language and how numerous they are. The eight textbooks on different subareas of civil law, making up the material for the present survey, include original textbooks in Estonian, as well as study aids translated from German. On the one hand, the impact of German law on Estonian legal culture has been considerable and it was also the basis for drafting the current legislation in Estonia.[5] On the other hand, after regaining independence, original Estonian textbooks have been compiled, but not in all subareas of civil law, so in teaching law students, various study aids translated into Estonian from other languages are also being used. Therefore, these books constitute the object of the present research, which aims at determining whether the influence of German law is mirrored in the usage of terminology. Furthermore, I attempt to find out the differences in the usage of Latin terminology in separate subareas of civil law. The hypothesis is that the usage of Latin terms is determined by the historical development of the separate subareas of civil law. There are two assumptions: 1) Latin vocabulary is more common in property law, law of obligation and succession, in which terminology was largely developed in antiquity or in the Middle Ages; 2) Latin terms are fewer in labour law and family law. Labour law basically grew into separate subarea of civil law only in the 20th century and lacks a direct connection with Roman law, from which originate the majority of Latin terms in civil law. The development of family

---

Applied Linguistics 4], 2008, pp. 157–170; shortly also in English *Ristikivi*, Latin terms (supra fn. 2), pp. 58–66.

4 *Michael A. K. Halliday*, The Language of Science, London, New York, 2004, p. 162.

5 For German influence in current Estonian civil law see *Marju Luts-Sootak*, Die neue estnische Privatrechtskodifikation zwischen Geschichte und Zukunft von Europa, in: Claes Peterson (Hg.), Die Kodifikation und die Juristen. Ein rechtshistorisches Seminar in Stockholm 2. bis 4. Mai 2003 (= Rättshistoriska studier, Bd. 23), Stockholm, 2008, pp. 133–156; *idem*, Die estnische Privatrechtsreform zwischen den Vorbildern aus der Geschichte, aus Deutschland und aus der europäischen Zukunft, in: S. I. Oksaar/N. Redecker (Hg.), Deutsch-Estnische Rechtsvergleichung und Europa (= Studien des Instituts für Ostrecht München, Bd. 50), Frankfurt/M 2004, pp. 51–68.

law, however, has predominantly been influenced by local conditions and peculiarities, so it is not uniformly based on the Latin language everywhere. Thus the impact of Latin on the terminology in this area of law is not as direct as in property law or the law of obligation.

II. Research material

Text is the linguistic form of social interaction and its type is determined by its function.[6] The author creates a text with certain characteristics and a particular meaning. From the aspect of functionality, writing a text is purposeful use of language, since in making linguistic choices the writer considers the purpose and function of the text.[7] The study aids analysed for the present survey are classified as scientific text. The aim of writing a scientific text is not only to impart relevant information concerning a particular discipline, but also to research, expand and clarify the essence of that discipline.[8]

I have previously analysed Latin terms in research articles printed in juridical journals,[9] but this paper focuses on teaching materials. The function of a textbook is first and foremost introducing a scientific discipline and its terminology, imparting (primary) knowledge. In a wider sense, textbooks and research articles have a lot in common, as both include the technical vocabulary and rhetorical functions of a particular field of study. Simultaneously, in a narrower sense, they may be looked upon as different types of text, which vary in the nature of discourse (textbooks present the known facts, research articles focus on new information and new research questions), as well as in the nature of partnership (as far as textbooks are concerned, the relationship between the author and the reader is disproportionate, whereas in articles the relationship is more balanced and equal).[10] In Estonia, the lack of suitable textbooks has often led to using Estonian-language research articles as

---

6 See *Michael A. K. Halliday*, Language and Society, London, New York, 2007, p. 195.

7 *Reet Kasik*, Võimu keel [The Language of Power], in: Helle Metslang/Margit Langemets/ Maria-Maren Sepper (eds.), Eesti Rakenduslingvistika Ühingu aastaraamat 3 [Estonian Papers in Applied Linguistics 3], 2007, p. 168.

8 See *Robert A. de Beaugrande/Wolfgang U. Dressler*, Introduction to Text Linguistics, London, New York, 1981, p. 192; also: *Alison Love*, Introductory concepts and 'cutting edge' theories: Can the genre of the textbook accommodate both?, in: John Flowerdew (ed.), Academic Discourse, London, 2002, p. 76.

9 About the usage of Latin legal terms in juridical journals in Estonian in the 20th and 21st centuries see *Ristikivi*, *Lexica iuridica* (supra fn. 2); *Merike Ristikivi*, Terminological turn as a turn of legal culture, Juridica International 2008, XV, pp. 175–182, *Merike Ristikivi*, Latin terms in Estonian legal journalism in the interwar period: Practical tools for a young legal culture, Juridica International 2009, XVI, pp. 231–239.

10 About types of academic discourse see *Vijay K. Bhatia*, A Generic View of Academic Discourse, in: John Flowerdew (ed.), Academic Discourse, London 2002, pp. 32 sq.

teaching material; for instance, the periodical Juridica is frequently used for teaching law students. The articles published in Juridica usually focus on specific issues, such as commentaries on new legislation, analysis of legal practice, etc.

The material of this survey consists of textbooks on the different subareas of civil law, including four original Estonian-language books (Kull 1999, Liin 2005, Orgo et al. 2003, Tiivel 2007)[11] and four books translated from German (Brox 2003, Lüderitz 2005, Schlechtriem 2000, Schwab/Prütting 1995).[12] Family law is currently covered only by a translated textbook (Lüderitz 2005), and labour law by an original Estonian textbook (Orgo et al. 2003). Thus, original and translated teaching aids are equally distributed across the most important civil law subareas that have significantly influenced modern law. Similarly, family law and labour law are equally represented, and both of these have historically developed in a less direct relationship with Roman law. The different subareas are represented by the textbooks as follows:

1) property law: Tiivel 2007, Schwab/Prütting 1995;

2) law of obligation: Kull 1999, Schlechtriem 2000;

3) succession: Liin 2005, Brox 2003;

4) family law: Lüderitz 2005;

5) labour law: Orgo et al. 2003.

In total, the selected research material comprises 2723 pages, of which 1151 pages come from textbooks by Estonian authors and 1572 pages from textbooks translated from German.

III. The quantity of Latin terms

Latin legal terms, found in all textbooks under scrutiny, total 158. According to the frequency of the occurrence of Latin phrases in the textbooks, the latter can be ordered as presented in Graph 1:

[11] *Irene Kull*, Lepinguõigus [Contract Law], Tallinn 1999; *Urve Liin*, Pärimisõigus [Succession Law], Tallinn 2005; *Inge-Maret Orgo/Merle Muda/Gaabriel Tavits*, *Thea Treier*, Tööõigus [Labour Law], Tallinn 2003; *Rein Tiivel*, Asjaõigus [Property Law], Tallinn 2007.

[12] *Hans Brox*, Pärimisõigus [Succession Law], Tallinn 2003; *Alexander Lüderitz*, Perekonnaõigus [Family Law], Tallinn 2005; *Peter Schlechtriem*, Võlaõigus [Law of Obligations], Tallinn 2000; *Karl H. Schwab/Hanns Prütting*, Asjaõigus [Property Law], Tallinn 1995.

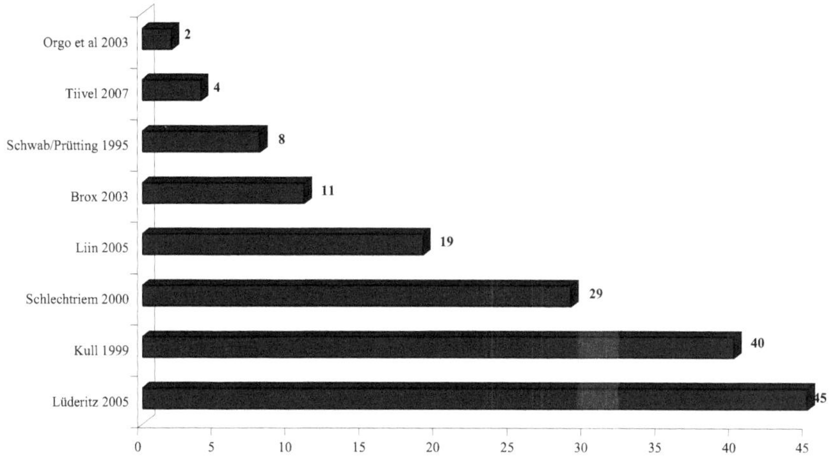

Graph 1. The total number of Latin terms in textbooks on civil law

The dissimilarities in the usage of terminology in the textbooks on different subareas of civil law are obvious (see Graph 1). Very few Latin terms are to be found in books on labour law and property law (Orgo et al. 2003 – only 2 terms, Tiivel 2007 – 4 terms, Schwab/Prütting 1995 – 8 terms). Succession textbooks contain more Latin terms: 11 (Brox 2003) and 19 (Liin 2005). A significantly greater number of Latin expressions are to be found in books on law of obligations: 29 (Schlechtriem 2000) and 40 (Kull 1999). The one family law textbook contains even more Latin: 45 instances (Lüderitz 2005).

As the books included in the research have great differences in the number of pages they contain, ranging from 136 (Kull 1999) to 496 (Tiivel 2007) (see table 1), I also compared the frequency of occurrence of Latin terms in relation to the volume of the material. In the four textbooks by Estonian authors (1151 pages in all) there are 65 Latin terms – on average, every 17th page contains an expression in Latin. In the four translated books (1572 pages in all) there are 93 Latin terms, with one term on every 16th page. If, in order to establish the frequency of occurrence of Latin terms, we rely on the ratio of the total number of terms to the number of pages in a textbook (see table 1), we see that in the first place is (Kull 1999) – 0.29 expressions per page. It is followed by (Lüderitz 2005) – 0.1. An almost equal number of terms per page can be seen in the textbooks by (Schlechtriem 2000) and (Liin 2005) – 0.09 and 0.08 respectively. Next come (Brox 2003) and (Schwab/Prütting 1995) – 0.03 and 0.02 Latin phrases per page, respectively. The least frequent usage of Latin can be observed in (Tiivel 2007) and (Orgo et al. 2003) – only 0.01 terms.

Table 1. Occurrence of Latin terms in textbooks

	Number of terms	Pages	Terms per page
Lüderitz 2005	45	441	0.10
Kull 1999	40	136	0.29
Schlechtriem 2000	29	340	0.09
Liin 2005	19	227	0.08
Brox 2003	11	426	0.03
Schwab/Prütting 1995	8	365	0.02
Tiivel 2007	4	496	0.01
Orgo et al 2003	2	292	0.01

It can be seen that even though in German legal culture the tradition of using Latin terms is a well-established one and Latin is used in all areas of law in German legal language, the translated textbooks do not have a significantly higher frequency of occurrence of Latin terms than the original Estonian books. At the same time the general usage of the vocabulary originating from the Latin is similar in the works by German and Estonian authors within the same area of law. For instance, numerous terms (both in regard to the total number of terms and in regard to the number of terms per page) can be found in the law of obligation related texts (compare Kull 1999 and Schlechtriem 2000), closely followed by succession texts (compare Liin 2005 and Brox 2003). Considerably fewer terms appear in textbooks on property law (compare Tiivel 2007 and Schwab/Prütting 1995). However, family law texts abound in Latin terms (Lüderitz 2005). Unfortunately there is no original Estonian textbook about this subarea for comparison. Labour law textbooks contain only a few Latin terms (Orgo et al. 2003), but now comparison is impossible because a translated textbook does not exist.

The hypothesis about the connection of the usage of terminology with historical development is partially proved on the basis of the data collected: the Latin language is frequent in discourse regarding law of obligation and successsion, the vocabulary of which derives from Roman law. But it is rather rare in textbooks on property law, even though the terminology in this subarea was also developed in antiquity and it greatly influences today's understanding of property law. Labour law is an area that did not originally develop on the basis of Roman law and the corresponding textbook (Orgo et al. 2003) contains very little Latin. What is surprising, however, is that the book on family law (Lüderitz 2005) makes abundant use of Latin terms, even though this subarea of civil law does not have strong connections with the family law of Ancient Rome. How can this be explained? The usage of language is subjective and reflects the terminological preferences of the author. In (Lüderitz 2005), the usage of Latin terms, being an integral part of legal language, is obviously based on linguistic habits and traditions.

IV. Latin terms in textbooks

The basis for terminological unity in a field of study is a common network of concepts. As far as legal phrases are concerned, their functionality and connection with legal consequences is stressed, i.e. they are defined through related legal consequences.[13] But denoting legal phrases can not be done with such freedom as in case of other terms.[14] Juridical terms must accurately and completely convey the concept denoted by a term. Precision, effectiveness and clarity are required from juridical vocabulary.[15]

Latin terms in civil law textbooks appear first and foremost in their primary function, as normative arguments conveying specific juridical information.[16] As the language of law is closely connected with legal tradition, history and culture, the specific Latin juridical terms in textbooks are accompanied by Latin expressions common in general usage and employed for illustration. It is partly a question of the so-called juridical rhetoric: Latin is seen as a stylistic device, aesthetic medium or expression of professional competence.[17] Of all lexical items analysed for this

---

[13] More about this: see *Ulfrid Neumann*, Die Sprache der Juristen, Universitas. Zeitschrift für interdisziplinäre Wissenschaft, 569/1996 (Jg. 51), S. 148–157.

[14] See *Krista Kerge*, Terminid leksikaalse ja grammatilise keelendina [Terms as lexical and grammatical expressions], in: Sirje Mäearu (ed.), Rahvusvaheline terminoloogiakonverents „Eesti oskuskeel 2003“ 10. ja 11. oktoobril 2003. Ettekanded [International Conference on Terminology "Special Purpose Language in Estonia 2003" 10 and 11 October 2003. Presentations], Tallinn 2004, p. 33.

[15] More about the terminology and language for specific purposes see *Els Oksaar*, Alltagssprache, Fachsprache, Rechtssprache, Zeitschrift für Gesetzgebung, 1989, 4, S. 210–237; *Gerard Cornu*, Linguistique juridique, Paris 1990, *Heikki E. S. Mattila*, Comparative Legal Linguistics, Aldershot 2006, *Walter Otto*, Die Paradoxie einer Fachsprache, in: Ingulf Radtke (Hg.), Die Sprache des Rechts und der Verwaltung, Stuttgart 1981, S. 44–57.

[16] See *Ernst A. Kramer*, Lateinische Parömien zur Methode der Rechtsanwendung, in: Steuerrecht. Ausgewählte Probleme am Ende des 20. Jahrhunderts, in: Festschrift zum 65. Geburtstag von Ernst Höhn, Bern 1995, S. 141 f.

[17] More about this, see *Mattila*, Comparative (supra fn. 15), p. 136.

survey, such phrases constitute a very small part, only 5.7 % of the vocabulary.[18] This group comprises 9 expressions: *ad hoc* 'for this purpose', *eo ipso* 'by the thing itself; by that very fact', *expressis verbis* 'explicitly', *iunctim* 'the one cannot be done without the other', *lege artis* 'according to the rule of the art or skill', *mutatis mutandis* 'changes changed; the necessary changes having been made', *prima facie* 'at first sight', *status quo* 'the existing state of affairs' and *ultima ratio* 'last resort'. However, it is rather complicated to draw a clear line between juridical argumentation and rhetoric in case of expressions which may acquire specific meaning in juridical contexts. Even though in a stricter sense the terms which are considered juridical are those that cannot be used outside a legal relationship or whose necessary prerequisite is a legal relationship, in a more general sense also such expressions may be considered juridical which can be used in other contexts but which still have a specific meaning in law.[19] Expressions such as *ad hoc*, *ultima ratio*, *prima facie* are examples of phrases that are part of general usage of language but which are also used as specific terms in juridical contexts by lawyers.

In addition to legal expressions also two medical terms were found in the material collected for this research: *in vitro* and *sclerosis multiplex*. The term *in vitro* was used twice in the family law textbook (Lüderitz 2005) and once in the succession textbook (Brox 2003). The term *sclerosis multiplex* was used once in the family law textbook. Although the total number of medical terms is not significant, these are part of the professional vocabulary, because doctors still use a great number of terms in Latin. In addition to law, medicine is one of the disciplines that have for centuries expanded professional vocabulary on the basis of the Latin language. When a lawyer is to make a juridical assessment of a medical case, he/she employs medical terms. It does not mean, however, that these terms should be considered as part of legal language. A professional term originally used in the medical field becomes part of legal language when it takes on a legal meaning in juridical discourse.[20]

The most frequent terms in civil law textbooks are given in Table 2. The majority of the terms were detected once; 13 terms could be found at least twice.

---

[18] That is, in comparison with the usage of vocabulary in juridical journals in which well-known Latin phrases are used more extensively, see *Ristikivi*, *Lexica iuridica* (supra fn. 2), pp. 177 sq.
[19] *Heikki E. S. Mattila*, Vertaileva oikeuslingvistiikka [Comparative Legal Linguistics], Helsinki 2002, pp. 170 sq.
[20] More about this, see *Neumann*, Universitas 569/1996 (Jg. 51), S. 148–157.

Table 2. Most frequently used Latin terms in civil law textbooks

Term	Meaning	Number
causa	'cause, reason'	17
aliud	'other, another'	5
ex nunc	'from now on'	5
culpa in contrahendo	'pre-contractual liability'	4
invitatio ad offerendum	'invitation to offer'	4
condictio indebiti	'claiming the recovery of money handed over in the mistaken belief that it was due'	3
consensus	'consent'	3
de lege ferenda	'desirable to establish according to the law'	3
in vitro	'within the glass'	3
ipso iure	'by the law itself'	3
peius	'worse'	3
ultima ratio	'last resort'	3

According to topics, the most frequently used terms can be ordered as follows:

1) the most frequent term in the texts on property law is *causa* (occurs 3 times), all other terms appear once;

2) the most frequent terms in the law of obligations textbooks are *causa* (14 times), *aliud* (5), *invitatio ad offerendum* (4), *condictio indebiti* (3), *culpa in contrahendo* (3), *peius* (3). The terms that are used twice include *condictio ob rem*, *conditio sine causa*, *consensus*, *consensus ad idem*, *ex nunc*, *ius commune*, *lex specialis* and *mutatis mutandis*;

3) the most frequent terms in the succession textbooks are those used at least twice: *eo ipso*, *ex nunc*, *expressis verbis*, *hereditas iacens*, *inter vivos*, *legis fictio*, *ipso iure*;

4) the family law textbook contains three instances of *de lege ferenda*. Twice the terms *argumentum*, *ex tunc*, *in praeteritum non vivitur*, *in vitro*, *manus*, *prima facie* are used;

5) the only Latin expression in the labour law textbook is *ultima ratio*, used twice.

A large part of the terms in law of obligations has been derived from Roman law. Among the most frequent expressions in succession, family law and labour law are several phrases that can also occur in other areas of law. For example, the expressions *de lege ferenda*, *ex tunc*, *argumentum*, *prima facie* and *in vitro* are not strictly family law related in meaning. Similarly, the term *ultima ratio* used in the textbook on labour law, the terms *eo ipso*, *ex nunc*, *expressis verbis* and *ipso iure* used in the succession materials, and the term *causa* in the property law textbooks may also be found in legal language in their general meaning. Another case in point would be *bona fides* 'good faith', which in its meaning is obviously part of law of obligations vocabulary. In the textbooks dealing with this subarea of civil law and included in the current study, the latter term was not found, but it was detected in the materials on property law.

V. Terminological variety

Among all 158 terms collected for the present survey, there are 100 different terms. The textbooks which aim at giving an overview of an entire subarea of civil law are likely to introduce a diversity of terms and contain few repetitions.

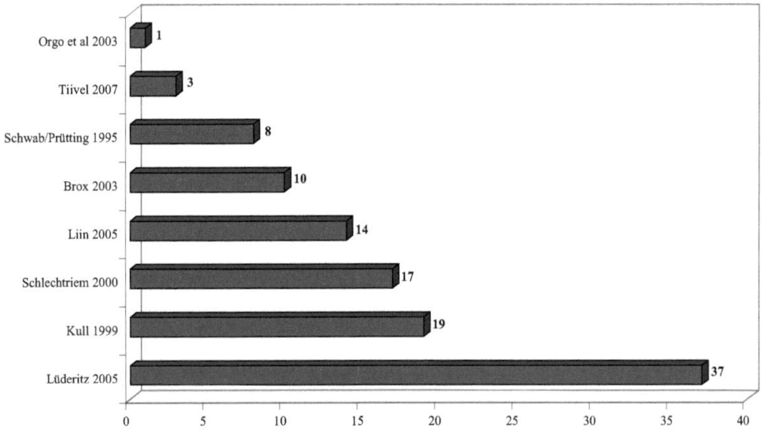

Graph 2. Terminological variety

According to Graph 2, the family law book (Lüderitz 2005) stands out with its 37 different Latin terms. Looking at the law of obligations textbooks, we see that the number of different terms is almost the same in the original Estonian book and the translated book – 19 (Kull 1999) and 17 (Schlechtriem 2000) respectively. As far as succession is concerned, the original Estonian textbook (Liin 2005) contains by about a third more terms than the translated book (Brox 2003), 14 and 10 respectively. In property law, there is a much greater difference between the original Estonian book (Tiivel 2007) and the translated book (Schwab/Prütting 1995) with regard to use of Latin terms: 3 and 8 respectively. The labour law book (Orgo et al. 2003) has the smallest number of Latin terms; only one term is used twice.

It should be noted, however, that the scrutiny of the quantitative and qualitative aspect of the usage of terminology does not reveal significant differences in the materials. The authors whose works contain the greatest number of Latin terms also have the greatest degree of variety and versatility in their Latin vocabulary. And, the juxtaposition of original Estonian textbooks and translated materials reveals that the diversity of terminology in the Estonian texts is considerably smaller.

In order to compare terminological variety in the subareas of civil law, I have added together the numbers of different Latin terms found in the textbooks dealing with the same subarea (see Graph 3).

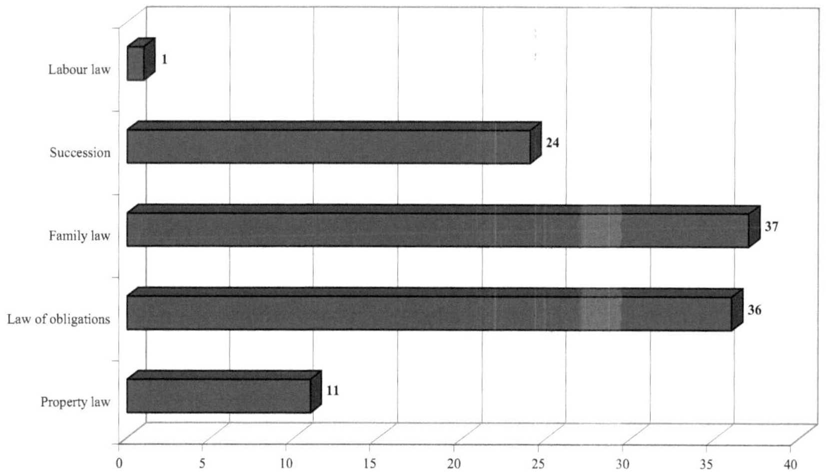

Graph 3. Variety in subareas of civil law

The comparison of the subareas of civil law (Graph 3) reveals that the textbooks which contain the greatest number of different terms are those that discuss law of obligations (Kull 1999 and Schlechtriem 2000) and family law (Lüderitz 2005), 36 and 37 different expressions respectively. About a third less, 24 different terms, can be found in books on succession (Liin 2005 and Brox 2003). Property law textbooks (Tiivel 2007 and Schwab/ Prütting 1995) contain 11 different terms; the labour law book (Orgo et al. 2003) uses twice one and the same term.

When researching the terminology of one area of law, we usually witness a considerable overlap between its subareas as regards the principal terms employed: each area is characterised by the use of common core vocabulary. Yet, although all the materials researched for the present survey discuss civil law, the comparison of the terminology in different textbooks reveals a surprisingly small section of common vocabulary. The majority of topics include the expression *ex nunc*, used in books on law of obligations, succession and family law. The phrases that appear in at least two subareas of civil law are 7: *causa*, *cessio legis*, *culpa in contrahendo* (law of obligations and family law); *in vitro* (family law and succession); *ipso iure*, *nasciturus* (law of obligations and succession); *ultima ratio* (family law and labour law). But mostly the Latin terms detected appear in the texts about one particular subarea.

Similarly, there is no likeness between the expressions in the Estonian textbooks and the translated materials concerning the same subarea. For instance, in property law there is only one such common term used by the authors – *causa*. All other phrases are used just once by the authors writing about property law. The other subareas display as rare a correspondence in expressions used for discussing similar topics, or even rarer. In succession, for instance, there is also only one term used by both authors (*ipso iure*). The textbooks on law of obligations have no common terms whatsoever, even though in general they include a relatively great number of Latin terms.

The only term that all Estonian authors use is *causa*, found in the books on law of obligation and property law. The translated books have the following terms in common: *ex nunc*, *cessio legis*, *in vitro*, *ipso iure*, *nasciturus*. But none of these are used in the Estonian books. The expression *ultima ratio* is the only one detected in the Estonian labour law textbook and also in the translated book on family law. The term *causa* is used by two Estonian authors (property law and succession) and in the translated book on property law. Considering the outcome, it is somewhat surprising that there are no similarities between the usage of terms in the same subareas in Estonian and translated textbooks.

A similar study was conducted by Heikki E. S. Mattila, comparing the Latin terminology in Finnish, German, English and French textbooks on succession.[21]

---

[21] See *Heikki E. S. Mattila*, De Latinitate recentiorum doctrinarum ad iura hereditaria pertinentium, in: Syntymästä kuolemaan, oikeudesta informaatioon. Ahti Saarenpää 60 vuotta [From cradle to grave, on the right to information: Ahti Saarenpää 60 years], 2006, pp. 113–136.

The results of his study confirm that the common share with reference to terminology is rather limited, even though Finland, Germany and France, all part of the legal system in Continental Europe, have developed their legal terminology relying on Roman law.

Such results raise the question whether Latin terms, which are considered to be the carriers of European legal culture, could be determined by a particular society and its legal system instead.[22] This is a claim typically made about modern languages, explaining the universal role of Latin terms in legal terminology.

When we compare the terminology in the original Estonian textbooks and in the translated materials with that used in Estonian juridical journals, we find that in the latter all these terms have been used at least once. Thus these terms are not unknown in legal language; they have a firm role in legal analyses and commentaries. It is also obvious that the material collected for this research is not extensive enough for conclusive results regarding the general effectiveness of the usage of Latin terms in international communication. Nevertheless, the fact that terminology in Latin derives from a common historical source ensures its status as a carrier of juridical identity in the communication between the jurists of different nations. In order to gain more specific knowledge about the content and function of Latin terms in real-life legal situations, more professional vocabulary in teaching materials should be included. It would also help to ensure correct usage of foreign terms by future lawyers.

VI. Conclusion

The present article discussed Latin terms in textbooks on civil law. The research material included both original Estonian-language textbooks and teaching materials translated from German. The comparison of usage of terminology in these revealed that the translated materials contain more terminology with regard to both the total number of terms and the variety of terms. Also, the terminology used in the translated books is so different to that in the original Estonian books that the otherwise obvious and direct impact that German law has always had on Estonian legal culture cannot be perceived as far as technical terms are concerned. The abundance of Latin terms in the translated textbooks may be explained by historical continuity. When we browse the original Estonian textbooks on civil law published prior to World War II, we notice that during that period Latin terms were very widely used in Estonian legal language. It is also worth mentioning that in Europe university students often have elementary knowledge of Latin already. Estonian students usually have their first contact with Latin vocabulary as they start their studies at

[22] About this see *Lucie Lauzière*, Un vocabulaire bilingue canadien [Canadian Bilingual Vocabulary], Meta 1974, 24, p. 111.

the university, and therefore authors of teaching materials ought to pay more attention to introducing professional terminology.

The comparison of usage of terminology in the various subareas of civil law indicates that there are specific differences between them, both quantitatively and qualitatively. The results of the survey essentially confirm the hypothesis that Latin terms are more numerous in the texts on those subareas of civil law which have developed mainly on the basis of Roman law, i.e. law of obligations and succession. Yet few Latin terms are used in books concerning property law, even though this subarea is also a direct descendant of Roman law and it has significantly influenced today's understanding of property law. Labour law, which is connected with Roman law only indirectly, uses very few Latin terms. On the other hand, the assumption that family law texts do not make much use of Latin terminology was not confirmed, although the modern juridical treatment of this subarea is significantly different from the subject matter of Roman law. The family law textbook included in the present survey contains a great number of Latin terms; also, this study aid is characterised by a great terminological variety.

Baltische Rechtsdenkmäler des 13. bis 18. Jahrhunderts im Archiv des St. Petersburger Instituts für Geschichte der Russischen Akademie der Wissenschaften

Alexander Rogatschewski

I. St. Petersburger Livonica

In St. Petersburg gibt es zumindest drei Sammlungen, welche die mittelalterlichen und frühneuzeitlichen Handschriften baltischer Provenienz aufbewahren. Es handelt sich um die Russische Nationalbibliothek, die Bibliothek der Russischen Akademie der Wissenschaften und das Archiv des St. Petersburger Instituts für Geschichte (die letztgenannte Einrichtung gehört ebenso zum System der Russischen Akademie der Wissenschaften).[1] Ungeachtet der Tatsache, dass diese Sammlungen interessante Quellen zum Thema enthalten, wurden sie als Ganzes nie erforscht. Teilweise ist diese Situation dadurch bedingt, dass bis jetzt keine umfassenden Druckkataloge zu den Manuskripten im Ganzen oder zumindest speziell zu den westlichen Manuskripten der Petersburger Bibliotheken vorliegen. Nur die handschriftliche *Livonica* der Bibliothek der Akademie der Wissenschaften ist in den modernen Katalogen und Übersichten mehr oder weniger dargestellt; diese Bibliothek verfügt aber nur über die neuzeitlichen baltischen Quellen. Viel schlimmer ist es um die anderen Sammlungen bestellt. Es liegen nur einzelne, größtenteils veraltete Publikationen vor, die oft zu knappe, summarische, veraltete oder gar irreführende Informationen enthalten. Gewöhnlich ist der Forscher genötigt, die alten hand- und maschinenschriftlichen Inventare, Findbücher und Karteikarten zu benutzen. Diese Hilfsmittel erweisen sich jedoch als unzuverlässig, da sie auch häufig unklare Angaben enthalten.

II. Forschungsstand und Editionen

Eine weitere Ursache der unzureichenden Erforschung der Petersburger *Livonica* liegt in der allgemeinen historiographischen Situation. Die baltische (Rechts)geschichte war in erster Linie ein Anliegen der deutschbaltischen Forscher, die vor allem aus den baltischen Archiven schöpften. Die russischen Wissenschaftler des 19. Jahrhunderts und des frühen 20. Jahrhunderts interessierten sich hauptsächlich für die außenpolitischen Aspekte der baltischen Geschichte (vor allem für die der baltisch-russischen Beziehungen) und nicht für die inneren Angelegenheiten der betroffenen Region. Originär rechtshistorische Arbeiten in russischer Sprache waren

---

[1] Es ist auch zu vermuten, dass sich im Russischen Historischen Staatsarchiv zu St. Petersburg besonders für das 18. Jahrhundert Urkunden über das Baltikum befinden. Dieses wichtige Archiv ist jedoch inzwischen umgezogen, wodurch viele seiner Bestände für eine unbestimmte Zeit unzugänglich sind.

selten. Zu den wenigen Ausnahmen gehören u.a. die Arbeiten der beiden Forscher Leonid Arbusow sen. und Leonid Arbusow jun. (die strenggenommen auch zu den deutschbaltischen Historikern zählen)[2] und von Jewgraf Tscheschichin.[3] Letzterer gab zudem eine vierbändige Sammlung der Quellen zur baltischen Geschichte heraus, die teils Übersetzungen und teils Editionen der originalen Quellen enthält.[4] Viele Angaben zum Thema finden sich abseits der Rechtsgeschichtswissenschaft in der Archivkunde.[5] Manchmal thematisierte auch die praxisbezogene Literatur die relevanten Aspekte.[6] Im Großen und Ganzen jedoch blieb diese Problematik den russischen Lesern weithin unbekannt.

Nach der Oktoberrevolution gehörte der vorliegende Forschungsgegenstand nicht zu den Hauptthemen der sowjetischen Wissenschaft. Anders als die Vergangenheit des Großfürstentums Litauen erweckte die innere Geschichte des eigentlichen Baltikums fast kein Interesse. Nach der Einverleibung der baltischen Staaten in die Sowjetunion untersuchten in erster Linie die estnischen, lettischen und deutschen Forscher die relevanten Rechtsdenkmäler. Die Rechtshistoriker Russlands interessierten sich in der Regel nicht für das Baltikum. Die wenigen Darstellungen, die in Russland oder in russischer Sprache veröffentlicht worden sind, stammen zum Teil von Forschern baltischer Herkunft.[7]

---

[2] Die meisten Arbeiten von Arbusow erschienen in deutscher Sprache; unter den wenigen nennenswerten Ausnahmen ist das folgende Buch zu erwähnen: *Leonid A. Arbusov* (sen.), Očerk istorii Lifljandii, Estljandii i Kurljandii [Grundriss der Geschichte Liv-, Est- und Kurlands], nach der 3. deutschen Aufl. übersetzt, St. Petersburg, 1912.

[3] *Jevgraf Vasil'evič Češichin*, Istorija Livonii s drevnejšich veremën [Livländische Geschichte seit den ältesten Zeiten], Bd. 1–3, Riga 1884 (diese Untersuchung blieb unvollendet, es waren 7 Bände geplant).

[4] *Jevgraf Vasil'evič Češichin* (Hg.), Sbornik materialov i statej po istorii Pribaltijskogo kraja [Sammlung der Materialien und Beiträge zur Geschichte der Baltischen Gegend], Bd. 1–4, Riga 1877–1882.

[5] Gercogskij archiv v Mitave [Herzögliches Archiv zu Mitau], Mitau 1903.

[6] S. etwa: Istoričeskie svedenija ob osnovanijach i chode mestnogo zakonodatel'stva gubernij Ostzejskich [Historische Angaben über die Grundlagen und Entwicklung der einheimischen Gesetzgebung der Ostseegouvernements], [Teil 1–3] St. Petersburg 1845; *V. Zemcev* [Pseudonym von Friedrich Garais], Ostatki feodal'nogo stroja v Pribaltijskom kraje [Die Überreste der feudalen Ordnung in der Baltischen Gegend], [Teil 1–2], Jur'jev [= Dorpat, Tartu] 1916.

[7] *Jurij Andreevič Jegorov*, Voprosy istorii gosudarstva i prava Ėstonskoj SSR do Oktjabr'skoj revolucii [Probleme der Staats- und Rechtsgeschichte der Estnischen SSR vor der Oktoberrevolution], Tartu 1980; *ders.*, Istorija gosudarstva i prava Ėstonskoj SSR [Staats- und Rechtsgeschichte der Estnischen SSR], Tartu 1981; *Voldemar Jekabovič Kalnyn'*, Obščestvenno-političeskij stroj i pravo feodal'noj Latvii v XI–XVI vekach [Die sozialpolitische Ordnung und das Recht des feudalen Lettlands im 11. bis 16. Jahrhundert], Riga 1962; *ders.*, Gosudarstvennyj stroj i pravo na territorii Latvii v ėpochu feodalizma i v period stanovlenija kapitalizma, XI–XIX vv. [Die Staatsordnung und das Recht auf dem Territorium Lettlands in der Epoche des Feudalismus und in der Periode der Entstehung des Kapitalismus, 11. bis 19. Jahrhundert], (Autoreferat

Die russischen Geschichtswissenschaftler widmeten den baltischen Rechtsquellen immerhin etliche Publikationen, welche die russischen Übersetzungen derselben mit historischen Erläuterungen verbanden.[8] Diese Publikationen hoben vor allem die politischen und sozialökonomischen Aspekte dieser Denkmäler hervor. Ferner sind die Arbeiten der Petersburger Forscherin Tamara Tazenko zu nennen, die im Rahmen der paläographischen Untersuchungen u.a. die baltischen Quellen rechtlichen Inhalts aus den Sammlungen von St. Petersburg und Riga auswertete.[9]

Die Zäsur in der geschichtswissenschaftlichen Tradition dürfte ein wichtiger Grund für diese Defizite sein. Die Emigration der deutschbaltischen Forscher und vieler ihrer lettischen und estnischen Schüler (wie etwa Arnold Soom) konnte für die Wissenschaft nicht folgenlos bleiben. Nach 1940 setzte sich möglicherweise die Ansicht durch, dass die Erforschung der Geschichte Lettlands und Estlands stets von den einheimischen Kräften wahrgenommen werden sollte. Eine weitere Ursache war der Bezug zu Deutschland. Die Erforschung der relevanten Themen betonte fast zwangsläufig die Rolle der Deutschbalten, was für die sowjetische Wissenschaft aus ideologischen Gründen unzumutbar war. Deshalb widmeten sich die russischen Experten diesem Themengebiet fast nicht.

---

einer juristischen Habilitationsschrift) Moskau 1973; *ders.*, Očerki istorii gosudarstva i prava Latvii v XI–XIX vv. Ėpocha feodalizma i domonopolističeskogo kapitalizma [Grundriss der Staats- und Rechtsgeschichte Lettlands im 11. bis 19. Jahrhundert: Epoche des Feudalismus und des vormonopolistischen Kapitalismus], Riga 1980.

8 *Anatolij Petrovič Novosel'cev/Vladimir Terent'jevič Pašuto/Lev Vladimirovič Čerepnin*, Puti razvitija feodalizma (Zakavkaz'je, Srednjaja Azija, Rus', Pribaltika) [Die Entwicklungswege des Feudalismus (Transkaukasien, Mittelasien, Russland, Baltikum)], Moskau 1972, S. 302–316 (eine Publikation der Verträge des Deutschen Ordens und seiner Verbündeten mit den Kuren, Semgallen und Öselern aus den Jahren 1230–1284); *Jevgenija L'vovna Nazarova*, „Livonskie pravdy" kak istoričeskij istočnik [Die „Livländischen Rechte" als Geschichtsquelle], in: Drevnejšie gosudarstva na territorii SSSR [Die ältesten Staaten auf dem Territorium der UdSSR], [Jg.] 1979, Moskau 1980, S. 5–170. Die letztere Publikation ist den sieben Bauernrechten der einheimischen baltischen Völker (Kuren, Semgallen, Esten, Liven) gewidmet. Es sind dabei zum ersten Mal 19 neue Abschriften dieser Quellen aus den Archiven von Riga, Tallinn und Tartu ausgewertet worden.

9 *Tamara Nikolaevna Tacenko*, Paleografija nemeckich dokumentov XVI v. [Die Paläographie der deutschen Urkunden des 16. Jahrhunderts], Vspomogatel'nye istoričeskie discipliny [Die historischen Hilfswissenschaften] XI (1979), S. 286–311; *dies.*, Paleografija nemeckich dokumentov XVII v. [Die Paläographie der deutschen Urkunden des 17. Jahrhunderts], a.a.O. XII (1981), S. 313–334; *dies.*, Paleografija nemeckich dokumentov XVIII v. [Die Paläographie der deutschen Urkunden des 18. Jahrhunderts], a.a.O. XIII (1982), S. 293–313; *dies.*, Razvitie neogotičeskogo kursiva v Rige v XVI veke [Die Entwicklung der neugotischen Kursive in Riga im 16. Jahrhundert], a.a.O. XXV (1994), S. 270–280; *dies.*, Die Entwicklung der neugotischen Kursive in Riga während des 16. Jahrhunderts (dargestellt auf der Grundlage der Stadtbücher des Rigaer Magistrats), Archivmitteilungen. Zeitschrift für Archivwesen, archivalische Quellenkunde und historische Hilfswissenschaften 1991, H. 3, S. 130–133.

In der Sowjetzeit entstanden etliche Editionspläne, die u.a. die Quellenpublikationen zur baltischen Geschichte, darunter auch die der Rechtsdenkmäler betrafen. Auf der Moskauer Tagung der Archäographen (1972) wurde der künftige Corpus der ältesten Urkunden zur Geschichte der UdSSR-Völker besprochen.[10] 1978 wurde sogar eine interrepublikanische Konferenz für Quellenkunde und Geschichtsschreibung der Ostseevölker in Wilna veranstaltet, die das Projekt der Publikation eines Corpus der ältesten Urkunden zur Geschichte dieser Völker gebilligt hat.[11] In der Tat wurden damals jedoch nur einzelne Archivalien ediert, das ganze Projekt ist leider nicht verwirklicht worden. In Bezug auf die mittelalterliche und frühneuzeitliche (Rechts)geschichte des Baltikums blieben die Bestände der russischen Handschriftensammlungen praktisch unerschlossen.

Heutzutage hat sich die Situation leider kaum geändert. Die wenigen nennenswerten russischen Arbeiten zum Thema beziehen sich nur auf einzelne Aspekte der baltischen Geschichte und stammen in der Regel nicht von Juristen, sondern von Historikern.[12] Leider berücksichtigen sie praktisch keine Archivmaterialien. Die

---

[10] *Vladimir Terent'evič Pašuto/Jaroslav Nikolaevič Ščapov* (Hg.), Korpus drevnejšich istočnikov po istorii narodov SSSR. Materialy soveščanija archeografov-medievistov RSFSR. 11–12 aprelja 1972 g. [Corpus der ältesten Quellen zur Geschichte der Völker der UdSSR. Materialien der Tagung der Archäographen-Mediävisten der Russischen Sowjetischen Föderativen Sozialistischen Republik, den 11.–12. April 1972], Moskau 1973.

[11] *Sulev Cheinrichovič Vachtre/Teodor Ja. Zejds/Vladimir Terent'evič Pašuto/Mečislovas Jučas*, O svode drevnejšich istočnikov po istorii narodov Pribaltiki [Über den Corpus der ältesten Quellen zur Geschichte der Völker im Baltikum], in: Voprosy istorii [Fragen der Geschichte] 1979, Nr. 8, S. 151–155.

[12] *Vera Ivanovna Matuzova/Jevgenija L'vovna Nazarova*, Krestonoscy i Rus'. Konec XII v. – 1270 g. Teksty, perevod, kommentarii [Die Kreuzfahrer und Rus'. Ende des 12. Jahrhunderts bis 1270. Texte, Übersetzung, Kommentare], Moskau 2002; *Marina Borisovna Bessudnova*, Magistr Livonskogo ordena Vol'ter fon Plettenberg i problema obrazovanija Livonskogo Ordenskogo gosudarstva na rubeže XV–XVI vv. [Der livländische Ordensmeister Wolter von Plettenberg und das Problem der Formierung des livländischen Ordensstaates an der Schwelle des 15.–16. Jahrhunderts] (Autoreferat einer historischen Inaug.-Diss.), Moskau 2003; *Andrej Anatol'jevič Konoplenko*, Orden mečenoscev v političeskoj istorii Livonii [Der Schwertbrüderorden in der politischen Geschichte Livlands] (Autoreferat einer historischen Inaug.-Diss.), Saratow 2005; *N.A. Ogurcov*, Kratkij ėkskurs v istoriju ugolovnogo prava Latvii, XI – načalo XIX v. [Kurzer Exkurs in die Geschichte des lettischen Strafrechts, 11. bis Anfang des 19. Jahrhunderts], Vestnik Moskovskogo universiteta [Anzeiger der Moskauer Universität], Reihe 11 (Rechtswissenschaft) 2005, Nr. 5, S. 85–94; *Guzel' Vazychovna Ibneeva*, Lifljandskij landtag 1765 g. [Livländischer Landtag von 1765], in: Izvestija Samarskogo naučnogo centra Rossijskoj akademii nauk. Special'nyj vypusk: Gumanitarnye issledovanija [Nachrichten des Samaraer wissenschaftlichen Zentrums der Russischen Akademie der Wissenschaften. Sonderlieferung: Geisteswissenschaften], Samara 2006, S. 61–71.

internationale Zusammenarbeit in diesem Bereich[13] verläuft ohne Teilnahme russischer Wissenschaftler und fast ohne Auswertung russischer Archivalien.

Der vorliegende Beitrag will eine Übersicht der Petersburger juristischen *Livonica* aus dem Archiv des St. Petersburger Instituts für Geschichte der Russischen Akademie der Wissenschaften liefern. Da die relevanten Quellen nur unzureichend erforscht sind, kann diese Übersicht nur ein erster Schritt sein.

III. Allgemeine Charakteristik des Archivs

Das Archiv des St. Petersburger Instituts für Geschichte der Russischen Akademie der Wissenschaften (ASPIG)[14] ist eine der reichsten und wertvollsten Sammlungen der ehemaligen russischen Hauptstadt. Es beherbergt eine große Sammlung westeuropäischer Handschriften.

Das Institut entstand im Jahre 1936 als Nachfolger des Historisch-archäographischen Instituts. Das letztere vereinigte ursprünglich einige Einrichtungen: die Leningrader Abteilung des Instituts für Geschichte der Kommunistischen Akademie sowie auch etliche Einrichtungen der Akademie der Wissenschaften (die Archäographische Kommission, die Ständige historische Kommission und das Institut der Bücher, Dokumente und Schriften). ASPIG verfügt über viele Quellen zur europäischen mittelalterlichen und frühneuzeitlichen Geschichte. Den Grundstock westlicher Bestände bildet die reiche Sammlung des bekannten russischen Historikers

---

[13] Hierzu siehe *Stefan Kwiatkowski*, Źródła do dziejów Zakonu Niemieckiego w Prusach, Rzeszy i Inflantach [Quellen zur Geschichte des Deutschen Ordens in Preußen, im Reich und in Livland], in: Marian Biskup (Hg.), Stan badań i potrzeby edycji źródłowych dla historii Pomorza i innych krajów południowej strefy Bałtyckiej. Materiały konferencji ogólnopolskiej z 25–26 listopada w Toruniu [Forschungsstand und Bedürfnisse der Quelleneditionen zur Geschichte Pommerns und anderer Länder der südlichen Ostseeküste. Materialien der allpolnischen Konferenz vom 25.–26. November in Thorn], Toruń 1995, S. 9–29, für das Baltikum insbes. S. 24–29; *Janusz Małłek*, Źródła do dziejów reprezentacji stanowej w krajach nadbałtyckich od Pomorza Zachodniego po Inflanty [Quellen zur Geschichte der Standesrepräsentation in den Ostseeländern von Westpommern bis nach Livland], a.a.O., S. 31–38, für das Baltikum insbes. S. 34–37; *Bernhart Jähnig*, Die gegenwärtigen Editionsplanungen in Deutschland für die Geschichte Pommerns, Preußens und Livlands im Mittelalter und Neuzeit, a.a.O., S. 163–173, für das Baltikum insbes. S. 172 f.; *Klaus Neitmann*, Geschichte und Zukunft des Liv-, est- und kurlandischen Urkundenbuches, in: Winfried Irgang/Norbert Kersken (Hg.), Stand, Aufgaben und Perspektiven territorialer Urkundenbücher im östlichen Mitteleuropa (Tagungen zur Ostmitteleuropa-Forschung 6), Marburg 1998, S. 107–124; *ders.*, Editionsprinzipien und Editionsprobleme des „Liv-, est- und kurlandischen Urkundenbuches" in Vergangenheit und Gegenwart, in: Matthias Thumser/Janusz Tandecki/Dieter Heckmann (Hg.), Edition deutschsprachiger Quellen aus dem Ostseeraum (14.–16. Jahrhundert), Toruń 2001, S. 259–280.

[14] Frühere Namen der Einrichtung: Leningrader Filiale des Instituts für Geschichte der UdSSR; St. Petersburger Filiale des Instituts für russische Geschichte.

und Sammlers Nikolaj Lichatschow (1862–1936).[15] Etliche Quellen stammen aus den sonstigen Sammlungen, u.a. aus der erwähnten Archäographischen Kommission der Akademie der Wissenschaften.[16]

Nach der Niederlage Sowjetrusslands im Kriege mit Polen (1920) wurden viele Kulturschätze der ehemaligen polnischen Bibliotheken und Museen nach Art. XI des Rigaer Friedensvertrages von 1921 nach Polen ausgeliefert. Diese Aktion betraf auch die Sammlung des heutigen ASPIG. Es existieren Indizien dafür, dass die Bestände der Archäographischen Kommission in den 1920er Jahren zumindest teilweise nach Polen ausgeliefert wurden.[17] Es ist jedoch nicht gelungen, diese Auslieferung mit schriftlichen Aufzeichnungen nachzuvollziehen. Nach der Auskunft der Mitarbeiterin des Instituts für Geschichte, Frau Tatjana Smirnowa, verfügte ehemals das Archiv der St. Petersburger Abteilung der Akademie der Wissenschaften über eine Akte mit den Beständen der Archäographischen Kommission.[18] Heutzutage aber fehlt sie am Standort, und ihr Schicksal ist unbekannt. Im Nachlass Kurdjumows waren auch keine Zeugnisse darüber zu finden.

Die Kustodin des Archivs, Frau Galina Pobedimowa, hat mir auch mitgeteilt, dass etliche Schriftstücke der Archäographischen Kommission an den russischen Historiker Platon Shukowitsch (1857–1919) zwecks Forschung und eventueller

---

[15] Allgemein: *Larisa Nikolajevna Prostovolosova*, N. P. Lichačëv: sud'ba i knigi. Bibliografičeskij ukazatel' [N. P. Lichatschow: Schicksal und Bücher. Ein Literaturverzeichnis], Moskau 1992; *Andrej Olegovič Bol'šakov* (Hg.), Iz kollekcij akademika N. P. Lichačëva. Katalog vystavki [Aus den Sammlungen des Akademikers N. P. Lichatschow. Der Ausstellungskatalog], St. Petersburg 1993; *Margarita Jevgen'evna Byčkova*, Nikolaj Petrovič Lichačëv (12[24].04.1862–14.04.1934), in: Trudy Instituta rossijskoj istorii [Werke des Instituts für russische Geschichte], Bd. 6, Moskau 2006, S. 18–25, nebst Diskussion dazu, S. 25–33.

[16] Allgemein: *Viktor Stepanovič Bračev*, Peterburgskaja archeografičeskaja komissija (1834–1929 gg.) [Die St. Petersburger Archäographische Kommission (1834–1929)], St. Petersburg 1997.

[17] In erster Linie sind hier die Zeugnisse des Vorsitzenden der Archäographischen Kommission und Akademikers Sergej Platonow (1860–1933) wichtig. Aus seinem Schreiben vom 9. Mai 1922 ist ersichtlich, dass er als Experte und Mitglied der gemischten russisch-ukrainischen Kommission für die Erfüllung des Rigaer Vertrages tätig war (*Vladimir Anatol'evič Kolobkov*, Archiv akademika S. F. Platonova v Otdele rukopisej Rossijskoj nacional'noj biblioteki. Katalog. Vypusk 1 [Archiv des Akademikers S. F. Platonow in der Handschriftenabteilung der Russischen Nationalbibliothek, Katalog Lief. 1], St. Petersburg 1997, S. 152). Er erwähnte auch, dass in den Räumen der Kommission eine Auswahl der Urkunden zwecks Ausgabe nach Polen laut Rigaer Vertrag stattfand; s. Protokoll der Sitzung vom 22. März 1924, in: Letopis' zanjatij Archeografičeskoj komissii za 1923–1925 gg. Vypusk XXXIII [Chronik der Tätigkeit der Archäographischen Kommission für 1923–1925. Lief. XXXIII], Leningrad 1926, S. 25. Etwas später erwähnte Platonow, dass das inzwischen verstorbene Kommissionsmitglied Michael Kurdjumow u.a. mit den polnischen Kollegen über die eventuelle Auslieferung der relevanten Materialien diskutiert hatte (Protokoll der Sitzung vom 9. Dezember 1924, a.a.O., S. 40–41).

[18] Mündliche Auskunft von Frau Tatjana Smirnowa vom 8. April 2007.

Publikation herausgegeben wurden und seitdem verschollen sind.[19] Welche dieser Materialien wirklich von Shukowitsch mitgenommen wurden und welche an polnische Archivare herausgegeben wurden, lässt sich leider nicht aufklären.

Wie im Falle der beiden weiteren großen Petersburger Handschriftensammlungen westlicher Provenienz (d.h. die Russische Nationalbibliothek und die Bibliothek der Russischen Akademie der Wissenschaften), hat das ASPIG auch keine umfassenden Kataloge über den ganzen Urkundenbestand oder zumindest über die westlichen Quellen desselben. Derzeit wird ein neuer Wegweiser für das Archiv vorbereitet; bis zur seinem Erscheinen muss man auf die älteren Übersichtsarbeiten zurückgreifen.[20]

Die maschinenschriftlichen Findbücher und die „blinden“ Karteikarten sind oft wenig hilfreich, da sie in nicht wenigen Fällen überhaupt keine Angaben, abgesehen von Signatur und Datum des betroffenen Dokuments enthalten. Etliche Karteikarten und Einträge in den Findbüchern lauten etwa: „Brief einer unbekannten Person an eine unbekannte Person, ohne Ort und Datum“. Manche Bestände werden gegenwärtig umkatalogisiert und bleiben deshalb den Besuchern unzugänglich. Diese Situation erschwert die Arbeit des Forschers wesentlich.

Die *Livonica* sind in den beiden Hauptabteilungen des Archivs (russische und westeuropäische) auffindbar. Die Signaturen der Archivalien bestehen in der Regel aus zwei Elementen: der Nummer des Bestandes oder Sammlung und der Nummer der Handschrift in der Form einer Bruchzahl, wobei der Nenner die Nummer des Kartons und der Zähler die Nummer der Handschrift in diesem Karton bedeuten.

IV. „Quellen zur Geschichte Livlands“

Ich beginne die Übersicht zu den baltischen Materialien des ASPIG mit einer umfangreichen Sammlung, den „Материалы по истории Ливонии“ („Quellen zur Geschichte Livlands“).[21] Die kurze Charakteristik im Archivführer[22] ist ziemlich irreführend. Die Beschreibung deutet auf einen Bestand mit mehreren losen Schriftstücken hin. Tatsächlich handelt es sich um einen etwa drei Kilo schweren Band

---

[19] Mündliche Auskunft von Frau Galina Pobedimowa vom 10. April 2007.

[20] *Aleksandr Ignat'evič Andreev/Arkadij Georgievič Man'kov/Vladimir Alekseevič Petrov* [u.a.] (Hg.), Putevoditel' po Archivu Leningradskogo otdelenija Instituta istorii [Wegweiser durch das Archiv der Leningrader Filiale des Instituts für Geschichte], Moskau/Leningrad 1958; speziell zu westlichen Beständen: *Viktor Ivanovič Rutenburg/Aleksandra Dmitrievna Lublinskaja* (Hg.), Rukopisnye istočniki po istorii Zapadnoj Jevropy v Archive Leningradskogo otdelenija Instituta istorii SSSR: Archeografičeskij sbornik [Die handschriftlichen Quellen zur Geschichte Westeuropas im Archiv der Leningrader Filiale des Instituts für Geschichte der UdSSR: Eine archäographische Sammelschrift], Leningrad 1982.

[21] ASPIG, Westeuropäische Abteilung, Sammlung 33, Nr. $^{1}/_{483}$.

[22] *Andreev/Man'kov/Petrov* (Hg.), Wegweiser (o. Fn. 20), S. 493.

(im Einband 22,5 cm breit und 36,6 cm hoch) mit 228 nummerierten Pergament- und Papierblättern mit sieben angehängten Insiegeln. Der ganze Buchblock ist im Verhältnis zu dem auf dem Bucheinbande fragmentarisch erhaltenen alten polnischen Titel[23] zu 180 Grad gekehrt (wahrscheinlich zur Sicherung der Siegel). Als Ganzes entstand der Urkundenband vermutlich im 18. Jahrhundert.[24] Laut Archivbeschreibung ging der Codex 1897 aus dem Archiv des Fürsten Sapieha im Grodnoer Gouvernement ein. Diese Angabe enthält zumindest einen Druckfehler: Aus der Beglaubigungsinschrift auf dem letzten Blatte ist ersichtlich, dass die Handschrift bereits am 2. September 1838 in St. Petersburg im Besitz der Archäographischen Kommission gewesen war.

Seinem Inhalt nach kann der Band als eine einzigartige Sammlung von Urkunden (überwiegend Originale) vom 13. bis 18. Jahrhundert bewertet werden, die sich vornehmlich auf die öffentlich-rechtlichen Angelegenheiten des Baltikums (daneben auch die der Nachbarländer), in erster Linie auf die Kirchensachen, bezieht. Ihre Texte sind in lateinischer, deutscher und polnischer Sprache geschrieben. Der anonyme Besitzer des 18. Jahrhunderts hat die Quellen gruppiert und eingebunden, wie die relevanten polnischen Titel zeigen. In deutscher Übersetzung lauten sie:

a) Diplome und originale Schriftstücke, die sich auf Polen und das Großfürstentum Litauen beziehen;
b) Papstbullen bezüglich des Erzbistums Riga;
c) Akten des Kapitels des Erzbistums Riga;
d) Bündnisse und weitere öffentliche Akte des Deutschen Ordens in Livland;
e) Kaiserliche Privilegien und Reskripte bezüglich Livlands;
f) Verschiedene öffentliche livländische Akten;
g) Briefe, Mandate und Ordinanzen des Fürsten Magnus von Holstein, gewählten Königs von Livland, an verschiedene Personen.

Die Sammlung enthält eine Reihe von 14 Papstbullen (Bl. 13–26). Darunter figurieren u.a. die Urkunden von Honorius III. (1226), Gregor IX. (1230), Innozenz IV.

---

[23] ... nati... ordinati... Originalne papiery Arcybiskupstwa Riskie... i do Inflant należą...

[24] Auf den späten leeren Blättern 1 bis 3 befinden sich die Wasserzeichen: 1) gekrönte Madonna hält das Kind mit Reichsapfel in der Hand, mit ovalen Flammen umgeben (10 cm hoch, 7,5 cm breit, die längere Spiegelachse ist den Ripplinien parallel; der Ripplinien-Abstand beträgt 2,5 cm); 2) eine Ligatur FR (2,5 cm hoch, etwa 4 cm breit, die vertikale Achse ist den Ripplinien parallel). Genaue Übereinstimmungen wurden nicht gefunden; das Wasserzeichen von geringerer Ähnlichkeit (11 cm hoch und 8 cm breit, auch mit dem Monogramm FR, wenngleich nicht als Ligatur, begleitet; längere Spiegelachse entlang der Ripplinien gelegt) ist im Album von Laucevičius angeführt: *Edmundas Laucevičius*, Poperius Lietuvoje XV–XVIII a. [Das Papier in Litauen im 15. bis 18. Jahrhundert] T. 1. T. 2, Atlasas. Vilnius, 1967, Nr. 2363 (1745).

(zwei Stücke aus dem Jahr 1254), Urban IV. (1362, 1363), meistens Originale (teils mit interessanten notariellen Zeichen), die in einer schönen gut leserlichen Schrift ausgefertigt sind.[25] Sehr interessant aus künstlerischer und diplomatischer Sicht ist die sehr große (68 cm breite und 56,5 cm hohe) Bulle Nikolaus' V. vom 16. Februar 1453, welche die Beziehungen des Rigaer Erzbistums mit dem Deutschen Orden regelt. Bemerkenswert ist auch die Bulle des Papstes Julius II. vom 9.(?) April 1508 (70,5 cm breit und 55 cm hoch) mit der sehr schön ornamentierten großen Initiale J (Bl. 25). Die Urkunde war für dasselbe Erzbistum bestimmt und bezog sich u.a. auf die Kapitelangelegenheiten. Die nachfolgenden Urkunden des Basler Konzils von 1435 sowie der Römischen Kaiser (Sigismund von Luxemburg von 1420,

---

[25] Die vier ältesten Papstbullen aus dieser Sammlung, die aus der voravignonischen Zeit stammen, wurden jüngst von der jungen St. Petersburger Historikerin (Mitarbeiterin des ASPIG) Alexandra Tschirkowa in ihrer Inauguraldissertation erforscht. Es ist ihr gelungen, sie zu identifizieren (*Aleksandra Viktorovna Čirkova*, Dokumenty papskoj kanceljarii XI – načala XV v. v sobranijach Sankt-Peterburga (identifikacija, istočnikovedčeskij analiz) [Die Urkunden der päpstlichen Kanzlei aus dem 11. bis Anfang des 14. Jahrhunderts in den Sammlungen von St. Petersburg (Identifizierung, quellenkundliche Analyse)], Inaug.-Diss. (Masch.-Schr.), St. Petersburg 2010, S. 331–333, 343). Die Ergebnisse dieser Studien lassen sich wie folgt skizzieren:

1. Honorius III. (im Zusammenhange mit den Streitigkeiten zwischen Domkapitel und Klerus Rigas) bezeugt der Rigaer Geistlichkeit die Entscheidung des päpstlichen Legaten Wilhelm von Modena, der das Recht des Kapitels, einen Bischof von Riga zu wählen, bestätigt hat. Lateran, den 25. November 1226 („*Iustis petentium desideriis*"). **Original** (Bl. 13). **Publikationen unbekannt**, bei *August Potthast*, Regesta Pontificum Romanorum inde ab A. post Christum natum MCXCVIII ad MCCCIV, Vol. 1, Berolini 1874, auch nicht erwähnt.

2. Gregor IX. an den päpstlichen Legaten Otto San Nicolai in Carcere Tulliano (Lateran, den 4. April 1230). („*Cum felicis recordationis*"). **Original** (Bl. 14); früher nach verschiedenen Kopien mehrmals **veröffentlicht**, u.a.: *Hermann Hildebrand*, Zehn Urkunden zur älteren livländischen Geschichte aus Petersburg und Stockholm, Mittheilungen aus dem Gebiete der Geschichte Liv-, Est- und Curlands, Riga 1880, Bd. 12, S. 370, Nr. 3 (nach der Kopie aus der Litauischen Metrik); *ders.* Livonica, vornämlich aus dem 13. Jh., im Vaticanischen Archiv, Riga 1887, S. 34 f., Nr. 13 (nach den Vatikanischen Regesten). Erwähnt auch bei *Friedrich Georg von Bunge*, Liv-, Esth- und Curländische Urkunden-Regesten bis zum Jahre 1300, Leipzig 1881, Nr. 334; P 8521*.

3. Innozenz IV. informiert den Bischof Bernard I. von Dorpat, dass der heimgegangene Nikolaus, Bischof von Riga, die Hälfte seines Einkommens in Semgallen der Rigaer Kirche übergeben hat, was vom Erzbischof von Riga Albrecht II. und vom Papst bestätigt wurde; Innozenz forderte die Beachtung der Rechte des Rigaer Domkapitels ein. Lateran, den 28. Januar 1254 („Ehxibita nobis dilectorum"). Vidimus von Rainer, Guardian des Minoritenkonvents zu Stralsund (Diöz. Schwerin) vom 24. Mai 1399 (Bl. 18). **Publikationen unbekannt**, bei *Potthast*, Regesta Pontificum Romanorum, a.a.O., auch nicht erwähnt.

4. Innozenz IV. an alle Christen der Rigaer Kirchenprovinz bezüglich des Kirchenbaus in Riga (Lateran, den 7. Februar 1254). („*Quoniam ut ait*"). **Original** (Bl. 15). Früher nach der Kopie aus der Litauischen Metrik **veröffentlicht** (*Hildebrand*, Zehn Urkunden, a.a.O., S. 373, Nr. 5); erwähnt auch bei *Friedrich Georg von Bunge*, Liv-, Esth- und Curländische Urkunden-Regesten, a.a.O., Nr. 727.

Rudolph II. von 1576 u.a.) bestätigen die Rechte des Rigaer (Erz)bistums und des Deutschen Ordens in ihren Beziehungen zum Erzbistum Bremen, die Bildung des Bistums in Semgallen, die Verteilung der Länder zwischen dem Orden und dem Erzbischof u.a.

Andere Urkunden des Bandes setzen das Thema Kirche fort. Es sind z.B. das Sendschreiben des Bischofs Nikolaus von Riga an die Ordensbrüder aus dem Jahr 1234 (Bl. 65, s. **Abbildung**), der Text des Eides des Erzbischofs von Riga von 1531 (Bl. 40r–40v), die Urkunden der Erzbischöfe für den Deutschen Orden von 1234, diverse Quellen über die Angelegenheiten des Bistums Wenden (Bl. 100r–107v, Handschrift des 16. Jahrhunderts), Privilegien der Kirche in Neu-Pernau (Bl. 43r–46v) u.a. überliefert.

Abbildung: Sendschreiben des Rigaer Bischofs Nikolaus von Nauen an die Ordensbrüder aus dem Jahr 1234 (ASPIG, Westeuropäische Abteilung, Sammlung 33, Nr. $^{1}/_{483}$. Bl. 65). Notarzeichen (Lichtbild von A.V. Tschirkowa)

Ordensangelegenheiten sind in dieser Sammlung auch vertreten, vornehmlich im völkerrechtlichen Bereiche. Wichtig sind die Verträge zwischen dem Ordensmeister von Plettenberg (1494–1535) mit dem litauischen Großfürsten Alexander (1501) und mit Sigismund I., der Bundesvertrag des Ordens mit Polen (1537) sowie die Urkunden von König Sigismund II. August, Ordensmeister von Fürstenberg, mit dem österreichischen Vermittler. Die Übergabe des Ordensmeisteramtes von Fürstenberg an Gotthard von Kettler (1559) ist ebenfalls überliefert.

Das Schicksal des Baltikums nach dem Zerfall des Ordensstaates wird in etlichen Urkunden dargestellt. In erster Linie handelt es sich um die Angelegenheiten, die mit den Interessen der polnischen Krone verbunden waren: so der Zolltarif von 1581, die Briefe Magnus' von Holstein, des nominellen Königs von Livland, an verschiedene Personen, mit eigenhändigen Unterschriften; die Briefe Adolfs, Herzog von Elsaß, an den polnischen Senat, Wojewode zu Krakau und an andere polnische Staatsmänner bezüglich Livlands (1575). Auf die Aufteilung Livlands beziehen sich die gleichzeitigen Kopien des Vertrages zwischen Stephan Báthory und Friedrich II. von Dänemark von 1585 (Bl. 80r–84r), die Ordinanz über die Rechtsstellung des polnischen Teils Livlands, die 1599 von den polnischen Kommissaren erlassen wurde (Bl. 75r–77r) und sonstige Aktenstücke.

Die Beziehungen Livlands mit den weiteren Nachbarländern werden z. B. in den Urkunden Sigismunds III. Wasa und des Prinzen Władisław (Bl. 6) über die livländischen und moskowitischen Angelegenheiten, in der Urkunde Sigismunds I. über die Delegierung der Kommissare zwecks Beilegung der Grenzstreitigkeiten zwischen dem Großfürstentum Litauen und Preußen von 1541 (Bl. 7) tangiert.

Die inneren Angelegenheiten der Rzecz Pospolita treten in etlichen Urkunden hervor, z. B. in der Eidesverpflichtung Sigismunds III. Wasa vom 13. April 1598, von seiner Reise nach Schweden zurückzukehren (Bl. 9r-11r, mit zwei Insiegeln und eigenhändiger Unterschrift), und im Briefwechsel desselben mit dem Hetman Chodkiewicz, Oberbefehlshaber Litauens (1603).

Der Band enthält schließlich etliche historische Nachweismaterialien, wie etwa Listen der Bischöfe und Erzbischöfe von Riga bis zum Ende des 16. Jahrhunderts (Bl. 41r–41v), Listen der Kirchspiele, eine kurze Beschreibung Livlands aus dem 16. Jahrhundert in lateinischer Sprache (Bl. 73r–74r), eine Liste der Burgen und Länder, die von Sigismund II. August in Livland vergeben worden waren sowie einen Auszug aus der livländischen Chronik usw.

Manche Quellen sind auch aus stadthistorischer Sicht wichtig. Es sind z.B. eine *Ordinatio civitatis Felinensis* aus dem Jahr 1599 (Bl. 149r–150r) sowie ein Bruchstück der undatierten *Gravamina civitatis Wendensis* (Bl. 176r–176v), wohl aus polnischer Zeit, überliefert.

Das Benutzerblatt, das bei dem erwähnten Band aufbewahrt ist, enthält eine relativ lange, 1969 angefangene Liste der Forscher, welche die relevanten Urkunden untersuchten oder beiläufig durchsahen. Meines Wissens ist der Foliant als Ganzes jedoch nicht tief erforscht worden. Die Geschichte der Sammlung ist noch keineswegs geklärt, es fehlt eine ausführliche Beschreibung, geschweige denn eine Edition derselben. Möglicherweise schreckte die Fülle, Kompliziertheit und Heterogenität des Inhalts potentielle Forscher ab. Deshalb wäre eine gründliche Untersuchung dieser hochinteressanten Sammlung und eventuell eine kritische Edition der unveröffentlichten Urkunden fraglos lohnenswert.

V. Weitere Quellen zur baltischen Rechtsgeschichte

Abseits dessen enthält das ASPIG nur wenige andere baltische Quellen. Aus dem Mittelalter stammt vermutlich nur eine lose Originalurkunde. Es ist eine Pergamenturkunde von Ordensmeister Heinrich von Bockenvorde (gen. Schungel) für

Wilhelm Jeger auf das kurländische Rittergut Bersemünde (lettisch Bērzmente, gehört heute zur Gemeinde Ķekava) vom 8. März 1437, mit einem erhaltenen roten Wachssiegel.[26] Dieses Dokument war ein Exponat der Ausstellung aus der Sammlung Lichatschow und ist als solches in den relevanten Katalog eingetragen worden.[27] Eine genaue Beschreibung fehlt dort indessen. Meiner eigenen Recherche nach ist diese Urkunde längst bekannt, sie wurde bereits 1856 von Klopmann nach dem Originale beschrieben und ediert.[28] Die Wege dieses Schriftstücks in die Sammlung Lichatschow konnte ich leider nicht ermitteln.

Andere Quellen stammen aus der frühen Neuzeit. Seit 1843 sind hier zwei Urkunden über den Besitz der Dorpater Jesuiten von 1585 aufbewahrt.[29] Im ASPIG sind auch etliche Akten kurländischer Herzöge überliefert. Eine Verordnung in puncto injuriarum vom 30. Juli 1674 wurde von Jakob von Kurland erlassen.[30] Ein weiteres Dokument ist die Verordnung von Friedrich Kasimir von Kurland an die Behörden einer ungenannten Stadt (wohl Mitau, heute Jelgava) vom 31. Dezember 1696 mit dem Befehl, diese Stadt für den am 11. Februar des nächsten Jahres zu eröffnenden Landtag vorzubereiten.[31]

Manche Quelle ist in der Westeuropäischen Abteilung des ASPIG als Kopie überliefert. Die Originale sind in ausländischen Archiven aufbewahrt. Eine Sammlung des ASPIG enthält die Abschriften der Danziger Archivurkunden.[32] Sie wurde im Jahr 1862 angefertigt, die relevanten Abschriften wurden vom Danziger Archiv beglaubigt. Die Entstehung dieser Handschrift konnte leider nicht aufgeklärt werden. Der russische Titel (nach der alten Rechtschreibung) auf dem vorderen Einbanddeckel lautet „Из архива города Данцига“, d.h. „Aus dem Danziger Stadtarchive“, und der Inhalt der Kopien lässt vermuten, dass russische Wissenschaftler die Danziger Bestände im 19. Jahrhundert untersuchten. Wahrscheinlich interes-

---

[26] ASPIG, Westeuropäische Abteilung, Sammlung 24 (Deutschland. Akten), Nr. $^{13}/_{649}$.

[27] *Bol'šakov* (Hg.), Sammlungen (o. Fn. 15), S. 202, Nr. 488.

[28] *Friedrich von Klopmann*, Kurländische Güter-Chroniken, nach urkundlichen Quellen zusammengestellt und herausgegeben, Bd. 1, Mitau 1856, S. 107 f., 262 f. (Nr. 22); siehe auch Liv-, Est- und Curländisches Urkundenbuch, Abt. 1 Bd. 9 (1436–1443), Riga/Moskau 1889, S. 91 f. (Nr. 140).

[29] ASPIG, Sammlung 286 (Einzelne Eingänge der Urkunden von Privatpersonen und Einrichtungen), Nr. 205. Zur Sache s. *Vello Helk*, Die Jesuiten in Dorpat 1583–1625, Zeitschrift für Ostforschung 12 (1963), S. 673–687; *ders.*, Die Jesuiten in Dorpat 1583–1625. Ein Vorposten der Gegenreformation in Nordosteuropa (= Odense University Studies in History and Social Sciences), Odense 1977.

[30] ASPIG, Westeuropäische Abteilung, Sammlung 25, Nr. $^{42}/_{432}$. Ein rotes Wachssiegel unter dem Papierkustodium auf dem Bl. 2r ist erhalten.

[31] ASPIG, Westeuropäische Abteilung, Sammlung 25, Nr. $^{43}/_{432}$. Diese Urkunde ist als Anhang 2 zu diesem Beitrag veröffentlicht.

[32] ASPIG, Sammlung 115 (Die handschriftlichen Bücher), Nr. 284.

sierten sie sich für die Vergangenheit der westlichen Provinzen Russlands. Meistens enthält die Handschrift Quellen aus dem 15. und 16. Jahrhundert über die Beziehungen Danzigs mit Livland und über die des Deutschen Ordens mit Litauen. Die Danziger Bestände zum Thema sind in der Tat sehr reich, da diese Stadt zu jener Zeit zu den wichtigsten politischen und wirtschaftlichen Mittelpunkten an der Ostsee gehörte.[33]

Viele Urkunden des 17. und 18. Jahrhunderts gingen noch 1957 als Mikrofilme aus dem Schwedischen Staatsarchiv in das Institut ein. Etliche davon beziehen sich auf die Privilegien der Städte in den schwedischen Ostseeprovinzen.[34]

Schließlich ist noch eine Reihe der frühneuzeitlichen Quellen zu erwähnen, die aus dem Nachlass des bekannten russischen Staatsmanns Graf Alexander Romanowitsch Woronzow (1741–1805) stammen und mit seiner Reise nach Livland im Jahre 1783 in Verbindung stehen. Dieser hochgestellte Staatsbeamte war seit 1773 als Präsident des Kommerz-Kollegiums tätig, seit 1774 Mitglied der Sonderkommission für Kommerzsachen, seit 1779 ein Senator. Seit 1782 arbeitete er als Mitglied der Kommission für die Ausarbeitung des allgemeinen Zolltarifs und vom Januar bis April 1783 als Mitglied der Kommission für die Zusammenstellung eines Alleruntertänigsten Vortrages über die Maßnahmen für die Vergrößerung der staatlichen Einkommen. Diese Einrichtungen entstanden im Rahmen der durch Kaiserin Katharina II. fortgesetzten merkantilistischen Politik.[35] Seine Reise in die Ostseeprovinzen hing damit unmittelbar zusammen.[36]

Unter den Unterlagen, die vom Senator in Riga gesammelt wurden, sind zwei Urkundenbände zu erwähnen. In einem Band sind die russischen Übersetzungen der rigaischen Stadtprivilegien überliefert.[37] Die ältesten Rechtsquellen stammen

---

[33] S. hierzu *Theodor Hirsch*, Danzigs Handels- und Gewerbegeschichte unter der Herrschaft des Deutschen Ordens, Leipzig, 1858, S. 160–172, 280–287; *Edmund Cieślak* (Hg.), Historia Gdańska [Geschichte Danzigs]. T. II. 1454–1655, Danzig 1982, S. 115–122.

[34] *Valerij Jevgen'evič Vozgrin*, Istočniki po russko-skandinavskim otnošenijam XVI–XVIII vekov [Quellen zu den russisch-skandinavischen Beziehungen des 16. bis 18. Jahrhunderts], in: Rutenburg/Lublinskaja (Hg.), Handschriftliche Quellen (o. Fn. 20), S. 124–157, hier S. 133–143.

[35] *Denis Nikolaevič Šilov*, Gosudarstvennye dejateli Rossijskoj imperii. Glavy vysšich i central'nych učreždenij. 1802–1917. Biobibliografičeskij spravočnik [Die Staatsmänner des Russischen Kaiserreiches. Die Oberhäupter der oberen und zentralen Staatsbehörden, 1802–1917: Ein biobibliographisches Handbuch], St. Petersburg 2001, S. 137–139; *Sergej Aleksandrovič Kozlov*, *Zoja Vasil'evna Dmitrieva*, Nalogi v Rossii do XIX v. [Die Steuern in Russland bis zum 19. Jahrhundert], 2., verbesserte und ergänzte Aufl., St. Petersburg 2001, S. 188–201.

[36] Siehe eine Übersicht des Nachlasses Woronzows im ASPIG: *V. A. Petrov*, Obzor sobranija Voroncovych, chranjaščegosja v archive Leningradskogo otdelenija Instituta istorii Akademii nauk SSSR [Übersicht der Sammlung von Woronzow, die im Archiv der Leningrader Filiale des Instituts für Geschichte der Akademie der Wissenschaften der UdSSR aufbewahrt wird], in: Problemy istočnikovedenija [Probleme der Quellenkunde], Bd. 5 (1956), S. 102–145.

[37] ASPIG, Sammlung 36 (Die Woronzows), Findbuch 1, Nr. 424: Privilegien der Stadt Riga.

aus dem 16. Jahrhundert, so die Urkunde von Nikolaus Radziwill für Riga vom 8. September 1561, die Urkunden von Radziwill und Gotthard von Kettler von 1562, die *Taxa portorii* (1581) von Stephan Báthory, eine Sejmkonfirmation der Privilegien für den Religionswechsel und für den verliehenen Bischofshof (1582) u.a., dann folgen die schwedischen Privilegien und Urkunden für Riga aus dem 17. Jahrhundert. Die jüngste überlieferte Urkunde ist eine Abschrift der Accord-Puncta der Stadt Riga mit der russischen Armee vom 30. Juni 1710, sie enthält die Resolution des Generalfeldmarschalls Scheremetew vom 4. Juli 1710.

Der andere Band[38] umfasst überwiegend Quellen in russischer und französischer Sprache, die von März bis Mai 1783 entstanden. Es handelt sich vor allem um Anfragen an die rigaischen Stadtbehörden und die Antworten darauf. Sie beziehen sich auf die Stadtverfassung, Befugnisse der Stadtbehörden sowie auf die Rechte und Privilegien der Stadt und der einzelnen „Ämter" (d.h. Gilden und Zünfte). Außerdem sind dort etliche weitere Quellen zum Wirtschafts- und Rechtsleben der Stadt vorhanden, z.B. die Listen der städtischen Bankiere, Manufakturisten und Kaufleute (Bl. 39r–39v, 63r–65v), die Satzung der Feuerversicherungsaktiengesellschaft von Riga (Bl. 55r–62r) sowie auch ein Gesuch des rigaischen Bürgermeisters und Rats wegen der Tätigkeit und Konkurrenz durch das damals polnische Hafenstädtchen Polangen (Bl. 71r–74v). Ein Memorandum über die rigaische Stadtverfassung (Bl. 1r–2r) kann als interessanter Beleg des damaligen ständischen Rechtsbewusstseins betrachtet werden.

Im ASPIG gibt es noch zwei Sammlungen, die potentiell für die baltische Quellenkunde als ergiebig betrachtet werden können. Es handelt sich um die großen Briefsammlungen der mittelalterlichen und frühneuzeitlichen Politiker, Gelehrten und Schriftsteller, die insgesamt mehr als 1.000 Stücke zählen.[39] Diese Quellen sind jedoch noch nicht gänzlich beschrieben und katalogisiert und können deshalb erst später erforscht werden.

VI. Zum Schluss

Aus der vorliegenden Übersicht wird ersichtlich, dass das ASPIG zwar nicht über zahlreiche, aber doch über sehr interessante Schriftdenkmäler unterschiedlicher Provenienz verfügt, die sich auf die Rechtsgeschichte Liv-, Est- und Kurlands beziehen. Ihre nähere Erforschung ist in jedem Fall lohnenswert.

---

[38] ASPIG, Sammlung 36 (Die Woronzows), Findbuch 1, Nr. 425: *Об устройстве Рижского магистрата. 1783 г.* [Über die Verfassung des Rigaischen Magistrats im Jahr 1783].

[39] ASPIG, Westeuropäische Abteilung, Sammlung 26 (Briefe der Politiker, Heerführer und anderer Personen, 1407–1756, 678 Stücke); ASPIG, Westeuropäische Abteilung, Sammlung 28 (Briefe der Gelehrten und Schriftsteller, 1539–1897, 334 Stücke).

Anhang 1: Materialien zur Personal- und Grundbesitzgeschichte Rigas aus dem 16. Jahrhundert

Archiv des St. Petersburger Instituts für Geschichte, Westeuropäische Abteilung. Sammlung 33 (Materialien zur Geschichte Livlands), Karton 483, Nr. 1:

Auf den Bl. 54r–56v befinden sich 46 regestenartige nummerierte Eintragungen über den Grundbesitz verschiedener Einwohner Rigas aus der Zeit von etwa 1546 bis 1586. Die Liste ist betitelt mit: „Privilegia privatorum na grunty od Zapikurskie (?) roznemu czasu odeszle". Auf Bl. 58 ist vermerkt: „Papiery w statum Episcopatus Livoniensis należąc... (*ein Wort unleserlich*) Episcoporum Livoni[ensium]. 1586. 29. Feb".

Unten werden einige Proben daraus veröffentlicht. Die alte polnische Schreibweise wird folgenderweise dargestellt: *ij* = *y*, *ß* = *sz*. Der Buchstabe *u*, der als Konsonant benutzt wird, wird durch *v* ersetzt, und der Buchstabe *v*, der als Vokal dient, wird durch *u* ersetzt. Im Übrigen folgt der edierte Text grundsätzlich der Schreibweise der Vorlage. Die im Original häufig fehlenden polnischen Diakritiken werden jedoch wiederhergestellt. Die Abkürzungen werden *kursiv* aufgelöst.

Bl. 55r:

1. Nobilis Jost Clod Cancellarius Ducis Curlandiae pokazał przywiley, super area, ex donatione Gothardi Ducis Curlandiae, gdy ieszcze był Mistrzem Inflantskim, dany oycowi iego iure haereditario, Anno D*om*ini 1561 i nato Confirmatią Krola ieg*o* M*iłoś*ci Zygmunta Augusta, sub dato w Knyszinie An*no* D*om*ini 1561,[40] nunc possidet Henricus Bres Civis Rigen*sis*.

6. Doctorowa Fresnerowa[41] wdowa pokazała Confirmatią K*rola* J*ego* M*iłości* Zygmunta Augusta daniny xiążęcia Gotarda Ketlera, naonczas Mistrza Inflantskiiego, ktorą dał był mężowi yiey i potomkowi iego grunt ten był Com*m*endator Rigen*sis*, cum horreo ante arce A*nno* 1561 y Confirmatią ma nato K*rola* J*ego* M*iłości* Augusta Anni 1579.[42] Annexae huic privilegio sunt subsequentium possessor, areae, vigore decreti Regii et certae transactiones cum D*octore* Fresnero factae.

To prawo swoie potomstwo iey przedało Miastu Ryskiemu, in publicu*m* commodu*m* civitatis.

---

[40] Text z.T. unleserlich, die Lesart 1567 ist auch möglich.

[41] Gemeint ist offensichtlich der Arzt Matthias Friesner (vor 1553 bis nach 1579), der in Reval, Riga und vermutlich Mitau praktizierte (siehe *Isidorus Brennsohn*, Die Aerzte Livlands von den ältesten Zeiten bis zur Gegenwart. Ein biographisches Lexikon nebst einer Einleitung über das Medizinalwesen Livlands, Riga 1905, S. 165 f., 466).

[42] Datum unklar; König Sigismund II. August starb 1572.

7. Nobilis Casparus Junigsberch pokazał Confirmatią Krola J*ego* M*iłości* Augusta daniny od Jana Chodkiewicza, ratione areae cuiusdam Anni 1579 cuius longitudo 80 latitudo 50 passuum.

Bl. 55v:

29. Famatus Bernt Osterholm Ceikwart zamku K*rola* J*ego* M*iłości* Ryskiego pokazał przywilej Magistri Hasenkampi Hermanowi Bruggen dany Roku 1546 na dwa ostrowy na Dzwinie pod zamkem, na plac podle zamku za grodem, od które*go* ich ociec prawa iego nabył, Ateradten Osterholm, po żenie swey, córce iego, iako podziedziczce trzyma.

30. Tenże Bernt Osterholm Ceikwart zamku Krola J*ego* M*iłości* pokazał przywilej M*agist*ri Hasencampi, dany Roku 1546 na dwa ostrowi na Dzwinie przed zamkiem Ryskim, przodkowi iego lennym prawem dany, i na plac przed zamkiem, po niebozczyku Joan Pregell mieszczaninie Ryskim.

35. Famatus Joannes Rade pokazał przywilej Pletemberkow, na plac zamkowy sążni[43] 24 wzdłuż, a wprzez siedmnascie, cum facultate vendendae cerevisiae, et mercimoniorum vendendoru*m*, nie iakiej Magdalenie dany Roku 1534. Tenże pokazał przepis dawny Mistrza Inflantskiego Joannis Rek Anni 1560. Lambertowi Loweling, synowi teyto Magdaleny daney Roku 1584 super eadem area p*rae*fata, s przydaniem dwu sązniku tamtym pierwszym, cum potestate marcta*n*di pecora, iure Feudi A*nn*o 1560. Originale dixit esse in aula S*uae* R*egiae* M*ajestatis*.

Bl. 56r-56v:

46. *Famatus* Han Vithorn, który za mistrzów Inflantskich, na zamku Ryskim Hauskomturem bywał, pod sumnieniem zeznał, że za urzędu iego następnik od Rygi w inutili, który teraz Szpenhauzowski zową, do zamku należał, nakforrmido(?) kilkadziesiąt koni mistrzowskich chadzało ktory ostrów Mistrz Inflantski Henrick von Gallen[44] A*nn*o 1556 lennym prawem famato cuidam Berhardo Pauli oddał, naco daninę tę produkowano przed nami. Tego isz iusz ani samego ani potomków iego męskiey płci niestało X*iąże* Curlantskie Kietler oddał go Henrichowi Gal kaznodziei swemu so statkiem || tego ostrowu eiusq*ue* heredib*us*

[43] Hier ist das slawische anthropometrische Längenmaß *sążeń* (Faden) gemeint. In polnischen Ländern war dieser Begriff mehrdeutig: altpolnischer *sążeń* = 1,787 m; neupolnischer *sążeń* = 1,728 m.

[44] Heinrich von Galen (um 1480–1557), deutschbaltischer Landmeister von Livland (1551–1557).

niespecificowa[n]e guo (*sic*) iure. P. Ostrowski starosta Diamentski to potym trzymał, a ponim P. Syndik David Hilcken[45] to otrzymał.

Anhang 2: Reskript von Friedrich Kasimir, Herzog von Kurland, über die Vorbereitung der Stadt [Mitau] zur Durchführung des Landtages. Mitau, den 31. Dezember 1696.

Archiv des St. Petersburger Institits für Geschichte. Westeuropäische Abteilung, Sammlung 25, Aufbewahrungseinheit 43/432.

1 Blatt, 16 cm breit, 29,3 cm hoch. Wasserzeichen: gekrönter gespaltener Wappenschild (im linken Feld die gekreuzten Schlüssel (?), im rechten Feld die Spalten), 6 cm hoch, 3,3 cm breit; Ripplinienabstand ist 2,2 cm; die senkrechte Achse des Wasserzeichens fällt mit der Ripplinie zusammen.

In der Publikation wird die Groß- und Kleinschreibung der Substantive normalisiert; die Abkürzungen sind *kursiv* aufgelöst.

Fridericus Casimir, Von Gottes Gnaden,

in Liefﬂand, zu Churlandt und

Semgallen Hertzog.

Unsern Gnädigen Gruß zuvor. Ehrsame und weise. Liebe Getreue. Indem Wir auß erheblichen Uhrsachen bewogen worden, einen Landtag auf d. 11. Februarij des, geliebts Gott, antretenden Jahres anzusetzen und auszuschreiben, debey aber auch das Interesse und die Wohlfahrt unserer Städte uns Fürst-Väterlich angelegen seyn laßen wollen; so befehlen Wir Euch gnädigst, daß ihr alsofort, bey Erhaltung dieses unseres gnädigsten Rescripti, zusam*m*en kommet, und mit einander überleget, ob ihr welche und waß vor Beschwerden wegen Euren Stadt, und der gemeinen Bürgerschafft haben möchtet, dieselben, zusam*m*enfaßet, und, ohne Zeitverlust, uns einsendet, damit wir, zu Abthuung derselben, bey obgedachtem Landtag auf zulängliche Mittel und Wege bedacht seyn können. Empfehlen Euch übrigens der Göttl. Obhutt. Datum Mitau d. 31. Decembris Anno 1696.

FCasimir[46] *manu propria.*

---

[45] David Hilchen (um 1561–1610), livländischer Humanist und Staatsmann, seit 1585 Obersekretär beim rigischen Rat und später Stadtsyndikus von Riga (siehe *Heinz Mattiesen*, Art. „Hilchen, David“, Neue Deutsche Biographie 9 (1972), S. 117–118). Zu Hilchens Entwurf des livländischen Landrechts siehe Thomas Hoffmann in diesem Band.

[46] In der Unterschrift sind die Buchstaben F und C als eine Ligatur geschrieben.

Andreas Wilhelm Cramer (1760–1833) – Ein Kieler Humanist in Zeiten des Umbruchs

Frank L. Schäfer

I. Der Nachlass als Nadelöhr – Einleitung

Eine wesentliche Stütze der Rechtsgeschichte sind Studien zu einzelnen Juristen, traditionell Biographien genannt. Neben dem Lebenslauf im engeren Sinne behandeln sie das literarische Werk und verknüpfen im Idealfall die Person vergleichend mit den Zeitgenossen. Eine historische Annäherung über eine Biographie setzt eine breite Quellenbasis voraus. Ihr Kern ist der überlieferte Nachlass einer Person, um den sich Personaldokumente, Korrespondenzen, Werkmanuskripte, Vorlesungsmanuskripte und -nachschriften sowie weitere Autographen gruppieren. Die Ereignisse des Zweiten Weltkriegs allerdings dezimierten erheblich die Schriftzeugnisse zur deutschen Geschichte. Von diesem Quellenproblem ist die Geschichtsschreibung über die Christian-Albrechts-Universität zu Kiel besonders betroffen. Die alliierte Luftflotte zielte wiederholt auf die Stadt Kiel, die ein Zentrum der deutschen Rüstungsindustrie und Kriegsmarine war. Nur wenige Nachlässe historischer Juristen überlebten in den Kieler Archiven und Bibliotheken den Zweiten Weltkrieg. Große Teile des Universitätsarchivs fielen den Flammen zum Opfer.[1]

Die Kieler Rechtshistoriker haben inzwischen fast alle erhaltenen Nachlässe ausgewertet. Einzig der Nachlass des juristischen Romanisten und Bibliothekars Andreas Wilhelm Cramer[2] blieb in jüngerer Zeit unberührt. Sein Nachlass befindet sich in der Universitätsbibliothek.[3] Er enthält in erster Linie Werkmanuskripte und

---

[1] Siehe *Georg Asmussen*, Findbuch des Bestandes Abt. 47: Christian-Albrechts-Universität Kiel, Teil 1: 1665–1945, 2007, S. III.

[2] Zu Cramer *Rudolf Bülck*, Geschichte der Kieler Universitätsbibliothek, 1960, S. 195–199; *Erich Döhring*, Geschichte der juristischen Fakultät 1665–1965, 1965, bes. S. 99, 117 f., 137; *Henning Ratjen*, Einleitung, in: ders. (Hg.), Andreas Wilhelm Cramers Kleine Schriften, 1837, S. I–LXVIII; *ders.*, Art. Cramer, Andreas Wilhelm, Allgemeine Deutsche Biographie, Bd. 4, 1876, S. 546; *Roderich v. Stintzing/Ernst Landsberg*, Geschichte der deutschen Rechtswissenschaft, Bd. III/2, 1910, Text, S. 56–59, Noten, S. 18–21; *Eugen Wohlhaupter*, Geschichte der juristischen Fakultät, Festschrift zum 275jährigen Bestehen der Christian-Albrechts-Universität Kiel, 1940, S. 48 (77 f.); Biographisches Archiv der Antike 116, 6; Deutsches Biographisches Archiv I 205, 21–36; II 240, 104; III 155, 5–8; Scandinavian Biographical Archive I A-57, 395. Autobiographisch *Andreas Wilhelm Cramer*, Haus-Chronik. Meinen Anverwandten und Freunden zum Andenken gewidmet, 1822 (anonym publiziert).

[3] UB Kiel unter Sig. Cod. ms. K.B. 1, 2, 6, 6m, 10, 156–210. Der Nachlass wurde dokumentiert von *Henning Ratjen*, Verzeichnis von Handschriften der Kieler Universitäts-Bibliothek Abt. 1–4, 1873, teils mit handschriftlichen Nachträgen. Fragmente der Personalakten befinden sich im Landesarchiv in Schleswig unter Abt. 47.1, Nr. 114, Nr. 230; Abt. 47.7, Nr. 22; Abt. 65.2

Aufzeichnungen zu Cramers Reisen, aber nur einen Bruchteil der Briefkorrespondenz. Die Lücken lassen sich teilweise durch eine Briefedition zur Universität Kiel und durch Briefkorrespondenzen an anderen Orten schließen.[4]

Der 1760 geborene und 1833 gestorbene Cramer war einerseits in seiner Zeit kein Rechtsprofessor, der sich in Schaffenskraft, Ansehen und Einfluss mit dem fast gleichaltrigen Gustav Hugo (1764–1844) oder dem eine Generation jüngeren Triumvirat Friedrich Carl von Savigny (1779–1861), Georg Arnold Heise (1778–1851) und Anton Friedrich Justus Thibaut (1772–1840) hätte messen können. Andererseits trug er so viel zur Wissenschaft bei, dass ihn Ernst Landsberg in seiner „Geschichte der deutschen Rechtswissenschaft“ neben Christian Gottlieb Haubold (1766–1824), Heinrich Eduard Siegfried von Schrader (1779–1860), Ernst Peter Johann Spangenberg (1784–1833) und anderen in der Rubrik antiquarisch-historischer Juristen auf rund sechs Seiten ausführlich vorstellte. Cramer verbindet in seiner Person Dänemark und Deutschland sowie den Ausklang des *usus modernus pandectarum* und der eleganten Jurisprudenz im Alten Reich mit der Pandektenwissenschaft und der Historischen Rechtsschule des 19. Jahrhunderts. Er war kein Rechtsprofessor an der Spitze des Umbruchs um 1800,[5] aber ein Zeitgenosse von grundlegenden Veränderungen, die noch heute Gesellschaft und Rechtswissenschaft prägen. Ein neuer Blick auf ihn lohnt sich somit allemal.

(Deutsche Kanzlei zu Kopenhagen ab 1730), Nr. 518. Die Bestände der Deutschen Kanzlei in Kopenhagen wurden also größtenteils nach Schleswig verlagert, siehe *Malte Bischoff*, Die Folgen des deutsch-dänischen Archivabkommens von 1933 im Landesarchiv Schleswig-Holstein, in: Rainer Hering u.a. (Hg.), Archive zwischen Konflikt und Kooperation, 2008, S. 103 (107–109). Eine Suche in den Kopenhagener Restbeständen blieb ergebnislos, vgl. *Johanne Skovgaard u.a.* (Hg.), Tyske kancelli [Deutsche Kanzlei], 2 Teile 1946/62.

[4] *Moritz Liepmann* (Hg.), Von Kieler Professoren. Briefe aus drei Jahrhunderten zur Geschichte der Universität Kiel, 1916; Briefe *Andreas Wilhelm Cramers* an Friedrich Carl von Savigny, 1804–1832, UB Marburg, Sig. Ms. 925/466–483, 485; Briefe *Savignys* an Cramer, 1811–1833, UB Marburg, Ms. 925/453, 455, 457, 484, 486; Briefe *Cramers* an Christian Gottlieb Haubold, 1800–1823, Württembergische Landesbibliothek, Sig. Cod. iur. 4° 135; Briefe Cramers an Molbech, Müller, Münter, Nyerup und Werlauff, 1819–1832, Königliche Bibliothek Kopenhagen, NKS 2336. 4°, NKS 3747 – 4°, NKS 1698 2°, Add. 85 – 4°, NKS 2387, 4°, NKS 1395. 2°.

[5] Zur sog. Sattelzeit in der Rechtswissenschaft statt aller *Joachim Rückert*, Recht als Wissenschaft. Friedrich Carl von Savigny (1779–1861). Der Greifswalder Ruf von 1804 und Savignys neue Wissenschaft im „Recht des Besitzes“, in: Joachim Lege (Hg.), Greifswald – Spiegel der deutschen Rechtswissenschaft 1815 bis 1945, 2009, S. 61–91; *Frank L. Schäfer*, Juristische Germanistik. Eine Geschichte der Wissenschaft vom einheimischen Privatrecht, 2008, S. 295–302, jeweils m.w.N.; allgemein *Wolfgang Burgdorf*, Ein Weltbild verliert seine Welt. Der Untergang des Alten Reichs und die Generation 1806, 2006.

II. Ein Christkind – Kindheit, Jugend und Studienjahre

Andreas Wilhelm Cramer kam am Heiligabend des Jahres 1760 in Kopenhagen als Sohn von Johann Andreas Cramer (1723–1788) und Charlotte Cramer (1726–1777), geborene Radicke, auf die Welt. Vater Johann Andreas[6] war ein lutherischer Theologe, Schriftsteller und Freund des Dichters Friedrich Gottlieb Klopstock (1724–1803). Er hatte 1754 in Kopenhagen sein Amt als deutscher Hofprediger angetreten, 1765 sollte ihn der Dänenkönig zum Theologieprofessor an der Universität Kopenhagen ernennen. Sein Sohn Andreas Wilhelm war kein Einzelkind. Vielmehr wuchs er – wie in Deutschland bis zum Ende des zweiten Kaiserreichs nicht unüblich – in einer Großfamilie mit neun Geschwistern (Carl Friedrich, Charlotte, Ernst Friedrich, Juliane, Wilhelmine, Henriette, Andreas, Julius und Luise) auf. Ein weiteres Kind war kurz nach der Geburt verstorben.[7] 1771 musste die Familie als Folge einer Intrige am dänischen Hof in die Reichs- und Hansestadt Lübeck übersiedeln, wo der Vater eine Stelle als Superintendent antrat. Cramers Elternhaus und seine eigenen Neigungen zeichneten den Weg zur Kieler Professur vor. In seiner Autobiographie schrieb er:

> „Mich hatte man längst zum Juristen bestimmt und mein Vater zum akademischen. Denn, wie schon bemerkt, er liebte die Advocaten nicht“.[8]

Der Vater wollte den Sohn nach seinem Vorbild formen. Vater Cramer diente seit 1774 nach seiner Rehabilitierung wieder der dänischen Krone. Er lehrte an der Universität Kiel als *professor primarius* der Theologie und fungierte zuletzt von 1784 bis 1788 als Kanzler und Interimskurator, d.h. königlich dänischer Aufseher. Auch der weitaus berühmtere ältere Bruder Carl Friedrich (1752–1807) lehrte ab 1775 als Professor für Griechisch und die orientalischen Sprachen in Kiel,[9] bis er 1794 wegen seiner Sympathien für die Französische Revolution entlassen wurde. Hinzu kam nach den eigenen Worten Andreas Wilhelm Cramers die Angst vor dem Leben jenseits der Universitätsmauern:

> „Ich hätte noch vor dem Anfange Bankerott gemacht, denn abschwatzen hat man mir immer alles gekonnt […]. Zu Kaufmännischen Speculationen war ich ohnehin nicht geeignet“.[10]

Wie zu zeigen sein wird, bewies er innerhalb der Universität aber durchaus Geschäftssinn. Die Ausbildungsstationen Cramers folgten den Studien- und Lehrorten seines Vaters. Nach der Hauserziehung besuchte er 1773 zunächst die Trivialschule

---

6 Zu ihm z.B. *Adalbert Elschenbroich*, Neue Deutsche Biographie, Bd. 3, 1957, S. 389 f.

7 Siehe *Cramer*, Haus-Chronik (o. Fn. 2), S. 49.

8 *Cramer*, a.a.O., S. 64.

9 Zu ihm statt aller *Rüdiger Schütt* (Hg.), „Ein Mann von Feuer und Talenten“. Leben und Werk von Carl Friedrich Cramer, 2005.

10 *Cramer*, Haus-Chronik (o. Fn. 2), S. 7.

in der sächsischen Stadt Oschatz,[11] um ein Jahr später wie bereits sein aus Sachsen stammender Vater auf die traditionsreiche Fürstenschule Sankt Augustin im sächsischen Grimma zu wechseln.[12] Nach dem Schulabschluss immatrikulierte er sich 1779 mit neunzehn Jahren an der Christian-Albrechts-Universität zu Kiel. Damit lag er ein wenig über dem Durchschnittsalter für die Immatrikulation.[13] An der Juristenfakultät übte der Universalist Adolf Friedrich Trendelenburg (1737–1803)[14] auf Cramer offenbar die größte Anziehungskraft aus:

> „Trendelenburg war ein Lehrer wie wenige. In jedem Sattel gerecht, überraschte ihn nichts. Kein Spruch-Collegium hat einen umsichtigeren Ordinarius, der Katheder keinen angenehmeren Docenten“,

lautete das Urteil Cramers über seinen akademischen Lehrer.[15] Wie eine weitere Passage aus Cramers Autobiographie belegt, entfremdeten sich Lehrer und Schüler im weiteren Verlauf, als der Schüler seine Lehrjahre absolviert hatte:

> „In späteren Jahren beschäftigte ihn die Kantische Philosophie, mehr als Noth that. Dadurch entstand ein leeres Auditorium. Denn auch das Neuseyn kann den akademischen Lehrer gefährden, so leicht jedoch nicht als das Altwerden.“[16]

Die anderen Kieler Rechtsprofessoren hatte Cramer in noch weitaus schlechterer Erinnerung. Der Romanist Diedrich Georg Brökel (1746–1788)[17] sei der stärkste Tabakraucher seiner Zeit und Johann Dietrich Mellmann (1747–1801)[18] ein seichter Germanist gewesen. Friedrich Christoph Jensen (1754–1827)[19] habe sich bei der Überprüfung der Zitate zu Selchows Lehrbuch über römische Rechtsaltertümer[20] als wahrer Pedant erwiesen und Karl Gottlieb von Winkler (1722–1790), der heute im Fakultätssaal von seinem Gemälde auf die Anwesenden blickt, habe sich nur als Feind Trendelenburgs hervorgetan.

Cramer hörte aber nicht nur juristische Vorlesungen, sondern betrieb nach seinem humanistischen Bildungsideal in Kiel ein *studium generale* in Philosophie, Theologie und Mathematik. Die Vorlesungen Samuel Gottfried Geysers (1740–

---

[11] *Cramer*, a.a.O., S. 35. Trivialschule: Auch als Lateinschule bezeichnet; bedeutet hier Elementarschule als Vorbereitung auf die höhere Schule.

[12] *Cramer*, a.a.O., S. 38.

[13] *Friedrich Paulsen*, Geschichte des gelehrten Unterrichts auf den deutschen Schulen und Universitäten vom Ausgang des Mittelalters bis zur Gegenwart, 3. Aufl., Bd. 2, 1921, S. 130, nennt für das späte 18. Jahrhundert ein durchschnittliches Immatrikulationsalter von 17 bis 18 Jahren.

[14] *Döhring*, Geschichte (o. Fn. 2), S. 96 f.

[15] *Cramer*, Haus-Chronik (o. Fn. 2), S. 66.

[16] *Cramer*, a.a.O.

[17] Zu ihm *Döhring*, Geschichte (o. Fn. 2), S. 96.

[18] Zu ihm *Döhring*, a.a.O., S. 96.

[19] Zu ihm *Döhring*, a.a.O., S. 98.

[20] *Johann Heinrich Christian von Selchow*, Elementa antiquitatum iuris Romani, 1757.

1808), Daniel Gotthilf Moldenhawers (1753–1823) und Wilhelm Christian Justus Chrysanders (1718–1778) über Kirchengeschichte, antike Literatur und Theologie gefielen Cramer deutlich besser als die juristischen Kollegien.[21]

Cramer absolvierte ab 1782 die zweite Studienhälfte an der kursächsischen Universität Leipzig, an der bereits sein Vater eingeschrieben gewesen war. Auch hier hinterließen die Professoren der Rechtswissenschaft bei ihm keinen positiven Eindruck. Der Naturrechtler Johann Gottfried Sammet (1719–1796) habe im Schlafrock gelesen, ein Dozent namens Arnd habe ein langweiliges Staatsrecht und Christian Rau (1744–1818) ein derbes Lehnrecht vorgetragen. Cramer nahm die Lehrangebote der übrigen Leipziger Juristen, darunter der Enzyklopädist und Partikularrechtler August Friedrich Schott (1744–1792) sowie der Handelsrechtler Josias Ernst Ludwig Püttmann (1730–1796), erst gar nicht wahr.[22]

Die akademische Ausbildung endete nach einer vergleichsweise langen Zeit von sechs Jahren[23] 1785 in Kiel mit der Doktorprüfung. Cramer hatte für die Inauguraldissertation eine Quellenexegese zu den Digesten mit dem Titel „Lectiones membranae Florentinae" vorgelegt. Mit diesem Thema präjudizierte er seinen weiteren Berufsweg. Cramer urteilte im Rückblick, es habe sich um eine Arbeit gehandelt, die sich einerseits durch Gelehrsamkeit ausgezeichnet habe, die andererseits aber sein berufliches Fortkommen in der Rechtspraxis erheblich erschwert haben würde.[24] Während diese Weichenstellung gerade im Sinne Cramers gewesen sein dürfte, verlief die mündliche Doktorprüfung ganz gegen seine Erwartungen. Der Lateinkenner Cramer hatte zwar bereits als Student Disputationen geübt,[25] doch rechnete er nicht mit der Abfrage einfacher Lehrbuchdefinitionen.[26] Trotz im Ergebnis bestandener Prüfung blieb Cramer daher das Doktorexamen in sehr schlechter Erinnerung:

> „Es ist mit den Doctor-Prüfungen und im Grunde mit allen, ein eigen Ding. Der klügste Candidat kann durchfallen, und der dümmste durchkommen."[27]

---

[21] *Cramer*, Haus-Chronik (o. Fn. 2), S. 73, 77.

[22] *Cramer*, a.a.O., S. 79 f.

[23] *Friedrich Paulsen*, Die deutschen Universitäten und das Universitätsstudium, 1902, *S.* 397: drei Jahre in Preußen gegen Ende des 18. Jahrhunderts; ähnlich allgemein *Notker Hammerstein*, Universitäten, in: ders./Ulrich Herrmann (Hg.), Handbuch der deutschen Bildungsgeschichte, Bd. 2, 2005, S. 369 (385).

[24] *Cramer*, Haus-Chronik (o. Fn. 2), S. 89.

[25] *Andreas Wilhelm Cramer*, De senatusconsulto Claudiano ad Tac. annal. 12, 53, 1782; *ders.*, De Vespasianus sive de vita et legislatione T. Flavii Vespasiani imp. commentarius, 1785; siehe *Ratjen*, Einleitung (o. Fn. 2), S. VI f.

[26] *Cramer*, Haus-Chronik (o. Fn. 2), S. 13 f.

[27] *Cramer*, a.a.O., S. 86

III. Von Brotkollegien und Marschkühen – Professor und Bibliothekar

Bereits im Jahr nach der Promotion errang Cramer 1786 eine außerordentliche Professur an seiner Heimatfakultät in Kiel. Die juristische Fakultät lag in der Studentenfrequenz weit abgeschlagen auf den hinteren Plätzen.[28] 1792 stieg Cramer in Kiel zum ordentlichen Professor auf, nach 1800 widmete er sich nach anfänglichen Widerständen gegen die Praxistätigkeit sogar intensiv der Arbeit im Spruchkollegium der Fakultät.

Cramers Einstiegsgehalt betrug 200 Reichstaler pro Jahr.[29] Im Vergleich zu Spitzengehältern prominenter ordentlicher Professoren des Alten Reichs war dies ein recht niedriges Gehalt.[30] Wenn man aber bedenkt, dass die Extraordinarien damals teilweise noch ohne festes Gehalt der Universität ihre Lehrleistungen erbringen mussten,[31] dann hatte sich Cramer nicht unter Wert verkauft. Vielmehr bezog er nach eigener Einschätzung für eine bezahlte außerordentliche Professur ein Durchschnittsgehalt. Sein späteres Gesamtgehalt als ordentlicher Professor ist nicht bekannt, doch dürfte es durch zahlreiche Ämter (Spruchkollegium, Etatrat, Oberbibliothekar) und Gebühren (Privatvorlesungen, Prüfungen) ein Mehrfaches betragen haben. Immerhin ermöglichte das akademische Gehalt Cramer, Charlotte Zachariä, Tochter eines Kirchenrats (1764–1832), zu ehelichen. Aus der Ehe gingen die Kinder Meta (1789–1808), Johann Wilhelm (geb. 1790), Charlotte (geb. 1793), August (geb. 1796) und Lina (geb. 1801) hervor.[32] Ebenso ermöglichte das Gehalt dem bibliophilen Cramer ausgedehnte Studienreisen, von denen er nur wenige Handschriften und Bücher, dafür aber zahlreiche Abschriften mitbrachte. Von

[28] Dazu das Diagramm bei *Franz Eulenburg*, Die Frequenz der deutschen Universitäten von ihrer Gründung bis zur Gegenwart, 1904, S. 153, ferner der Text auf S. 156 f.

[29] *Cramer*, a.a.O., S. 15. Der „Reichstaler" war im späten 18. Jahrhundert eine internationale Währung in Nordeuropa. Lokale Währung in Schleswig-Holstein waren von 1788 bis 1813 aber weder der (deutsche) Reichstaler noch die dänische Krone, sondern das „Schleswig-Holstein Courant-Geld". Ab 1813 war der dänische Reichsbanktaler gesetzliches Zahlungsmittel. Im Detail zur komplexen Währungsgeschichte *Werner Pfeiffer*, Geschichte des Geldes in Schleswig-Holstein, 1977.

[30] Der Spitzenprofessor Samuel Stryk verdiente um 1700 in Halle an der Saale 1.200 Taler im Jahr, siehe *Gerd Kleinheyer/Jan Schröder*, Deutsche und Europäische Juristen aus neun Jahrhunderten, 5. Aufl. 2008, S. 420. Europäischer Überblick bei *Peter A. Vandermeersch*, Die Universitätslehrer, in: Walter Rüegg (Hg.), Geschichte der Universität in Europa, Bd. 2, 1996, S. 197–202. Zum Durchschnittsgehalt eines ordentlichen Professors sehr instruktiv *Franz Werner*, Soziale Unfreiheit und „bürgerliche Intelligenz" im 18. Jahrhundert, 1981, S. 284: in den 1770ern 400 bis 700 Reichstaler.

[31] Siehe *Alexander Busch*, Die Geschichte der Privatdozenten, 1977, S. 108.

[32] *Cramer*, Haus-Chronik (o. Fn. 2), S. 110.

seinem Besuch in der Stiftsbibliothek in Sankt Gallen ist der Satz überliefert, man könne sich in einer solchen Bibliothek begraben lassen.[33]

Cramer musste auf seinem Weg zur Professur kein Habilitationsverfahren durchlaufen, da die Kieler Rechtsfakultät ihren Promovenden zusammen mit dem Doktorgrad die Lehrbefugnis verlieh. Die Kieler Statuten verlangten zur Lehraufnahme an der juristischen Fakultät für Doktoren der Universitäten Kiel und Kopenhagen keine separate Habilitationsprüfung.[34] Die Kieler Verhältnisse waren kein Einzelfall; sie entsprachen den üblichen Gepflogenheiten der deutschen Wissenschaftslandschaft. Obwohl die deutschen Universitäten die Habilitation als Examen nach dem Doktorgrad bereits seit dem späten 17. Jahrhundert kannten, setzte sie sich bei den Juristen als verpflichtende Qualifikationsleistung durchgehend erst in der zweiten Hälfte des 19. Jahrhunderts durch.[35]

Der Ruf auf eine Professur hing im 18. Jahrhundert oft mehr von der familiären Vernetzung als von der wissenschaftlichen Leistung des Kandidaten ab. Cramers Vater hatte sich in seiner Funktion als Kanzler der Universität Kiel mit großem Nachdruck bei der Deutschen Kanzlei in Kopenhagen für die Berufung seines Sohnes auf eine außerordentliche Professur an der juristischen Fakultät eingesetzt.[36] Mit der Berufung von Andreas Wilhelm lehrten drei Mitglieder der Cramer-Familie an der Universität: Vater Johann Andreas an der theologischen Fakultät sowie die Söhne Carl Friedrich und Andreas Wilhelm an der philosophischen bzw. juristischen Fakultät.

Wie die offenherzige Schilderung Andreas Wilhelm Cramers in seiner Autobiographie bezeugt, war es keinesfalls unüblich, dass eine Familie in verschiedenen Funktionen an derselben Universität arbeitete bzw. dass sogar der Sohn dem Vater in dessen Professur folgte. Ein Interessenkonflikt bei der Besetzung neuer bzw. frei werdender Stellen war vorprogrammiert. Aus heutiger Sicht könnte man diese Zustände als Nepotismus bewerten, im 18. Jahrhundert entsprachen sie aber den akademischen Usancen. Liest man die Korrespondenz des Vaters mit der Deutschen Kanzlei in Kopenhagen, so ließ sich die Berufung des eigenen Sohnes auch durchaus sachlich rechtfertigen. Wie Andreas Wilhelm Cramers Schriften illustrieren, beherrschte er vorzüglich die lateinische Sprache. Das war in dieser Zeit keine Selbstverständlichkeit mehr.

Als Cramer in die Kieler juristische Fakultät einzog, wirkten dort die Dozenten seiner Studienzeit als Ordinarien: Trendelenburg, Brökel, Mellmann und Jensen.

---

[33] *Cramer*, a.a.O., S. 187.

[34] *Döhring*, Geschichte (o. Fn. 2), S. 155.

[35] Überblicke bei *Ulrich Rasche*, Art. Privatdozent, Enzyklopädie der Neuzeit, Bd. 10, 2009, Sp. 360 (361); *Busch*, Geschichte (o. Fn. 31), S. 106 f.

[36] *Johann Andreas Cramer*, Brief an die Deutsche Kanzlei v. 12.8.1785, in: Liepmann, Professoren (o. Fn. 4), Nr. 24 f.

Daneben lehrten als Extraordinarien der Skandinavist Holger de Fine Olivarius (1758–1838) und der Romanist Adolph Dieterich Weber (1753–1817). Cramers Vorlesungen, die teilweise durch Manuskripte[37] und durch eine Nachschrift[38] dokumentiert sind, spiegeln seinen Aufstieg an der Fakultät wider.

Nach dem Prinzip der Anciennität blieb für ihn zunächst von den öffentlichen Vorlesungen, d.h. Pflichtvorlesungen für das Professorengehalt,[39] nur die juristische Peripherie übrig. Er las in lateinischer Sprache über antike Literatur (Cicero, Juvenal, Plinius, Sallust, Sueton). Cramer betrachtete dies jedoch nicht als Schicksalsschlag, sondern als glückliche Fügung. In seiner Diktion dienten diese Lehrveranstaltungen als zur Lebenshaltung notwendige konkurrenzlose Brot-Kollegien und die dazugehörige eigene Lehrliteratur[40] als milchende Marschkuh.[41] Auch dürfte die rechtshistorisch-literarische Ausrichtung der Pflichtvorlesungen gerade seiner Vorliebe für das humanistische Bildungsideal entsprochen haben. Um die Jahrhundertwende wandte sich Cramer mit Ulpian-Fragmenten und ausgewählten Digestenstellen (*de verborum significatione, de iurisdictione*) stärker der Dogmatik des römischen Rechts zu. Nach 1800 konnte er als *ordinarius primarius* seine Themen ungestört von den dienstjüngeren Kollegen wählen und las auch über die *historia iuris civilis*.

Ein ganz anderes Bild bot sich in den für die Studenten kostenpflichtigen Privatvorlesungen. Cramer trat hier nicht als weltfremder Bücherwurm, sondern als Repetitor des geltenden Rechts auf. So offerierte er über Jahrzehnte die Institutionen nach Heineccius/Höpfner,[42] die Pandekten nach Hellfeld,[43] die Geschichte des römischen Rechts nach Bach bzw. Günther[44] und die Rechtsenzyklopädie nach

---

37 *Andreas Wilhelm Cramer*, In Titulos P. et Codicis de Jurisdictione 1823–24, UB Kiel, Sig. K.B. 169; Doctrina Institutionum juris civilis, quam e notissimo Heinecii libro, Sig. K.B. 187a; Scholia in Ulpiani Librum Singularem Regularum, Sig. K.B. 188; Röm. Rechtsgeschichte nach Günther, Sig. K.B. 193; Zu Hugo's civilistischer Litterair-Geschichte 1813–1814, Sig. K.B. 197.

38 *Andreas Wilhelm Cramer*, Anfangsgründe des römischen Rechts nach Heineccius Institutionen vorgetragen von dem Herrn Professor Cramer. Kiel. Ostern 1808 bis Michaelis, K.B. 169a. Nach einem handschriftlichen Nachtrag in *Ratjen*, Verzeichnis (o. Fn. 2), unpaginiert, könnte es sich um eine Nachschrift aus der Hand des Kieler Germanisten Niels Nicolaus Falcks handeln.

39 Zum Unterschied öffentliche – private Vorlesungen stellvertretend *Paulsen*, Geschichte (o. Fn. 13), S. 130–132. Paulsen betont die herausragende Bedeutung der Privatvorlesungen gegenüber den öffentlichen Vorlesungen im 18. Jahrhundert.

40 Z.B. *Andreas Wilhelm Cramer*, De verborum significatione tituli pandectarum et codicis cum variae lectionis, 1811, 136 Seiten.

41 *Cramer*, Haus-Chronik (o. Fn. 2), S. 72 f.

42 *Ludwig Julius Friedrich Höpfner*, Theoretisch-practischer Commentar über die Heineccischen Institutionen nach deren neuesten Ausgabe, 1. Aufl. 1783.

43 *Johann August Hellfeld*, Iurisprudentia forensis secundum pandectarum ordinem, 1. Aufl. 1764.

44 *Johann August Bach*, Historia Iurisprudentiae Romanae, 1. Aufl. 1754; *Christian August Günther*, Historia iuris Romani, 1798.

Schott.[45] Auffällig ist der rückwärtsgewandte Zug in der Auswahl der empfohlenen Studienliteratur. Cramer verwies nicht auf die Autoren an der vordersten Front der Privatrechtswissenschaft (Hufeland, Hugo, Reitemeier, Tafinger, später Heise, Savigny, Thibaut), sondern auf die Literatur des späten *usus modernus* bzw. der eleganten Jurisprudenz. Das einzige Novum war seit 1820 das Privatkolleg zu den gajanischen Institutionen, das seine Existenz einer Entdeckung des ebenfalls in Kopenhagen geborenen Barthold Georg Niebuhr (1776–1831) zu verdanken hatte.

Bevor Preußen 1920/21 die Zwangsemeritierung mit 65 bzw. 68 Jahren einführte, begrenzten regelmäßig nur die Mortalität und ausnahmsweise der freiwillig gewählte Ruhestand die aktive Professur. Auch Cramer verharrte bis zum Wintersemester 1832/33 in den Sielen der Hörsäle. Er starb mit 72 Jahren am 23. Januar 1833. Während des letzten Lebensjahrzehnts hatte sich Cramer ganz auf seine wissenschaftlichen Interessen konzentriert und bot keine Vorlesungen zu Pandekten oder Institutionen mehr an.

Cramer konnte trotz fehlender Schüler auf ein reiches wissenschaftliches und gesellschaftliches Leben zurückblicken. Er hatte an der Kieler Fakultät über die Jahre neben zahlreichen Koryphäen gelehrt.[46] Auf dem Gebiet des römischen Rechts hatte Cramer das Zeichen „ff" für die Digesten auf einen falsch gelesenen Buchstaben „D"[47] zurückgeführt. Er verfasste vielbeachtete rechtshistorische Studien zu Quellenproblemen des römischen Rechts. Hervorzuheben sind die Untersuchungen zum *Brachylogus iuris civilis*, ein aus Frankreich stammendes systematisches Lehrbuch zum *Corpus Iuris Civilis*,[48] und zu den Novellen.[49] Friedrich Carl von Savigny, der mit Cramer freundschaftlich korrespondierte[50] und ihn für eine Professur in Heidelberg vorgeschlagen hatte,[51] lobte ihn ausdrücklich für seine gründliche Arbeit zu den Novellen.[52] Ferner kritisierte Cramer die exklusive Autorität der Florentiner Digestenhandschrift.[53] Abseits der Quellenkritik befasste er

---

[45] *August Friedrich Schott*, Entwurf einer juristischen Encyclopädie und Methodologie, 1. Aufl. 1772.

[46] Übersicht bei *Döhring*, Geschichte (o. Fn. 2), S. 96–158.

[47] *Andreas Wilhelm Cramer*, De sigla digestorum, 1796.

[48] *Andreas Wilhelm Cramer*, Dispunctio iuris civilis, 1792, S. 94–100 (Cap. 12). Zum Brachylogus *Hermann Lange*, Römisches Recht im Mittelalter, Bd. 1, 1997, S. 396 f.

[49] *Andreas Wilhelm Cramer*, Beyträge zur Geschichte der Novellen, Hugos Civilistisches Magazin 3 (1812), S. 26–50, 113–162.

[50] Siehe o. Fn. 4.

[51] *Friedrich Carl von Savigny*, Brief an Friedrich Creuzer v. 19. März 1805, in: Adolf Stoll, Der junge Savigny, 1927, Nr. 105 (S. 250 f.).

[52] *Friedrich Carl von Savigny*, Beytrag zur Geschichte des lateinischen Novellentextes, nebst einigen ungedruckten Novellen, Zeitschrift für geschichtliche Rechtswissenschaft 2 (1816), S. 100 (102); *ders.*, Geschichte des römischen Rechts im Mittelalter, Bd. 3, 1822, S. 462 f.

[53] *Cramer*, De verborum significatione (o. Fn. 40), S. XIII f.

sich intensiv mit dem französischen Späthumanisten Barnabé Brisson (1531–1591),[54] dessen Hauptwerk er mit Zusätzen versah.[55] Auch projektierte er eine Neuausgabe des *Corpus Iuris Civilis*. Cramers Vorarbeiten waren weit gediehen, wie sein handschriftlicher Kommentar zur zeitgenössischen Standardausgabe des Corpus Iuris Civilis beweist.[56] Allerdings veröffentlichte Cramer nach seinen textkritischen Vorstellungen nur seinen Lieblingstitel *De verborum significatione*,[57] so dass es wie bei vielen anderen Juristen bei einem Versuch blieb. Zuletzt sind seine Beiträge zur Zeitschrift für geschichtliche Rechtswissenschaft, dem Publikationsorgan der Historischen Rechtsschule, hervorzuheben.[58]

Mit dem einheimischen deutschen Recht beschäftigte sich Cramer nur am Rande. Auf einer seiner zahlreichen Studienreisen hatte er eine Ausgabe der Lex Salica abgeschrieben.[59] Trotz der Empfehlung Karl Friedrich Eichhorns[60] setzte Cramer auch an dieser Stelle seine Editionspläne nicht in die Tat um.

Neben dem Professorenamt leitete Cramer seit 1826 die Universitätsbibliothek Kiel. Er erweiterte zusammen mit seinem späteren Nachfolger Henning Ratjen (1793–1880) den Bücherbestand auf für die damalige Zeit beachtliche rund 80.000 Bände und zentralisierte die Bibliotheksverwaltung.[61] Das dürfte das größte Verdienst Cramers für die Nachwelt sein. 1827 ehrte ihn die Philosophische Fakultät der Universität Kiel wegen seiner Verdienste um die antiken Sprachen mit einem Ehrendoktor.[62] Im selben Jahr wurde Cramer inländisches Mitglied der Kopenhagener Gesellschaft der Wissenschaften.[63]

---

[54] Latinisiert als Barnabas Brissonius bekannt.

[55] *Barnabé Brisson*, *De* verborum quae ad ius civile pertinent significatione, 1. Aufl. 1559. Dazu *Andreas Wilhelm Cramer*, Supplementi ad Barnabae Brissonii opus de verborum quae ad ius civile pertinent siginificatione, Specimen I, 1813.

[56] *Georg Christian Gebauer/Georg August Spangenberg* (Hg.), Corpus Iuris Civilis codicibus veteribus manuscriptis, 1776–1797, Exemplar Cramer in der UB Kiel, Sig. K.B. 161.

[57] *Cramer*, De verborum significatione (o. Fn. 40).

[58] *Andreas Wilhelm Cramer*, Kleine kritische Bemerkungen, Zeitschrift für geschichtliche Rechtswissenschaft 1 (1815), S. 285–318; *ders.*, Ueber eine Stelle im Svetonius, a.a.O. 2 (1816), S. 257–270; *ders.*, Ueber die Sprache des Codes und dessen Herausgeber: ein Beitrag zur Hermeneutik und Litterärgeschichte, a.a.O. 2 (1816), S. 289–307; *ders.*, Ueber L. 5. C. ad SCtum Trebell, a.a.O. 2 (1816), S. 308–331; *ders.*, Sendschreiben des Herrn Ober-Bibliothekar Cramer, in Kiel, an den Professor Klenze, in Berlin, a.a.O. 8 (1832) 132–152.

[59] *Andreas Wilhelm Cramer*, Lex Zalica[!] e cod. vetusto Saeculi […], Sig. K.B. 207. Dazu *Ratjen*, Einleitung (o. Fn. 2), S. XLVI.

[60] *Karl Friedrich Eichhorn*, Brief an Cramer v. 24. April 1820, Sig. K.B. 207, S. 100–106.

[61] Dazu *Bülck*, Geschichte (o. Fn. 2), S. 181–218; *Friedrich-Adolf Schmidt-Künsemüller*, Die Universitätsbibliothek, in: Geschichte der CAU zu Kiel, Bd. I/2, 1965, S. 203 (223–227).

[62] Landesarchiv Schleswig, Abt. 47.7, Nr. 22.

[63] Siehe Deutsches Biographisches Archiv I, 205, 31.

Cramers Aufstieg an der von Dänemark verwalteten Universität Kiel verlief nicht zuletzt deshalb ohne Brüche, weil er eine königstreue Haltung einnahm. Wie in seinen Vorlesungen und Studien strebte er nicht nach Tagesaktualität. Das zeigt sich exemplarisch in der Schleswig-Holstein-Frage, die später im Mittelpunkt der Germanistenversammlungen und des Paulskirchenparlaments stand. Die Herzogtümer Schleswig und Holstein zählten zwar zum Dänischen Gesamtstaat, aber nicht zum Königreich Dänemark. Das sowohl von Deutschen als auch von Dänen besiedelte Herzogtum Schleswig war ein dänisches Lehen, das Herzogtum Holstein bildete das nördlichste Land des Deutschen Bundes. Cramer stand weitab der deutschen nationalstaatlichen Bewegung, die ein neues Deutsches Reich unter Einbeziehung der Herzogtümer Schleswig und Holstein forderte.[64]

Allein in seiner akademischen Jugend sprach sich Cramer für Reformen aus. Er lobte 1792 in einem Brief unter dem Eindruck der Revolutionen in Nordamerika und Frankreich unter dem Stichwort Repräsentativverfassung das repräsentative parlamentarische Regierungssystem, jedoch versicherte er zugleich seine bedingungslose Treue zur dänischen Krone.[65] Während der Napoleonischen Kriege blieb er ein loyaler dänischer Staatsdiener. 1810 stieg er zum königlich dänischen Etatsrat auf,[66] zwei Jahre später zum Ritter des altehrwürdigen Dannebrog-Ordens. Im Jahr 1819 protestierte er wie alle Kieler Professoren gegen die Unterdrückung der Burschenschaften.[67] In diesem Fall richtete sich der kollektive Widerstand der Kieler akademischen Elite allerdings nicht gegen Dänemark, sondern gegen den Deutschen Bund.

Als 1830 der Sylter Landvogt Uwe Jens Lornsen (1793–1838) sein Pamphlet „Über das Verfassungswerk in Schleswigholstein“ publizierte,[68] bewies Cramer wiederum seine Loyalität gegenüber der dänischen Krone.[69] Für Lornsen war der Wegfall des Bindestrichs zwischen Schleswig und Holstein Programm. Er wollte Schleswig aus dem dänischen Staatsverband lösen und mit Holstein zu einem eigenständigen deutschen Herzogtum vereinen. Lornsen verlangte, der dänische König solle über die Wintermonate seine Residenz von Kopenhagen nach Schles-

---

64 Stellvertretend *Jörg Johannsen-Reichert*, Demokratie oder Fürstenherrschaft? Die Herzöge von Schleswig-Holstein-Sonderburg-Augustenburg (1580–1884) und ihr Streiten für die Unabhängigkeit Schleswig-Holsteins in der Zeit dänischer und preußischer Herrschaft im 19. Jahrhundert, 1995.

65 *Andreas Wilhelm Cramer*, Brief an seinen Förderer Graf Andreas Petrus v. Bernstorff v. 28.12.1792, in: Liepmann, Professoren (o. Fn. 4), Nr. 31, S. 54 (54).

66 *Erich Döhring*, Deutsches Biographisches Archiv III, 155, 7.

67 Siehe *Henning Ratjen*, Geschichte der Universität Kiel, 1870, S. 37–39.

68 Publiziert auf 14 Seiten. Dazu *Döhring*, Geschichte (o. Fn. 2), S. 117 f. Zu Lornsen statt aller *Alexander Scharff*, Neue Deutsche Biographie, Bd. 15, 1987, S. 185–187.

69 Näher *Döhring*, a.a.O., S. 117 f.

wig verlegen.[70] Eine solche Forderung lief *de facto* auf eine Abdankung des dänischen Königs als Herzog von Schleswig und Holstein hinaus. Bereits wenige Tage nach Erscheinen der Schrift wurde Lornsen verhaftet und zu Festungshaft verurteilt.

Die in 9.000 Exemplaren verbreitete Schrift rief ein großes Echo hervor.[71] Auch Cramer antwortete auf die Geschehnisse umgehend. In seiner eigenen Schrift „Wort an Freunde und Bekannte“[72] zeigte er offen sein Desinteresse an der nationalen Frage und gab vor, ein unpolitischer Gelehrter zu sein, der die Angelegenheit nicht beurteilen könne:

> „[…] der Gedanke nun vollends dem alten Weibe zu gleichen, das zu dem Holzstoße, auf dem Huß verbrannt wurde, auch ihren Span eilends herbeitrug, oder denen mich zugesellt zu haben, die das Wasser aufregen um selbst im Trüben zu fischen, erfüllte meine Seele mit Abscheu.“[73]

Cramers Replik stieß bereits bei seinen Zeitgenossen auf Ablehnung.[74] Ebenso warfen ihm später seine Biographen unter dem Eindruck des deutschen Nationalstaats im zweiten Deutschen Reich die Zurückhaltung als charakterliche Schwäche vor. Im 21. Jahrhundert wird man Cramer weitaus milder beurteilen. Anders als die oftmals nationalistischen Germanisten war er als humanistischer Romanist für die politische Agitation denkbar ungeeignet. Auch ist zu berücksichtigen, dass Cramer die ersten elf Lebensjahre in Kopenhagen verbracht hatte und somit mit der dänischen Kultur und Sprache bestens vertraut war. In einer Situation, in der er sich für oder gegen seinen dänischen Dienstherrn entscheiden musste, wählte er die erste Alternative. Cramer stand damit in übergeordneter Perspektive in einer Reihe mit seinen Fakultätskollegen Niels Nicolaus Falck (1784–1850) und Paul Detlev Christian Paulsen (1798–1854), die sich 1816 bzw. 1832 um eine Verrechtlichung des Konflikts bzw. um einen Ausgleich zwischen deutschen und dänischen Interessen bemühten.[75]

IV. Ein Kieler Original – Einordnung in die Wissenschaftslandschaft

Eine historische Würdigung Cramers muss zwei Aspekte umfassen: die Persönlichkeit und die Leistung für Gesellschaft und Wissenschaft. Beide Aspekte sind un-

---

[70] *Uwe Jens Lorensen*, Ueber das Verfassungswerk in Schleswigholstein, 1830, S. 11 f.

[71] Das Konvolut Sig. Ke 5732 der UB Kiel enthält rund zwanzig Streitschriften dazu.

[72] *Andreas Wilhelm Cramer*, Ein Wort an Freunde und Bekannte, und die es sonst lesen mögen, 1830, 14 Seiten; Exemplar Falck in der UB Kiel, Sig. Ke 5732.

[73] *Cramer*, a.a.O., S. 6–8.

[74] *Friedrich Boie* (Justizrat), Betrachtungen, erweckt durch die Schrift des Etatsraths Cramer: „Ein Wort an Freunde und Bekannte, und die es sonst lesen mögen.“, 1830.

[75] *Niels Nicolaus Falck*, Das Herzogthum Schleswig in seinem gegenwärtigen Verhältniß zu dem Königreich Dänemark und zu dem Herzogthum Holstein. Eine historische und staatsrechtliche Erörterung, 1816; *Paul Detlev Christian Paulsen*, Über Volksthümlichkeit und Staatsrecht des Herzogthums Schleswig: nebst Blicken auf den ganzen Dänischen Staat, 1832.

trennbar miteinander verbunden. Die Persönlichkeit ist die Triebfeder der individuellen Schaffenskraft; sie bestimmt das Verhältnis zu den Fachkollegen.

Die Urteile über die Person Cramers gehen weit auseinander.[76] Sein Fakultätskollege Karl Theodor Welcker (1790–1869) beschrieb ihn in folgender Weise:

> „Er ist ein Mann, deßen zwar fast durchaus eigenes und geniales, aber unendlich gutmüthiges, treues und ehrenfestes Benehmen ihm sogleich und bleibend die Herzen gewinnt."[77]

Dagegen bescheinigte ihm Ernst Landsberg später, eine „Erscheinung von ausgeprägter Eigentümlichkeit, fast ein Sonderling" zu sein.[78] Cramer selbst verglich sich mit dem Tantalos der griechischen Sagenwelt.[79] Den drei Urteilen liegen unterschiedliche Motive und Perspektiven zugrunde. Welcker lobte die Gastfreundschaft und den angenehmen Umgang unter Berufskollegen. Landsberg, dessen Beitrag zur „Geschichte der deutschen Rechtswissenschaft" ein wahres Sammelsurium anekdotenhafter Charakterstudien ist, stützte sich auf die in der Tat eigentümliche Autobiographie Cramers. Cramer selbst offenbarte über Tantalos seine Vorliebe für die römisch-griechische Antike und stilisierte sich zugleich zu einer Sagenfigur.

Die Rechtsgeschichte des frühen 21. Jahrhunderts wird sich an dieser Stelle auf einen Vergleich beschränken müssen, da die Gefahren einer spekulativen, von Quellen nicht abgedeckten Charakterstudie in der Vergangenheit deutlich geworden sind.[80] Cramer war wie andere Kieler Rechtshistoriker – zu denken ist besonders an den romanistischen Puristen Gerhard Friedrich von Beseler (1878–1947) – ein Kieler Original und heimatverbundener Individualist.[81]

Weitaus schwieriger gestaltet sich ein wissenschaftshistorisches Resümee zu Cramer. Landsberg sprach stellvertretend von einer „Mittelstellung Cramers zwischen Altem und Neuem".[82] In einigen Bereichen hielt Cramer an den Traditionen des 18. Jahrhunderts fest oder bezog sogar eine singuläre Position. Zunächst ist

---

[76] Zusammenfassend zu den Zeitgenossen *Bülck*, Geschichte (o. Fn. 2), S. 196–198, m.w.N.

[77] *Karl Theodor Welcker*, Brief an Friedrich Gottlieb Welcker v. 25.11.1814, in: Liepmann, Professoren (o. Fn. 4), Nr. 60, S. 106 (108).

[78] *Stintzing/Landsberg*, Geschichte (o. Fn. 2), Bd. III/2, Text, S. 57.

[79] *Andreas Wilhelm Cramer*, Brief an die Deutsche Kanzlei v. 21.11.1815, in: Liepmann, Professoren (o. Fn. 4), Nr. 68, S. 116 (118).

[80] Zutreffende Kritik bei *Hans-Peter Haferkamp*, Rezension zu Puchta, Briefe an Gustav Hugo, hg. von Horst-Heinrich Jakobs, 2009, in: ZRG GA 127 (2010), S. 762–774.

[81] Zu ihm nunmehr ausführlich *Rudolf Meyer-Pritzl*, Gerhard von Beseler (1878–1947) – Kämpfer für das Römische Recht im Kaiserreich, in der Weimarer Republik und während der NS-Zeit, in: Ditlev Tamm/Helle Vogt (Hg.), Nationalismus und Rechtsgeschichte im Ostseeraum nach 1800. Beiträge vom 5. Rechtshistorikertag im Ostseeraum 3.–4. November 2008, Kopenhagen 2010, S. 136–156.

[82] *Stintzing/Landsberg*, Geschichte (o. Fn. 2), Bd. III/2, Noten, S. 19.

seine Vorliebe für die lateinische Sprache im akademischen Unterricht und in seinen Schriften (mit Ausnahme der Zeitschriftenbeiträge) zu nennen. Während des 18. Jahrhunderts hatten die Universitäten im Heiligen Römischen Reich allmählich den akademischen Unterricht von der universalen lateinischen Sprache auf die deutsche Nationalsprache umgestellt.[83] Parallel hatte sich in der juristischen Fachliteratur nach 1780 die deutsche Sprache durchgesetzt. Herausragende frühe Beispiele sind Höpfners Kommentar, Hugos civilistischer Cursus[84] sowie die Enzyklopädien Reitemeiers und Tafingers.[85] Cramer hingegen wollte nach dem humanistischen Ideal zeitloser Erkenntnis gegen den Sprachstrom schwimmen:

> „Und daher bejammere ich's oft im Stillen, wenn ich in den ernsteren Wissenschaften die Werke der Meister in ihrer Muttersprache erscheinen sehe, und ich halte es für unmöglich, daß nach hundert Jahren in den Werken eines Spalding, Eichhorn oder Reinhard, in denen eines Savigny, Hugo's oder Thibaut's, in denen eines Frank, Reil und Hufeland, in Kant's … noch irgend ein Pulsschlag fühlbar seyn werde."[86]

Während das Latein Cramers Unterrichtserfolg zumindest in den beiden ersten Jahrzehnten nicht schmälerte,[87] erschwerte es doch erheblich die Rezeption seiner Schriften in den nachfolgenden Generationen.

Zumindest sehr ungewöhnlich war des Weiteren Cramers Haltung gegenüber den unter Studenten sehr beliebten Nachschriften zu den Vorlesungen der Dozenten. Auch hier lohnt die strenge Konsequenz seiner Position einen Blick auf den Wortlaut seiner Klage:

> „Was aber den älteren aus seiner wahrlich nicht schlecht verschanzten Veste verjährter Authorität verdrängt, ist, nach meiner Erfahrung, vornehmlich das Lesen über eigene Compendien oder Dictate. Es ist ein zu natürlicher Gedanke, der sich dem Burschen aufdrängt, daß in ihnen die ganze Weisheit des Herrn Professors ausgesprochen sey. … Gewöhnlich fehlt es solchen Vorlesungen zugleich an aller Beimischung von Litteratur, und wird sie ja mit auf den Weg gegeben, so ist das ein Zeitverderb, der nicht genug gerügt werden kann. Dann aber, welche Stetigkeit des Vortrages entsteht aus diesem Heft-Geplärre? aus diesem Nachtwächter-Gesange, der Jahr aus, Jahr ein derselbe bleibt, auch wenn er alle Stunden wechselt, wie in Kopenhagen? In den ersten Jahren, wo der Lehrer noch mit der Zeit fortzuschreiten sucht, wird gebessert, gemehrt, auch wohl das Heft mit Späßen verbrämt. Aber bald sinkt der Muth und stereotypisch ist die Rede geworden. Abschriften circuliren und der *novus Justinianus* weiß im Voraus, was kommen wird. Eine unserer ersten Universitäten nährt eine solche Heftfabrik, und ich habe Bibliotheken gesehen, die sich nicht scheuten, solche Nachschriften den Druckschriften desselben Lehrers zur Seite zu stellen."[88]

---

[83] Siehe nur *Schäfer*, Juristische Germanistik (o. Fn. 5), S. 82 f., m.w.N.

[84] Publiziert in zahlreichen Aufl.; dazu *Heinrich Weber*, Gustav Hugo, 1935, S. 83–85.

[85] Vertiefend *Schäfer*, Juristische Germanistik (o. Fn. 5), S. 208 f.

[86] *Cramer*, Haus-Chronik (o. Fn. 2), S. 181.

[87] Dazu *Döhring*, Geschichte (o. Fn. 2), S. 137.

[88] *Cramer*, Haus-Chronik (o. Fn. 2), S. 68 f.

Auch in der Frage der Vorlesungsnachschriften stand Cramer diametral zur ganz herrschenden Meinung seiner Zeit. Die rund 140 heute noch öffentlich zugänglichen Nachschriften zu Savignys Vorlesungen über Pandekten, Institutionen, Rechtsgeschichte und preußisches Allgemeines Landrecht belegen exemplarisch den Erfolg dieser Literaturgattung.[89] Die Hefte führten bei Savigny, der keine Lehrbücher verfasste, nachweislich zu keinem Hörerschwund.[90] Wäre Cramers Kritik zutreffend, wären zumindest die Dozenten, die ihre Kenntnisse im Gegensatz zu Savigny bereits in einem Lehrbuch zusammengefasst hatten, vor menschenleeren Hörsälen gestanden. Das war aber nicht der Fall, wie besonders die vielen Vorlesungsnachschriften zu den Heidelberger Professoren Anton Friedrich Justus Thibaut und Karl Adolf von Vangerow (1808–1870) belegen.[91] Ein größeres Lehrbuch war im Anschaffungspreis sehr teuer, so dass für nicht begüterte Studenten aus wirtschaftlichen Gründen allein die Anfertigung einer eigenen Nachschrift in Frage kam. Wenn Cramers Kritik einen Funken Wahrheit enthält, dann hat er wohl an seine eigenen Kollegien in Kiel gedacht, die mit zunehmendem Alter immer weniger Hörer angezogen haben sollen.[92]

In der Rechtsgeschichte und Erziehung wies Cramer demgegenüber in die Zukunft. Als mehrfacher Autor der Zeitschrift für geschichtliche Rechtswissenschaft zählt er zumindest zum erweiterten Kreis der Historischen Rechtsschule. Sein neuhumanistisches, an Antike und Dichtung orientiertes Bildungsideal weist ihn als einen der letzten Vertreter der eleganten Schule der Romanisten des 18. Jahrhunderts, zugleich aber als Begleiter des Neuhumanismus in der Historischen Rechtsschule aus. Cramers Miniaturen zur Geschichte der Rechtsquellen greifen sogar über diese Schule hinaus. Auch wenn er kein programmatisches Bekenntnis ablegte, löste er die Rechtsgeschichte der Sache nach vom geltenden Recht und öffnete den Weg zu quellenkritischen romanistischen Studien, deren Wert in der geschichtlichen Betrachtung ruht. Zugleich ist Cramer im Kontext der preußischen

---

[89] Zu Savignys Vorlesungsnachschriften grundlegend *Joachim Rückert*, Idealismus, Jurisprudenz und Politik bei Friedrich Carl von Savigny, 1984, S. 57–65. In Vorbereitung ist ein umfassendes Repertorium zu den Nachschriften, hg. von Joachim Rückert und Frank L. Schäfer.

[90] Vgl. die Pandektenvorlesung WS 1816/17 mit 130 Hörern mit der Pandektenvorlesung WS 1832/33 mit 234 Hörern. Daten nach Savignys Tochter *Bettina Schinas*, Notizen über Vaters Leben mir von ihm selbst mitgetheilt, ca. 1834, UB Marburg, Sig. Ms 979/12, Bl. 8 f.

[91] Lehrbücher: *Anton Friedrich Justus Thibaut*, System des Pandekten-Rechts, 1. Aufl. 1803; *Karl Adolf von Vangerow*, Leitfaden für Pandekten-Vorlesungen (später Lehrbuch der Pandekten), 1. Aufl. 1839–1847. Beispiele aus dem Nachschriftenfundus: *Thibaut*, WS 1819/20, Nachschreiber Georg Joseph Machauer, UB Freiburg i.Br., Sig. Hs. 1196; *ders.*, WS 1829/30, SUB Straßburg, Sig. Ms.3.292; *von Vangerow*, WS 1848/49, Nachschreiber Franz Brückner, UB Kyushu/Japan, Sig. 003212009003850; *ders.*, WS 1867/68, Nachschreiber Gustav Rümelin, UB Freiburg, Sig. Hs. 545.

[92] Siehe *Döhring*, Geschichte (o. Fn. 2), S. 137.

Bildungsreform zu sehen, die das Gymnasium einführte und den Rang der Altsprachen in der Schule betonte.[93]

In der Gesamtschau war Cramer kein zweitklassiger Rechtsprofessor und Rechtshistoriker, sondern – um es historisch zu formulieren – ein Rechtswissenschaftler der zweiten Reihe hinter den großen Namen, die heute im Scheinwerferlicht der Forschung stehen. Er bot weder systematisch-synthetisierende Übersichten, noch griff er in die dogmatischen Debatten zum römischen Recht als geltendes Privatrecht oder gar in den rechtspolitischen Streit um die Kodifikation des Privatrechts ein. Das macht ihn für die Privatrechtsgeschichte wenig interessant. Dafür bietet Cramers Lebensweg nicht zuletzt durch seine Autobiographie reiches Anschauungsmaterial für die Wissenschafts-, Universitäts- und Sozialgeschichte. Sein Leben gestattet Einblicke in den Transformationsprozess um 1800 in Deutschland allgemein und in Kiel als dänisch-deutscher Provinz im Besonderen.

93 Im Detail *Paulsen*, Geschichte (o. Fn. 13), S. 278–315.

Die Geschichte des Notariats in Schleswig-Holstein, Lübeck, Mecklenburg und Neuvorpommern

Werner Schubert

Die Geschichte des Notariats im deutschen Ostseeraum weist zwar einige Besonderheiten auf, ist jedoch eng verbunden mit der allgemeinen Entwicklung des Notariats in Gesamtdeutschland. Sie wird im Wesentlichen von vier Problemen bestimmt:

1. Voraussetzungen der Ernennung zum Notar (volle juristische Befähigung oder geringere Anforderungen). Standesrechtliche Stellung des Notars (Selbstorganisation oder umfassende staatliche Reglementierung);

2. Verbindung des Notariats mit der Rechtsanwaltschaft oder hauptamtliches Notariat (Nurnotariat). Beschränkung der Anzahl der Notare;

3. Beurkundungszuständigkeit des Notars. Einschränkungen oder umfassender Geschäftsbereich;

4. Sicherung der Beurkundungen durch ein detailliertes Beurkundungsrecht.

I. Das Notariat bis zum Anfang des 16. Jahrhunderts

In Schleswig-Holstein, Lübeck, Mecklenburg, Pommern, Ostpreußen, in Polen und in den baltischen Staaten entstanden die ersten, von öffentlichen Notaren angefertigten Urkunden im Zusammenhang mit der Einführung der bischöflichen geistlichen Gerichtsbarkeit durch Offizialate. Vorbild für das Notariat in Deutschland war das italienische Notariat des 11. und 12. Jahrhunderts.[1] Im Verlauf des 12. Jahrhunderts erlangte die notarielle Urkunde öffentlichen Glauben und wurde zu einem *instrumentum publicum*, das mit der Unterschrift des Notars und dessen Handzeichen (Signet) versehen sein musste. Ferner bildeten sich Formen für das Protokoll (Abbreviatur, Imbreviatur, Breve) heraus, auf dessen Grundlage die notarielle Urkunde erteilt wurde. Das Recht zur Kreierung von Notaren hatten seit den Staufern die Inhaber pfalzgräflicher Rechte (Pfalzgrafen). Auch die Päpste nahmen seit Mitte des 11. Jahrhunderts das Recht für sich in Anspruch, Notare zu ernennen, ein Recht, das in der Regel Bischöfen für eine bestimmte Anzahl von Notaren verliehen

---

[1] Zur Entwicklung des Notariats bis zur Reichsnotariatsordnung (RNotO) *Peter Johannes Schuler*, Geschichte des südwestdeutschen Notariats. Von seinen Anfängen bis zur Reichsnotariatsordnung von 1512, Bühl/Baden 1976, S. 26 ff., 51 ff., 291 ff.; *Ferdinand Oesterley*, Das deutsche Notariat, Bd. 1, Hannover 1842; *Wolfgang Vogel*, Gemeinrechtliches Notariat, Diss. iur., Bonn 1969, S. 18 ff.; *Ludwig Koechling*, Untersuchungen über die Anfänge des öffentlichen Notariats in Deutschland, Marburg 1925, S. 5 ff., 49 ff.; *Winfried Trusen*, Anfänge des gelehrten Rechts in Deutschland. Ein Beitrag zur Geschichte der Frührezeption, Wiesbaden 1962, S. 62 ff.

wurde. Bis Mitte des 14. Jahrhunderts gehörten die Notare des Ostseeraums dem niederen geistlichen Stand an.[2] Für Dänemark ist eine Notariatsurkunde aus dem Jahre 1145 bekannt, in der König Erik III.[3] ein Privileg zugunsten des Bischofs von Schleswig bestellte. Ein Notar aus dieser Zeit wurde 1147 Bischof von Schleswig. Für Lübeck lässt sich ein dort ausgestelltes Notariatsinstrument erstmals für das Jahr 1283 nachweisen;[4] seit Mitte des 14. Jahrhunderts gab es dort auch weltliche Notare.

Für das Gebiet zwischen Lübeck über Mecklenburg bis Pommern hat Norbert Kersken 800 Notare erfasst und Urkunden nachgewiesen, die in städtischen Pfarrkirchen ausgestellt worden waren. Die früheste aufgefundene Regelung betrifft eine Urkunde, die ein Verdener, auch in Schwerin und Warin tätiger Kleriker als Notar 1315 aufgenommen hat. Erst ab 1400 treten nach Kersken auch Laien als öffentliche Notare auf. Die Beurkundungen betrafen besitzrechtliche Fragen, Schenkungen, Stiftungen, Käufe und Verkäufe, Einkünfte und Zahlungen, Patronatsrechte sowie Besitzstreitigkeiten und Besitzregelungen. Ferner ging es um Übertragungen von Klerikern oder an Kleriker, um Memorial- oder Vikarienstiftungen, Klerikertestamente sowie Einkünfte eines Klerikers. Ferner wurden Urkunden gefunden, die Beziehungen zwischen weltlichen Personen betrafen (Urfehden, Besitzangelegenheiten, Belehnungen, Bestellung von Bevollmächtigten für Verhandlungen am Königshof).[5]

Die Übertragung des italienischen Notariats auf Deutschland war mit nicht unerheblichen Qualitätseinbußen verbunden. Um den Klagen gegen die Fehlerhaftigkeit der Urkunden – so beklagte schon Karl V., die Zahl der Notare sei lang und groß, ihre Kunst kurz und klein[6] – zu begegnen, nahm die Obrigkeit das Recht für sich in Anspruch, die von den Hofpfalzgrafen ernannten Notare zu prüfen und ausdrücklich zuzulassen. 1406 beschloss die Gnesener Provinzialsynode, dass inner-

---

2 *Norbert Kersken*, Pfarrkirchen und öffentliches Notariat im Spätmittelalter, in: Felix Biermann/ Manfred Schneider/Thomas Terberger (Hg.), Pfarrkirchen in den Städten des Hanseraums, Rahden/Westf. 2006, S. 193 ff.

3 Vgl. *Ole Fenger*, Notarius Publicus. Le notaire au moyen Age latin, Åarhus 2001 (auch Originalausgabe in Dänisch); *Ditlev Tamm*, Geschichte des Notariats in Dänemark, in: Mathias Schmoeckel/Werner Schubert (Hg.), Handbuch zur Geschichte des Notariats der europäischen Traditionen, Baden-Baden 2009, S. 429 ff.; *Herluf Nielsen*, Über die dänische Privaturkunde bis zum 14. Jahrhundert mit einem Schlußwort über das Notariat, in: Notariado público y documento privado de los orígenes al siglo XIV. Actas de VII Congreso Internacional de Diplomática 1986 (1989), S. 951 ff.

4 Hierzu *Olof Ahlers*, Zur Geschichte des Notariats in Lübeck, in: Gedächtnisschrift für Franz Rörig, Lübeck 1953, S. 341 ff.

5 *Kersken*, in: Biermann u.a., Pfarrkirchen (o. Fn. 2), S. 197.

6 *Christian Neschwara*, Geschichte des österreichischen Notariats, Bd. I: Vom Spätmittelalter bis zum Erlass der Notariatsordnung von 1850, Wien 1996, bes. S. 13 ff.

halb der Kirchenprovinz (hierzu gehörte auch Breslau) nur „solche Personen zu öffentlichen Notaren ernannt werden durften, die vom jeweiligen Bischof der betreffenden Diözese geprüft und bestätigt waren“ mit der Begründung, dass „sich sehr viele als öffentliche Notare ausgeben, ohne es zu sein, und andere wieder so unfähig und unwissend sind, dass sie nicht imstande sind, Protokolle und Instrumente vorschriftsmäßig herzustellen.“ In der Zeit zwischen 1355 und 1806 dürften 2.500 Palatinatsdiplome ausgestellt worden sein. Die Zulassung eines Notars zur Praxis bei dem 1495 errichteten Reichskammergericht war seit Mitte des 16. Jahrhunderts von der Prüfung des Gerichts oder eines Zeugnisses der Obrigkeit des Notars abhängig.[7]

II. Die Reichsnotarordnung von 1512 und die weitere Entwicklung bis 1806

Eine für drei Jahrhunderte geltende Teilregelung für das Notariat brachte die in Deutsch abgefasste Reichsnotarordnung (RNotO) von 1512, die „Ordnung zur Underrichtung der offen Notarien, wie sie ihre Aempter ueben sollen“.[8] Die RNotO war lediglich ein Rahmengesetz und hatte deshalb keine unmittelbare Geltung; sie gliederte sich nach der Präambel in fünf bzw. sechs Teile: Allgemeiner Teil (Grundlage der Amtstätigkeit der Notare, Haftung für Schäden), Testamentserrichtung, Bekanntmachung/Zustellung kaiserlicher Briefe (Ladungen), Bestellung der Sachwalter/Machthaber (Inhalt der Vollmacht), Aufnahmen von Appellationsinstrumenten und Zusammenfassende Schlussbestimmungen. Die Zählung der Paragraphen erfolgte entweder durchgehend oder begann jeweils neu mit den einzelnen Abschnitten. Die RNotO begreift den Notar als einen Diener gemeinen Nutzens, der ein notwendiges und nützliches Amt ausübe. § 1 RNotO setzt die Verpflichtung des Notars zum Schadensersatz wegen Pflichtverletzung fest. § 2 führt einige Approbations- und Ernennungshindernisse auf. Ergänzend heißt es in § 45:

> „Und insgesamt sollen alle Notare wissen und beachten, dass sie selbst rechtskundig zumindest in den Angelegenheiten, welche das Notarenamt betreffen, sein sollen, das ist die Summe des Notariats, und zwar dazu, dass sie das Wissen haben, die Parteien, die vor ihnen Verträge schließen oder handeln, über die Solennitäten und Klauseln, die bei Verträgen und Handlungen dieser Art und zu deren Gültigkeit erforderlich sind, zu verständigen und sich von Verträgen und Handlungen, die nach dem Recht unerlaubt und verboten sind, fernzuhalten, weil sie sonst gehalten werden, den Parteien den durch Unwissenheit zugefügten Schaden zu ersetzen.“

---

[7] Zitiert nach *Winfried Trusen*, Notar und Notariatsinstrument an der Wende vom Mittelalter zur Neuzeit. Zu den gemeinrechlichen Grundlagen der Reichsnotariatsordnung von 1512, in: Gedächtnisschrift Hermann Conrad, Paderborn u.a. 1979, S. 545 ff., Zitat S. 546.

[8] Text jetzt bei *Herbert Grziwotz*, Kaiserliche Notariatsordnung von 1512. Spiegel der Entwicklung des Europäischen Notariats, München 1996 (auch französische, italienische, englische und spanische Übersetzung der RNotO); zur RNotO *Trusen*, Gedächtnisschrift Conrad (o. Fn. 7), S. 545 ff.; *Neschwara*, Geschichte (o. Fn. 6), S. 260 ff.; *Vogel*, Notariat (o. Fn. 1), S. 50 ff.

In § 46 Abs. 2 wurde noch auf die Möglichkeit der Aktenversendung hingewiesen.

Die §§ 3 und 4 befassen sich mit der Form der öffentlichen Urkunde (*instrumentum publicum*). Am Ende der Urkunde sollte das Signet und die Unterschrift des Notars stehen, der immer zur Beurkundung „gebeten oder aufgefordert sein muss und diese Bitte oder Aufforderung anzuführen hat". § 5 verpflichtete den Notar zur Führung eines Protokolls, das auf die Abbreviatur des italienischen Notariats zurückgeht. Nach § 6 war der Notar zur persönlichen Wahrnehmung der Erklärungen oder des Geschehens verpflichtet. Nach den §§ 10 bis 12 hatte der Notar den Wortlaut der formbedürftigen Regelungen sowie weitere wesentliche Teile der Urkunde den Parteien zu verlesen. Die Pflicht zur Amtsausübung – der Amtsbereich umfasste zunächst das ganze Reich – ergibt sich aus § 15:

> „Es ist auch der Notar oder Tabellio als Diener des Gemeinwohls kraft seines Amtes gehalten, darüber, wozu er gebeten wird, solange dies sonst erlaubt und nicht verboten ist, insbesondere gegen ziemliches Entgelt Urkunden zu errichten, es sei denn, er wäre Doktor, Rathsherr, Mönch oder Geistlicher."

Die Änderung eines Notariatssignets war nach § 16 grundsätzlich nicht erlaubt. Die §§ 17 ff. enthalten weitere Grundsätze zur Anfertigung von Protokollen und Urkunden; nach § 19 war eine Urkunde in deutscher oder lateinischer Sprache abzufassen. Die §§ 25 bis 39 befassen sich mit der Aufnahme von Testamenten (Arten der Testamente; Zeugen; Verlesen des Testamentstextes). Die §§ 37–39 betreffen die Zustellung kaiserlicher Schriften und Ladungen, die §§ 40–43 die Urkunden über die Bevollmächtigung u.a. von Advokaten und Prokuratoren und § 44 die Beurkundung der Einlegung einer Appellation. Insgesamt enthält die RNotO keine Neuerungen, sondern kodifizierte das gemeinrechtliche Notariatsrecht. Nach Trusen liegt ihre Bedeutung darin, dass „sie trotz immer wieder festzustellender Vorbehalte gegenüber dem Notariat im weltlichen Bereich diese Institution im Hinblick auf die schon lange erfolgte Anerkennung im geistlichen Bereich auch in Deutschland ‚säkularisiert' und in der gemeinrechtlichen Form legalisiert hat."[9] Die RNotO wurde, gerade weil sie nur Richtlinien und Rahmenbestimmungen enthielt, „noch bis zur Auflösung des Reichs im Jahre 1806 als gemeinsame Rechtsgrundlage des gesamten deutschen Notariats angesehen".

Die RNotO galt auch in Holstein,[10] Mecklenburg und Neuvorpommern unmittelbar, während sich das Notariat in Schleswig an die in Holstein bestehende Praxis anlehnte. In Holstein war seit Anfang des 18. Jahrhunderts – in Schleswig schon früher – die Ausübung des Notariats von einer Prüfung und Zulassung durch

---

[9] *Trusen*, in: Gedächtnisschrift Conrad (o. Fn. 7), S. 566.

[10] Zum Folgenden *Werner Schubert*, Notariat in Schleswig-Holstein – Von der Reichsnotariatsordnung von 1512 bis zum modernen Anwaltsnotariat, Schleswig-Holsteinische Anzeigen (SchlHA) 2003, S. 234 f.

den König abhängig. In Mecklenburg-Schwerin wurde bereits durch Gemeine Bescheide von 1575, 1576, 1597 und 1674 vorgeschrieben,

> „daß alle und jede in- und ausländische Notarien, so in Unsern Landen das Notariat-Amt künftig gebrauchen wollen, sich bei Unsern Räthen *ad examinandum* angeben und sistiren, und nach befundener ihrer Geschicklichkeit, auf vorhergehende Gelübd, ihres Notariats-Amts gebühr- und getreulich zu gebrauchen, und einem jeden auf Erfordern für billige Gebühr zu dienen, in Unser desfalls verordneten Gerichtsmatrikul verzeichnen und einschreiben lassen.“[11]

1582 erhielt die Rechtswissenschaftliche Fakultät der Universität Rostock für den jeweiligen Dekan die Würde eines Hofpfalzgrafen und hatte damit das Recht, Notare zu kreieren. Eine mecklenburgische Verordnung vom 26.1.1786 versuchte die nicht immatrikulierten Notare endgültig zurückzudrängen. Es bestätige sich immer noch oft,

> „dass die hiesigen Lande mit einer Menge Notarien überschwemmet sind, die mit den, nach ausdrücklicher Vorschrift des obbelobten Reichs-Gesetzes zur Uebung ihres Notariats-Amts erforderlichen Kenntnissen gehörig nicht versehen, weniger noch der Rechte gelehrt sind, sondern ohne Beobachtung des eben daselbst vorgeschriebenen Unterschiedes, auf dem gewöhnlichen Wege creiret worden und demnächst unter dem Schutze einer oft so sehr gemißbrauchten Autorität, ohne sich einem Unserer Landes-Gerichte zur Prüfung, Approbation, Beeidigung und Immatriculirung gesetzmäßig darzustellen, den Namen und die Functionen eines offenen Kaiserl. Notarius ungescheuet usurpiren.“[12]

Die Notariatsbewerber mussten sich einer gerichtlichen Prüfung unterziehen, bevor sie bei einem der Landesgerichte immatrikuliert wurden.

In Vorpommern galt nach der Tribunalsordnung von 1657 und der Hofgerichtsordnung von 1678 eine ähnliche Regelung.[13] Die Universität Greifswald (Rektor und Concilium) erhielt 1741 das Comitiv, d.h. das Recht, Notare zu kreieren, die nach einer Prüfung durch den Dekan der Juristenfakultät die Notariatsmatrikel des Tribunals immatrikuliert wurden.[14] Nach Dirk Alvermann sind zwischen 1742 und 1806 139 Notare immatrikuliert worden.

---

[11] Wiedergegeben bei *Karl Ferdinand Belitz*, Vollständiges Handbuch für Notarien zunächst in den Großherzoglichen Mecklenburgischen Staaten, Parchim 1833, S. 35 ff., Zitat S. 53 f.

[12] *Belitz*, a.a.O., S. 46 ff.; hierzu auch die Akte des Landeshauptarchivs Schwerin, Ministerium der Justiz, Nr. 60.

[13] Über die Entwicklung in Vorpommern *Friedrich Mehlem*, Anleitung zum ordentlichen Prozeß, Greifswald 1804, S. 165 ff.

[14] Vgl. *Dirk Alvermann*, Zur Geschichte des kaiserlichen Notariats in Schwedisch-Pommern 1741–1806, in: Liber Amicorum für Kjell Å. Modéer, Lund 2007, S. 25 ff.

III. Die Entwicklung von 1806 bis zur Reichsgründung

Mit dem Ende des Alten Reichs war 1806 das gemeinrechtliche Notariat und damit auch das Recht der Hofpfalzgrafen, Notare zu kreieren, entfallen. Weder stellten Dänemark für Schleswig-Holstein, noch die mecklenburgischen Herzogtümer noch die Hansestadt Lübeck das Notariat sofort auf eine neue Grundlage.

In Lübeck hatte zwar zwischen 1810 und 1814 das französische Notariatsrecht von 1803 gegolten. Jedoch erhielt die Hansestadt erst 1838 eine eigene Notariatsordnung (NotO),[15] nach der niemand das Notariat ausüben durfte, „der nicht von Einem Hochedlen Rath die Erlaubniß dazu erhalten hat, und auf ein solches Amt beeidiget ist". Voraussetzung für diese Erlaubnis war das Studium der Rechte an einer deutschen Universität. Der Notariatsbewerber, der nicht Rechtsanwalt war und auch nicht die Voraussetzungen zur Erlangung eines Richteramts zu haben brauchte, hatte sich einer gerichtlichen Prüfung zu unterziehen.

In Schleswig-Holstein galt bis 1867/68 das gemeinrechtliche Notariat als Landesrecht weiter. Nach einer Verordnung von 1825[16] hatten die Advokaten, die zu Notariatsgeschäften autorisiert zu werden wünschten, „bei ihren desfälligen Gesuchen, mittels glaubwürdiger Zeugnisse, nachzuweisen, dass sie wenigstens zwei Jahre als Advocaten praktisirt und dabei praktische Fähigkeiten und Rechtlichkeit in den Verhältnissen des Geschäftslebens beurkundet haben."

Die Notare, die allerdings nur über geringe Zuständigkeiten verfügten, handhabten die Beurkundungen oft nach Ortsgebrauch oder nach eigenem Ermessen. Deshalb ist es nicht verwunderlich, dass eine Verordnung von 1854/59 die Voraussetzungen für die Gültigkeit von Testamenten im Einzelnen festlegte.[17] Das Notariat war in der Regel mit der Advokatur verbunden. Es gab aber auch einige wenige Nurnotare. Das Notariat erlosch nicht mit der Annahme eines anderen Amts, zum Beispiel des Amts eines Klosterverwalters, Bürgermeisters, Staatssekretärs, Gerichtshalters oder Amtsaktuars. 1849 gab es in Schleswig 52, in Holstein fast 100 Notare, 1863 betrug die Zahl 31 und 111 (in Lauenburg 7) und 1865 gab es 38 Notare in Schleswig, 92 in Holstein sowie 6 in Lauenburg.[18]

---

[15] Sammlung der Lübeckischen Verordnungen und Bekanntmachungen, Bd. 8, 1836–1838, S. 130 ff. (25 Bestimmungen).

[16] Systematische Sammlung der für die Herzogthümer Schleswig und Holstein erlassenen, annoch gültigen königlichen, fürstlichen, großfürstlichen und gemeinschaftlichen Verordnungen und Verfügungen, Bd. 1, Abth. 1, Kiel 1828, S. 744.

[17] Chronologische Sammlung der im Jahre 1854 ergangenen Verordnungen, Verfügungen etc. für das Herzogthum Schleswig, Schleswig 1855, S. 91 ff.; Gesetz vom 30.8.1859, in: Gesetz und Ministerialblatt für das Herzogthum Schleswig, 1859, S. 305.

[18] Hierzu die Staats-Handbücher für die Herzogthümer Schleswig-Holstein auf das Jahr 1849, 1863 und 1865, erschienen in Altona.

Auch in Mecklenburg-Schwerin war das Notariat bis in die 80er Jahre des 19. Jahrhunderts überfüllt (1818: 252 Notare; 1828: 317 Notare; 1838: 358 Notare; später bis in die 70er Jahre 370 bis 380 Notare). Die Versuche von 1818 bis 1824, das Notariatsrecht zu reformieren, scheiterten. Seit 1848 wurde das Nurnotariat eingeschränkt, das zukünftig nur noch für Staats- und Kommunalbeamte offen stehen sollte. Die Nurnotare waren 1859 nicht mehr zur niedergerichtlichen Advokaturpraxis zugelassen.[19]

In Vorpommern übertrug eine Regierungsverordnung 1808[20] die Kreierung, Rezeption und Immatrikulation der Notare dem Greifswalder Tribunal und späteren Appellationsgericht. Nach einer preußischen Verordnung von 1833 durfte die Ernennung von Notaren nur durch den preußischen Justizminister erfolgen und sollte überhaupt nur stattfinden bei Bewerbern,

> „welche drei Jahre auf einer Deutschen Universität studirt, die erforderlichen juristischen Kollegia gehört, während mehrerer Jahre sich in gerichtlichen Geschäften praktisch ausgebildet haben, und eine Prüfung bestehen, analog derjenigen, welche in den übrigen Provinzen für Referendarien angeordnet ist, die bei den Landes-Justizkollegien als Justizkommissarien angestellt seyn wollen, mithin vor der Immediat-Examinationskommission zu Berlin."

Das Notariat war grundsätzlich mit der Advokatur verbunden. 1868 gab es nur zwei Nurnotariate. Im Übrigen blieben die Regeln des gemeinrechtlichen Notariats bestehen.

IV. Das partikulare Notariatsrecht zwischen 1871 und 1937

Spätestens 1880 waren nach dem Inkrafttreten der Reichsjustizgesetze von 1877 im deutschen Ostseeraum die letzten Reste des gemeinrechtlichen Notariats verschwunden. In Schleswig-Holstein führte Preußen sukzessive das für die Gebiete des Allgemeinen Landrechts geltende Notariatsrecht durch eine Verordnung vom 26.6.1867 und durch § 4 eines Gesetzes vom 8.3.1880, „enthaltend einige Bestimmungen über das Notariat" ein.[21] Seit 1868 waren in Schleswig-Holstein die in ihrer Tätigkeit bisher sehr eingeschränkten Notare in demselben Umfang berechtigt, Verträge und andere Akte der freiwilligen Gerichtsbarkeit zu beurkunden wie die Notare in den landrechtlichen Provinzen. Seit 1880 galt in Schleswig-Holstein das Gesetz von 1845 über das Verfahren bei Aufnahme von Notariatsinstrumenten,[22]

---

[19] Weitere Einzelheiten demnächst bei *Werner Schubert*, in: Festschrift zur RNotO von 1512, 2012.

[20] *Alvermann*, in: Liber Amicorum Modéer (o. Fn. 14), S. 34; Die Verordnung von 1833, in: Preußische Gesetzsammlung 1833, S. 40.

[21] Preußische Gesetzsammlung 1867, S. 1073 ff.; 1880, S. 177 ff.

[22] Preußische Gesetzsammlung 1845, S. 495 ff.; hierzu *Werner Schubert*, Die Gesetze über das Verfahren bei der Aufnahme von Notariatsinstrumenten und über die Form einiger Rechtsge-

das auf die rheinische, französischrechtlich beeinflusste Notarordnung von 1822 zurückging. Dieses Gesetz sah auch die Heranziehung von Zeugen zu allen Beurkundungen vor, eine Regelung, die in Schleswig-Holstein auf wenig Verständnis stieß. 1890 schaffte dann Preußen die Notwendigkeit von Beurkundungszeugen bis auf wenige Ausnahmen ab. Mit den Gesetzen des Reichs und Preußens über die freiwillige Gerichtsbarkeit (1898/99, FGG) gelangte Schleswig-Holstein zur vollständigen Rechtseinheit mit Altpreußen. Für die Verleihung des Notariats waren die Grundsätze einer Ministerialverfügung von 1924[23] maßgebend. Danach erhielten die Rechtsanwälte, sofern gegen ihre Eignung keine Bedenken bestanden, auf ihren Antrag das Notariat, „wenn sie ein Dienstalter als Gerichtsassessor von zehn Jahren erreicht haben und an dem Orte, für den sie das Notariat nachsuchen, seit der Eintragung in die Anwaltsliste mindestens zehn Jahre als Rechtsanwalt ansässig sind“.

Ähnlich wie in Schleswig-Holstein verlief die Entwicklung in Neuvorpommern. Mecklenburg-Schwerin erließ am 26.1.1880 eine Verordnung über das Notariat[24] – ähnlich wie Mecklenburg-Strelitz –, das damit auf eine neue Grundlage gestellt wurde. Fortan konnte zum Amt eines Notars nur zugelassen werden, wer die Fähigkeit zum Richteramt erlangt oder vor dem Inkrafttreten der Verordnung (VO) die Prüfung „zwecks Zulassung zur Advokaturpraxis“ bestanden hatte. Die Zulassung erfolgte durch das Justizministerium. Zum Disziplinargericht wurde das OLG Rostock entsprechend den §§ 19–38 der VO über die Dienstvergehen der Richter bestimmt. Erst am 10.6.1905[25] erging eine umfassende Notariatsordnung, die hinsichtlich der Voraussetzungen zur Zulassung zum Notar keine Änderung brachte. Nach § 7 Abs. 1 der NotO waren die Notare öffentliche Beamte, deren Zuständigkeitsbereich in § 7 Abs. 2 in 16 Punkten umschrieben wurde. Ohne „triftigen Grund“ durfte ein Notar seine Dienste nicht verweigern, „wenn er von einer geschäftsfähigen Person aufgefordert wird“ (§ 8). Detailliert geregelt waren die Stellvertretung und die Dienstaufsicht, das Disziplinarstrafverfahren sowie das Erlöschen des Amtes und die vorläufige Amtsenthebung.

Lübeck modernisierte sein Notariatsrecht 1885 durch eine neue Notariatsordnung,[26] nach der vom Senat zum Notar ernannt werden durfte, „wer die Fähigkeit zum Richteramt in einem Bundesstaat und das Lübeckische Bürgerrecht erlangt

---

schäfte vom 11.7.1845, in: Werner Schubert/Jürgen Regge, Gesetzrevision, Abt. II, Bd. 11, Vaduz 1991, S. XLIV ff.

[23] Abgedruckt bei *Hermann Oberneck*, Das Notariatsrecht der deutschen Länder, insbesondere Preußens, 8.–10. Aufl., Berlin 1929, S. 531.

[24] Regierungs-Blatt für Mecklenburg-Schwerin 1880, S. 16 ff.; *Julius von Amsberg*, Verordnungen zur Ausführung der Reichsjustizgesetze für die Großherzogtümer Mecklenburg-Schwerin und Mecklenburg-Strelitz, Schwerin 1879–1885, S. 775 ff.

[25] Reg. Bl. (o. Fn. 24) 1905, S. 67 ff.

[26] Lübecker Sammlung (o. Fn. 15), 1885, S. 105 ff. (64 Bestimmungen).

hat". Detailliert geregelt wurde, wann der Notar von der Ausübung seines Amtes ausgeschlossen war (§ 5) und wann er seine Amtsausübung versagen „sollte". Das Verfahren bei der Aufnahme von Urkunden war genau geregelt. Eine revidierte Notariatsordnung erging am 23.4.1900,[27] die mit Rücksicht auf die weitgehend reichsrechtliche Regelung des Beurkundungsrechts weniger detailliert war als die früheren Gesetze. Neu war, dass der Notar einen zweiten Notar oder zwei Zeugen nur hinzuziehen sollte, wenn dies gesetzlich geboten war (§ 15). Gesetzlich geboten war dies nach dem Reichsrecht nur bei der Aufnahme von letztwilligen Verfügungen (Testamente, Erbverträge) und von Rechtsgeschäften schutzwürdiger Personen.

V. Die Reichsnotarordnung von 1937

Das partikulare Notariatsrecht blieb bis zum Inkrafttreten der Reichsnotarordnung (RNotO) vom 13.2.1937 am 1.7.1937 bestehen. Die von Preußen ausgegangenen Versuche, das Notariatsrecht in Deutschland zu vereinheitlichen,[28] waren bereits 1874 gescheitert. In der Weimarer Zeit forderte der Deutsche Notarverein den Erlass einer RNotO und ließ durch den Berliner Rechtsanwalt und Notar Hermann Oberneck den Entwurf eines Reichsnotariatsgesetzes ausarbeiten, der 1930 vorlag.[29] Die wichtigsten Grundsätze dieses Entwurfs waren: Nur-Notariat mit landesrechtlichen Vorbehalten, Errichtung von Notariatskammern, die sich zu einer Reichsnotariatskammer zusammenschließen sollten, Mitwirkung der Kammer bei der Ernennung zum Notar, im Voraus festgelegte Zahl der Notare (Ernennung nach der festen Reihenfolge in einer Liste der Oberlandesgerichte [OLG]) sowie möglichst ausschließliche Beurkundungszuständigkeit. Der Entwurf enthielt ferner Bestimmungen über das Beurkundungsverfahren (Abschaffung der Zeugen und des zweiten Notars) und über die Nachlass- und Teilungssachen sowie über den inneren Dienst.

Es blieb der nationalsozialistischen Regierung vorbehalten, das Notariatsrecht zu vereinheitlichen.[30] Bereits im Frühjahr 1933 beauftragte der Führer des Bundes Nationalsozialistischer Deutscher Juristen (BNSDJ) Hans Frank die Reichsfachgruppe Notare in diesem Bund, den Entwurf zu einer Reichsnotariatsordnung auszuarbeiten, der bereits im Januar 1934 vorlag. Erste Wünsche zur Vereinheitlichung des Notariatsrechts meldete der rheinische Notar Georg Carl August Wolpers (1933 Vorsitzender des Deutschen Notarvereins, 1934–1945 Präsident der Reichsnotarkammer) auf dem außerordentlichen Notartag am 28.5.1933 an:[31] ein

[27] Lübecker Sammlung (o. Fn. 15), 1900, S. 445 ff.

[28] Hierzu ausführlich mit Quellen bei *Werner Schubert*, Materialien zur Vereinheitlichung des Notarrechts (1872–1937), Köln 2005, S. 1 ff., 21 ff.

[29] Veröffentlicht bei *Schubert*, Materialien (o. Fn. 28), S. 225 ff.

[30] Zum Folgenden a.a.O., S. 11 ff.

[31] *Georg Carl August Wolpers*, Bericht über den außerordentlichen Notartag am 28. Mai 1933 in München, Zeitschrift des Deutschen Notarvereins 1933, S. 321.

„Reichs-Nur-Notariat als freier Beruf mit ausschließlicher noch zu erweiternder Zuständigkeit mit kollegialer Dienstaufsicht, unter Gewährleistung eines Mindesteinkommens mit ausreichender Alters- und Hinterbliebenversorgung.“ Auch Frank, zu dieser Zeit bayerischer Justizminister, verteidigte das (selbstständige) Notariat.[32] Eine Erläuterung der Wünsche der Fachgruppe Notare brachte Wolpers auf dem Deutschen Juristentag am 1.10.1933 in Leipzig:[33] Trennung des Notariats von der Anwaltschaft und Beseitigung der Zuständigkeit des Richters und Rechtspflegers auf dem Gebiet des Urkundenwesens.

Der Referentenentwurf des Reichsjustizministeriums vom Januar/Februar 1936[34] kam den Wünschen der Notare nur teilweise entgegen. § 4 enthielt die, wenn auch nicht vorbehaltlose Anerkennung des hauptberuflichen Notariats. Zur Zuständigkeit für Beurkundungen sah § 20 folgende Regelung vor:

> „Die Notare sind zuständig, Beurkundungen und Beglaubigungen jeder Art zu bewirken, soweit nicht andere Stellen ausschließlich zuständig sind. Zu ihren Aufgaben gehören insbesondere auch: die Aufnahme von Vermögens- und Nachlassverzeichnissen, die Anlegung und Abnahme von Siegeln, die Vornahme von freiwilligen Versteigerungen sowie von Verlosungen und Auslosungen, die Aufnahme von Protesten, die Zustellung von Erklärungen und die Ausstellung sonstiger Bescheinigungen über amtlich von ihnen wahrgenommene Tatsachen.“

In ihrer Stellungnahme vom 30. April 1936 stellte die Reichsnotarkammer fest:[35] Sie halte „mit unerschütterlicher Überzeugungstreue an ihrem Ideal fest, nämlich daran, dass ein künftiges deutsches Reichsnotariat ein freiberufliches Nur-Notariat mit ausschließlicher Zuständigkeit berufsständischer Selbstverwaltung, Dienstaufsicht und Ehrengerichtsbarkeit und schließlich mit eigenen Fürsorge- und Versorgungseinrichtungen sein muss.“ Von der Erfüllung einiger dieser Punkte sei der Entwurf noch weit entfernt. Zumindest sollte die Grundrichtung besser und klarer auf das Ideal ausgerichtet werden. Der hauptamtliche Charakter des Notars war nach Wolpers nicht mit der „gewünschten Klarheit“ herausgestellt: „Der Beruf des Notars verträgt sich nicht mit dem des Rechtsanwalts; beide sind wesensverschieden. Für die Verbindung der beiden Berufe können sachliche Gründe nicht angege-

---

[32] *Hans Frank*, Bericht über den außerordentlichen Notartag am 28. Mai 1933 in München, Zeitschrift des Deutschen Notarvereins 1933, S. 324.

[33] *Georg Carl August Wolpers*, Redebeitrag als Leiter der Fachgruppe der Notare im BNSDJ (Bund Nationalsozialistischer Deutscher Juristen), in: R. Schraut (Hg.), Ansprachen und Festvorträge. Deutscher Juristentag 1933, Berlin 1933, S. 91 f.

[34] Text bei *Schubert*, Materialien (o. Fn. 28), S. 327 ff.

[35] Das Folgende zitiert nach der Akte des Bundesarchivs (BA) Standort Berlin-Lichterfelde, R 3001/784; zum Folgenden auch *Werner Schubert*, Die Entstehung der Reichsnotarordnung vom 13.2.1937, in: Notar und Rechtsgestaltung. Tradition und Zukunft. Jubiläumsschrift des Rheinischen Notariats, Köln 1998, S. 705 ff.; *Johannes Gsänger*, Das Berufsrecht der Reichsnotarordnung vom 13. Februar 1937 und die Auswirkungen auf die Selbständigkeit der notariellen Standesvertretung, Baden-Baden 2010, S. 43 ff.

ben werden." Dass Anwälte das Notariat im Nebenberuf ausübten, könne lediglich für die Übergangszeit geduldet werden. Ferner sollte die ausschließliche Zuständigkeit des Notars in den Hauptbestimmungen klargestellt werden; alles andere gehörte nach Meinung der Kammer in die Übergangsbestimmungen.

Das hauptamtliche Notariat erforderte nach Wolpers eine weitergehende Selbstverwaltung als im Entwurf vorgesehen:

> „Sache des Staates, weil Ausfluß seines Hoheitsrechtes, sind die Ernennung, Versetzung und Entlassung der Notare. Allenfalls kann eine sachliche Prüfung der reinen Amtstätigkeit des Notars durch die Justizbehörde wegen des Charakters der Amtsstellung des Notars begründet werden, darf aber nicht dazu führen, daß die gesamte Dienstaufsicht der Justizbehörde übertragen wird, wie dies der Entwurf vorsieht. Die Dienstaufsicht muss vielmehr in erster Linie Sache des Standes sein."

Überhaupt erschien der Reichsnotarkammer der im Entwurf den Kammern zugeschriebene Aufgabenbereich viel zu eng gezogen und „nahezu bedeutungslos". Es sei nicht zu verkennen, dass die Kontrolle, wenn sie durch die Notarkammern ausgeübt werde, „in vielen Fällen vorbeugend wirken kann. Es ist anzunehmen, dass allein die Tatsache der Dienstaufsicht durch die Standesorganisation, welche viel gründlicher und sachgemäßer ausfallen würde als die Dienstaufsicht durch die Justizbehörde, manches ehrengerichtliche Verfahren verhindern würde". Stelle man sich auf den Standpunkt, dass das Aufsichtsrecht dem Staate verbleiben müsse, „so bleibt immer noch möglich, dieses staatliche Aufsichtsrecht als solches durch die Notarkammern ausüben zu lassen". Man würde dann in der RNotO etwa sagen können: „Die Notare unterstehen einer staatlichen Dienstaufsicht, die durch die Notarkammern ausgeübt wird". Notare sollten nur insoweit ernannt werden, als ein Bedürfnis vorhanden war. Im Übrigen wurde wie bei anderen nationalsozialistischen Gesetzen eine Präambel gewünscht.

Die RNotO von 1937[36] führte zwar das hauptamtliche Notariat ein; jedoch blieben nach § 76 die vor dem Inkrafttreten der RNotO bestellten Anwaltsnotare weiterhin im Amt. Nach § 8 RNotO konnte der Notar, wenn dies einer gedeihlichen Rechtspflege dienlich war, auch zugleich als Rechtsanwalt zugelassen werden. Aus den Übergangsvorschriften sollte jedoch nicht der Schluss gezogen werden,[37] „dem Gesetzgeber und der Justizverwaltung wäre es mit dem Übergang zum Nur-Notariat nicht ernst und es solle ‚bis auf weiteres' alles beim Alten bleiben". Die Entwicklung werde sich „aller Wahrscheinlichkeit nach so vollziehen, dass man mit dem Übergang zu dem anderen System in den Großstädten den Anfang machen wird, indem man dort bei entsprechendem Bedürfnis Nur-Notare bestellt". Zum Notar sollte nur bestellt werden, wer sich „einem einjährigen Probedienst und einem dreijährigen Anwärterdienst als Notariatsassessor unterzogen hat". Im Übrigen

---

[36] Reichsgesetzblatt (RGBl.) I 1937, S. 191 ff.

[37] *Hornig*, Die Reichsnotarordnung, Juristische Wochenschrift 1937, S. 777.

waren nur so viele Notare zu bestellen, wie es den Bedürfnissen einer geordneten Rechtspflege entsprach. Die Dienstaufsicht stand nach §§ 60 ff. RNotO der Justiz zu. Die Disziplinargerichtsbarkeit wurde durch Ehrengerichte wahrgenommen, die bis 1942 ausschließlich mit Notaren besetzt waren. Die Wünsche der Notare auf Beseitigung konkurrierender Beurkundungszuständigkeiten und Übertragung aller Beurkundungen auf das Notariat lehnte die RNotO ab.

Über die Durchführung der RNotO in Schleswig-Holstein sowie in Lübeck, das 1937 als Land aufgelöst und Teil der Provinz Schleswig-Holstein geworden war,[38] in Mecklenburg und in Vorpommern liegen bis jetzt keine detaillierten Untersuchungen vor. Entsprechend § 44 RNotO wurden die Notare der OLG-Bezirke Kiel, Rostock und Stettin, zu dessen Bezirk Vorpommern gehörte, zu Notarkammern zusammengeschlossen, die jedoch nur eine „örtliche Gliederung" der Reichsnotarkammer darstellten. Nach § 53 RNotO hatten die Notarkammern die der Reichsnotarkammer zugewiesenen Aufgaben im Bereich ihres Bezirks im Rahmen der ihnen von dem Präsidenten der Reichsnotarkammer gegebenen Anweisungen und Richtlinien selbstständig wahrzunehmen. An der Spitze der Notarkammer stand der Präsident, dem ein Kammerausschuss beratend zur Seite stand. Der Präsident und die Mitglieder des Kammerausschusses sowie deren Stellvertreter wurden vom Reichsjustizminister für die Dauer von vier Jahren aus den Notaren des jeweiligen OLG-Bezirks berufen.

VI. Schleswig-Holstein und die Bundesnotarordnung von 1961

Nach 1945 galt die RNotO bis zum Inkrafttreten der Bundesnotarordnung im Wesentlichen weiter.[39] Mit Zustimmung der Militärregierung erließ der „Juristische Zentralausschuss für die Britische Zone" am 14.5.1946 auch für Schleswig-Holstein eine Verordnung zur Änderung der RNotO.[40] Danach wurden die ausdrücklichen Bezugnahmen auf den Nationalsozialismus und dessen Ideologie gestrichen, so § 3 Abs. 2: „Wer nicht für sich und für seinen Ehegatten den Anforderungen an die Reinheit des Bluts, die Voraussetzung für die Ernennung zum Beamten sind, entspricht, darf nicht zum Notar bestellt werden", in § 4 die Worte, wonach der Bewerber die Gewähr dafür bieten musste, dass er „jederzeit rückhaltlos für den nationalsozialistischen Staat" eintrat, sowie § 14, der die Vereidigungsformel enthielt. Bis auf weiteres wurden die Befugnisse der Reichsnotarkammer und der Notarkammer im OLG-Bezirk der Rechtsanwaltskammer dieses Bezirks übertragen. 1948 wurde § 8 Abs. 2 RNotO dahin geändert,[41] dass in den Gebieten des Anwaltsnotariats „weiterhin" (und nicht wie bisher nur „vorläufig") Rechtsanwälte

---

[38] Vgl. das Groß-Hamburg-Gesetz vom 26.1.1937 (RGBl. I 1937, S. 91 ff., 321 ff.).

[39] Zum Folgenden *Schubert*, SchlHA 2003, S. 238.

[40] SchlHA 1946, S. 202.

[41] Verordnungsblatt für die Britische Zone 1948, S. 311.

zu Notaren zu ernennen waren. Damit war die Regelung des § 8 Abs. 2 RNotO in eine – bis auf weiteres gültige – Dauerregelung umgewandelt worden. Am 4.4.1949 erließ der Justizminister in Kiel entsprechend der preußischen Ministerialverfügung von 1924 Richtlinien für die Verleihung des Notariats an Rechtsanwälte,[42] um sicherzustellen, „dass die Gesuche von den mit ihr befassten Stellen gleichmäßig behandelt werden". Voraussetzung für die Ernennung eines Anwalts zum Notar war u.a. eine zehnjährige Anwaltstätigkeit.

Kernpunkt der Bundesnotarordnung vom 16./24.2.1961[43] war die Beibehaltung des status quo hinsichtlich der bestehenden Notariatssysteme:

> „In den Gerichtsbezirken, in denen am 1. April 1961 das Amt des Notars nur im Nebenberuf ausgeübt worden ist, werden weiterhin ausschließlich Rechtsanwälte für die Dauer ihrer Zulassung bei einem bestimmten Gericht als Notare zur gleichzeitigen Amtsausübung neben dem Beruf des Rechtsanwalts bestellt (Anwaltsnotare, § 3 Abs. 2)".

Das Anwaltsnotariat, das nach der RNotO allmählich auslaufen sollte, war damit auch in Schleswig-Holstein eine dem hauptamtlichen Notariat gleichstehende und ausschließliche Gestaltungsform des Notariats. Unter dem *status quo* war der Rechtszustand zu verstehen, der sich in den Bundesländern spätestens Anfang der 1950er Jahre herausgebildet hatte. Die Arbeiten an einer Revision der RNotO hatten bereits Ende 1950 mit einer Vereinbarung zwischen dem Bundesjustizministerium und der Gemeinschaft des Deutschen Notariats (GDN) über die Ausarbeitung des Entwurfs für ein Vereinheitlichungsgesetz zur RNotO durch die GDN begonnen.[44] Zwischen der GDN und der Arbeitsgemeinschaft der Anwaltskammervorstände im Bundesgebiet und dem Deutschen Anwaltsverein bestand von Anfang an Einigkeit darüber, am status quo im Interesse der „Aufrechterhaltung des ‚Burgfriedens'" festzuhalten. In der Fassung des GDN-Entwurfs vom Mai 1954 sollte § 7 lauten:[45]

> „In den Amtsgerichtsbezirken, in denen nach dem bisherigen Rechtszustand Rechtsanwälte für die Dauer ihrer Zulassung bei einem bestimmten Gericht als Notare zur nebenberuflichen Amtsausübung bestellt worden sind, können auch weiterhin Rechtsanwälte zur nebenberuflichen Amtsausübung des Notars bestellt werden."

Nach der Entwurfsbegründung konnte das Wort „vorläufig" wegfallen,

> „da die Durchführung der Bestimmung, nämlich die Bestellung von Anwaltsnotaren, nunmehr Sache der Landesregierung ist und sonach - außer dem Bundesgesetzgeber – keine Bundesinstanz vorhanden ist, die die Einschränkung ‚vorläufig' verwirklichen könnte, während dies früher im Ermessen des Reichsministers der Justiz gestanden hatte. Trotz dieser Änderung bleibt es deutlich, dass die Verbindung des Notaramtes mit

---

[42] SchlHA 1949, S. 158 f.

[43] Bundesgesetzblatt (BGBl.) I 1961, S. 98 ff.

[44] Zum Folgenden *Christian Schüler*, Die Entstehungsgeschichte der Bundesnotarordnung vom 24. Februar 1961, Frankfurt a.M. 2000.

[45] Zitiert nach *Schüler*, a.a.O., S. 358.

der Rechtsanwaltschaft eine Ausnahme von der in der Notarordnung aufgestellten Grundform des reinen Notariats mit den Grundsätzen der Ausschließlichkeit des Notaramtes und der lebenslänglichen Trennung darstellt."

Der Referentenentwurf des Bundesjustizministeriums vom Juli 1954 folgte diesem Vorschlag nicht vollständig und schloss sich noch teilweise der RNotO an (vgl. § 8).[46] Erst mit den Regierungsentwürfen von 1955 und 1957 zur Bundesnotarordnung lag die Gesetz gewordene Fassung vor (vgl. § 3 Abs. 2 der BNotO). In der Gesetzesbegründung war hervorgehoben, dass § 7 in den Gerichtsbezirken, „in denen bei Inkrafttreten dieses Gesetzes das Amt des Notars nur im Nebenberuf ausgeübt worden ist, ausschließlich die Bestellung von Anwaltsnotaren" vorgesehen sei. Der Entwurf halte „also das Anwaltsnotariat nicht nur als Übergangserscheinung aufrecht, sondern erhebt es für die Zukunft wieder zu einer dem Nurnotariat gleichstehenden Gestaltungsform des Notariats. Der Entwurf nimmt dadurch nicht etwa eine Wertung zugunsten des Anwaltsnotariats vor, sondern er trägt nur den gegenwärtigen tatsächlichen und wirtschaftlichen Verhältnissen in den Anwaltsnotargebieten der Bundesrepublik Rechnung." Demgemäß spricht § 7 in der Legaldefinition des Begriffs des Anwaltsnotars nicht mehr wie § 8 Abs. 2 RNotO davon, dass der Rechtsanwalt zu „nebenberuflicher Amtsausübung" als Notar bestellt wird, sondern der Rechtsanwalt wird als Notar bestellt „zu gleichzeitiger Amtsausübung neben dem Beruf des Rechtsanwalts".

Kontrovers während des gesamten Gesetzgebungsverfahrens waren die Zuständigkeiten in Disziplinarverfahren. Nach dem Regierungsentwurf von 1955 sollten auf Notare grundsätzlich die für Landesjustizbeamte geltenden Disziplinarvorschriften entsprechend anwendbar sein. Den ersten Rechtszug sollte das OLG, den zweiten der Bundesgerichtshof (BGH) bilden. Demgegenüber wollte die Mehrheit der Länder, darunter auch Schleswig-Holstein, die Disziplinargerichtsbarkeit für die Notare ausschließlich in die Landesebene verlegen (Landgericht, OLG). 1958 modifizierte der Bundesrat seine Vorschläge dahingehend, dass die Ländergesetzgebung die Revision an den BGH sollte freigeben können. Obwohl die Bundesregierung dem zustimmte, lehnte der Bundestag die vollständige Verlagerung der Disziplinargerichtsbarkeit auf die Länder ab. Ein Antrag Schleswig-Holsteins, wegen dieses Beschlusses den Vermittlungsausschuss anzurufen, fand nicht die Mehrheit des Bundesrates, so dass es bei der Zuständigkeit der OLG und des BGH verblieb. Der Schwerpunkt der gestärkten Selbstverwaltung der Notare wurde auf die nunmehr von den Rechtsanwaltskammern getrennten Notariatskammern verlagert, die auf OLG-Ebene begründet wurden. Mitglieder der Bundesnotarkammer sind nicht mehr die einzelnen Notare, sondern die einzelnen Notarkammern, zu denen auch die 1961 begründete Schleswig-Holsteinische Notarkammer gehört.

---

[46] Zum Folgenden *Werner Schubert*, Geschichte des Notariats und Notariatsrechts in Deutschland, in: Schmoeckel/ders., Handbuch (o. Fn. 3), S. 232 f.; Zitate bei *Schüler*, Entstehungsgeschichte (o. Fn. 44), S. 214.

Während es noch Ende der 1930er Jahre praktisch völlig ausgeschlossen war, für die Notare ein Beurkundungsmonopol zu schaffen – „wir haben alle anderen Verwaltungen des gesamten Reichs gegen uns“, so ein Beamter des Reichsjustizministeriums[47] –, konnte das Bundesjustizministerium mit dem Beurkundungsgesetz von 1969[48] die weitgehende ausschließliche Beurkundungszuständigkeit des Notars durchsetzen. Zurückzuführen war dies vor allem darauf, dass die FGG-Kommission des Bundesjustizministeriums von 1964, welche die maßgebliche Gesetzesvorlage erstellte, ausschließlich mit Justizjuristen besetzt war und die an der Ausarbeitung des Entwurfs beteiligten Länder an der Vorlage im Wesentlichen festhielten. Hinzu kam noch, dass die Interessen der einzelnen Bundesländer sehr unterschiedlich waren, so dass sich Mehrheiten für eine Auflockerung des notariellen Beurkundungsmonopols nur schwer bilden konnten. Im Übrigen musste auch die Justiz wichtige Zuständigkeiten aufgeben, vor allem die Beurkundungszuständigkeit des Registergerichts.

VII. Das staatliche Notariat der DDR in Mecklenburg von 1952 bis 1990

Auf dem Gebiet der späteren DDR entstand 1945 das Land Mecklenburg, das sich mit Vorpommern zusammenschloss,[49] das bis 1945 zur preußischen Provinz Pommern gehört hatte. Am 24.2.1948 wurde nachträglich die Verordnung der deutschen Justizverwaltung vom 26.9.1946 über die Bestellung zum Notar veröffentlicht. Zwischen April 1947 und Ende 1950 wurde in Mecklenburg bei 22 Anwaltsnotaren die Bestellung widerrufen; 13 Anwaltsnotare wurden neu ernannt. Im Übrigen galt zunächst die RNotO weiter.

In der DDR, also auch in Mecklenburg-Vorpommern, wurden bis zur Verordnung vom 15.10.1952 über die Errichtung des Staatlichen Notariats[50] weiterhin Rechtsanwälte zu Notaren bestellt. Das Anwaltsnotariat blieb auch nach dem Inkrafttreten der Verordnung von 1952 weiterhin bestehen, verlor aber in der Folgezeit immer mehr an Bedeutung. Das Staatsnotariat hatte sein Vorbild in der Sowjetunion und war eine „konsequente Umsetzung sozialistischer Verstaatlichungspolitik, die es verbot, selbständig freiberuflich Tätigen die Aufgabe der Freiwilligen Gerichtsbarkeit zu übertragen“.[51] Diese wurde bei den ordentlichen Gerichten

---

[47] *William Hesse* in der Sitzung des FFG-Ausschusses der Akademie für Deutsches Recht am 28.2.1939 (Bundesarchiv Berlin, R 3002/196, Bl. 32 f. des Protokolls).

[48] BGBl. I 1969, 1513 ff. – Zur Entstehung des Gesetzes *Sylvia Scharfenberg*, Die Entstehungsgeschichte des Beurkundungsgesetzes vom 28. August 1969, Frankfurt a.M. 2003, S. 305 ff.

[49] Zum Folgenden *Daniel Osterburg*, Das Notariat der DDR. Aufgaben, Funktion, Ausbildung, Herkunft und Kontrolle der Notare, Köln 2004.

[50] Gesetzblatt der DDR 1952, S. 1055 ff.

[51] *Osterburg*, Notariat (o. Fn. 49), S. 44.

aufgelöst und den Staatsnotariaten übertragen, die u.a. zuständig waren für die Beurkundung von Grundstücksverträgen und letztwilligen Verfügungen, für Beglaubigungen, die Entgegennahme der Erklärung des Austritts aus einer Religionsgemeinschaft, für Nachlasssachen (Testamentseröffnung, Erbscheinserteilung) und für Vormundschaften sowie Pflegschaften über Volljährige.

Die Staatsnotare kamen zunächst aus dem mittleren und gehobenen Justizdienst (Rechtspfleger), für die zwischen 1953 und 1957 Notarlehrgänge stattfanden. Bis März 1953 wurden 306 Notare ernannt; 1958 bestanden 458 Planstellen, von denen nur 429 besetzt waren. Erst ab 1958 kamen Hochschulabsolventen in die Staatsnotariate (1985 hatten 74% der Notare einen Hochschulabschluss). Da die Tätigkeit schlecht entlohnt wurde, gelangten nicht selten Absolventen mit weniger guten Examensnoten in das Notariat. Der Frauenanteil betrug 1986 58% (zum Vergleich: bei Richtern 52,4%). Eine Übertragung notarieller Befugnisse auf Kollegiumsanwälte, wie immer wieder vorgeschlagen wurde, erfolgte nicht. Ab 1976 wurden auf Intervention des Ministeriums für Staatssicherheit einige wenige Rechtsanwälte zu Einzelnotaren bestellt für die Wahrnehmung spezieller Aufgaben im Interesse des Staates (u.a. Grundstücksveräußerungen ausreisewilliger DDR-Bürger). Der überwiegende Teil der Staatsnotariate war mit einem Notar bzw. zwei Amtsinhabern besetzt.

Die Tätigkeit der Notare richtete sich nach dem „Gesetz über das Verfahren des Staatlichen Notariats“ (16.11.1956)[52] und seit 1976 nach dem Notariatsgesetz vom 5.2.1976.[53] Die Staatsnotariate hatten von Anfang an einen hohen Geschäftsanfall (Mitte der 1960er Jahre über 1000 Geschäftsvorgänge je Notar im Jahr). Die Bedeutung der notariellen Tätigkeit zeigte sich insgesamt daran, dass die Staatsnotariate das am häufigsten von den Bürgern aufgesuchte Justizorgan waren und dass sie durch Beurkundung und rechtsberatende Tätigkeit den Inhalt zivilrechtlicher Beziehungen der Bürger untereinander beeinflussen konnten. Die Notare waren ihrerseits einer umfassenden Kontrolle ausgesetzt. Inhaltlich den politischen Anschauungen zuwider handelnde Beurkundungen dürften weitgehend unterlassen worden sein.

Mit einer noch vor der Wiedervereinigung erlassenen Verordnung vom 20.6.1990 „über die Tätigkeit von Notaren in eigener Praxis“[54] wurde das Staatsnotariat aufgehoben und in ein freiberufliches hauptamtliches Notariat (Nur-Notariat) überführt. Maßgebend hierfür war – bei allen Vorzügen des Nur-Notariats gegenüber dem Anwaltsnotariat – „die soziale Absicherung der in den Staatsnotariaten beschäftigten Notare“. Denn von den in den Staatsnotariaten beschäftigten Notaren hätte man aufgrund ihrer Ausbildung kaum eine Tätigkeit als Rechtsanwalt erwar-

[52] Gesetzblatt der DDR 1956, S. 1288 ff.

[53] Gesetzblatt der DDR 1976, S. 93 ff.

[54] Gesetzblatt der DDR 1990, S. 475 ff.; *Osterburg*, Notariat (o. Fn. 49), S. 236 f.

ten können. 1998 trat im Beitrittsgebiet, also auch in Mecklenburg-Vorpommern, die Bundesnotarordnung in Kraft. Zum 3.10.1990 wurden die staatlichen Notariate auch in Mecklenburg aufgelöst und die Notarkammer Mecklenburg-Vorpommern mit dem Sitz in Schwerin begründet, der 1992 48, 1997 73 und 2008 70 Nurnotare angehörten.[55]

VII. Zusammenfassung

Die Entwicklung des Notariats war in den untersuchten Territorien zunächst vom gemeinrechtlichen, aus Norditalien stammenden Notariat bestimmt. Das Recht zur Ernennung von Notaren hatten die kaiserlichen Hofpfalzgrafen und der Papst, der grundsätzlich Kleriker zu Notaren ernannte. Nach der Reformation gab es nur noch kaiserliche Notare, für welche die Reichsnotarordnung von 1512 maßgebend war. Im Verlauf der weiteren Entwicklungen machten die Landesherren die Ausübung des Notariats von einer Prüfung und Zulassung der kreierten Notare abhängig. In Mecklenburg-Schwerin geschah dies bereits von 1575 an. Nach dem Ende des Alten Reichs hatte das gemeinrechtliche Notariat seine gesetzliche Grundlage verloren, blieb aber solange bestehen, bis die jeweiligen Landesherren eigene Notariatsordnungen erließen. Dies geschah in Lübeck bereits 1838, während Mecklenburg erst 1880 eine Notariatsverordnung erließ und Preußen in Schleswig-Holstein und Neuvorpommern seit 1868 sukzessive das in den landrechtlichen Provinzen geltende Notariatsrecht einführte. Das partikulare Notariatsrecht wurde durch die Reichsnotarordnung von 1937 abgelöst, die auf die Dauer die Verbindung des Notariats mit der Rechtsanwaltschaft durch das hauptamtliche Notariat ersetzen wollte. Nach 1945 galt die Reichsnotarordnung als Landesrecht im Wesentlichen weiter. Sie wurde in Schleswig-Holstein durch die Bundesnotarordnung von 1961 und in Mecklenburg 1952 durch die Verordnung über die Errichtung und Tätigkeit des Staatlichen Notariats ersetzt. Während in Schleswig-Holstein die Verbindung von Notariat und Rechtsanwaltschaft nach wie vor besteht, hielt Mecklenburg-Vorpommern nach 1990 an der 1952 eingeführten Trennung beider Professionen fest.

---

[55] Internetauftritt der Notarkammer Mecklenburg-Vorpommern: http://www.notarkammer-mv.de/index.htm.

Military Penal Law – not only for Military Personnel: Developments in Estonian Penal Law after the First World War[1]

Marin Sedman

I. Introduction

The Republic of Estonia was proclaimed on the 24th of February 1918, but the German occupation followed right after, hindering the establishment of a legislative body. After the end of the German occupation in November of 1918 it was decided to restore the criminal law of czarist Russia.[2] Mainly due to the fact that the formation of a new criminal law in an extremely short period of time was not possible, the Provisional Government decided to restore the old legislation. This would have also raised the question of what law to apply in the meantime, when the new law had not yet been drafted and enforced. Before the German occupation there were three parallel sources of general criminal law applicable – the Russian Old Penal Code of 1845,[3] the Russian New Penal Code of 1903[4] and the Russian Penal Code for Peace Courts from 1864.[5] Since the Government of the Republic of Estonia decided to put into force the legislation predating the German occupation, then the three aforementioned sources of criminal law entered into force. The Old Penal Code and the Penal Code for Peace courts were in force completely, but only some

---

1 This article has been written with the support of Estonian Science Foundation (ETF) grant no. 792.

2 See *Georg Ambach*, Die strafrechtliche Entwicklung der Republik Estland in der ersten Seite des zwanzigen Jahrhunderts, in: Rechtsgeschichtliche Vorträge, 2005, S. 3–6.

3 Уложение о наказаниях уголовных и исправителъных [Penal Code for criminal and correctional punishments], in: Полное Собрание Законов Российской империи [Complete Collection of Laws of the Russian Empire] II, 19283. С.-Петербург [St. Petersburg] 1857. See also Gesetzbuch der Kriminal- und Korrektionsstrafen: nach dem russischen Originale übersetzt in der zweiten Abtheilung Seiner Kaiserlichen Majestät Eigener Kanzelei, St. Petersburg, 1846.

4 Уголовное Уложение [Penal Code], in: Свод Законовъ Российской Империи [Collection of Laws of the Russian Empire]. T. XV. С.-Петербург [St. Petersburg], 1909. See also *Osip Samoylovitch Bernstein* (Übersetzer), Das Neue russische Strafgesetzbuch: (Ugolovnoje Uloženje): allerhöchst bestätigt am 22. März 1903, in: J. Guttentag, Verlagsbuchhandlung (Hg.), Sammlung Ausserdeutscher Strafgesetzbücher, 1913.

5 Уставъ о наказанияхъ, налагаемыхъ Мировыми Судьями [Code for Penalties imposed by the Peace Courts], in: Свод Законовъ Российской Империи [Collection of Laws of the Russian Empire], T.XV. С.-Петербург [St. Petersburg], 1885. See also *Gregor Johann Hermann von Glasenapp* (Hg.), Gesetzbuch der Criminal- und Correctionsstrafen und Gesetz über die von den Friedensrichtern zu verhängenden Strafen: nach der Russischen Ausgabe vom Jahre 1885 nebst den Ergänzungen und Abänderungen bis zum Mai 1887, Dorpat 1892.

parts of the New Penal Code were put into force. This situation meant that there were questions concerning parallel validity of several criminal laws.[6] All three of these laws were valid until 1935, when the Estonian Criminal Code[7] was put into force.

The practice of the Supreme Court of Estonia[8] concerning intentional homicide cases has raised questions concerning the application of these aforementioned sources of law. In one case before the Supreme Court, two people had committed murder in connection with robbery and they were accused of this crime under article 1453 section 4 of the Old Penal Code and sentenced to death.[9] Although the Old Penal Code of 1845 did not foresee the death penalty for intentional killing cases until 1925, there are court cases where the person is accused of homicide under the Old Penal Code and still, he was sentenced to death.[10] Although the Government of the Republic of Estonia enacted the State Protection Law[11] under which the intentional killing and plotting to kill the State Elder or the chairman of the *Riigikogu* (Parliament)[12] and so on was punishable by the death penalty, this was never applied in the practice of the Supreme Court. This inevitably raises the question of on what grounds was the death penalty actually sentenced. When taking a closer look at the aforementioned judgment of the Supreme Court, it appears that

---

6 For further information see *Marin Sedman*, The Historical Experience of Estonia with the Plurality of Penal Law Acts, Juridica International 2010, XVII, pp. 227–235.

7 Kriminaalseadustik [Criminal Code] 26.03.1929. – SG 1929, 56, 396; SG 1940, 15, 112. All Estonian laws have been published in the State Gazette (Riigi Teataja), the latter formation (SG) will be used throughout this article. The first digit is the year, the second the number of the SG from that year and the third, if the SG provides, the number of the act. If two SG numbers are given, then the last one represents the last redaction of the legal act. About the Criminal Code see for example *Karl Saarmann*, Die Einführung eines neuen Strafgesetzbuches in Estland, Zeitschrift für osteuropäisches Recht, N.F. 1 (1934/1935) no 4, pp. 182–186.

8 The Supreme Court of Estonia was founded when the Constituent Assembly enacted the "Law for the Supreme Court" on the 21st of October 1919. The Court held its first session on the 14th of January 1920. See also *Toomas Anepaio*, The Supreme Court of the Republic of Estonia, in: The History of the Supreme Courts of Europe and the Development of Human Rights, Budapest, 1999, pp. 109–120.

9 Supreme Court of Estonia. Judgment no 572, 1920 (ERA.1356.4.268). Throughout this article Judgments from the Supreme Court will be referred to using the number of the case from the corresponding year and the year itself and the finding information of the archive (ERA referring to the location of the fond; 1356 – the Supreme Court of Estonia; 4 – criminal case files from the Supreme Court; 5 – number of the specific archival document). The Judgments are accessible at Estonia's National Archive in Tallinn.

10 For example Supreme Court cases no 469, 1920 (ERA.1356.4.506); no 468, 1920 (ERA. 1356.4.531); no 572, 1920 (ERA.1356.4.268) and so on.

11 Riigikorra kaitse seadus [State Protection Law] 12.2.1925. – SG 1925, 29/30, 7.

12 Riigikogu is the representative organ of the peoples of the Republic of Estonia, the parliament. The first election was held in 1920. See further http://www.riigikogu.ee/ [10.11.2010].

the Old Penal Code was in fact not the only penal code applied (aside from the aforementioned New Penal Code and Penal Code for the Peace Courts not applied in the aforementioned case). As it turns out, the courts also applied articles of a special criminal law – military criminal law. Considering that there were already multiple criminal codes, the application of a special criminal code deems to make the situation even more problematic.

This article will thus give an insight to the military penal laws, military courts and their jurisdiction. The main aim of this article is to show that military criminal law, although it is supposed to be applicable only to military personnel, was in fact applicable also to civilians. This meant that civilians were convicted under military penal law by military courts and in many cases sentenced to death.

II. Sources of Military Penal Law in Estonia from 1918–1935

1. Sources of Military Penal Law

The criminal law that was valid in the Republic of Estonia can be divided into two depending on the nature of the law – on the one hand general criminal law and on the other special criminal law. Military criminal law as a part of special criminal law was until 1935 mainly based on the czarist Russian military criminal law from the 19th century. It is possible to divide military criminal law in turn into two different branches – on the one hand there was the army's criminal law, on the other hand the navy's criminal law.

The Army's criminal law was governed until 1935 by the XXII book of the Russian Military Code of Laws from 1869 with later amendments until 1917 and changes made by the Provisional Government – the Military Penal Code.[13] The Estonian Provisional Government asserted on the 9th of January 1919 in its regulation concerning martial courts, that the latter would follow in their activities from the XXII and XXIV[14] book of the Russian Military Code of Laws as they were until the 1st of March 1917. The general criminal laws had been enacted as they were on the 24th of October 1917. K. F. Karlson[15] found that the reason for this difference was that the Provisional Government did not dare to accept the very conceptual

[13] Воинский устав о наказаниях [Military Penal Code for Punishments], Свод Военных Постановлений 1869 Книга XXII, изд. 4 [Collection of Laws on War 1869, book XXII, 4th edition]. See also *Hermann Klibanski* (übers. und bearb.), Das Russische Militär-Strafrecht, in: Guttentag (Hg.), Sammlung Ausserdeutscher Strafgesetzbücher, 1913.

[14] The XXIV book of the Russian Military Code of Laws was the procedural code for military courts: Устав военно-судебный [Military Courts Code], in: Свод Военных Постановлений 1869 Книга. XXIV, изд. 4) [Laws on war regulations 1869, book XXIV, 4th edition). See also *Klibanski*, Militär-Strafrecht (supra fn. 13).

[15] Karl Ferdinand Karlson (1875–1941) was a writer and lawyer, who had studied law at Tartu University, he worked as an advocate during the pre- and post-war (World War I) period.

changes that the Russian Provisional Government had already made, because these changes were too radical and not suitable for the conditions in Estonia.[16]

The Navy's criminal law was governed by the XVI book of the Navy Code of Laws from 1885 (issue from 1915) – Navy Penal Code.[17] According to contemporary literature navy penal law lacked practical importance in the Republic of Estonia. For example, in 1925 K. Trakmann[18] suggested that

> "due to the fact that court and administrative practice has not been able due to the situation at hand to impose these acts [Navy Code of Laws], they have lost their practical importance and they are applied only in relation to offences, that can be committed in the navy (for example in the field of ship navigation) and the courts provided by these laws could only be formed during war time (the so called special courts during motion)."[19]

Also, after 10 years in his textbook about military administration K. Trakmann, when describing military criminal law, talks about navy penal law with one sentence:

> "In addition to these 24 books [Russian Military Laws] the Russian empire also had separate Navy laws."[20]

This meant that the Navy Penal Code had, according to K. Trakmann, no practical importance. On the other hand in fact a Navy Crew Court was founded.[21] The Navy Crew was established on the 1st of February 1919 from the former Naval Reserve Brigade and was subjected to the Naval Forces Headquarters. The Navy Crew operated until the 1st of April 1931, when its functions were transferred to the Naval Training Company formed on the same year. The Naval court that functioned under the name of the Naval Crew Court operated until 1938.[22] It is arguable whether or

---

[16] *Karl Ferdinand Karlson*, Meie sõjakohtu reform [Reform of our Military Courts], Õigus [Law], 1921, 11/12, p. 190.

[17] Военно-морской устав о наказаниях [Navy Penal Code], Свод морских постановлений. Книга 16): в эту книгу вошли постановления изданные по 1 марта 1915 года. [Navy Penal Code: this book holds the regulations until the 1st of March 1915], Петроград [Petrograd] 1915.

[18] Konstantin Nikolai Trakmann (1889–1939) was an officer of the Estonian Army and a permanent member of the Military Circuit Court. He taught military criminal law at the Joint National Defense College.

[19] *Konstantin Trakmann*, Sõjakriminaalõigus. Kaitseväe ühendatud õppeasutuste kursus [Military Criminal Law. Course for the Joint National Defense College], 1930, p. 5.

[20] *Konstantin Trakmann*, Sõjaväe administratsioon [Military Administration], 1928, p. 4.

[21] Ajutise Valitsuse poolt 18. märtsil 1919. aastal vastuvõetud seadus Eesti Vabariigi ajutised sõjakohtud ja nendele alluvad süüteod [Regulation adopted by the Provisional Government on the 18th March 1919 concerning provisional military courts and offences subjected to them], 18.3.1919, SG 1919, 21.

[22] Mereväe ekipaaž. Arhiivimoodustaja. Riigiarhiiv [Navy Crew. Archive formation. State Archive] http://ais.ra.ee/index.php?module=202&op=5&tyyp=3&otsing_id=2010102911371 8484 743&sess_id=4f49678856b602683e7fa96913c53691&query=merev%C3%A4e+ekipaa%C5%

not the Navy Crew Court actually applied the Navy Penal Code and needs the analysis of court practice. In addition, H. Klibanski has found that the Navy Penal Code was in its essence an accommodated version of the Military Penal Code.[23] This also raises the question, whether or not it was in fact applied at all by the Estonian military courts. Thus, this topic will not be dealt with more details in this article.

In addition, it is possible to find that several regulations from the Provisional Government and laws from the Government were also sources of military criminal law. This question will be dealt with below in connection with jurisdictional issues (see p. II.4.b).

In the situation where the czarist Russia heritage had left Estonia with multiple military laws, the compilation of an "own" military code of laws was started.[24] This code of laws was however not finished and a separate Estonian Military Criminal Code came into force in 1935.[25] Thus, until 1935, the Military Penal Code was in force.

2. The General Character of the Military Penal Code

The Military Penal Code has been considered to be *lex specialis* in professional literature, and K. Trakmann has found, that it regulated crimes committed by military personnel in active duty and only those that involve the defense army's disciplinary law, regime law or violation of active duty.[26] However, K. Trakmann failed to mention one type of crimes. The Military Penal Code governed among other things several general crimes (in the fourth part of the Military Penal Code). Thus, compared to general criminal law, the Military Penal Code regulated mainly very specific crimes committed by people in active duty. The Military Penal Code could thus be mainly applied only in cases, where there existed a crime committed by a person in active duty and the crime was governed by the Military Penal Code.

The Military Penal Code was divided into five parts. The first part stipulated general norms concerning offenses (crimes and misdemeanors[27]) and punishments. The most important regulation is probably article 1 of the Military Penal Code that stated the relation between the Military Penal Code and the general penal laws – the

---

BEi+kohus&active=1&naita_ridu=&v_id=110000010688&id=110000010689 [29.10.2010].

[23] *Klibanski*, Militär-Strafrecht (supra fn. 13), p. 5.

[24] *Trakmann*, Military Administration (supra fn. 20), pp. 4 sq.

[25] Kaitseväe kriminaalseadustik [Criminal Code for the Defense Army], 19.9.1934, SG 1934, 82, 688; Kaitseväe kriminaalseadustiku maksmapanemise seadus [Enforcing Act for the Criminal Code for the Defense Army], 18.1.1935, SG 1935, 8, 66.

[26] *Trakmann*, Military Criminal Law (supra fn. 19), p. 6.

[27] The Russian general penal codes also foresaw crimes and misdemeanors, thus the case with the Military Penal Code was not exceptional.

general penal laws could be applied only if the Military Penal Code did not foresee a regulation. In cases, where the Military Penal Code did not foresee a regulation, the general norms of the Old Penal Code had to be applied. The first part of the Military Penal Code dealt mainly with different questions concerning punishments (criminal punishment, disciplinary punishment, which kind of punishment was implemented depending on the military rank of the person, supplementary punishments, terms of punishments, enforcement of a punishment and so on).

The second part regulated duty related crimes (articles 96–242). A duty related crime could for example consist of resistance to a superior (articles 96–123). For example, according to article 98, for hitting a superior or raising an arm or a weapon with the same objective, also for all sort of violence or extremely impudent conduct directed against a superior, the committer would be punished with the loss of all special rights[28] and with forced labor for four to twelve years. In addition, this part governed for example evasion from service, desertion and so on (articles 124 etc).

The third part regulated duty related crimes that had been committed during war time or on a territory that had been declared to be in the state of war (articles 243–271). For example, according to article 248, if a member of the armed forces surrendered himself to the enemy or put down his arms in front of the enemy and disobeyed his duty and oath to fight to the end, he would be punished with the loss of all special rights and the death penalty. The fourth part regulated general crimes that were not connected with the line of duty (articles 272–279). For example, according to article 273 all general crimes stipulated in the fourth part of the Military Penal Code were to be punished in accordance and the general penal codes were not to be applied. The last, fifth part regulated questions concerning disciplinary battalion or disciplinary companies.

There were several problems related to the structure of the Code – the third part governed crimes committed during war time or on a territory that had been declared to be in the state of war, but there were different provisions in the second part according to which the term of the punishment differed depending on whether the crime was committed on a territory of active war or not. For example, according to article 245 from the third part, a person, who left his post during war at the sight of an enemy, would be sentenced to death. In article 158 a separate crime was constituted, according to which a person, who arbitrarily left his guard post at the front, would be punished with the death penalty and loss of all special rights. Thus, the Code regulated desertion of one's post in different parts of the code. It is a controversial situation and it is not certain whether or not it was actually clear,

[28] Until 1927 it is possible to bring out the following three types of supplementary punishments from the Old Penal Code: loss of special rights, confiscation of property, punishments restricting personal freedoms.

which regulation to apply. It is necessary to consider the actual situation in Estonia at that time – hostilities had gone on for quite some time and Estonians fought at different fronts. The magnitude of the problem that this caused is visible through the State Archive's records – there are approximately 1500 archival documents (court files) from the second instance military court concerning desertion from 1919–1923, many of them with multiple accused.

General criminal laws were criticized for their Russian language since not all Estonians knew Russian. This was also a problem for the Military Penal Code. It has been found in legal literature that due to the fact that the Code was in Russian, the people subjected to it had poor understanding of it and found it difficult to abide accordingly. In 1928 K. Ainson found that

> "The Russian Military Penal Code is in force in our defense army, of which a Russian original text is available in all parts of the army and all departments of the army. But the small number of existing copies and small knowledge of Russian have hindered the teaching of the Military Penal Code in force to soldiers and petty commanders and officers. However it is necessary that soldiers and petty officers have access to at least those parts and articles of the Old Penal Code that directly apply to them as a member of the armed forces."[29]

With this book Ainson tried to relieve the problem and translated a selected number of articles from the code into Estonian. It is questionable whether this was actually a good solution. In the same year an article was published in the journal "Soldier", in which L. Vahter found

> "that the book [Selected Articles of the Military Penal Code] itself contains essentially only a translation of the special part of the Military Penal Code, then there exists further obscurity concerning teaching young people with several different questions. An officer who is a teacher does not have certainty in each case to say which crime in the special part is applicable only to officers, which to soldiers and which to petty officers and which of them is uniform to all members of the defense army, because translations of the corresponding articles from the general part are missing. It is also not known, what kinds of special rights a person may loose and their consequences."[30]

Thus, it is possible to conclude that their existed at least the need for a translation of the Military Penal Code into Estonian, and even for an Estonian self-made legislation.

The Military Penal Code can be described likewise general criminal law as a casuistic source of law.[31] The casuistic nature of the Old Penal Code is shown by

---

[29] *Hans Karl Ainson*, Valituid paragrahve Sõjaväe nuhtluse seadusest ja mõningaid andmeid sõjakohtute korraldusest ja funktsioonidest [Selected Articles of the Military Penal Code and some Data concerning the Organization and Functions of the Military Courts], 1928, p. 3.

[30] *Leonhard Vahter*, Karistuste süsteem sõjaväe nuhtluse seaduse järele [The system of punishments according to the Military Penal Code], Sõdur [The Soldier] 1928, 29, p. 894.

[31] See further *Sedman*, The Historical Experience (supra fn. 6), pp. 230–332.

configurations for the commission of an act or resources used to commit the act.[32] The casuistic nature of the Old Penal Code is also described by the very small degree of abstraction. The Military Penal Code can be described in the same way. For example, according to article 165 of the Military Penal Code (the norm also happens to be a referring norm)

> "the same punishment and under the same conditions as in article 164 will fall to those soldiers, who on purpose, without a worthy reason abandon their harness, firearms, bullets or horse."

First of all, indicating to punishments stated in previous articles was very common to the Old Penal Code (see for example article 1453 that refers to the punishment prescribed in article 1452). Secondly, article 165 of the Military Penal Code is obviously casuistic, it lacks the degree of abstraction inherit to modern legal norms and it creates the need to construct many different norms, in order to ensure adequate alignment.

Moreover, it is possible to describe the Military Penal Code as a casuistic source of law using the following example. In article 155, first sentence, the Military Penal Code regulated arbitrary abandonment of one's post by a watch commander, a sentry or prisoner transmitter; in article 155, second sentence, it regulated arbitrary abandonment of one's post by other individuals belonging to the watch; and in article 155^1 it regulated the abandonment of one's post by an individual belonging to the watch before the arrival of a new watch. In addition, article 158 of the Military Penal Code provided that an individual, who arbitrarily left one's post at the front, was to be punished by the death penalty and the loss of all special rights. Additionally, the Military Penal Code provided the same punishment in article 245, according to which it was punishable to abandon one's post at the sight of an enemy. These examples illustrate how many norms regulated a similar situation, when obviously it would have been possible to regulate the crimes in one or two norms.

The Military Penal Code was a part of criminal law, how it interacted with general criminal law is dealt with in the next subsection.

3. The position of Military Penal Law in the system of Criminal Law

According to article 1 of the Military Penal Code the code was supposed to be applied in accordance with the principle *lex specialis derogat legi generali*. Only if

[32] See for example article 1453 section 1 of the Old Penal Code, which lists aggravated killing that is committed in a way that is publicly dangerous: "Intentional killing or murder, if committed using ignition or an explosion, whether through a gas explosion or using gunpowder, with the destruction of building, or if the offender causes a flood, for example by destroying a water dam or in any other way or by destroying a bridge or a railway or a violation in a people's shooting range, although the aim was to kill only one person and all other ways that generally endanger or cause deaths".

there was no corresponding composition, it was possible to turn to the general penal codes (the Old Penal Code, the New Penal Code and the Penal Code for Peace Courts). Thus, it was the situation where a special law eliminated general laws. Of course, this may raise several problems. For example, K. Trakmann has pointed out that

> "actually the general parts of the different valid criminal laws differ between each other and when assessing each separate crime, it is necessary to follow exactly the corresponding general part. The Military Penal Code does have its separate general part, but it is only a complement to the Old Penal Code. So, when dealing with the special part of the Military Penal Code, it is necessary to apply the general part of the Old Penal Code and the Military Penal Code and not the New Penal Code, except in rare cases, where the Military Penal Code itself refers to the New Penal Code."[33]

This might have been a problem, when a person belonging to the military personnel had committed several crimes, one for example governed by the Military Penal Code, another for example by the New Penal Code. This meant that the judge had to apply different general norms and special norms for different crimes – the regulation of the Military Penal Code and Old Penal Code for the crime governed by the Military Penal Code and the regulation of the New Penal Code for the crime governed by the New Penal Code. This is in fact another question that needs the analysis of court practice to reach a certain conclusion.

It is thus possible to suggest from what K. Trakmann said that if the general parts of general criminal law sources were amongst each other in conflict,[34] then the addition of special criminal law could have caused even more problems. If the general part of the Military Penal Code was only an addition to the general part of the Old Penal Code, then it was necessary to apply both general parts and eliminate overlapping provisions and in accordance with the *lex specialis derogat legi generali* principle apply the regulation of the Old Penal Code only if there was no corresponding regulation in the Military Penal Code.

Due to the fact, that the military penal law was applicable as a special law, it is necessary to clarify, in which situations it was applicable. It is important to make a distinction between the applicability of the Military Penal Code due to the subject, who it is being applied to and the subordination to a martial court. In cases concerning military personnel, this is quite easy to answer (see p. II.4.a). On the other hand, this means generally, that the Military Penal Code was not the only reason for subordination to a martial court. The next part will discuss this question as it is important in the context of civilians and their subordination to martial courts.

---

[33] *Trakmann*, Military Criminal Law (supra fn. 19), p. 6.

[34] See further *Sedman*, The Historical Experience (supra fn. 6), pp. 232–335.

4. *Jurisdiction*

a) *Regular jurisdiction*

If a person belonging to the military personnel committed a crime, he was subjected to a martial court. The Military Penal Code was applicable to individuals in actual service and who were members of the defense army and people who were in actual service and who were members of the border guard. Thus the subject based application of the Military Penal Code can be described through the following offices: officers, military employees and soldiers.[35] Although the Military Penal Code included namely offences that were specifically related to military service, there are also general offences that were also regulated in general criminal laws. Namely, articles 272–278 regulated general crimes, that were either also regulated in the New Penal Code or the Old Penal Code. The only difference was that if the offender was a serviceman, then his punishment would be aggravated.

Application that is related to the offence has been designated as objective application. However, application related to the characteristics of a person has been named subjective application. Since the Military Penal Code stipulated primarily offences committed by a member of the military personnel, then the application of it to people in military service meant exactly subjective application.[36] But subjective application of the Military Penal Code and subjection to martial courts was unfortunately not that simple.

b) *Extraordinary jurisdiction*

In very exceptional cases offences committed by civilians were discussed in military courts – originally by the first instance courts, later by the military district court.

The Military Penal Code was applicable to people not belonging to the military service in two cases. Firstly, this could be possible if an authorized person decided that the crime committed by a civilian should be subordinated to a martial court. This way of subordination was actually only in question from 1920, beforehand, no such decision had to be made and the subordination to a martial court was decided upon the fact of place of committing the offence. From December 1920 the decision making process was handed to the Minister of War.[37] Later, from 1925[38] the right

[35] *Trakmann*, Military Criminal Law (supra fn. 19), p. 7.

[36] *Trakmann*, Military Criminal Law (supra fn. 19), pp. 65–67.

[37] Vabariigi Valitsuse otsus [Ruling of the Republican Government], 1.12.1920, SG 1920, 211/212.

[38] This was a reaction to the rebellion of December 1924. On the 1st of December 1924 communists organized an armed rebellion in Estonia to overtake power. The rebellion was successfully suppressed. For further information see *Hannes Walter*, Uprising of December 1, 1924, Baltic Defence Review 1999, 2, pp. 129–140.

was handed over to the Minister of Internal Affairs when the Government decided to terminate the institute of Army Commander.[39] The application of the Military Penal Code to civilians was thus possible if one of the ministers made the corresponding decision. However, this applicability needed to meet one more condition. In this formation civilians could be subjected to martial courts only in cases where people had committed the crime within the territory of state of emergency or state of war or extraordinary state (Articles 26 and 74 of the Constitution of the Republic of Estonia from 1920[40]). If an offence was committed within the territory of one of these special states, then an aggravated punishment in the form of the death penalty was foreseen in article 279 of the Military Penal Code for certain crimes. According to article 279 of the Military Penal Code the committing of intentional homicide, rape, robbery and arson or submersion of foreign assets was punishable by the death penalty. This meant that when convicting an offender under article 279 of the Military Penal Code, the corresponding article in general criminal laws had to be brought out. This also meant that the offence itself was regulated in a general criminal law, but the punishment for it in the Military Penal Code.

This kind of subordination became quite rare later on. For example, K. Trakmann wrote already in 1931, that

> "people have been submitted to martial courts in cases, where the administration thought that the offender should be sentenced to death, but the valid laws had not given this in the competence of civilian courts".[41]

Trakmann has also emphasized, that

> "nonpolitical serious crimes, e.g. homicide and robbery, have during the last years only as expiations fallen under the jurisdiction of martial courts and their discussion in a civilian court has anyway become obligatory even if the offence was committed within the territory of state of emergency."[42]

The main reason for this is that from 1930, with the entry into force of the State of Emergency Act[43] the opportunities to subject a person to a martial court changed.

Even before 1930 there existed another option to subject civilians to martial courts. This other option for subordinating civilians to a martial court and military criminal law was directly derived from the law itself and needed no additional decision from a justified person. From 1920, the punishments for crimes regulated in the Old Penal Code concerning destruction and violation of means of communication (railways, telegraph lines and so on) were aggravated to the death penalty

[39] Vabariigi Valitsuse otsus [Ruling of the Republican Government], 23.1.1925, SG 1925, 9/10.

[40] Eesti Vabariigi Põhiseadus. 15.6.1920, SG 1920, 113/114, 243.

[41] *Konstantin Trakmann*, Kaitseseisukorra äramuutmise tingimustest I [Conditions for changing the state of emergency I], Õigus [Law], 1931, 1, p. 30.

[42] *Trakmann*, Conditions (supra fn. 41), p. 35.

[43] Kaitseseisukorra seadus [State of Emergency Act], 10.7.1930, SG 1930, 61, 423.

and jurisdiction was handed over to martial courts.[44] The punishments for these crimes were previously quite minor, but due to the need to protect means of communication in hostilities, it was decided to aggravate the punishments.

The ruling of all offences committed against the state power (political crimes) was subjected without any exception to martial courts. Civilians were subjected to martial courts according to article 250 of the Military Courts Law, when having committed a political crime.

In 1930 the Law for State of Emergency came into force. According to article 6 of this law several offences committed by civilians were subjected to martial courts. The new law actually renovated the legislation, making it clearer, because formerly these crimes had been stipulated in different special laws and regulations. According to article 6 of the law for State of Emergency the following crimes, when committed within the territory of state of emergency were subjected to martial courts:

1) crimes against the higher state power;

2) deliberate obstruction of military activities, movement, procurement of equipment and communications, also destruction or making unsuitable equipment, protective measures and generally necessary food reserves;

3) destruction or important ruining of bridges, dams, water utilities, wells and other places for getting water, roads and other means used for transportation, also of electrical or gas installations;

4) destruction or important ruining of telegraphs, telephones and other means used for passing on messages, of different remedies and warning signs put up for safe movement on the rail- and waterways;

5) attacking a sentinel, guard, the military forces or police with arms during the performance of their duties or due to the performance of their duties.

If the consequence of the act stipulated in point 5 was homicide, attempted murder, causing bodily harm or arson, the punishment would be sentenced according to article 279 of the Military Penal Code (the death penalty). In all the other cases there was no difference between the punishments in general criminal laws, the only difference was the possibility to apply a more speedy conviction.

If regular jurisdiction was very concretely defined, then extraordinary jurisdiction caused many problems. Firstly, subordination to martial courts depended on the fact whether the act was committed within the territory of state of emergency; and secondly, until 1930, it also depended on the decision of a representative of state executive power. The questions regarding state of emergency will be dealt with below. However, it is difficult to say, if the decisions made by the state execu-

---

[44] Sõjaministri sunduslik määrus nr 5 [Coercive Regulation of the Ministry of War], 6.8.1920, SG 1920, 123/124.

tive power relied on concrete criteria or were they arbitrary decisions, making it even more difficult to evaluate the reasons for such rulings. In any case there were a lot of people who were subjected to martial courts, the organization of which will be dealt with below.

III. Organization of Martial Courts until 1935

The functions of martial courts were originally based on the regulation of the Provisional Government from the 9th of January 1919, according to which the martial courts were supposed to base their activity on the XXII and XXIV book of the Russian Military Code of Laws, taking into account the changes that had been made there until the 1st of March 1917 and later changes made by the Estonian Provisional Government.[45]

1. Extraordinary Military Courts – Field Courts

Based on the Military Criminal Procedural Law field courts were established in Estonia. Field courts were established by a regulation of the Provisional Government from the 5th of December 1918, according to which in accordance with the XXIV book, appendix 8 of the Russian Military Code of Laws a field court was established with every infantry regiment.[46] According to article 5, subsection c of the regulation offences such as homicide, arson, robbery or rape were to be discussed in the field courts. Article 6 of the regulation gave the courts wide discretion in sentencing – either imprisonment, forced labor or the death penalty was applicable for the latter offences. Already on the 9th of December 1918 the Provisional Government issued another regulation according to which people could be subjected to field courts only if they had committed the crime after the first regulation.[47] With this, the Provisional Government settled the problems concerning temporal applicability of penal law.

The first regulation was soon after revoked with another regulation from the Provisional Government from the 25th of March 1919.[48] This regulation also did not

---

[45] Ajutise Valitsuse määrus 9. jaanuarist 1919 Sõjakohtute kohta [Regulation of the Provisional Government from the 9th of January 1919 concerning Military Courts], 9.1.1919, SG 1919, 2.

[46] Ajutise Valitsuse määrus väljakohtute asutamise kohta 5. detsembrist 1918 [Regulation of the Provisional Government from the 5th of December 1918 concerning the establishment of Field Courts], SG 1918, 6.

[47] Ajutise Valitsuse määrus sõja-, sõjavälja- ja kodanliste kohtute vahekorra kohta sõjaseaduse ajal [Regulation of the Provisional Government from the 9th of December 1918 concerning the Relation between Military, Field and General Courts during the validity of the State of War], SG 1918, 8.

[48] Ajutise Valitsuse poolt 25. märtsil 1919. a. vastuvõetud määrus väljakohtute kohta [Regulation of the Provisional Government from the 25th of March 1919 concerning Field Courts], SG 1919, 19, 47.

revoke the wide discretion for punishments, because according to article 18 of the regulation the court could sentence all the aforementioned punishments. Article 19 of the regulation stipulated the crimes that fell under field courts – most of them were crimes committed by military personnel, but the fourth point also includes general crimes. According to the fourth point of the article if a person had committed homicide, arson, robbery or rape, they would be submitted to a field court. It is clear from article 1 of the regulation that the crimes had to be committed within the territory of the state of war or emergency.

What actually is not clear is whether or not only military personnel could be subjected to this court according to the regulation from the 25th of March 1919.[49] The main reason for this is that for example article 19 p 4 explicitly notes, that "all killers, arsonist, robbers and rapists are subjected to field courts". This is a question that cannot be answered without the analysis of court practice. This needs further analysis of the practice of lower instance courts. The practice of the Supreme Court is not informative enough for this analysis (during the first decade of its practice the Supreme Court rarely brings out information concerning the accused). It is however quite likely on the basis of professional literature that civilians were from one point on subjected only to the ordinary military courts, and mainly the second instance court (see below).

It is also very difficult to establish the timeline concerning the formation and practice of the field courts – legislation made no changes in this question until the end of the Republic. It is evident from the State Archive, that decisions that have not been destroyed, date from 1918–1924 (the latter having an obvious connection with the December riot of 1924[50]). It is possible that since the aim of the field courts was to have speedy court proceedings in a military situation, the need for such courts faded and thereinafter a general procedural form was used. In 1924 F. Karlson held a speech at the third Estonian Jurists' Days were he found that especially extraordinary military courts were not in accordance with the Constitution of 1920 and that the regulation of the Provisional Government from 1918 was outdated and did not meet contemporary needs.[51] This meant that extraordinary military courts were certainly a legal issue at that time, in 1924. In 1930, V. Saarsen[52] debated on the other hand that extraordinary military courts are necessary and in accordance with the Constitution of 1920.[53] This clearly refers to the fact that

[49] Supreme Court Case no 185, 1920.

[50] *Walter*, Uprising (supra fn. 38), pp. 129–140

[51] *Karlson*, Sõjakohtu korraldus. Ettekanne III Õigusteadlaste päevadel [The Organisation of Military Courts. Speech at the third Lawyers' Day], Õigus [Law], 1924, 3, p. 59.

[52] Villem Leopold Saarsen (1891–1982) was an officer of the Estonian Army.

[53] *Villem Leopold Saarsen*, Sõjakohtu korraldus [The organisation of Military Courts], Sõdur [Soldier], 1930, 27/28, pp. 817 sq.

field courts had not been abolished and it was possible to assemble a field court, if necessary even in 1930.

2. Ordinary Military Courts

On the 18th of December 1918 the Provisional Government adopted a law that regulated the provisional martial courts of the Republic of Estonia and offences subjected to them.[54] These "provisional" courts would later be the ordinary courts. As first instance courts regiment courts were established and as the second instance court, the Military Circuit Court was established. Later, in 1919, the Supreme Court as the highest instance of military courts was added to the list.[55]

Regiment courts were established by each corresponding platoon. Regiment courts were comprised of a battalion commander as the chairman and two officers. A. Dadaschef has commented that this type of membership, where there are no people with a higher legal education, was not a good solution.[56] Dadaschef found that there lacked consistency in the decisions of the regiment courts precisely because the members of the court did not know the rules foreseen by procedural law.[57] The regiment courts dealt with simpler and less important crimes.

With the same law from the 18th of December 1918 the Military Circuit Court as the highest instance for military courts was established in Tallinn.[58] The Military Circuit Court was the first instance court for offences committed by higher ranked military personnel and if the jurisdiction was so according to law (for example political crimes). The Military Circuit Court consisted also of three members – a chairman and two permanent members, who had a higher legal education. The court sessions were held with at least one of the permanent members and two provisional members, who were usually commanding officers. K. Trakmann has found, that the reason, why the Military Circuit Court had to have at least one member with a higher legal education was the need to balance out the situation – on the one hand it was necessary to have one person with knowledge of the procedure and other legal

[54] Ajutise Valitsuse poolt 18. detsembril 1918. aastal vastuvõetud seadus Eesti Vabariigi sõjakohtud ja nende alla kuuluvad süüteod [Law adopted by the Provisional Government on the 18th of December 1918 concerning military courts and offences subjected to them], 18.12.1918, SG 1918, 8.

[55] Ajutise Valitsuse poolt 18. märtsil 1919. aastal vastuvõetud seadus Eesti Vabariigi ajutised sõjakohtud ja nendele alluvad süüteod [Law adopted by the Provisional Government on the 18th of March 1919 concerning provisional military courts and offences subjected to them], 18.3.1919, SG 1919, 21.

[56] *Aleksander Dadaschef*, Rügemendi kohtutest [About Regiment Courts], Sõdur [Soldier], 1925, 12, p. 254.

[57] *Dadaschef*, Regiment Courts (supra fn. 56), p. 254.

[58] Eesti Vabariigi Sõjakohtud ja nende alla kuuluvad süüteod [Military courts of the Republic of Estonia and offences that are in their jurisdiction], 18.12.1918, SG 1918, 9.

questions at hand, and on the other hand, it was necessary to have people who knew the actual side of the military.[59]

Unlike the czarist Russian court organization, the Estonian Provisional Government did not foresee the establishment of a supreme military or naval court. With the regulation from the 18th of December 1918 the Provisional Government gave these functions to the Supreme Court of Estonia.[60] The Supreme Court stayed as the highest instance in military criminal cases from 1920 until the end of the Republic.

IV. State of war and state of emergency

1. Special statutes

Until 1930 the imposition of a state of war or state of emergency was regulated by the appendix to article 23 of the second volume of the General Provincial Establishment Law, according to which respective authorities – the Provisional Government, the Government, the Commander to the Armed Forces (later the Minister of Internal Affairs) – had the right to declare a state of war or state of emergency for certain areas within the state, where there were active hostilities. That played an important role concerning the state and military relations. The regulations concerning different special statuses were taken over from czarist Russia legislations. The Russian legislation had three different extraordinary states – the state of war, the so called rigid security state and extraordinary security state. According to the Supreme Court all three special states had been transferred to the Estonian legal system, but only one, the state of war, was introduced by the Provisional Government.[61] And so, the Provisional Government declared the state of war in the entire Republic of Estonia for the first time on the 29th of November 1918.[62]

On the 10th of July 1930 the State of Emergency law entered into force. According to article 1 the Government of the Republic of Estonia could declare the state of emergency in the whole Republic or in some parts in the event of war or threat of war and in cases, when the crime directed against the legitimate state order and security acquired a threatening character. Unlike the earlier Russian legislation, the new state of emergency could only be declared for a fixed term.

---

[59] *Konstantin Trakmann*, Õigusteadus. Sõjaväe ühendatud õppeasutuste aspirantide kursus [Jurisprudence. Course for aspirants of the Joint National Defense College], 1928, p. 76.

[60] Eesti Vabariigi ajutised sõjakohtud ja nendele alluvad süüteod [Provisional military courts of the Republic of Estonia and offences that are in their jurisdiction], 18.3.1919, SG 1919, 21.

[61] Supreme Court decision no 32, 1926. Also *Konstantin Trakmann*, Kaitseseisukord [State of Emergency], Õigus [Law], 1930, 1, p. 8.

[62] Sõjaseadus ja mobilisatsioon välja kuulutatud. Ajutise Valitsuse otsus [State of War and Mobilization declared. Regulation of the Provisional Government], 29.11.1918, SG 1918, 3.

There is one terminological problem that may amount to some confusion. Already the Constitution of 1920 does not use the term "state of war", it talks about the "state of emergency", in individual laws this term appears only in 1926, were it is used alongside the "state of war", the latter in brackets.[63] The usual form in this case was "state of emergency (state of war)". This problem will not be dealt with more concretely in this article and the terms will be used respectively.

There are some criteria that have been set forward in legal literature that ascertain the legality of a special state. One of the main important features for special states is, according to for example Bernard Manin that legal tradition has in both civil and common law countries supported the understanding that emergency authority should be limited in its duration.[64] This was also a common understanding for one of Estonia's most prominent military criminal law specialists, K. Trakmann, who found in 1930 that in the case where the state of emergency has been the regular state of a territory, people forget what it was like to live in a normal state and the state of emergency should have its temporal limits.[65] In 1935 Tallinn could even "celebrate an anniversary" for being in a state of emergency for 30 years.[66] Tallinn was never "freed" of the state of emergency during the period of the Republic, since the Government kept on renewing the special state. Although the Government never declared a state of emergency for an unlimited period, it kept on renewing it – this may be formally in accordance with the condition that the special state had to be for a fixed period, but essentially this could be questionable.

The state of war or state of emergency mainly meant, that rights of people were restricted. According to the aforementioned article of the General Provincial Establishment Law, an authorized person having the right to do so, could send people out of the country, prohibit a certain person from living within a certain territory, limit press release, meetings and gatherings and movement. The Minister for Internal Affairs for example gave out a regulation prohibiting meetings after the riot of December 1924.[67] What the permanence of the state of emergency meant for criminal law, will be dealt with in the following section.

---

[63] Vabariigi Valitsuse poolt 18. juunil 1926. aastal vastuvõetud kaitseseisukorra osalise kaotamise määrus [Regulation of the Government from the 18th of June 1926 concerning partial abolishment of the state of emergency], 18.6.1926, SG 1926, 54.

[64] *Bernard Manin*, The emergency paradigm and the new terrorism, pp. 9 and 16. Available on the Internet: http://as.nyu.edu/docs/IO/2792/emerg.pdf.

[65] *Trakmann*, State of Emergency (supra fn. 61), p. 15.

[66] *Hans Kruus*, Tallinn 30 aastat sõjaseisukorras [Tallinn 30 years in the state of war], Huvitav Žurnaal [Interesting journal], Summer 1935, pp. 38–41.

[67] Siseministri sundmäärus nr 7 avalikku korda ja julgeolekut ähvardavate koosolekute, meeleavalduste jne kohta [Bylaw number 7 of the Minister of the Interior about meetings and demonstrations and etc that threat public order and security], 18.2.1925, SG 39/40.

2. *Criminal law and special states*

Above (p. II.4) it is mentioned that in certain cases civilians were subjected to military courts and also, that in certain cases the Military Penal Code regulated general crimes committed by military personnel, aggravating their punishments according to articles 272–278. In both of these cases the offence was to be committed within the territory of state of war or of state of emergency.

In the first case, if a civilian committed a certain crime within the territory of state of war or state of emergency, he or she would be subjected to a military court and the punishment would be aggravated compared with the general criminal laws. For example, if a civilian committed a crime listed in article 279 of the Military Penal Code, he or she[68] would be subjected to the death penalty. The maximum punishment for crimes listed in article 279 of the Military Penal Code was according to general criminal laws, namely the Old Penal Code, unlimited forced labor. The Supreme Courts' practice from the beginning of the 1920's shows clearly that people were quite commonly subjected to military courts when having committed homicide. It is also probably the case with robbery and rape.

In the second case, the Military Penal Code aggravated the punishments for military personnel if the offence was committed within the territory of state of war or state of emergency.

The main problem, that arises from the state of war or state of emergency is, that such a state existed in at least some parts of Estonia throughout 1918–1940, the whole period of the existence of the Republic of Estonia. As mentioned above, Tallinn for instance was one of these places. This however brings us to the fact, that people could according to law be subjected to military courts throughout all these years.

The second problem that of course arises is that considering how the special states were declared and enforced, the public had no way to be certain where and when these states were effective. For example, the state of war was declared on the 1st of December 1924 and it was effective from that day on.[69] What is even more problematic is that the regulations of the Government were published in the State Gazette, which was not published on a daily basis. This meant that for example, the state of war that was effective in the whole republic from the 1st of December 1924 was in fact published later – on the 9th of December. This leaves a time span of 8 days, when the public might have had no actual information on the subject.

---

[68] The death penalty for females was never carried out; it was substituted with unlimited forced labor (article 71 of the Old Penal Code and article 58 of the New Penal Code).

[69] Vabariigi Valitsuse otsus 1. detsembrist 1924 a [Regulation of the Government of the Republic from the 1st of December 1924], 1.12.1924, SG 1924, 145.

K. Trakmann has also applied the view, that it was actually absurd, that people, who committed an offence 1/2 hours prior to the declaration of state of emergency, were not to be subjected to military courts.[70] He has not considered the opportunity that a person could have committed his crime 1/2 hours after the declaration of the state of emergency for example in a rural area, distant from the larger cities, not knowing that a special state had at all been declared, and would still have been subjected to a military court.

Another thing that was slightly problematic was the fact that the state of war was in most counties in effect near the railways. When the Government abolished the state of war in Pärnu County and Lääne (Western) County, it did not make any exceptions concerning railways.[71] The next time, when the state of war was abolished in Saare and Järva County and Pärnu, then the Government did make the exception that the state of war remained in effect in the areas of the railways.[72] What is controversial about these regulations is of course the fact, that according to the regulations the state of war was in effect in the areas of the railways in Pärnu, but not in Pärnu County. This was probably actually not the aim of the Government.

In order to illustrate the example better, the following map shows the territories where the state of war was abolished on the corresponding dates before the riot of December 1924.

[70] *Trakmann*, State of Emergency (supra fn. 61), p. 14.

[71] Vabariigi Valitsuse poolt 18. märtsil 1921. aastal vastuvõetud määrus osalise sõjaseaduse kaotamise kohta. [Regulation of the Government from the 18th of March 1921 concerning partial abolishment of the state of war], 18.3.1921, SG 1921, 20.

[72] Vabariigi Valitsuse poolt 13. juulil 1921. aastal vastuvõetud määrus osalise sõjaseaduse kaotamise kohta. [Regulation of the Government from the 13th of July 1921 concerning partial abolishment of the state of war], 13.7.1921, SG 1921, 61.

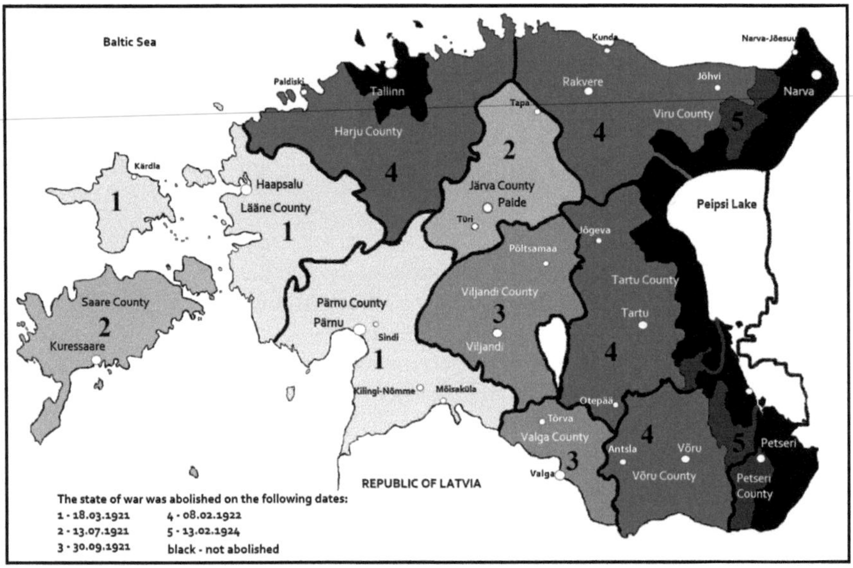

Map of the State of War in the Republic of Estonia before the riot of December 1924[73]

The map illustrates firstly, that the state of war was not abolished in all territories. The black areas on the map represent areas, where the state of war was not abolished (excluding the county borders). The numbers on the map correspond with dates, when the state of war was abolished. It is obvious that areas, where the state of war was in effect, differed from 1918 until the end of 1924 to a large extent. It is also evident that mainly eastern areas were in the state of war for a longer period than the western areas, excluding Tallinn.

As stated before, the entry into force or abolishment of the special state did not depend on the publishing of the regulation, but on the date indicated by the Government. This map corresponds with the dates indicated by the Government and not

[73] Based on the regulations of the Provisional Government and Government from 1921–1924: 1) [Regulation of the Government from the 18th of March 1921], 18.3.1921, SG 1921, 20; 2) [Regulation of the Government from the 13th of July 1921], 13.7.1921, SG 1921, 61; 3) Vabariigi Valitsuse poolt 30. septembril 1921. aastal vastuvõetud määrus osalise sõjaseaduse kaotamise kohta [Regulation of the Government from the 30th of September 1921 concerning partial abolishment of the state of war], 30.9.1921, SG 1921, 86; 4) Vabariigi Valitsuse poolt 8. veebruaril 1922. aastal vastuvõetud määrus sõjaseaduse kaotamise kohta [Regulation of the Government from the 8th of February 1922 concerning abolishment of the state of war], 8.2.1922, SG 1922, 19; 5) Vabariigi Valitsuse poolt 13. veebruar 1924 aastal vastuvõetud määrus osalise sõjaseaduse kaotamise kohta [Regulation of the Government from the 12th of February 1924 concerning partial abolishment of the state of war]. 12.2 SG 1924, 31/32.

the date of publishing. It may be so, that the actual implementation of the norms concerning the state of war by courts might have differed from the map above. This means that it is possible, due to the delay in publishing the regulations, the courts actually applied the old regulation between the time from the decision made by the Government and its actual publishing. From this viewpoint, it is clear, that there was not enough legal certainty guaranteed by the regulations.

It is evident, that the state of war or state of emergency did not help to improve the situation that military criminal law was faced with. Legal uncertainty and unequal treatment are just a few keywords that can be said about the situation with military criminal law and the state of war.

V. Conclusion

It is a certain fact, that military criminal law should be inflicted on military personnel only. In special cases, for example in the state of war, it is not precluded that civilians could be affected by military criminal law. This however should stay in very certain limits and it should be avoided, that this comes as a “surprise” to individuals. The case in Estonia after the First World War shows, that the Military Penal Code from 1869 was on a regular basis, as for the beginning of the 1920’s, inflicted on civilians. This also brought along quite a wide scale application of the capital punishment in cases were general criminal law was much more lenient and would not have brought along the death penalty. When the Estonian Defense Army’s Penal Code[74] entered into force in 1935, the situation did not change very much. The main difference with the Military Penal Code was that the new law was clearer and well-structured compared to its predecessor. On the other hand, it was still possible to subject civilians to military criminal law.

The future analysis of court practice should show whether or not and to what extent these theoretical problems, which can undoubtedly be treated as questionability from the viewpoint of the rule of law, existed in practice.

---

[74] Kaitseväe kriminaalseadustik [Defense Army's Penal Code], 19.9.1934, SG 1934, 82, 688; Kaitseväe kriminaalseadustiku maksmapanemise seadus [Act for entry into force of the Defense Army's Penal Code], 18.1.1935, SG 1935, 8, 66.

Das Liv-, Esth- und Curlaendisches Privatrecht (1864/1865) – die einzige Quelle des Privatrechts?[1]

Hesi Siimets-Gross

I. Einleitung

Im Jahre 1865 trat in den drei Ostseeprovinzen des Russischen Imperiums – Estland, Livland und Kurland[2] – ein neues Gesetzbuch, das „Liv-, Esth- und Curlaendische Privatrecht"[3] (LECP) in Kraft. Bis zu diesem Zeitpunkt hatten die drei Provinzen im russischen Imperium nach den Unterwerfungskapitulationen von 1710 eine rechtliche Sonderstellung genossen[4] und während des 18. und 19. Jahrhunderts die hergebrachte Rechtsordnung in der gemeinrechtlichen Tradition beibehalten. Die modernen Kodifikationen änderten überall in Europa entscheidend die bisherige Rechtsquellenlage. Durch die Kodifikation wurde ein Rechtsgebiet vollständig und abschließend geregelt; das neue Gesetzbuch wurde zur einzigen Quelle des Rechts und generell verloren die subsidiären Rechte ihre Geltung.[5]

Der vorliegende Beitrag geht der Änderung der Rechtsquellenlage in den Ostseeprovinzen Russlands am Beispiel des römischen Rechts nach. Zuerst soll die Ausgangslage, danach die Auswirkung der Kodifikation auf die allgemeine Rechtsquellenlage und auf die Geltung der subsidiären Rechte, insbesondere auf das römische Recht, analysiert werden.

II. Die Rechtsquellenlage vor der Kodifizierung

Bis zur Kodifizierung setzte sich das Privatrecht aus den für die europäisch-gemeinrechtliche Tradition üblichen historischen Rechtsquellen zusammen. Dazu zählten Stadt- und Landrechte, Landes- und (verschiedene) Reichsrechte, Privilegien, Polizeiordnungen sowie Gewohnheitsrecht. Sie stammten aus verschiedenen

---

1 Für die finanzielle Unterstützung bedanke ich mich bei der Estnischen Wissenschaftsstiftung (ETF), Nr 7923.

2 Diese Provinzen umfassen das Territorium der heutigen Staaten Estland und Lettland.

3 Provincialrecht der Ostseegouvernements, Dritter Theil, Privatrecht: Liv-, Est- und Curlaendisches Privatrecht. Zusammengestellt auf Befehl des Herrn und Kaisers Alexander II., 1864. Parallel wurde auch eine russische Übersetzung veröffentlicht: Svod mestnych uzakonenij gubernij ostzejskich. Čast' tret'ja. Zakony graždanskie [Sammlung der einheimischen Rechte der Ostseegouvernements, Dritter Teil, Zivilgesetze], 1864.

4 Zu den Kapitulationen näher *Marju Luts*, Modernisierung und deren Hemmnisse in den Ostseeprovinzen Est-, Liv- und Kurland im 19. Jahrhundert, in: Tomasz Giaro (Hg.), Modernisierung durch Transfer im 19. und frühen 20. Jahrhundert, 2006, S. 159 ff.

5 *Pio Caroni*, Gesetz und Gesetzbuch. Beiträge zu einer Kodifikationsgeschichte, 2003, S. 265, Fn. 62, S. 308.

Epochen der Geschichte und Herrschaft auf dem Gebiet der Ostseeprovinzen. Nicht zuletzt, obwohl subsidiär, galt das sog. gemeine Recht als eine Mischung des römischen, kanonischen und deutschen Rechts. Man hat diese komplexe Rechtslage einmal als „Chaos“[6] bezeichnet. Ein zeitgenössischer Rechtswissenschaftler, Christoph Christian Dabelow,[7] charakterisierte den Rechtszustand am Anfang des 19. Jahrhunderts mit dem Bibel-Zitat „Suchet, so werdet ihr finden“ (Matthäus 7,7 u.a):

> „Das besondere Recht der russischen Ostsee-Provinzen ist eine Mischung aus den heterogensten Quellen. Mag die Vergleichung eines alten Schriftstellers mit einem Topfe, in welchen die verschiedenartigsten Ingredienzien zusammengeschüttet sind, und in welchem Jeder sich seinen Bedarf heraussuchen mag, für unsere Ohren noch so undelikat klingen: etwas Wahres ist doch unstreitig an der Vergleichung. Das ‚Suchet, so werdet ihr finden‘ trifft freilich hier meistens zu, es ist nur die böse Sache, dass, wenn man gefunden hat, das Gefundene nicht zu dem Uebrigen passt [...].“[8]

Die so plastisch beschriebene Rechtsquellenlage führte zu Rechtsunsicherheit, was aber keine Eigenart der Ostseeprovinzen war, sondern immanent aus der gemeinrechtlichen Tradition resultierte. Die Ordnung der Rechtsquellen hin zu einer praxisbezogenen Rangfolge[9] beseitigte die Rechtsunsicherheit nicht.

III. Die Änderung der Rechtsquellenlage durch die Kodifikation des Provinzialrechts

Die Rechtsquellenlage vereinfachte sich in Europa mit dem Inkrafttreten der Kodifikationen. Eine Kodifikation soll ein Rechtsgebiet abschließend regeln, so dass der Rückgriff auf weitere Rechtsquellen in diesem Gebiet überflüssig wird. Eine Kodifikation sollte sowohl vollständig als auch systematisch sein.[10] Die Vollstän-

---

6 Dieses Stichwort für die Charakterisierung der Rechtslage in den Ostseeprovinzen wurde schon 1803 von Johann Ludwig Müthel benutzt in: Votum von Johann Ludwig Müthel. Protokoll in Senatu Academico, Dorpat 8. Januar 1803 ad Vorschlag wegen Organisation der juristischen Facultät der Kaiserlichen Universität zu Dorpat, in: EHA, Bestand 402, Verzeichnis 4, Faszikel 38, Blatt 127, hier nach *Luts*, in: Giaro, Modernisierung (o. Fn. 4), S. 166–167.

7 Dabelow (1768–1830) hat in Rostock und Jena studiert. Danach war er Professor in Halle (1792–1809), 1811–1813 Staatsminister von Gotha-Anhalt, dann 1816 Privatdozent in Halle. 1819–1830 war er Professor für bürgerliches Recht römischen und deutschen Ursprungs in Dorpat.

8 *Christoph Christian Dabelow*, Ueber die wissenschaftliche Behandlung des besonderen Rechts der Russischen Ostsee-Provinzen, Jahrbuch für Rechtsgelehrte in Russland, 1822, Bd. 1, S. 190. Hervorhebung wie im Original.

9 Dazu näher *Peter Oestmann*, Rechtsvielfalt vor Gericht. Rechtsanwendung und Partikularrecht im Alten Reich (Rechtsprechung: Materialien und Studien, Bd. 18), 2002, S. 5–7. Zu den Änderungen in der Rechtsquellenlehre in den verschiedenen Perioden *Jan Schröder*, Recht als Wissenschaft. Geschichte der juristischen Methode vom Humanismus bis zur historischen Schule (1500–1850), 2001, S. 17 ff. (1500–1650), 110 ff. (1650–1800) und 202 ff. (1800–1850).

10 *Caroni*, Gesetz (o. Fn. 5), 2003, S. 40 f.

digkeit der Kodifikation ohne Weitergeltung bisheriger Rechtsquellen ist eine der entscheidensten Folgen, welche die Kodifizierung mit sich bringt.

Auch in den Ostseeprovinzen hoffte man schon in den 1820er Jahren, dass die von der russischen Reichsregierung initiierte Gesetzessammlung das bisherige Durcheinander der Rechtsquellen beseitigen werde. Das in dieser Zeit veröffentlichte „Jahrbuch für Rechtsgelehrte in Russland“ erörterte sowohl allgemeine russische als auch provinziale Kodifikationspläne.[11] Die im „Jahrbuch“ schreibenden Autoren waren sich einig, dass die geplante Kodifikation der Provinzialrechte Klarheit in die Quellenlage bringen könne.[12]

Das LECP sollte aber keine moderne und reformorientierte Kodifikation, sondern eine Kompilation sein. Dies unterschied das LECP von anderen zeitgenössischen Kodifikationen. Nach Vorgaben der Zaren sollte das LECP eine „Codification des bestehenden Rechts“ sein, d.h eine Kompilation, die das gesamte geltende Recht umfasste. Daher sollte bei jedem Artikel auf dessen Quellen verwiesen werden, wie auch der Hauptredakteur des Gesetzeswerks bezeugt:

> „[…][es sollen] nach Materien die in allen Rechtgebieten geltenden Rechtsgrundsätze vereinigt dargestellt werden, so daß in jedem Abschnitte das jedem Rechtsgebiet Eigenthümliche und das in allen gemeinsam Geltende zusammengefaßt werden sollte, überall mit Angabe der Quellen, auf welchen die einzelnen Rechtsätze beruhten.“[13]

Die endgültige Redaktion des LECP setzte diese Vorgaben tatsächlich um, wie folgendes Beispiel belegt:

> „**3863.** Die Gefahr, d.i. allen Nachteil, welcher die Sache durch unabwendbaren Zufall trifft, sei es Untergang oder Verschlechterung der Sache, trägt nach abgeschlossenem Kaufe, auch ehe noch die Uebergabe erfolgt ist, der Käufer.
>
> § 3. I. De emt. et vend. (III, 24). L.1 pr. L. 4 pr. et § 1. L. 8 pr. D. De periculo et commodo rei venditae (XVIII, 6). L. 6 C. eod. (IV, 48). Estl. R.- u. LR. B. IV. Tit. 11 Art. 6.“

Der Artikel steht stellvertretend für die große Anzahl römischrechtlicher Quellenverweise im LECP. Deren Anteil betrug bei 4600 LECP-Artikeln 57,2 Prozent

---

[11] *Marju Luts*, Die juristischen Zeitschriften der baltischen Ostseeprovinzen Russlands im 19. Jahrhundert: Medien der Verwissenschaftlichung der lokalen deutschen Partikularrechte, in: Michael Stolleis/Thomas Simon (Hg.) Juristische Zeitschriften in Europa, 2006, S. 79 f.

[12] *Luts*, a.a.O., S. 80 f.

[13] *Wilhelm Greiffenhagen*, Dr. Jur. Friedrich Georg v. Bunge, 1891, S. 25. Es handelt sich um eine Schrift, die Thomas Wilhelm Greiffenhagen (1821–1891), Schüler und zeitweiliger Kollege vom Hauptredakteur des LECP, Friedrich Georg v. Bunge, anhand der Briefe Bunges zusammenstellte, siehe Vorwort des Herausgebers S. 3 f. Die baltische Geschichtsschreibung weist das Werk zumeist als echte Autobiographie Bunges aus. Zu den Kompilationsgrundsätzen des LECP näher *Marju Luts*, Privatrecht im Dienste eines ‚vaterländischen‘ provinzialrechtlichen Partikularismus, Rechtstheorie 2000 (Nr. 31), S. 383–393, und mit weiteren Quellenbelegen *dies.*, Private Law of the Baltic Provinces as a Patriotic Act, Juridica International, 2000 (Nr 5), S. 157–167.

und überragte damit alle anderen Rechtsquellen.[14] Die Dominanz des römischen Rechts kann geschichtlich begründet werden: vor der Kodifikation galt das römische Recht in den Ostseeprovinzen neben anderen Rechten als subsidiäres Recht. Subsidiäre Rechte sollten zwar nur dann zur Anwendung kommen, wenn die primär anwendbaren einheimischen Rechtsquellen keine einschlägige Norm zur Verfügung stellten. Doch bevorzugte man in der Rechtspraxis der Ostseeprovinzen während des 19. Jahrhunderts in sehr vielen Fällen fast einhellig das römische Recht gegenüber den einheimischen Quellen. Die Anwendung des römischen Rechts ging sogar so weit, dass es in einigen Rechtsgebieten durchgehend anstatt des eigentlich einschlägigen einheimischen Rechts angewandt wurde.[15]

> „So hatte, in demselben Maße, als die Rechtspflege immer mehr in die Hände gelehrter Juristen kam, [...] das Römische Recht nach und nach ein solches practisches Ansehen gewonnen, daß es die einheimischen Rechte fast überflügelte."[16]

Durch seine intensive Benutzung war das römische Recht ein Teil des Provinzialrechts geworden, so dass die Kompilation ohne das römische Recht unvollständig geblieben wäre. Freilich gab es durchaus auch kritische Stimmen. Friedrich Georg von Bunge,[17] Professor der Provinzialrechte an der Universität Dorpat und Verfasser des LECP, sowie andere Professoren waren der Meinung, dass der Vorherrschaft des römischen Rechts Grenzen gesetzt werden sollten.[18] Dafür sollte

---

[14] *Marju Luts-Sootak*, Das Baltische Privatrecht von 1864/65 – Triumphbogen oder Grabmal für das römische Recht im Baltikum?, Zeitschrift für Ostmitteleuropa-Forschung 2009, S. 369. Die Quellenverweise waren manchmal fehlgehend. Dazu *Hesi Siimets-Gross*, Roman Law Origin of the Private Law Act of the German Baltic Provinces of the Russian Empire: Fact or Fiction?, in: Laura Beck Valera/Pablo Gutiérrez Vega/Alberto Spinosa (Hg.), Crossing Legal Cultures = Jahrbuch Junge Rechtsgeschichte – Yearbook of Young Legal History 2007, 2009, S. 313–330.

[15] Z.B. *Friedrich Georg von Bunge*, Wie kann der Rechtszustand Liv, Esth- und Curlands am zweckmässigsten gestaltet werden? 1833, S. 32; *Carl Erdmann*, System des Privatrechts der Ostseeprovinzen Liv-, Est- und Curland, Bd. 1, 1889, S. 6. Diese Autoren waren Professoren an der Universität zu Dorpat. Die nähere Überprüfung dieser Behauptung anhand der zeitgenössischen Gerichtspraxis fehlt leider bisher.

[16] *Friedrich Georg von Bunge*, Das Römische Recht in den Deutschen Ostseeprovinzen Rußlands. Einladungsschrift zur Feier des Tages, an welchem vor tausend dreihundert Jahren die Institutionen und Pandekten des Römischen Rechts Gesetzeskraft erhalten haben, 1834, S. 22.

[17] Bunge (1802–1897) hat in Dorpat 1818–1822 Kameralistik und Rechtswissenschaft studiert. 1823 erwarb er den Kandidatengrad (d.h. einen Universitätsabschluss mit mündlicher Prüfung und einer wissenschaftlicher Abhandlung). Seit 1825 war er Privatdozent der Provinzialrechte, daneben 1825–1830 Stadtsyndikus und Ratsherr von Dorpat. 1827 hat Bunge den Doktorgrad der Universität Heidelberg *in absentia* erworben. 1831–1842 war er außerordentlicher, danach ordentlicher Professor der Provinzialrechte in Dorpat. 1843–1856 war Bunge Stadtsyndikus und Ratsherr in Reval. 1856–1865 war er Beamter der Kodifizierungsabteilung in St. Petersburg. 1869–1897 hat er im Ruhestand in Gotha und Wiesbaden gelebt.

[18] *Marju Luts*, Die Begründung der Wissenschaft des provinziellen Rechts der baltischen Ostseeprovinzen im 19. Jh., in: Jörn Eckert/Kjell Modéer (Hg.), Geschichte und Perspektiven des

„[in] die Darstellung der provinciellen Rechte dasjenige, was von dem Römischen Recht ein integrirender Theil des ganzen Rechtszustands geworden [ist], mit aufgenommen, und so durch die Verwebung zu einem gemeinsamen Ganzen in seine festen Grenzen gewiesen [...][werden].“[19]

Allein wo es nötig erschien, nahm man einzelne römischrechtliche Vorschriften in das LECP auf. Statt von einem Triumph des römischen Rechts sollte man deswegen besser von einer bewussten Beschränkung der regen und lebendigen ersten Rezeption sprechen.[20]

IV. Die Rechtswirkung des LECP als Kompilation

Ihrer Definition nach sollte eine Kodifikation vollständig und abschließend sein. Bei einer Kompilation der „bestehenden Rechte“ waren diese beiden Eigenschaften aber nicht ganz selbstverständlich, zumindest für die zeitgenössische Rechtswissenschaft der Ostseeprovinzen. Daher blieb auch nach Inkrafttreten des LECP die Frage offen, ob das Gesetzbuch nun die einzige Quelle des Privatrechts war oder daneben weiterhin die alten Rechtsquellen galten. Diese Frage hat zum Beispiel am Ende des 19. Jahrhunderts der Professor für Provinzialrecht, Carl Eduard Erdmann[21] wie folgt formuliert:

„Fraglich erscheint es dagegen, ob auch da die älteren Rechtsurkunden und Gewohnheitsrechte den Character der unmittelbaren Rechtsquelle verlieren, wo nicht eine eigentliche Gesetzgebung, sondern eine bloße Codification stattgefunden hat, wo also die Absicht bloß auf eine Sammlung, nicht auf eine Abänderung des bestehenden Rechts gegangen ist. Dies ist in den Ostseeprovinzen in Bezug auf den das Privatrecht umfassenden dritten Band der Provinzialrechte der Fall. Man könnte hier aus dem Begriff einer bloßen Sammlung heraus folgern, daß es sich bloß um eine Erleichterung der Auffindung des wirklichen Rechts für den practischen Gebrauch handelte und daher die authentische Quelle selbst immer außerhalb dieser Sammlung zu suchen wäre.“[22]

Rechts im Ostseeraum. Erster Rechtshistorikertag im Ostseeraum 8.-12. März 2000, 2002, S. 161 ff. m.w.N.

[19] *Carl Otto von Madai*, Rezension zu F. G. Bunge, Das Liv- und Esthländische Privatrecht, Kritische Jahrbücher für deutsche Rechtswissenschaft 5 (1841), S. 845.

[20] *Luts*, in: Eckert/Modéer, Geschichte (o. Fn. 18), S. 167. Zu den möglichen Funktionen der römischrechtlichen Quellenverweise näher *Siimets-Gross*, in: Beck Valera u.a., Crossing Legal Cultures (o. Fn. 14), S. 325 ff.

[21] Erdmann (1841–1898) hat 1858 an der Universität Dorpat mit dem Studium der Philosophie angefangen, dann studierte er 1859–1862 Rechtswissenschaft in Dorpat sowie Heidelberg und erwarb den Grad eines Kandidaten. 1864–1869 war er Sekretärgehilfe und Ratssekretär in Mitau, 1869–1872 Universitätssyndikus in Dorpat. 1870 wurde er *Mag. iur.* in Dorpat. 1870–1872 war er Privatdozent in Dorpat, 1872 hat er den Grad *Dr. iur.* in Dorpat erworden, 1872 wurde er zum außerordentlichen, 1873 zum ordentlichen Professor ernannt. 1893 wurde er entlassen und er lebte bis 1898 im Ruhestand.

[22] *Erdmann*, System, Bd. 1 (o. Fn. 15), S. 4 f.

Mit großer Wahrscheinlichkeit lässt sich die Rechtsquellenproblematik auf zwei Bestimmungen zurückführen. Einerseits ist der Einführungsukas für das ganze Provinzialrecht von 1845 zu nennen, der u.a. auch für den dritten Teil des LECP bestimmte:

> „[…] daß in Beziehung auf dieses Provinzialrecht der Ostseegouvernements, durch welches eben so wenig als durch das Allgemeine Reichsgesetzbuch die Kraft und Geltung der bestehenden Gesetze abgeändert, sondern dieselben nur in ein gleichförmiges Ganze und in ein System gebracht werden [...]."[23]

Da die „Kraft und Geltung der bestehenden Gesetze" nicht abgeändert werden sollte, sondern die bisherigen Gesetze nur „in ein System gebracht werden", könnte man aus dieser Passage herauslesen, dass es sich um eine Sammlung ohne gesetzliche Verbindlichkeit handelte. So könnten die bisherigen, sog. „bestehenden" Gesetze wenigstens eine subsidiäre, wenn nicht sogar primäre Geltung behalten. Denselben Zweifel hat auch Erdmann in dem obigen Zitat angebracht.

Andererseits gab es eine Vorschrift sowohl im Einführungsukas von 1845 als auch in dem von 1864, die Folgendes bestimmte:

> „[...] von diesem Zeitpunkt ab [sind] die Artikel derselben [der Sammlung der Zivilgesetze] in den Verhandlungen aller Verwaltungs- und Gerichtsbehörden auf derselben Grundlage wie die Artikel des allgemeinen Reichsgesetzbuchs heranzuziehen und in Anwendung zu bringen."[24]

Demzufolge sollte sich die Gerichtspraxis mit dem Inkrafttreten des LECP nur auf das LECP beziehen und nicht mehr auf die alten Rechtsquellen. So scheinen die alten Quellen doch etwas an Geltungskraft verloren zu haben. Die herrschende Meinung in den Ostseeprovinzen war, dass jegliche Änderungen des bisherigen Rechts in der Kodifikation, die nun ja „allerhöchst" bestätigt war, nach dem Wortlaut der Kodifikation zu entscheiden waren.[25] Auch Erdmann antwortete auf seine Frage zur Geltungskraft des LECP, dass

> „[…] in der fraglichen Gesetzessammlung der Provincialrechte [liegt] zwar eine Codification vor [...], aber eine Codification von Seiten der gesetzgebenden Gewalt. Es

[23] Befehl an den Dirigierenden Senat. Das Original ist von Seiner Kaiserlichen Majestät Eigenen Hand gezeichnet: „Nikolai." (Peterhof, den 1sten Juli 1845) – Provinzialrecht der Ostseegouvernements. I. Theil. Behördenverfassung. St. Petersburg 1845, S. 3. Das Datum ist nach dem sog. alten Kalender gesetzt, der damals in Russland gegolten hat.

[24] Polnoye sobraniye zakonov Rossiiskoi imperii (im Folgenden: PSZ) [Vollständige Gesetzessammlung des Russischen Imperiums (1864)], Bd. 39, Nr 41443, Punkt 2. Die deutschsprachige Übersetzung ist übernommen von *Heinrich Gürgens*, Das Verhältnis des Provinzialgesetzbuchs zu den alten Rechtsquellen, Baltische Monatschrift 1866, Bd 13, Heft I, S. 275. Ähnlich, mit kleinen Unterschieden im Wortlaut: Befehl (o. Fn. 23), S. 3.

[25] *Gürgens*, Baltische Monatschrift 1866, S. 280 f.

> lag in dieser Sammlung eben die Absicht vor, den Text der vielfach zerstreuten Rechtsquellen authentisch zu interpretiren und über allen Zweifel sicher zu stellen."[26]

Damit galt von nun an das LECP als die authentische Sammlung des Privatrechts. Obwohl das LECP nur eine Kompilation war, sollte es als Privatrechtsgesetzbuch für alle darin eingeschlossenen Materien die einzige Entscheidungsquelle sein.

V. Eine Statusänderung für die bisherigen Subsidiarrechte?

1. Der Regelfall einer ausschließenden Kodifikation

Einerseits bedeutete das Inkrafttreten der Kodifikation für die bisherigen subsidiären Rechte eine Statusänderung. Vor allem für das römische Recht hat sich die bisherige Rechtssituation geändert. Von der bevorzugtesten Rechtsquelle der Praxis sank es zu einem bloßen Teil des kodifizierten Provinzialrechts herab. Die zeitgenössischen Stimmen beklagten die Zäsur gegenüber dem traditionellen *ius commune*:

> „Mit dem Erscheinen der Codification von 1864 sind der Theorie wie der Praxis des Privatrechts der Ostseeprovinzen neue Wege gewiesen worden, auf welchen sie das gemeinsame Ziel der Ausgestaltung des Rechts aufzusuchen haben. An die Stelle der unmittelbaren Theilnahme an dem Leben und der Entwicklung des gemeinen Rechts, des unmittelbaren Mitgenusses und der Mitverwerthung jeder neuen Errungenschaft auf dem Gebiete gemeinrechtlicher Literatur ist eine Isolierung getreten, mit ihren Nachtheilen und mit ihrem Segen."[27]

Da die Kodifikation aber selbständige Rechtskraft hatte, konnten die ursprünglich römisch-rechtlichen Sätze im neuen Gesetzbuch ganz anders und unabhängig von der bisherigen Tradition ausgelegt und erklärt werden. Daran änderte auch der Umstand nichts, dass die einheimischen juristischen Schriftsteller die Provinzialwissenschaft wieder mit der zeitgenössischen gemeinrechtlich-deutschen Rechtswissenschaft verbinden und das LECP sozusagen pandektisieren wollten.[28]

Im LECP gab es auch Verweise auf die bisherigen Rechtsquellen, von denen, wie schon gesagt wurde, über die Hälfte römisches Recht bezeugte. Diese Referenzen konnten zwar zur Auslegung des Gesetzestextes herangezogen werden, aber ihre Anwendbarkeit hing von der Vereinbarkeit mit dem Gesetzestext ab:

> „Bei der Auslegung wird man sich strikt an die in den Fußnoten angegebenen Quellen halten müssen, welche, wie schon gesagt, in der überwiegenden Mehrzahl der Fälle dem römischen Recht angehören. Selbstverständlich geht der Gesetzestext aber immer dem Quellentext vor [...]."[29]

---

[26] *Erdmann*, System, Bd. 1 (o. Fn. 15), S. 4 f.

[27] *Erdmann*, System, Bd. 1 (o. Fn. 15), S. III.

[28] *Luts*, in: Stolleis/Simon (Hg.) Zeitschriften (o. Fn. 11), S. 108 f.

[29] *Aage Ylander*, Die Rolle des römischen Rechts im Privatrecht der Ostseeprovinzen Liv-, Est- und Kurland, Zeitschrift für vergleichende Rechtswissenschaft 35 (1918), S. 445.

Bei der Auslegung konnten die angeführten Quellen nur dann benutzt werden, wenn sie in einem Zusammenhang mit dem Gesetzestext standen. Es kam aber häufig vor, dass die Quellen wenig oder gar keine Verbindung zum Gesetzestext aufwiesen.[30] Ebenfalls kam den Quellenstellen nach der Meinung der zeitgenössischen Rechtswissenschaftler trotz ihrer Einbeziehung in das Gesetzbuch kein ausschließlicher oder gar gesetzesgleicher Charakter zu.[31]

Das LECP galt nach allem als eine abschließende Kodifikation – wie auch die meisten neueren Kodifikationen. Durch sie sollte die direkte Anwendung aller bis dahin geltenden primären und subsidiären Rechtsquellen ausgeschlossen werden. Allerdings haben sich die bisherigen Untersuchungen zum LECP auf die Normen des neuen abschließenden Gesetzbuchs, auf den sog. Normalfall konzentriert.[32]

2. *Eine Lücke als Weichenstelle*

Es gab daneben allerdings Sonderfälle. Zu diesen Sonderfällen oder Weichenstellen gehörte beim LECP die Problematik, wie eine Lücke auszufüllen ist. In diesem Kontext kam in den Ostseeprovinzen die Frage nach der Geltung und Reihenfolge der subsidiären Rechte bei der Anwendung des LECP auf. Die einleitenden Normen des LECP sollten die Lückenfüllung regeln. Art. XXI sprach das Problem an, doch blieb die Norm zweideutig:

> „Findet sich in diesem Privatrecht für eine einzelne Rechtsfrage keine Vorschrift, so ist eine solche Frage nach denjenigen Bestimmungen des Privatrechts zu beurtheilen, mit denen sie durch Gleichheit des Grundes innerlich verwandt erscheint."

Bei dieser Rechtsnorm sind zwei verschiedene Auslegungen möglich: Unter „denjenigen Bestimmungen des Privatrechts" kann einerseits das Gesetzbuch selbst, das LECP verstanden werden. Eine Lücke müsste dann innerhalb des Gesetzbuches über eine Analogie zu einer vorhandenen Gesetzesnorm gefüllt werden. Dies wäre im gemeineuropäischen Kontext der Kodifikationen die geläufige Lösung gewesen;[33] sie fand auch in den Ostseeprovinzen ihre Befürworter. Es war

> „nunmehr nicht die der Doctrin anheimgegebene Interpretation der codificirten Quellen, sondern der Wortlaut der betreffenden Artikel des Gesetzes in erster Linie entschei-

---

[30] Für die Analyse der Quellenverweise siehe *Siimets-Gross*, in: Beck Valera u.a., Crossing Legal Cultures (o. Fn. 14), S. 318 ff.

[31] *Erdmann*, System, Bd. 1 (o. Fn. 15), S. 35.

[32] Als *pars pro toto* ein paar jüngere m.w.N.: *Siimets-Gross*, in: Beck Valera u.a. (Hg.), Crossing Legal Cultures (o. Fn. 14), S. 313–330; *dies.*, Roman Law in the Baltic Private Law Act – the Triumph of Roman Law in the Baltic Sea Provinces?, Juridica International 2007, S. 180–189; *Luts-Sootak*, Zeitschrift für Ostmitteleuropa-Forschung 2009, S. 357–379.

[33] *Caroni*, Gesetz (o. Fn. 5), S. 263.

> de[nd] und Lücken des Rechtssystems [sind] nicht aus dem gemeinen Recht, sondern durch Anwendung der Rechtsanalogie auszufüllen [...].“[34]

Andererseits könnten unter „denjenigen Bestimmungen des Privatrechts“ nicht nur die Vorschriften des LECP, sondern allgemein die des Privatrechts verstanden werden. Sonst hätte im fraglichen Artikel anstatt des Privatrechts auch „dieses Gesetzbuch“ oder eine ähnliche Formulierung stehen können. Wenn aber das allgemeine Privatrecht bzw. die alten privatrechtlichen Rechtsquellen weitergelten, würde der Artikel auf die subsidiäre Geltung der vor der Kodifikation geltenden Rechtsquellen hinweisen. In diesem Fall würden diese alten Rechtsquellen bei einer Lücke immer noch zur Anwendung kommen. In der Tat verstand man Art. XXI damals auch im letzteren Sinne. Nach der Ansicht Erdmanns ließ der Artikel beide Möglichkeiten in einer Stufenfolge zu:

> „Sollte aber der verhältnißmäßig seltene Fall einer Lücke im Gesetz [...] eintreten, so würde in Gemäßheit des Art. XXI. der Einleitung des dritten Bandes zuerst zu dem Hülfsmittel der Gesetzesanalogie gegriffen werden müssen. Wenn aber auch diese kein Resultat ergäbe, so muß wohl ohne Frage der Reihe nach zu den in den Ostseeprovinzen recipirten und in ihrer Geltung bisher nicht aufgehobenen Rechtskörpern zurückgegriffen werden.“[35]

Erdmann begründete den Rückgriff auf die alten subsidiären Rechte damit, man habe sie „durch die neuere Codification nirgends aufgehoben“.[36] Hermann von Lutzau betonte im Jahre 1912 ebenfalls, dass

> „wenn es sich um Lücken im Provinzialkodex handelt, die nicht anders als unter Zuhilfenahme der gesetzlich anerkannten Subsidiarrechte ausgefüllt werden können, immer [...] darauf hingewiesen [wird], daß der baltische Zivilkodex auf gemeinem (römischem) und deutschem Privatrecht beruhe und nötigenfalls aus diesem ergänzt werden müsse.“[37]

Erdmann war der Ansicht, dass andere Rechtsquellen neben dem LECP subsidiär gelten sollten, weil das Gesetzbuch sie gerade nicht erwähnte.[38] Die Gründe für diese auf den ersten Blick erstaunliche Schlussfolgerung liegen wahrscheinlich im Einführungsukas von 1845. Durch das Provinzialgesetzbuch sollte „die Kraft und Geltung der bestehenden Gesetze“ nicht abgeändert werden. Daher kann man argumentieren, dass die bisherigen subsidiären Rechte in einer durch das LECP nicht geregelten Situation nach wie vor zur Anwendung kommen sollten. Die subsidiäre Anwendung von Rechtsquellen neben dem LECP entsprach wohl der Rechtspraxis

---

[34] *Victor Zwingmann*, Vorrede, in: ders. (Hg.), Civilrechtliche Entscheidungen der Riga'schen Stadtgerichte, 1871, S. V.

[35] *Erdmann*, System, Bd. 1 (o. Fn. 15), S. 6. Hervorhebung wie im Original.

[36] *Erdmann*, System, Bd. 1 (o. Fn. 15), S. 6.

[37] *Hermann von Lutzau*, Zur Geschichte des baltischen Zivilkodex, Baltische Monatsschrift, Jg. 54, Bd. 74, 1912, S. 19 f.

[38] *Erdmann*, System, Bd. 1 (o. Fn. 15), S. 9.

der Ostseeprovinzen. Politische Gründe dürften den Ausschlag gegeben haben. Schon während der 1860er Jahre hatte man in russischen Regierungskreisen Unifizierungs- und Russifizierungsideen gehegt. Seit den 1880ern war die Russifizierung in vollem Gang. Doch verteidigten die baltischen Provinzen ihre bisherige rechtliche Sonderstellung so gut wie nur möglich. Das Argument, die alten Rechtsquellen seien weiterhin subsidiär anwendbar, verwies indirekt auf deren Ursprung und bestätigte somit die rechtliche Sonderstellung der Ostseeprovinzen.

So war die Hauptfrage für die Provinzialrechtler nicht, ob das LECP überhaupt subsidiäre Rechtsquellen neben sich zuließ oder zulassen sollte. Stattdessen diskutierten sie darüber, ob im Bereich des subsidiären Rechts zuerst das russische Reichsrecht oder das gemeine römische Recht angewandt werden sollte, oder ob entweder das russische Reichsrecht oder das gemeine Recht überhaupt als subsidiäre Rechte für die baltischen Ostseeprovinzen angesehen werden können.

Lutzau hat noch 1908 die entsprechende Diskussion geschildert und analysiert, wobei seines Erachtens drei Ansichten unterschieden werden sollten. Die erste und ältere Ansicht (Dabelow, Neumann, Bunge) stammte noch aus der Zeit vor Inkrafttreten des LECP. Diesen Autoren zufolge sollte das russische Reichszivilrecht nur dann als subsidiäres Recht für das baltische Privatrecht angewandt werden, wenn es weder in den einheimischen Rechtsquellen noch im gemeinen römischen Recht eine einschlägige Norm gab.[39] Nach der zweiten Ansicht (Kasso, Nevzorov, Fedorov), vertreten von „Zivilisten genuin russischen Ursprungs“, sollte das russische Reichsrecht „das einzige, ausschließliche subsidiäre Recht für die Ostseeprovinzen“ sein. Das gemeine römische Recht sollte nach dem Inkrafttreten des LECP nicht mehr gelten.[40] Die dritte Ansicht, von Erdmann und Lutzau selbst vertreten, „leugnet[e] die subsidiäre Anwendung des russischen Reichszivilrechts in jedem Falle, auch in letzter Linie.“[41] Für die Provinzialrechtler aus den Ostseeprovinzen war dabei die Rechtsquellenhierarchie vor der Kodifikation entscheidend – deswegen hat Lutzau auch die Ansichten der Rechtswissenschaftler aus der Zeit vor dem LECP berücksichtigt. Für die „Zivilisten genuin russischen Ursprungs“ war nach Worten von Lutzau

> „das ostseeprovinzielle Privatrecht nur abgeändertes russisches Reichszivilrecht und überhaupt alles russische Recht nicht etwa nur subsidiäres, sondern primäres, auch in den Ostseeprovinzen geltendes Recht [...].“[42]

---

[39] *Hermann von Lutzau*, Hat das russische Reichsrecht in den Ostseeprovinzen die Stellung eines Subsidiarrechts und inwieweit sind überhaupt für das ganze Reich erlassene Gesetze auch auf den Th. III des Prov. Rs von derogierenden oder abänderndem Einfluß?, in: ders. (Hg.), Studien und Kritiken zum Ostseeprovinziellen Privatrecht, 1908, S. 40 f.

[40] A.a.O., S. 41.

[41] A.a.O., S. 42.

[42] A.a.O., S. 41.

Das Privatrecht wurde in der Frage der subsidiären Rechte zu einem Schlachtfeld zwischen Russifizierungspolitik und baltischer Abwehrpolitik. Autoren der Ostseeprovinzen behaupteten noch 1918, das römische Recht sei weiterhin subsidiär anwendbar.[43]

VI. Zusammenfassung

Eine Kodifikation sollte ihrer Definition nach materiell vollständig sein.[44] Das bedeutet, verbleibende Lücken sollten mittels Analogie durch die Normen der Kodifikation selbst gefüllt werden. In den Ostseeprovinzen war eine solche Vollständigkeit der Kodifikation in den sog. Sonderfällen fraglich. Die zeitgenössische Rechtswissenschaft der Ostseeprovinzen diskutierte intensiv die Geltung und Anwendung der historischen subsidiären Rechtsquellen neben dem LECP. Eine besondere Rolle spielte dabei das gemeine römische Recht. Die Lückenfüllung durch subsidiäre Rechtsquellen war keinesfalls ein Alleinstellungsmerkmal der Ostseeprovinzen, auch andere europäische Kodifikationen ließen dies zu. Es handelt sich jedoch um eher unbekannte Kodifikationen kleinerer Territorien wie den Codice civile ticenese (1837) oder das Bündnerische Civilgesetzbuch (1861). Auch ist zuzugeben, dass es sich um Ausnahmen handelte.[45]

Auch wenn man in den Ostseeprovinzen während des 19. Jahrhunderts die Geltung subsidiärer Rechtsquellen und damit des römischen Rechts wissenschaftlich debattierte, hatte der Diskurs aller Wahrscheinlichkeit nach nur eine geringe praktische Bedeutung. Eine Lücke ist ein Ausnahme- und kein Normalfall. Generell haben die führenden Juristen aus den Ostseeprovinzen die subsidiäre Geltung des römischen Rechts neben dem LECP theoretisch bejaht, wenn auch auf der siebten Stelle in der Hierarchie der geltenden Rechtsquellen und im „gemeinrechtlich feststehende[n] Rangverhältniß, wornach das canonische Recht regelmäßig dem römischen vorgeht.“[46] Die historisch belegte Diskussion um die Rolle der subsidiären Rechte bei der Lückenfüllung ist der Grund, weshalb im Untertitel des Beitrags ein Fragezeichen gewählt wurde. Das Fragezeichen bleibt so lange bestehen, bis eine Untersuchung zur Gerichtspraxis des 19. Jahrhunderts vorliegt. Trotz des Fragezeichens steht fest, dass man das römische Recht größtenteils entweder kodifiziert oder absichtlich aus der Kodifikation herausgelassen hatte. Ebenso ist unbestritten, dass das römische Recht durch seine Aufnahme in die Kodifikation insoweit Teil des Provinzialrechts geworden war.

---

[43] *Ylander*, Zeitschrift für vergleichende Rechtswissenschaft, 1918, S. 442. Die Gerichtspraxis nach der Unabhängigkeit Estlands und Lettlands nach 1918 ist aus dieser Perspektive noch nicht untersucht worden und bleibt der künftigen Forschung vorbehalten.

[44] *Gerhard Köbler*, Zielwörterbuch europäischer Rechtsgeschichte (Arbeiten zur Rechts- und Sprachwissenschaft, Bd. 67), 5. Aufl., 2009, S. 509.

[45] *Caroni*, Gesetz (o. Fn. 5), S. 265, Fn. 62.

[46] *Erdmann*, System, Bd. 1 (o. Fn. 15), S. 8.

Nordic Unity and Nordic Supreme Courts – Differences and Similarities

Ditlev Tamm

I. Introduction

There is a growing interest in the way courts are organized. Especially constitutional courts and their function and practice has since WW II drawn the attention of both lawyers and the general public. Such courts are not found in Denmark, Finland, Norway and Sweden but they do form part of the restoration of the three Baltic states even if in different forms. Administrative Courts are thus a speciality of the Eastern group of Nordic countries, Sweden and Finland, and are unknown as a fixed system in Denmark and Norway. Around the Baltic Sea we thus find several countries and several ways of organizing basic institutions. The Court system is different. In the following I will make a comparison between the Nordic countries as to the way in which especially Supreme Justice is organized.

It is common to talk of a Nordic legal family[1] but even if there is agreement that such a family exists, which implies that one can accept the idea of such families, Nordic law has no unity and even legislation introduced as part of international collaboration in the field of law is not applied in the same way in different countries. You may hear decisions from one Nordic country being quoted in others, although this is not a common occurrence, but Danish law is still Danish, as Finnish law, Icelandic law, Norwegian law and Swedish law are laws in their own right. And each country has its own institutions that work in very different ways. Universities and law professors may be international, but legislators and courts are national and produce or judge according to national law. Even if to some the national approach may seem obsolete, we are still living in a world of nation states where the law is made and applied by national institutions. One of these institutions, and a very important one, is the law court and court system.

The reflections on the role of courts and judges which I am going to present here emerge from part of a project which takes as its starting point the position of the Supreme Court of Denmark. Comparisons of courts[2] have been done before. One can for instance compare the style and way of presenting judgments. My aim is different. I look at the position of the Supreme Court in society, its role, its under-

---

[1] For discussion of the concept of a Nordic legal family, see e.g. *Konrad Zweigert/Hein Kötz,* Introduction to Comparative Law, 3rd ed. 1998, p. 277 and now esp. *Jaakko Husa/Kimmo Nuotio/ Heikki Pihlajamäki* (eds.), Nordic Law between Tradition and Dynamism, 2007, p. 5.

[2] See *Mitchel de S-O-L'E Lasser*, Judicial Deliberations – A comparative Analysis of Judicial Transparency and Legitimacy, 2004 for a comparison of the French Cour de Cassation, The US Supreme Court and the ECJ.

standing of itself, its possibilities and ambitions and as a legal historian I have a natural inclination to look at the courts historically and thus try to combine legal history and comparison in law.

II. Internationalisation as a challenge

Today courts, like other institutions, live in a time of internationalisation, but as already stressed their work is still *local* and many courts around the world live a secluded life, being only rarely if ever confronted with cases that include elements of foreign origin. Even if discussions of the role of the courts are international and often take their starting point in the role of the US Supreme Court or discussions of international courts like the European and the Inter-American Court of Human Rights established 1979 or supranational courts such as the ECJ,[3] the national state plays a decisive role in the understanding of the way in which *local justice* functions. In that respect every country has its own way of looking at justice, legal education and the way the courts function.

I think one can safely say that courts in general – and this also applies to Danish courts – have for many years seen and still basically see their role not in an international context but as national institutions with a specific professional task to fulfil. This is changing, especially in higher courts, and even if most cases still are local and decided according to local rules, there is a growing understanding of courts and judges as fulfilling a function that implies an outlook towards the world outside the court room. European courts in particular must be aware, and are increasingly so, of the diversity of legal sources often of supranational or international origin and of their being assessed and measured themselves by an international standard as part of modern legal culture.

There are several common features in today's discussion of the role of courts. Especially at Supreme Court level judges have more international contact and learn from each other.[4] An important question is that of judicial activism. Should courts anticipate a political decision and make new law or should they rather be reluctant to transgress the border between law and politics, respecting their position as courts

---

3 Other examples are the courts of the EFTA, the court of the South American Communidad Andina (CAN), the Southeast African COMESA. It is important to stress in this connection how the existence of supranational courts and international courts is changing the idea of justice being local. Danish courts or other courts in the EU have an obligation to have preliminary questions regarding community law put before the ECJ. The possibility of having national decisions tried by an international court of human rights is another example of how courts cannot isolate themselves.

4 *Julie Allard/Antoine Garapon*, Les juges dans la mondialisation. La nouvelle revolution du droit, 2005 discuss a specific "commerce des juges". The idea that judges are part of an international network that will create a new form of "global governance" was introduced by *Anne-Marie Slaughter*, The New World Order, 2004.

and not as political organs? The concept of there being a "universal epistemology" among judges has been used of the phenomenon that judges in different countries despite national differences have a common understanding of their role.[5]

"Judicialization" means that courts increasingly take a stand in conflicts that used to be considered political or administrative or in general in fields formerly not normally considered by courts. The American phenomenon is seen now also in England, Germany and Southern Europe. The question is important and has ramifications for our understanding of how democracy should function and the role of judges within it.[6]

Another question connected to the function of supreme justice has to do with the legitimacy connected to the appearance of a final judgment as unanimous. For instance, since 1938 the Danish Supreme Court has published both majority and minority votes, whereas e.g. the French Cour de Cassation or the ECJ do not. The disclosure of dissenting opinions is seen from a Danish point of view as being important for the legitimacy of the decision, but this question is seen differently in systems based on the French tradition. In the Danish Supreme Court the rule is that judges do not publish individual votes but tend to find a common solution, in most cases unanimously, but otherwise as a majority and a minority, or sometimes several minorities. In the Danish tradition judgments are rather brief, without however competing in this respect with the style of the French courts.

III. Different models of supreme courts in Scandinavia

The way a supreme court is perceived in society is dependent on a series of features apart from those already mentioned. The independence of the court and its ability to reach judgments without influence from other state powers is essential. Delay is a serious problem in many court systems. The absence of corruption and the quality of the judgments are other features, and differences from one country to another are obvious in a picture of a "global justice" that does not always offer justice the best conditions.

Many themes regarding supreme courts may be compared. There may be one apex court or there may be a system of several supreme courts dealing with ordinary cases, constitutional matters or administrative matters. Denmark is an example of a country in which the Supreme Court traditionally is competent in all matters. There is only one apex court, as is the case in Norway, whereas the structure is different in Sweden and Finland.

---

[5] The expression was used by the Italian professor and judge of the Italian Corte Costituzionale, Sabino Cassese in a paper at the XVIIIth International Conference of Comparative Law, Washington DC, July 2010.

[6] See e.g. *Carlo Guarnieri/Patrizia Pederzoli*, The Power of Judges. A comparative Study of Courts and Democracy, 2002.

Another important question as to the role of courts has to do with the way in which judges are nominated.[7] An important issue today is the balance between those decisions made by politically chosen organs and decisions made by judges who are nominated and not democratically elected. In some countries judges or at least higher judges are nominated by the government; this was also the case in Denmark until ten years ago, when a specific Board of Courts and a Committee for the Selection of Judges was established in order to keep these nominations outside the political system. One may ask oneself whether this system is positive as to recruiting future judges among other groups of lawyers than those of professional judges. However, an important feature in modern courts is also the willingness to recruit judges without a previous career as judge. The Danish Supreme Court is an example of a court that in later years has been actively trying to recruit judges with a background as practical lawyers, as professors or in other areas of professional experience, even if most judges still make their career as judges. A similar pattern seems to be followed in Finland. Many Swedish Supreme Court judges have a background as civil servants whereas the vast majority of Norwegian Supreme Court justices have followed a judicial career.

The political role of courts and judges is a theme which is becoming increasingly important. It is not new to talk about judges and politics but in a legal culture like the Danish one there has been a marked reluctance to touch upon the idea that judges may be political actors. In Denmark as in the other Nordic countries there is a tradition of considering the courts in general, including the Supreme Court, as being outside the political sphere, whereas in other countries, especially the US, the courts and the political views of judges are the object of public interest.[8]

IV. Judicial review in Denmark and Norway

A look at the Supreme Courts of the Nordic countries will reveal extreme variations in traditions and ways of organisation. The Danish Supreme Court belongs to the minority of single apex courts and is in many ways unique. As a still functioning institution it can trace its history back to its foundation in 1661 as part of a series of

---

7 See in general different contributions to *Kate Malleson/Peter H. Russell* (eds.), Appointing Judges in an Age of Judicial Power. Critical Perspectives from around the World, Toronto 2006.

8 See e.g. *Robert A. Dahl*, Decision-making in a Democracy: The Supreme Court as a national policy-maker, Journal of Public Law 6 (1957), pp. 279–295 (Quoted from Lee Epstein [ed.], Courts and Judges, 2005, p. 485): "To consider the Supreme Court of the United States strictly as a legal institution is to underestimate its significance in the American political system. For it is also a political institution, an institution, that is to say, for arriving at decisions on controversial questions of national policy. As a political institution, the Court is highly unusual, not least because Americans are not quite willing to accept the fact that it *is* a political institution and not quite capable of denying it […]". See also *Cass R. Sunstein/David Schkade/Lisa M. Ellmann/ Andres Sawicki,* Are Judges Political? An Empirical Analysis of the Federal Judiciary, 2006.

administrative reforms introduced by a newly installed absolutist government. Whereas many supreme courts have their legal basis in a constitution, the Danish Supreme Court is older than the Danish Constitution from 1849. It thus has had to carry the burden of history to find its place as an absolutist institution in a constitutional system, and this has not always been easy. However, frictions have been few, and one may see the reluctance of the Danish Supreme Court to accept "judicial review" and to actually consider a statute unconstitutional as a remnant of a past in which the court had close ties to the government. Until now there has only been one case, in 1999, in which the Danish Supreme Court has found that a statute was not in conformity with the Danish Constitution. The case concerned an Act adopted by the Danish parliament to stop public aid to certain listed private schools, all part of the same corporation (the so-called Tvind schools). In its 1999 ruling the Supreme Court annulled the Act as unconstitutional because it was seen as a violation of the division of power between legislators and courts. Danish Courts cannot annul such statutes but will only refrain from applying them.

The closest cousin of the Danish Supreme Court is the Norwegian Supreme Court, which was founded in 1814 when the union between Denmark and Norway was dissolved. The Norwegian Supreme Court was part of a new constitutional system set up in 1814 when Norway acquired a new constitution that created institutions which secured for the country a new and much more independent position in its union with Sweden – lasting from 1814–1905 – following the more than four centuries of Danish-Norwegian union. A separate Norwegian Supreme Court was part of the Norwegian nation building after 1814.[9]

Even if there are institutional similarities with the Danish Supreme Court, the constitutional position is different, and this may also explain some of the most marked differences as to the way in which the Norwegian Supreme Court has acted in certain situations. Special mention should be made of the fact that judicial review was known and practised in Norway already in the middle of the 19th century. The historian Rune Slagstad expresses it thus:[10]

> "Norway had already at the time of the Union with Sweden established a constitutional court. Also during the Second World War and the German occupation of both countries the Danish and the Norwegian Supreme Courts took different stands. The Norwegian Supreme court resigned because it would not accept Nazi legislation, whereas the

---

[9] The history of the Norwegian Supreme Court from 1814–1965 has appeared in two volumes as *Nils Rune Langeland*, Siste ord. Høyesterett i norsk historie 1814–1905 [The Last Word. The Supreme Court in Norwegian History 1814–1905], 2005 and *Erling Sandmo*, Siste ord. Høyeterett i norsk historie, 1905–1965 [The Last Word. The Supreme Court in Norwegian History 1905–1965], 2006.

[10] *Rune Slagstad,* Rettens ironi [The irony of the Court], in: Forhandlingene ved det 35. nordiske juristmøtet i Oslo 18.–20. august 1999 [Negotiations of the 35th Norwegian Day of Jurists 18th–20th August 1999] Del 1, 2000, p. 27).

> Danish Supreme Court continued its function even if that implied acceptance of legislation against German interests."

This assessment by Rune Slagstad points to important differences between the role of the judiciary during WW II which are not only explicable by differences in personal attitudes of the judges but also due to different policies towards the German occupiers. The Danish government had accepted the occupation and Danish authorities continued to function but under certain German pressure. The Danish Supreme Court thus had to handle cases against persons accused of contravening Danish legislation that prohibited patriotic acts like sabotage or criticizing German warfare. The way this was done was problematic and put the Court in a complicated situation after the war.[11]

V. West-Nordic and East-Nordic traditions in supreme courts

The methods of work of the two courts, Danish and Norwegian, are similar. In both courts oral proceedings are the rule. Judges vote orally when proceedings are over. Danish Supreme Court judges start with the youngest judge whereas in Norway the president of the court decides the order. Norwegian decisions are formed as personal opinions. Danish judgements, as already mentioned, are the result of intense work to agree on a common text.

A peculiarity of the Danish system is that the Supreme Court does not decide itself which cases to hear on appeal. It is the task of a specific board[12] composed of judges and other lawyers to grant permission to have a case brought before the Supreme Court if it has already been heard twice. In Norway as in the other Nordic countries the Court decides itself whether a case has sufficient interest as a precedent for it to be tried by the Supreme Court.

The Danish Supreme Court was also Supreme Court of Iceland[13] until a separate Supreme Court for Iceland was established in 1919 to act as second instance for all Iceland.

One can consider the Danish, the Norwegian and the Icelandic Supreme Courts as belonging to a West-Nordic family and as institutions that point back to a common past. The court system of Sweden and Finland is quite different, as is the approach to public law and public institutions there in general. Common to the Nordic countries, however, is the absence of a constitutional court.

---

[11] See *Ditlev Tamm*, Retsopgøret efter besættelsen [The Purge in Denmark after the occupation], Copenhagen 1984, p. 41.

[12] The so-called *Procesbevillingsnævnet* (The Appeal Board).

[13] Iceland belonged to Norway but in 1814 remained with Denmark. In 1918 Iceland was granted autonomy and the Supreme Court was part of the new order. In 1944 Iceland became independent.

The organisation of the Swedish-Finnish system stems from the establishment of so called "*hovrätter*" or royal courts in the 17th century. A first royal court was established in Stockholm in 1614, next came Åbo (now Turku) in Finland in 1623, then Dorpat in Livonia (at that time a Swedish possession) in 1630 and Jönköping in Sweden in 1634. Later more courts have been added both in Sweden and in Finland after the separation in 1809.

The Swedish Supreme Court was established by King Gustav III in 1789, and like the Danish Supreme Court it has an authoritarian past without a constitutional foundation. The King originally had two votes. It was only in 1809, with the introduction of a new constitutional order, that the Court came to have a constitutional basis. It became the administrative Supreme Court in 1909. Until 1974 the decisions of the court were issued in the name of the King. The Swedish Supreme Court not only is not a constitutional court, it does not come close to having any function of "judicial review".

The court systems of Sweden and Finland are based on a distinction between ordinary and administrative procedure, as in the French system. The highest administrative court in Sweden, corresponding to the French Conseil d'Etat, has since its foundation in 1909[14] been known as the Government Court (*Regeringsrätten*) and the highest Finnish administrative court is the Highest Government Court (*Korkein hallinto-oikeus*).

The Finnish Supreme Court dates back to 1809, whereas the Supreme Administrative Court was established in 1918 and thus is contemporary with Finnish independence and the new Finnish constitution.

There are notable differences also in the function of the Swedish and the Finnish Courts.[15] A common factor is the written procedure at the supreme level which differentiates these courts from the Danish, Norwegian and Icelandic Supreme Courts. The Swedish Administrative Court system is three-tiered and thus the highest Administrative Court, like the ordinary Supreme Court, only hears cases of general interest as precedents. The highest Finnish Administrative Court is second instance and deals with a much greater number of cases.

The Danish system with regard to administrative procedure is different. There are a few specialized administrative courts, such as the National Tax Court and the Social Appeal Court that function as courts but under appeal to the Supreme Court (when granted). Apart from those institutions there are no administrative courts but

---

[14] The centenary was celebrated by *Anna-Karin Lundin et.al.* (eds.), Regeringsrätten 100 år [Supreme Administrative Court 100 Years], Uppsala 2009. See e.g. about differences between the procedure *Johan Munck,* The Supreme Court and the Highest Administrative Court, l.c., pp. 365–370.

[15] See *Pekka Hallberg*, Regeringsrätten som samarbejdspartner [Supreme Administrative Court as partner of cooperation], in: Lundin, Supreme Administrative Court (supra fn. 14), pp. 175–180.

specialized boards fulfil the function of hearing complaints about administrative decisions in the various fields.

VI. Conclusion

There has been a growing interest also in the Nordic countries as to the function of the courts but no such detailed studies of singular judges, the role of the court and its political role as you find in the United States or other countries have been made. The courts are generally respected as important legal actors but not seen as institutions over which to debate or disagree. This impression is reflected in the books that have come out in later years for the celebration anniversaries of the different Nordic Supreme Courts. The 350th year of the foundation of the Danish Supreme Court was marked in 2011. Next in such a series of celebrations will be the Swedish *Svea Hovrätt* which in 2014 has existed for 400 years. The *Svea Hovrätt* is not a Supreme Court but within the Swedish hierarchy of courts in many ways it is considered the most prestigious court. Court history and the way courts are organized tell an important story of the society in which it functions. The courts are local in their function but at the same time it is important to recognize that to grasp what is unique in the legal system of each country you must look across borders and make comparisons and the courts have their story to tell about such differences and similarities.

Päivi Paasto
16.12.1958 – 22.12.2009

Marju Luts-Sootak

Der Rechtshistorikerkreis im Ostseeraum ist kurz vor Weihnachten 2009 ärmer geworden. Kaum konnte Päivi Paasto, *doctor iuris* und Dozentin der Rechtsgeschichte an der Universität zu Turku/Åbo in Finnland, ihren 51. Geburtstag feiern, bereitete ein plötzlicher Herzanfall ihrem Leben ein jähes Ende. Noch beim letzten Treffen mit den Kollegen auf der Weihnachtsfeier der Fakultät war die Rede vom Rechtshistorikertag im Ostseeraum in Tartu und Riga, den Päivi gerne miterleben wollte und sich deshalb Gedanken über ihren Vortrag machte. Sie hat uns aber im Juni 2010 gefehlt. So wird es nun auch bei den folgenden Tagungen bleiben.

Ihr Studium an der Universität zu Turku hatte sie so sehr inspiriert und geistig angeregt, dass sie nach dem Abschluss ihr Leben gerne der akademischen Laufbahn, der Lehre und Forschung in Rechtsgeschichte, aber auch Rechtstheorie und Rechtssoziologie widmen wollte. Ihre finnische Doktoratsarbeit, über die sie im Jahr 1994 an ihrer Heimatuniversität zur Erlangung eines *doctor iuris* disputiert hatte, vereinigte diese Perspektiven bei der Untersuchung der Struktur des Eigentumsbegriffs. Über die Geschichte des geteilten Eigentums, vor allem dessen Behandlung in der frühneuzeitlichen schwedischen Rechts- und Naturrechtsliteratur, gelangte sie zu der grundsätzlicheren Frage der Teilbarkeit des Eigentums überhaupt. Auch in ihrer späteren, ebenfalls auf Finnisch im Jahr 2004 erschienenen Monographie „Die Wurzeln des Eigentums“ hat sie die rechtshistorische Forschung auf eine synergische Weise mit der gesellschaftsphilosophischen Perspektive bereichert.

In den Jahren 1997–1998 war Päivi Paasto länger in Frankfurt am Main, wo sie nicht nur das wissenschaftliche Angebot des Max-Planck-Instituts für europäische Rechtsgeschichte mit großem Nutzen für die eigene Forschung wahrnahm, sondern auch am regen rechtshistorischen Leben der Johann Wolfgang Goethe-Universität teilnahm. Ich lernte Päivi damals in Frankfurt kennen. Die „nordisch“ zurückhaltenden, trotzdem ehrlichen und aufrichtigen Gespräche über die gerade gehörten Vorträge, miterlebten Seminare oder auch Vorlesungen der deutschen Kollegen sind mir gut in Erinnerung geblieben. Päivis Interesse an der Forschung der Kollegen über den Tellerrand des eigenen Fachs hinaus war in Finnland bekannt, ihre Besprechungen und Festschriften- sowie Zeitschriftenbeiträge waren geachtet und wurden viel gelesen. Ich lernte ebenfalls, ihr Empathievermögen und ihren verantwortungsvollen Umgang mit den Forschungen der anderen hoch zu schätzen. Dieselben Eigenschaften haben sie wohl auch in die Politik geführt– sie war für die Partei der Grünen in der Kommunalpolitik in Turku sehr engagiert.

In den letzten Jahren hatte ich das Gefühl, dass Päivi sich wieder mehr der Wissenschaft widmen wollte. Sie war auf verschiedenen Tagungen und Seminaren in Finnland, Deutschland und Estland anzutreffen. Sie präsentierte interessante Untersuchungen, wobei das Interesse für die Rolle der Frauen in der finnischen Rechtswissenschaft eine hervorragende Stellung einnahm. Auch hier setzte sie ihre ruhige und ausgewogene Art und Weise der Betrachtung und Erklärung ein.

Es ist nicht nur eine rechtshistorische Forscherin, Universitätslehrerin und gute Kollegin gestorben. Wir haben einen sehr freundlichen Mitmenschen verloren, dessen warme und aufrichtige Anteilnahme gerade an den Forschungen und wissenschaftlichen Aktivitäten der anderen uns nunmehr fehlen wird.

RECHTSHISTORISCHE REIHE

Die nachfolgende Liste führt die Titel der "Rechtshistorischen Reihe" ab Band 300 auf.
Eine vollständige Übersicht aller bisher in der Reihe erschienenen Bücher
finden Sie auf www.peterlang.de.

Band 300 Jan Kohlmann: Der Marsch zu den Gräbern von Karl und Rosa. Geschichte eines Gedenktages. 2004.

Band 301 Christian Rainer Schlicht: Die kumulative Schuldübernahme in der Rechtsprechung des Reichsgerichts und in der zeitgenössischen Literatur. 2004.

Band 302 Hans Peter Glöckner: Positive Vertragsverletzung. Die Geburt eines Rechtsinstituts. 2006.

Band 303 João Manuel Azevedo Alexandrino Fernandes: Die Theorie der Interpretation des Gesetzes bei Francisco Suárez. 2005.

Band 304 René Funk: Die Wahlprüfung der volksgewählten Abgeordneten der Volksvertretungen im Frühkonstitutionalismus. Eine Untersuchung der Wahlprüfung in den Kammern der Abgeordneten des Großherzogtums Baden, des Königreichs Württemberg und des Großherzogtums Hessen. 2005.

Band 305 Carolin O'Sullivan. Die Ahndung von Rechtsbrüchen der Seeleute im mittelalterlichen hamburgischen und hansischen Seerecht (1301–1482). 2005.

Band 306 Martin Jürgens: Staat und Reich bei Ernst Rudolf Huber. Sein Leben und Werk bis 1945 aus rechtsgeschichtlicher Sicht. 2005.

Band 307 Florian G. Dürselen: Franz Beyerle (1885–1977). Leben, Ära und Werk eines Rechtshistorikers. 2005.

Band 308 Kai Bandilla: Urheberrecht im Kaiserreich. Der Weg zum Gesetz betreffend das Urheberrecht an Werken der Literatur und Tonkunst vom 19. Juni 1901. 2005.

Band 309 Stefan Mieth: Die Entwicklung des Denkmalrechts in Preußen 1701–1947. 2005.

Band 310 Catharina Lodemann: Die Geschichte des französischen *acte de gouvernement*. 2005.

Band 311 Christina Wicke: Kodifikationsbestrebungen und Wissenschaft in Hessen-Darmstadt im vorkonstitutionellen Zeitalter. Zu der Beteiligung der Gießener Rechtsprofessoren an den Gesetzgebungsarbeiten in Hessen-Darmstadt in der Zeit zwischen 1769 und 1820. 2005.

Band 312 Christiane Chlosta: Nur dem Gesetz unterworfen? Eine rechtsgeschichtliche Untersuchung zu Idee und Wirklichkeit richterlicher Gesetzestreue unter besonderer Berücksichtigung der Aufwertungsrechtsprechung und des richterlichen Prüfungsrechts. 2005.

Band 313 Kathrin Dirr: Hoheitsrechtliche Streitigkeiten zwischen den Kölner Erzbischöfen und der Stadt Köln auf Grundlage reichskammergerichtlicher Verfahren des 16. und 17. Jahrhunderts. 2005.

Band 314 Michael Racky: Die Diskussion über Gewaltenteilung und Gewaltentrennung im Vormärz. 2005.

Band 315 Petra Thiemrodt: Die Entstehung des Staatshaftungsgesetzes der DDR. Eine Untersuchung auf der Grundlage von Materialien der DDR-Gesetzgebungsorgane mit zeitgeschichtlichen Bezügen. 2005.

Band 316 Julius F. Reiter: Entstehung und staatsrechtliche Theorie der italienischen *Carta del Lavoro*. 2005.

Band 317 André Book: Die Justizreform in der Frühzeit der Bundesrepublik. Die Beratungen der Kommission zur Vorbereitung einer Reform der Zivilgerichtsbarkeit in den Jahren 1955 bis 1961. 2005.

Band 318 Frank Zentz: Das amerikanische Strafverfahren als Element der Besatzungspolitik in Deutschland. Erziehung zur Demokratie durch den *Court of Appeals* 1948–1955. 2005.

Band 319 Friederike Quaisser: Mietrecht im 19. Jahrhundert. Ein Vergleich der mietrechtlichen Konzeptionen im Allgemeinen Landrecht für die Preußischen Staaten von 1794 und dem gemeinen Recht. 2005.

Band 320 Stefan Burghard: Professor Dr. Wilhelm Kahl – Leben zwischen Wissenschaft und Politik. 2005.

Band 321 Günter Baranowski: Die *Russkaja Pravda* – ein mittelalterliches Rechtsdenkmal. 2005.

Band 322 Christina Schneider: Die SS und das „Recht". Eine Untersuchung anhand ausgewählter Beispiele. 2005.

Band 323 Werner Schubert (Hrsg.): Zivilprozessreform in der Weimarer Zeit. Quellen zur Emminger-Zivilprozessverordnung vom 13.2.1924 und zu den Arbeiten der Zivilprozesskommission des Reichsjustizministeriums (1922–1930). Eingeleitet und herausgegeben von Werner Schubert. 2005.

Band 324 Felix Gaul: Der Jurist Rudolf Isay (1886–1956). Ein verantwortungsbewusster Vermittler im Spannungsfeld zwischen dynamischer Rechtsschöpfung, ökonomischem Wandel und technischem Fortschritt. 2005.

Band 325 Konstanze Braun: Dr. Otto Georg Thierack (1889–1946). 2005.

Band 326 Eckart Klein / Stefan Chr. Saar / Carola Schulze (Hrsg.): Zwischen Rechtsstaat und Diktatur. Deutsche Juristen im 20. Jahrhundert. 2006.

Band 327 Stefan Botor: Das *Berliner Sühneverfahren* – Die letzte Phase der Entnazifizierung. 2006.

Band 328 Andreas Köhler: Die Sorgerechtsregelungen bei Ehescheidung seit 1945. Scheidungsstrafe und verordnete Gemeinsamkeit. 2006

Band 329 Lars Düwel: Die Nichtigkeit und Anfechtbarkeit der Ehe in der Rechtsprechung des Reichsgerichts zwischen 1900 und 1945. 2006.

Band 330 Katalin Polgar: Das Oberappellationsgericht der vier freien Städte Deutschlands (1820–1879) und seine Richterpersönlichkeiten. 2007.

Band 331 Julia Schweitzer: Schiffer und Schiffsmann in den Rôles d'Oléron und im Llibre del Consolat de Mar. Ein Vergleich zweier mittelalterlicher Seerechtsquellen. 2007.

Band 332 Diana-Catharina Kurtz: Das Institut der Adoption im preußischen Allgemeinen Landrecht und im französischen Code civil zwischen Rezeption römisch-rechtlicher Prinzipien und verändertem Familienverständnis. 2006.

Band 333 Dino Joakim Duderstadt: Spiel, Wette und Differenzgeschäft (§§ 762–764 BGB) in der Rechtsprechung des Reichsgerichts und in der zeitgenössischen Literatur. 2007.

Band 334 Ronald Hoffmann: Die Domänenfrage in Thüringen. Über die vermögensrechtlichen Auseinandersetzungen mit den ehemaligen Landesherren in Thüringen nach dem Ersten Weltkrieg. 2006.

Band 335 Joachim Windmüller: *Ohne Zwang kann der Humanismus nicht existieren...* – „Asoziale" in der DDR. 2006.

Band 336 Sven Christian Gläser: Die Mediatisierung der Grafschaft Wertheim. Der juristische Kampf eines kleinen Reichsstandes gegen den Verlust der Landesherrschaft und seine Folgen. 2006.

Band 337 Benjamin Schleyer: Friedrich Wilhelm Bornemann (1798–1864). Eine Juristenkarriere im Preußen des 19. Jahrhunderts. 2006.

Band 338 Die Reform des Ehescheidungsrechts von 1976. Quellen zum Ersten Gesetz vom 14.6.1976 zur Reform des Ehe- und Familienrechts (Parlamentarische Ausschussprotokolle – Anglikanische Denkschrift von 1966 zur Scheidungsrechtsreform – Schlussabstimmung 1969 in der Eherechtskommission des Bundesministeriums der Justiz). Eingeleitet und herausgegeben von Werner Schubert. 2006.

Band 339 Andreas Feld: Das Bayerische Gesetz zum Schutz des Eigentums an Erzeugnissen der Literatur und Kunst gegen Nachdruck vom 15.04.1840. Vorgeschichte und Zustandekommen. 2007.

Band 340 Bernd Wörner: Adelbert Düringers Einfluß als Richter am Reichsgericht in Leipzig auf dem Gebiet des Personengesellschaftsrechts. 2007.

Band 341 Jan Jelle Kähler: Französisches Zivilrecht und französische Justizverfassung in den Hansestädten Hamburg, Lübeck und Bremen (1806–1815). 2007.

Band 342 Jörn Eckert / Pia Letto-Vanamo / Kjell Modéer (Hrsg.): Juristen im Ostseeraum. Dritter Rechtshistorikertag im Ostseeraum 20.–22. Mai 2004. 2007.

Band 343 Ferdinand von Weyhe: A.E. Wassermann. Eine rechtshistorische Fallstudie zur „Arisierung" zweier Privatbanken. 2007.

Band 344 Martin Klaus Römermann: Kündigungen und Kündigungsschutz im Franquismus. 2007.

Band 345 Thomas Hoffmann: Der Landrechtsentwurf David Hilchens von 1599. Ein livländisches Rechtszeugnis polnischer Herrschaft. 2007.

Band 346 Ingo Ullmann: Die rechtliche Behandlung holsteinischer Leibeigener um die Mitte des 18. Jahrhunderts. Dargestellt unter besonderer Berücksichtigung der Schmoeler Leibeigenschaftsprozesse von 1738 bis 1743 sowie von 1767 bis 1777. 2007.

Band 347 Petra Fischer-Langosch: Die Entstehungsgeschichte des Familiengesetzbuches der DDR von 1965. 2007.

Band 348 Lasse O. Johannsen: Die rechtliche Behandlung ausreisewilliger Staatsbürger in der DDR. 2007.

Band 349 Ralf Schlottau: Deutsche Kolonialrechtspflege. Strafrecht und Strafmacht in den deutschen Schutzgebieten 1884 bis 1914. 2007.

Band 350 Hartwig Brandt / Ewald Grothe (Hrsg.): Rheinbündischer Konstitutionalismus. 2007.

Band 351 Nora Lutze: Der Verwandtenunterhalt nach den §§ 1601 bis 1603 und §§ 1610 bis 1612 BGB in der Rechtsprechung des Reichsgerichts. Unter Berücksichtigung der Entstehung des BGB. 2007.

Band 352 Frank Thiäner: Das Verhältnis von Aufsichtsrat und Abschlussprüfern in der rechtshistorischen Entwicklung bis 1937. 2007.

Band 353 Britta Heymann: Ernst Melsheimer (1897–1960). Eine juristische Karriere in verschiedenen staatlichen Systemen. Mitarbeiter im Preußischen Justizministerium in der Weimarer Republik, im Justizministerium Preußens und des Reiches sowie Richter am Kammergericht in der NS-Zeit und Erster Generalstaatsanwalt der Deutschen Demokratischen Republik. 2007.

Band 354 Susanne Adlberger: Wilhelm Kisch – Leben und Wirken (1874–1952). Von der Kaiser-Wilhelms-Universität Straßburg bis zur nationalsozialistischen Akademie für Deutsches Recht. 2007.

Band 355 Moritz Waibel: Josef Berchtold (1833–1894). Ein Leben gegen den Ultramontanismus. 2007.

Band 356 Aline Levin: Erinnerung? Verantwortung? Zukunft? Die Beweggründe für die gemeinsame Entschädigung durch den deutschen Staat und die deutsche Industrie für historisches Unrecht. 2007.

Band 357 Ferdinand Krause: Die hergebrachten Grundsätze des Berufsbeamtentums. Eine rechtshistorische Analyse. 2008.

Band 358 André Tiebel: Die Entstehung der Schutztruppengesetze für die deutschen Schutzgebiete Deutsch-Ostafrika, Deutsch-Südwestafrika und Kamerun (1884–1898). 2008.

Band 359 Holger Ruff: Sittenwidrige Rechtsgeschäfte in der späten Kaiserzeit. Die Entwicklung der reichsgerichtlichen Rechtsprechung zu § 138 BGB von 1900 bis 1914. 2007.

Band 360 Frank Rohrer: Strafjustiz im Dritten Reich und in der SBZ/DDR. Die personelle und organisatorische Neuordnung des Justizapparates in den totalitären Diktaturen (1933–1955) mit ihren Auswirkungen auf die Rechtsprechung zum politischen Strafrecht. 2007.

Band 361 Hans-Georg Knothe / Marc Liebmann (Hrsg.): Gerichtskultur im Ostseeraum. Vierter Rechtshistorikertag im Ostseeraum. 18.–20. Mai 2006 in Greifswald. 2007.

Band 362 Christina Meß: Das Vertragsrecht bei Adam Smith. 2008.

Band 363 Quellen zur dänischen Rechts- und Verfassungsgeschichte (12.–20. Jahrhundert). Herausgegeben von Ditlev Tamm, Werner Schubert und Jens Ulf Jørgensen. 2008.

Band 364 Günter Baranowski: Die Gerichtsurkunde von Pskov. 2008.

Band 365 Mark Spengler: Die Entstehung des Scheckgesetzes vom 11. März 1908. 2008.

Band 366 Ivan Biliarsky / Radu G. Păun (eds./éds.): The Biblical Models of Power and Law. Les modèles bibliques du pouvoir et du droit. Papers of the International Conference, Bucharest, New Europe College 2005. Actes du colloque international, Bucarest, New Europe College 2005. 2008.

Band 367 Thomas A. Roth: Ausgestaltungen der Rechtsfähigkeit im 19. und 20. Jahrhundert. Zur Rechtspersönlichkeit natürlicher Personen in den bedeutenden deutschen Zivilrechtsordnungen. 2008.

Band 368 Björn Alexander Rautenberg: Der Fiskal am Reichskammergericht. Überblick und exemplarische Untersuchungen vorwiegend zum 16. Jahrhundert. 2008.

Band 369 Thorsten Miederhoff: *Man erspare es mir, mein Juristenherz auszuschütten.* Dr. iur. Kurt Tucholsky (1890–1935). Sein juristischer Werdegang und seine Auseinandersetzung mit der Weimarer Strafrechtsreformdebatte am Beispiel der Rechtsprechung durch Laienrichter. 2008.

Band 370 Philipp Nordloh: Kölner Zunftprozesse vor dem Reichskammergericht. 2008.

Band 371 Judith Freund: Die Wechselverpflichtung im 19. Jahrhundert. 2008.

Band 372 Hans-Michael Empell: Gutenberg vor Gericht. Der Mainzer Prozess um die erste gedruckte Bibel. 2008.

Band 373 Rainer Schröder: Die DDR-Ziviljustiz im Gespräch – 26 Zeitzeugeninterviews. 2008.

Band 374 Christian Neschwara: Ein österreichischer Jurist im Vormärz. „Selbstbiographische Skizzen" des Freiherrn Karl Josef Pratobevera (1769–1853). 2009.

Band 375 Stefan Ullrich: Untersuchungen zum Einfluss des lübischen Rechts auf die Rechte von Bergen, Stockholm und Visby. 2008.

Band 376 Johanna Gertrude Schmitzberger: Das nationalsozialistische Nebenstrafrecht 1933 bis 1945. 2008.

Band 377 Christian Brom: Urteilsbegründungen im „Hoge Raad van Holland, Zeeland en West-Friesland" am Beispiel des Kaufrechts im Zeitraum 1704–1787. 2008.

Band 378 Christian Böse: Die Entstehung und Fortbildung des Reichserbhofgesetzes. 2008.

Band 379 Tobias Röhnelt: Timm Kröger. Leben und Werk. 2009.

Band 380 Andrea Elisabeth Sebald: Der Kriminalbiologe Franz Exner (1881–1947). Gratwanderung eines Wissenschaftlers durch die Zeit des Nationalsozialismus. 2008.

Band 381 Angela Kriebisch: Die Spruchkörper Juristenfakultät und Schöppenstuhl zu Jena. Strukturen, Tätigkeit, Bedeutung und eine Analyse ausgewählter Spruchakten. 2008.

Band 382 Nana Ozawa: Louis Adolphe Bridel – Ein Schweizer Professor an der juristischen Fakultät der Tokyo Imperial University. Die geschichtliche Bedeutung der Yatoi zur späten Meijizeit. 2010.

Band 383 Christian Weißhuhn: Alfred Hueck 1889–1975. Sein Leben, sein Wirken, seine Zeit. 2009.

Band 384 Andreas Hunkel: Eduard Dietz (1866–1940) – Richter, Rechtsanwalt und Verfassungsschöpfer. 2009.

Band 385 Meike Guskow: Entstehung und Geschichte der Europäischen Charta der Regional- oder Minderheitensprachen. 2009.

Band 386 Markus J. Jahnel: Das Bodenrecht in „Neudeutschland über See". Erwerb, Vergabe und Nutzung von Land in der Kolonie Deutsch-Südwestafrika 1884–1915. 2009.

Band 387 Matthias Günter Steiner: Die Klöster und ihr Wirken – eine der Wurzeln des Stiftungswesens? 2009.

Band 388 Cornelia Staats: Die Entstehung des Bundes-Immissionsschutzgesetzes vom 15. März 1974. 2009.

Band 389 Cai Niklaas E. Harders: Das Bundesjagdgesetz von 1952 sowie die Novellen von 1961 und 1976. Vorgeschichte, Entstehung des Gesetzes sowie Problemfelder. 2009.

Band 390 Matthias Pohlkamp: Die Entstehung des modernen Wucherrechts und die Wucherrechtsprechung des Reichsgerichts zwischen 1880 und 1933. 2009.

Band 391 Sebastian Baur: *Vor vier Höllenrichtern...* Die Lizentiats- und Doktorpromotionen an der Juristischen Fakultät der Universität Heidelberg. 2009.

Band 392 Christoph Salmen-Everinghoff: Zur *cautio damni infecti*: Die Rückkehr eines römischrechtlichen Rechtsinstituts in das moderne Zivilrecht. 2009.

Band 393 Till Meno Sellschopp: Der Weg zum Revokationsrecht der Ehegatten nach § 1368 BGB. Zugleich ein Beitrag zur Geschichte des ehelichen Güterrechts. 2009.

Band 394 Marc Biermann: Das Staatseigentum an öffentlichen Sachen im Gemeingebrauch in der ersten Hälfte des 19. Jahrhunderts. Die Theorie des reinen Hoheitsrechts an den öffentlichen Sachen von Rudolph von Jhering und Friedrich Ludwig Keller im Zusammenhang mit dem Baseler Schanzenstreit von 1859/62. 2009.

Band 395 Markus Tüxen: Kollegialprinzip oder Einzelrichter. Die Entwicklung des zivilrechtlichen Spruchkörpers bei den Landgerichten sowie den Oberlandesgerichten seit 1879 unter besonderer Berücksichtigung der Reformen von 1974 und 1976. 2009.

Band 396 Adam Polkowski: Die polnische Zivilprozessordnung von 1930/33. Unter Berücksichtigung des deutschen, österreichischen, russischen und französischen Rechts. 2009.

Band 397 Barbara Riedi: Die Porten der Unteren Strasse, ihr Ladungsrecht und der Strassenunterhalt. Rechtshistorische Betrachtungen zur Verkehrs- und Wirtschaftsgeschichte Graubündens. 2009.

Band 398 Stefanie Jessica Loroch: Zeitungsrubrik: Gerichtssaal. Strafprozessberichterstattung in Münster im 19. Jahrhundert (1848–1890). 2009.

Band 399 Dirk Henning Hofer: Karl Konrad Werner Wedemeyer (1870–1934). Ein Juristen- und Gelehrtenleben in drei Reichen. Eine Biographie. 2010.

Band 400 Thomas Simon (Hrsg.): Hundert Jahre allgemeines und gleiches Wahlrecht in Österreich. Modernes Wahlrecht unter den Bedingungen eines Vielvölkerstaates. 2010.

Band 401 Dörte Mentz: Die Beweislastumkehr in der Rechtsprechung des Reichsgerichts. 2010.

Band 402 Werner Schubert (Hrsg.): Oberster Gerichtshof für die Britische Zone (1948–1950). Nachschlagewerk Strafsachen – Nachschlagewerk Zivilsachen. Präjudizienbuch der Zivilsenate. Eingeleitet und herausgegeben von Werner Schubert. 2010.

Band 403 Yong Lei: Auf der Suche nach dem modernen Staat. Die Einflüsse der allgemeinen Staatslehre Johann Caspar Bluntschlis auf das Staatsdenken Liang Qichaos. 2010.

Band 404 Andreas Schwenk: Die Formbestimmung des § 313 BGB a. F. (§ 311 b Abs. 1 BGB n. F.) bei Verträgen über Grundstücke in der Rechtsprechung des Reichsgerichts. 2010

Band 405 René Schorsch: Eberhard Georg Otto Freiherr von Künßberg (1881–1941). Vom Wirken eines Rechtshistorikers. 2010.

Band 406 Ulrike Köbler: Werden, Wandel und Wesen des deutschen Privatrechtswortschatzes. 2010.

Band 407 Björn Florian Faulenbach: Rolle und Bedeutung der Lehre in der Rechtsprechung der Internationalen Gerichtshöfe im zwanzigsten Jahrhundert. 2010.

Band 408 Guangyu Fu: Das Causaproblem im deutschen Bereicherungsrecht. Eine rechtshistorische Untersuchung. 2010.

Band 409 Andreas Kimmelmann: Die Folter im Beweisverfahren der Leges Visigothorum. Chindasvinths Gesetzgebung im Spiegel der westgotischen Rechtsentwicklung. 2010.

Band 410 Jacqueline Schmaltz: Die Entwicklung der Industrie- und Handelskammern. Zwischen Pflicht und Kür. 2010.

Band 411 Hermann Nehlsen: Bayerische Rechtsgeschichte vom frühen Mittelalter bis zum 20. Jahrhundert. 2011.

Band 412 Kathrin Spoerr: Recht und Revolution. Deutsche Ökonomen und ihr Einfluss auf das Recht der Weimarer Republik – eine Zeitschriftenschau 1917–1920. 2011.

Band 413 Moritz von Köckritz: Die deutschen Oberlandesgerichtspräsidenten im Nationalsozialismus (1933–1945). 2011.

Band 414 Annika Lillemor Lara Rabaa: Die Ehe als Rechtsinstitut im Badischen Landrecht von 1810. Unter besonderer Berücksichtigung der gesellschaftlichen Entwicklungen im 19. Jahrhundert. 2011.

Band 415 Christian Hattenhauer / Klaus-Peter Schroeder (Hrsg.): 200 Jahre Badisches Landrecht von 1809/1810. Jubiläumssymposium des Instituts für geschichtliche Rechtswissenschaft der Ruprechts-Karls-Universität Heidelberg und der Heidelberger Rechtshistorischen Gesellschaft vom 23. bis 26. September 2009. 2011.

Band 416 Tobias Alexander Krammerbauer: Die Ministerverantwortlichkeit und die Vorformen sonstiger Verfassungsgerichtsbarkeit in Württemberg zwischen 1815 und 1918. 2011.

Band 417 Werner Schubert (Hrsg.): Quellen zur GmbH-Reform von 1958 bis zum GmbH-Änderungsgesetz von 1980. Eingeleitet und herausgegeben von Werner Schubert. 2011.

Band 418 Gisela Emling: Johannes Heckel. Leben und Wirken (1889–1963). 2011.

Band 419 Jochen Kirschbaum: Die Etablierung der Historischen Rechtsschule an der Ludoviciana (1814–1824). 2011.

Band 420 Sören Koch: Unaufgeforderte Hilfeleistung in Notsituationen. Eine rechtshistorische und rechtsvergleichende Studie zu den zivilrechtlichen Aspekten der Nothilfe mit besonderer Berücksichtigung des Rechts der Geschäftsführung ohne Auftrag. 2011.

Band 421 Friedrich Carl von Savigny: Die Prinzipienfragen in Beziehung auf eine neue Strafprozeß-Ordnung. Ausgearbeitet im Justizministerium für die Gesetzrevision. Eingeleitet und herausgeben von Werner Schubert. 2011.

Band 422 Stephan Faulwetter: Von der Zunft zur Handelskammer. Zur Entwicklung des Gewerberechts in thüringischen Staaten. 2011.

Band 423 Moritz Eisenhardt: Sanierung statt Liquidation. Die Geschichte des Vergleichs zur Abwendung des Konkurses unter besonderer Berücksichtigung der Vergleichsordnung von 1927 und 1935. 2011.

Band 424 Gerd Kleinheyer: Beiträge zur Strafrechtsgeschichte. Herausgeben von Franz Dorn, Mathias Schmoeckel und Jan Schröder. 2011.

Band 425 Ralf Maertens: Das Landgericht Altona (1879–1937) und die Anfänge des Landgerichts Itzehoe (1937–1945). Unter besonderer Berücksichtigung ihrer Tätigkeitsberichte und rechtspolitischen Stellungnahmen. 2011.

Band 426 Mark Friedrich: Ferdinand von Martitz (1839–1921). Rechtshistoriker, Staatsrechtler und Völkerrechtler zwischen dem Ende des Deutschen Bundes und dem Beginn der Weimarer Republik. 2012.

Band 427 Sebastian Krusche: Die Bundesrechtsanwaltsordnung vom 1. August 1959. Vorgeschichte und Entstehung. 2012.

Band 428 Marju Luts-Sootak / Sanita Osipova / Frank L. Schäfer (Hrsg./eds.): Einheit und Vielfalt in der Rechtsgeschichte im Ostseeraum. Unity and Plurality in the Legal History of the Baltic Sea Area. Sechster Rechtshistorikertag im Ostseeraum, 3.-5. Juni 2010 in Tartu (Estland) / Riga (Lettland). 6th Conference in Legal History in the Baltic Sea Area, 3rd-5rd June 2010 Tartu (Estonia) / Riga (Latvia). 2012.

www.peterlang.de